JN322199

アメリカ・パートナーシップ所得課税の構造と問題

髙橋祐介
Yusuke Takahashi

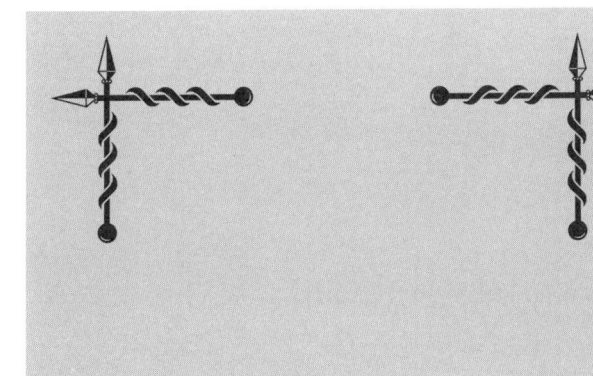

清文社

はしがき

　組合課税とは、ある組織ないし団体が稼得した所得につき、その組織自身に対して課税をするのではなく、組織の構成員が（組織がその所得を稼得したときに）その所得を稼得したものとみる課税方式のことである。本書は、組合課税方式として世界的に著名な、アメリカ合衆国の連邦所得税制におけるパートナーシップ所得課税を主たる検討対象とし、その構造と問題点を明らかにすることにより、あるべき組合課税を論じることを目的とする。

　パートナーシップ所得課税は、私が大学院において税法を研究しはじめて以来、一貫して研究を続けてきた研究対象である。当時、日本で組合課税はあまり研究されておらず、その研究の重要性は一般にほとんど認知されていなかった。しかしその後、投資事業有限責任組合や有限責任事業組合（日本版 LLP）など、組合課税を受ける組織をめぐる法律整備が進んだことや、最高裁においていわゆるリンゴ組合事件判決（最判平成13年7月13日訟月48巻7号1831頁）が下されたことから、徐々にそれが重要な研究対象であることが認知されるようになってきた。アメリカにおいて、現在のパートナーシップ課税制度の原型が作られた1950年代前半、税法はそもそも紳士的な仕事（gentlemanly enterprise）ではなく、しかもパートナーシップ所得課税はその税法の辺境分野（the margin of tax law）であったとされる（Mark P. Gergen, *The Story of Subchapter K: Mark H. Johnson's Quest, in* BUSINESS TAX STORIES 207, 209 (Steven A. Bank & Kirk J. Stark ed., 2005)）。日本における組合課税も、それと同じような状況から、抜け出しつつあるのかもしれない。そうであるとすれば、本書がその一助になれば幸いである。

　本書は、序言以外、すべて既発表論文を収録するものである。収録するにあたっては、明らかな間違いの訂正や情報のアップデートのため、若干の手を入れたが、基本的には発表時のまま収録することにした。所収論文は以下の通りである。

　第一章：「共同事業から生ずる所得の課税に関する一考察（1）、（2・完）

　　　　　　―アメリカ・パートナーシップ課税を素材として」法学論叢141巻
　　　　　　6号25頁（1997）、143巻4号26頁（1998）
　　第二章：「パートナーシップ持分の基準価格について」税法学534号52頁
　　　　　　（1995）
　　第三章：「パートナーシップに対する出資とビルトイン・ゲイン／ロスの配
　　　　　　賦について」税法学537号17頁（1997）
　　第四章：「パートナーシップ持分の譲渡について　―解散予定パートナー
　　　　　　シップおよび選択的基準価格調整を中心に」税法学540号35頁(1998)
　　第五章：「パートナーシップ課税の分配と所得課税」岡山大学法学会雑誌52
　　　　　　巻1号19頁（2002）
　　第六章：「ファミリー・パートナーシップと所得の配賦について」税法学546
　　　　　　号161頁（2001）
　　第七章：「パートナーシップ課税年度と持分変動時の所得配賦について」総
　　　　　　合税制研究10号73頁（2002）
　　第八章：「組合課税　―『簡素・柔軟・公平』な組合課税の立法提案」租税
　　　　　　法研究30号28頁（2002）

　本書の内容は、2007年末時点の情報に基づいたものである。また、アメリカ法の引用方式は、THE BLUEBOOK: A UNIFORM SYSTEM OF CITATION (18th ed. 2005)に原則として依拠している。

　本書は、恩師である清永敬次先生（京都大学名誉教授）並びに岡村忠生先生（京都大学教授）に、これまでのご指導に対する感謝の意を込めて、謹んで捧げるものである。清永先生には、大学学部時代からご指導を賜り、税法研究を志す直接のきっかけをいただいた。清永先生がおられなければ、私は税法研究者にはならなかったであろう。岡村先生には、大学院生時代から今日まで、様々な形での懇切丁寧なご指導を熱心にしていただいた。パートナーシップ所得課税というテーマをいただいたのも、岡村先生からであった。岡村先生がおられなければ、私は現在税法研究者ではなかったであろう。両先生からは、研究内容のみならず、研究の姿勢や研究者としてのあり方など、多くの教えを受けて

きた。それにもかかわらず、このような未熟な論文集しか捧げられないのは、ひとえに私の勉強不足のためであるが、両先生からこれまで受けてきた学恩に少しでも報いるよう、いっそう深く研鑽をつむことをここにお約束したい。

　両先生の他、多くの先生に研究・生活両面にわたり様々なご恩をいただいた。カリフォルニア大学バークレー校ロースクールの John K. McNulty 先生には、2004年から2005年にかけて、同校の客員研究員として在外研究をおこなったとき、研究生活両面につき、様々なご配慮をいただいた。先生の研究室を訪ね、私の様々な、しばしばとんでもない質問にもいろいろお答えいただいたことは、忘れえぬ思い出である。石島弘先生（岡山大学名誉教授・岡山商科大学教授）にも、岡山大学赴任後、自由にのびのびと、十分な研究ができるよう、様々なご配慮をいただいた。また学部長や学長補佐の激務をこなしながら、分厚い三巻本を含む多くの業績を発表していく石島先生の研究姿勢にも感化を受けた。渡辺徹也先生（九州大学教授）には、学問の、また人生の先輩として、公私にわたり、様々なご相談に乗っていただいた。その他多くの方々のご助力・ご助言があって、本書をまとめることができたことを、心から感謝したい。

　本書の出版にあたっては、財団法人納税協会連合会から、多大なご支援を賜った。あらためて謝意を申し上げる次第である。また、本書出版に関し、株式会社清文社社長の小泉定裕氏、編集部の冨士尾栄一郎氏ならびに前田美加氏をはじめ、同社の方々に格別のご配慮を賜った。原稿提出の遅延がいちじるしく、本当にご迷惑をおかけしたことをお詫び申し上げると共に、厚く御礼申し上げる。

　最後に、私事にわたって恐縮であるが、私をここまで育ててくれた両親、私の人生に大きな影響を与えた弟、結婚以来私を支えてくれた妻や私をプライベートの面で支えてくれた多くの人々に、ここで感謝の気持ちを述べることをお許し願いたい。

　平成20年（2008年）1月1日

髙橋祐介

目　次

はしがき　i

序言………………………………………………………………………… 1
  1　本書の研究対象と目的………………………………………………… 1
  2　本書の構成……………………………………………………………… 6
  3　アメリカ連邦所得税におけるパートナーシップ及びパートナーの意義………………………………………………………………… 7
    ［1］　制定法上の定義及び私法（州法）上のパートナーシップとの関係　7
    ［2］　連邦税法上の分類の概要　9

第一章　パートナーシップの稼得した所得とその帰属……………… 11
  1　はじめに………………………………………………………………… 11
  2　日本における組合課税制度…………………………………………… 12
  3　アメリカにおけるパートナーシップ課税と所得の配賦…………… 16
    ［1］　パートナーシップ所得課税の基本的構造　16
      ［a］　制定法の構造　16
      ［b］　所得移転の法理と所得配賦　20
    ［2］　パートナーシップ所得の配賦：704条(b)財務省規則　24
      ［a］　704条(b)による所得配賦規制　24
      ［b］　経済的効果テスト　28
        (1)　一般原則：経済的効果基本テスト　28
        (2)　代替的経済効果テスト　32
        (3)　経済的効果同等テスト　35
      ［c］　実質性テストの必要性　35
        (1)　租税回避の可能性　35
        (2)　損失移転配賦　36
        (3)　利益移転配賦　37
        (4)　性質移転配賦　39

        (5) 課税上の利益の売買　40
      [d] 実質性テスト　43
        (1) 全体的課税効果テスト　44
        (2) 課税結果移転テスト　45
        (3) 一時的配賦テスト　46
        (4) 小括　47
      [e] 実質性テストの問題点　48
        (1) 時価・基準価格等価規定による租税回避の可能性　49
        (2) 実質性テストの評価基準　52
      [f] パートナーシップ持分テスト　53
        (1) 経済的効果テストを満たさない場合の再配賦　55
        (2) 実質性テストを満たさない場合の再配賦　55
      [g] 小括　56
  4 おわりに……………………………………………………………………… 58

第二章　パートナーシップ持分の基準価格……………………………… 60
  1 はじめに……………………………………………………………………… 60
  2 パートナーシップ課税の基本的概念………………………………………… 62
    [1] 出資　62
    [2] 分配　63
    [3] パートナーシップ持分の基準価格と持分の譲渡　64
  3 パートナーシップ持分の基準価格…………………………………………… 65
    [1] 算定方法　65
      [a] 一般原則　65
        (1) 取得基準価格（original basis）　66
        (2) 基準価格の修正　66
      [b] 負債割当額　69
        (1) はじめに　69
        (2) 負債割当額算定の原則　71
        (3) 「損失の経済的危険」とリコース負債割当額の算定　72

　　　　　(4)　「ノンリコース負債割当額」の算定　75
　　［2］基準価格の機能：損失控除制限　76
　　　　［a］基準価格の諸機能　76
　　　　［b］損失控除制限（704条(d)）　76
　　［3］負債割当額の決定方法に対する批判　80
　　　　［a］「みなし清算」方式の虚構性　81
　　　　［b］パートナー間の資本勘定を通じた借入れに対する批判　83
　　　　［c］負債の自由な配賦：Burke & Friel 提案　88
　　［4］小括　89
4　おわりに……………………………………………………………………… 89

第三章　パートナーシップに対する出資とビルトイン・ゲイン／ロスの配賦………………………………………… 92

1　はじめに……………………………………………………………………… 92
2　パートナーシップに対する出資と所得の配賦……………………………… 93
3　ビルトイン・ゲイン／ロスの配賦：内国歳入法典704条(c)(1)(A)……… 97
　　［1］問題の所在：ビルトイン・ゲイン／ロスの移転　97
　　　　［a］704条(c)配賦　97
　　　　(1)　704条(c)(1)(A)の目的　97
　　　　(2)　減価償却資産のビルトイン・ゲインの配賦　102
　　　　［b］「逆」704条(c)配賦　103
　　　　［c］その他のビルトイン・ゲイン／ロス移転防止条項　106
　　［2］704条(c)(1)(A)の歴史　109
　　　　［a］54年 ALI 研究：部分的繰延売買アプローチの検討　109
　　　　［b］54年歳入法典：シーリング・ルール問題の発生　113
　　　　(1)　減価償却資産とシーリング・ルール　115
　　　　(2)　ビルトイン・ゲインのある資産と出資後の値下がり　118
　　　　［c］82年 ALI 研究：完全繰延売買アプローチの検討　121
　　　　［d］84年法以降　124
　　［3］現行最終財務省規則§1.704-3　126

　　　　［a］　序説　126
　　　　［b］　伝統的方式　126
　　　　［c］　治療的配賦のついた伝統的方式　127
　　　　［d］　救済的配賦方式　130
　　　　［e］　濫用防止規定　133
　　　　［f］　その他の規定　136
　　　　　(1)　少額適用除外　136
　　　　　(2)　資産の合算　136
　　　　　(3)　証券パートナーシップに対する特別規定　137
　　［4］　小括　138
　4　日本における組合課税……………………………………………　140
　　［1］　組合に対する資産の出資　140
　　［2］　全部譲渡説の問題　143
　　［3］　一部譲渡説の問題　144
　　［4］　無譲渡説の問題　145
　　［5］　小括　145
　5　おわりに………………………………………………………………　147

第四章　パートナーシップ持分の譲渡……………………………　149
　1　はじめに………………………………………………………………　149
　2　日本における組合員たる地位の譲渡とその課税結果……………　151
　3　パートナーシップ持分の譲渡の課税上の取り扱い：1999年財
　　務省規則改正前………………………………………………………　153
　　［1］　一般原則　153
　　　　［a］　持分譲渡人の取り扱い　153
　　　　［b］　持分譲受人の取り扱い　156
　　　　［c］　その他の課税結果　156
　　［2］　解散予定パートナーシップ条項：751条(a)　158
　　　　［a］　問題の所在　158
　　　　［b］　751条資産　160

　　　　　(1)　未実現未収金　160
　　　　　(2)　棚卸資産項目　162
　　　［ｃ］　751条資産に配賦される実現額　164
　　　［ｄ］　751条資産に配賦される基準価格　166
　　　［ｅ］　751条資産に帰属する損益及び751条資産以外に帰属
　　　　　　　する損益の計算　168
　　［３］　選択的基準価格調整条項：743条(b)・754条・755条　169
　　　［ａ］　問題の所在　169
　　　［ｂ］　調整額の決定：743条(b)　172
　　　［ｃ］　調整額の配賦：755条　175
　　　［ｄ］　基準価格調整の選択：754条　179
　　［４］　小括　181
　4　持分譲渡の取り扱いに対する様々な見解……………………………………… 183
　　［１］　1954年 ALI 研究　183
　　［２］　1959年アドバイザリー・グループ提案　185
　　　［ａ］　譲渡人の取り扱い　185
　　　［ｂ］　譲受人の取り扱い　187
　　［３］　1982年 ALI 研究　188
　　　［ａ］　譲渡人の取り扱い　188
　　　［ｂ］　譲受人の取り扱い　191
　　［４］　1999年改正財務省規則　192
　　　［ａ］　選択的基準価格調整条項　193
　　　　　(1)　調整額の決定方法　193
　　　　　(2)　調整額の配賦　194
　　　［ｂ］　解散予定パートナーシップ条項　195
　　［５］　小括　196
　5　おわりに……………………………………………………………………………… 198

第五章　パートナーシップからの分配と所得課税……………………………… 203
　1　はじめに……………………………………………………………………………… 203

2 パートナーシップからの分配とその課税上の取扱い……………… 205
　［1］ 一般原則　205
　　　［a］ 序説　205
　　　［b］ 損益認識　208
　　　［c］ 分配資産の基準価格　213
　　　［d］ 分配受領パートナーのアウトサイド・ベイシス　218
　　　［e］ 分配されなかったパートナーシップ資産の基準価格　218
　　　［f］ 分配資産の分配後の処分時の損益　219
　　　［g］ 小括　220
　［2］ 解散予定パートナーシップ条項：751条(b)　223
　　　［a］ 問題の所在　223
　　　［b］ 751条資産と「相当な値上がり」基準　227
　　　［c］ 751条(b)の適用：7段階分析　229
　　　　(1) 序説　229
　　　　(2) 7段階分析の清算分配への適用　231
　　　　(3) 7段階分析の現在分配への適用　234
　　　［d］ 小括　241
　［3］ 選択的基準価格調整条項：734条(b)・754条・755条　243
　　　［a］ 問題の所在　243
　　　［b］ 調整額の決定：734条(b)　249
　　　［c］ 調整額の配賦：755条　252
　　　［d］ 小括　256
　［4］ その他の条項　261
　　　［a］ 731条(c)　261
　　　［b］ 732条(d)　262
　　　［c］ 732条(f)　263
　　　［d］ 704条(c)(1)(B)・737条など　264
　［5］ まとめ　266
3 分配の課税上の取扱いに対する様々な議論…………………………… 268
　［1］ 1954年ALI草案　268

［2］ 1959年アドバイザリー・グループ提案　272
　　　　　［a］ 751条(b)の削除　272
　　　　　［b］ 734条(b)基準価格調整条項の改正　273
　　　［3］ 1982年 ALI 研究　277
　　　　　［a］ 完全分割アプローチ適用と751条(b)の削除　277
　　　　　［b］ 分配時の734条(b)基準価格調整の改正　282
　　　［4］ Andrews 提案　283
　　　　　［a］ 734条(b)基準価格調整の算定方法の改正　284
　　　　　［b］ 755条による基準価格調整配賦方法の改正　285
　　　　　［c］ 751条(b)の改正　287
　　　　　［d］ 現在分配の取扱い　290
　　　［5］ 1999年 ALI 研究　293
　　　　　［a］ 分配時の課税上の取扱い（Proposal 5-1）　294
　　　　　［b］ 分配時の事業体残存資産の基準価格調整（Proposal 5-2）　296
　　　　　［c］ 基準価格配賦方法（Proposal 5-3）　298
　　　　　［d］ 通常損益の認識（Proposal 5-4）　299
　　　［6］ 2000年予算におけるクリントン政権提案　299
　　　［7］ まとめ　304
4　日本における組合からの分配とその課税結果………………………………307
　　［1］ 序説　307
　　［2］ 清算課税説と分配時の課税　311
　　　　　［a］ 清算課税説と課税機会　311
　　　　　［b］ 組合からの分配と譲渡所得課税　313
　　　　　［c］ 現行法の問題点と立法提案　316
　　　　　［d］ 簡素化・課税繰延べに関する立法提案　317
　　　　　　⑴　簡素化を図る場合　317
　　　　　　⑵　課税繰延べを図る場合　318
　　　　　［e］ 応用事例　320
5　おわりに……………………………………………………………………………321

第六章　ファミリー・パートナーシップと所得の配賦について……… 323
　1　はじめに………………………………………………………………… 323
　2　704条(e)：ファミリー・パートナーシップ条項……………………… 326
　　［1］序説　326
　　［2］704条(e)制定前の状況　328
　　　　［a］Tower事件最高裁判決前　328
　　　　［b］Tower事件最高裁判決以後　330
　　　　［c］Culbertson事件最高裁判決以後　331
　　　　［d］1951年改正　332
　　［3］704条(e)(1)　333
　　　　［a］序説　333
　　　　［b］重要な所得生産要素としての資本　334
　　　　［c］資本持分の所有　335
　　　　　(1)　資本持分　335
　　　　　(2)　資本持分の所有　336
　　　　［d］その他のパートナー　340
　　［4］704条(e)(2)　341
　　　　［a］所得の再配賦　341
　　　　［b］704条(e)(2)の適用を受けないパートナー間の所得再配賦　343
　　［5］704条(e)(3)及び財務省規則§1.704-1(e)(4)　344
　　［6］小括　344
　3　おわりに………………………………………………………………… 346

第七章　パートナーシップ課税年度と持分変動時の所得配
　　　　賦について……………………………………………………… 347
　1　はじめに………………………………………………………………… 347
　2　パートナーシップ課税年度…………………………………………… 348
　　［1］序説　348
　　［2］パートナーシップの課税年度　350
　　　　［a］原則　350

　　　　［ｂ］　最小合計繰延額アプローチ　352

　　［３］　パートナーの課税年度　354

　　［４］　706条(b)による必須課税年度以外のパートナーシップ課税年度の選択　354

　　［５］　まとめ　355

3　持分変動時の所得配賦……………………………………………………………356

　　［１］　序説　356

　　［２］　パートナーシップ課税年度の終了　356

　　　　［ａ］　全パートナーに関する課税年度の終了　356

　　　　［ｂ］　個々のパートナーに関する課税年度の終了　358

　　［３］　持分変動時の所得配賦　359

　　　　［ａ］　序説　359

　　　　［ｂ］　持分変動時の所得配賦　361

　　　　　(1)　持分全体処分時の所得配賦　361

　　　　　(2)　持分の一部が処分されたときの所得配賦　365

　　　　　(3)　特別配賦による遡及的配賦の効果　366

　　［４］　まとめ　368

4　おわりに………………………………………………………………………………369

第八章　組合課税　―「簡素・柔軟・公平」な組合課税の立法提案― ……………………………………………………………372

1　はじめに………………………………………………………………………………372

2　立法の際の目標………………………………………………………………………375

3　所得の配賦……………………………………………………………………………376

　　［１］　現在の状況　376

　　［２］　検討　377

　　　　［ａ］　独立当事者間の組合契約の場合　379

　　　　［ｂ］　関連当事者間の組合契約の場合　381

　　［３］　提案　382

4　出資と分配……………………………………………………………………………383

　　［１］　現在の状況　383

［2］検討　384
　　　　　［a］資産の出資　385
　　　　　［b］分配　386
　　　［3］提案　388
　5　持分の譲渡……………………………………………………389
　　　［1］現在の状況　389
　　　［2］検討　389
　　　［3］提案　391
　6　おわりに………………………………………………………391

　索引……………………………………………………………………395

　　　　　　　　　　　カバー・表紙・トビラデザイン　前田俊平

序　言

1　本書の研究対象と目的

　現代社会においては、様々な形態で事業や投資（以下、まとめて事業という）が行われているが、典型的には、個人（自然人）が直接行う個人事業と、法人、なかんずく会社形態で行うものがほとんどであると思われる。わが国の税制においては、個人事業からの所得に対しては所得税が、法人事業からの所得に対しては法人税が原則として課されることになっている（所得税法（以下、所法という）5条及び7条、法人税法（以下、法法という）4条以下参照）。

　しかし、個人や法人が集団で事業を営み、その集団が法人ではない場合、事業からの所得がどのように課税されるかについてはそれほど明らかではない。所得税法及び法人税法は、そのような集団が、法人でない社団又は財団で代表者又は管理者の定めがあるものの場合には、これを「人格のない社団等」（所法2条1項8号、法法2条8号）と呼び、法人とみなして課税関係を決定する旨明らかにしているが（所法4条、法法3条）、人格のない社団等に該当しない集団で事業が営まれたとき、（近年は別にするとしても）その課税関係について条文がほとんど存在せず、研究もあまり盛んではなかったと思われる[1]。

---

[1]　ただし近年は非法人事業組織について注目も集まり、その条文も徐々に整備され、研究も盛んになりつつある。人格のない社団等や任意組合、匿名組合、信託課税、SPC・投資法人などの事業体課税につき概説的に述べたものとして、拙稿「事業体課税論」岡村忠生編『新しい法人税法』（有斐閣、2007年）61頁参照（以下、事業体課税論と引用。個別領域の基本的文献や判例についても同論文を参照のこと）。

1

このような背景の下、本書は、非法人形態で営まれる事業組織を通じ、事業を行って所得を稼得した場合に、どのような課税上の問題が生じ、それをどのように解決していくのかを検討するものである。しかし、このような非法人形態の事業組織は、日本の私法上における分類に従っただけでも任意組合（民法667条以下。民法上の組合）や匿名組合（商法535条以下）など数種類に分かれ、これらをそれぞれ深く探究しながら、かつ網羅することは、本書では不可能である。

　そのため、本書では、ある組織ないし団体が稼得した所得につき、その組織自身に対して課税をするのではなく、組織の構成員が（組織がその所得を稼得したときに）その所得を稼得したものとみる、いわゆる組合課税にその研究対象を絞ることにする。それは組織自体を法人として課税しない場合の、もっとも原始的かつ根源的な課税方法の一つと考えられるからである。このような組合課税を受ける典型的な組織としては、日本の任意組合[2]が挙げられるが[3]、前

2　所得税基本通達2-5、法人税基本通達1-1-1は、任意組合（民法上の組合）が人格なき社団等に該当しない旨を明らかにしている。任意組合と人格なき社団等をどのように分類するかについては、参照、佐藤孝一「人格のない社団の成立要件についての一考察―類型論による租税法解釈の一展開として―」税務大学校論叢18号137頁（1987）、石倉文雄「税法適用関係における人格なき社団論　―熊本ねずみ講についての二つの対立する判決に関連して―」山田二郎先生古希記念『税法の課題と超克』（信山社、2000年）1頁等。

　なお、実在する任意組合としては、例えば特定建設工事共同企業体／経常建設共同企業体（いわゆるJV）（来栖三郎『契約法』（有斐閣、1974年）632頁以下、平井一雄「建設共同企業体の法律的性質-判例を素材として」ジュリスト852号205頁（1986）、荒井八太郎『建設請負契約論　―建設工事クレームの法律学的研究―』（勁草書房、1967年）265頁、建設業共同企業体研究会編著『新・JV制度Q&A』（大成出版社、1994年）12頁、最判昭和45年11月11日民集24巻12号1854頁等）や投資事業組合（「投資事業有限責任組合契約に関する法律」（平成10年6月3日法律第90号。以前は「中小企業等投資事業有限責任組合契約に関する法律」と呼ばれていた）に基づいて設立された投資事業有限責任組合を除く）（森田松太郎「投資組合設立の実際とそのメリット・デメリット」税理29巻3号144頁（1986）、植松守雄「講座　所得税法の諸問題　第12回　第一　納税義務者・源泉徴収義務者（続11）」税経通信42巻9号40頁以下（1987）等）、従業員持株会（いわゆる証券会社方式のもの）（新谷勝『平成6年改正　自己株式の取得と従業員持株制度』（中央経済社、1994年）117頁、野村證券株式会社累積投資部編『持株会の設立と運営実

務』（商事法務研究会、1995年）1頁、飯島眞弌郎編著・萩原英彦／稲垣隆一著『Q&A持株制度の運用と実務』（新日本法規出版、1998年）29頁等）などがある。これらの任意組合は比較的身近に、かつ数多く存在する集団であるから、それらを取り巻く課税上の問題を検討することは、実務上の意義も大きいものと考えられる。

さらに通達（所得税基本通達（以下、所基通という）36・37共-19（注1）及び法人税基本通達14-1-1（注））によると、任意組合と同様の課税を受けるものとして、前述の投資事業有限責任組合や有限責任事業組合（「有限責任事業組合契約に関する法律」（平成17年5月6日法律第40号）。いわゆる日本版LLP）がある（経済産業省担当者による日本版LLPの解説として、日下部聡・石井芳明監修／経済産業省産業組織課編『日本版LLP パートナーシップの未来へ』（経済産業調査会、2005年）があるが、同書8～9頁や56頁などによると、もともと日本版LLPが組合課税（同書では構成員課税という）を狙ったものであることがわかる）。

3　ただし、組合が所得を稼得した時点で、その所得が組合員に分配されていなくても（あるいは分配されるか否かわからなくても）、組合員に対して課税を行うことは、現行の所得税法36条・法人税法22条の権利確定主義あるいは実現主義（発生主義）下で、常に容認されるのか、疑問の余地はある（詳しくは、拙稿「民法上の組合を稼得した所得の課税に関する基礎的考察 ―課税時期、所得種類、帰属を中心に」税法学543号55頁、57～72頁（2000）参照）。例えば、植松守雄「講座　所得税法の諸問題　第6回　第一納税義務者・源泉徴収義務者（続5）」税経通信42巻3号34頁注(3)（1987）は、所得の実現概念との関連で、組合の所得即組合員の所得として、組合に留保された所得まで組合員の所得と解釈することに問題があると指摘する。これに対し、増井良啓「組合損益の出資者への帰属」税務事例研究49号53頁（1999）は、課税前利益がそのまま投資にまわることによる課税繰延防止のため、組合が所得を稼得した時点で組合員に対する課税を容認している。

　一つありうる考え方としては、組合が課税上納税義務者ではなく、無視されるもの（disregarded）であることに着目したものがある。つまり、組合の利益は、その組合が課税上無視され、透明なものとされる以上、組合員が直接稼得したものとみるしかない、というものである。この考え方は、組合に利益があることを前提とするから、存在しないはずの組合がなぜ利益を得られるのかという点で背理ではあるが、いったん組合の存在を認めて利益を観念した後、組合を無視してその利益を組合員に対して課税するという考え方は、アメリカにおけるパートナーシップ所得課税の基本的な考え方である（see U.S. v. Basye, 410 U.S. 441, 448 (1972). 詳細は、拙稿「事業体課税論」・前掲注1・64-65頁脚注2参照）。

　なお、共同相続人間で帰属が未確定な賃貸相続財産の賃料は、権利確定主義の見地から、当該賃料の最終的帰属が不明確であっても、支払日ないし現実に支払を受けた日を以て課税する旨判示する一連の裁判例（神戸地判昭和61年1月29日税資150号14頁、控訴審：大阪高判昭和61年8月6日税資153号440頁、上告審：最判昭和62年7月2日税資

述のようにそれに関する条文はほとんどなく、また近年蓄積が増えつつあるとはいえ、いまだ十分な研究や裁判例があるわけではない。そこで、本書では主としてアメリカ合衆国の連邦所得税制（内国歳入法典，Internal Revenue Code. 以下、I.R.C. と略称）において、組合課税が行われている、パートナーシップ所得課税（I.R.C.§§701-777. 歳入法典上の位置づけから、これら条文はまとめてサブチャプターK, Subchapter K と呼ばれる）[4]を主たる検討対象とし、その構造と問題点を明らかにしていくことにしよう。

本書の検討対象であるパートナーシップ所得課税の最も大きな特徴は、パートナーシップの稼得した所得が、パートナーシップそれ自体に課税されることなく「通り抜け」（pass-through、パス・スルー[5]）、パートナーに直接帰属するものとしてパートナーに課税されることにある。内国歳入法典上、パートナー

159号20頁他）があるが、このような権利確定主義の解釈からすれば、特に明文の規定なく、組合の稼得した所得につき組合員に課税することは容認されると考えられる。

4 なお、パートナーが100人以上存在し、所定の選択をなしたパートナーについては、選択大規模パートナーシップ（electing large partnership）として、一定の簡素化されたパートナーシップ課税を受ける（I.R.C.§§771-777）。本書ではパートナーシップ課税の本質を捉え、細部にわたる検討を行ってその問題点を把握するべく、基本的にはこのような選択大規模パートナーシップに対する課税を取り上げない。

アメリカ・パートナーシップ課税の基本的概説書であり、本書がもっとも依拠したものとして、WILLIAM S. MCKEE, WILLIAM F. NELSON & ROBERT L. WHITMIRE, FEDERAL TAXATION OF PARTNERSHIPS AND PARTNERS (4th ed. 2007 & Supp. 2007) [hereinafter FEDERAL TAXATION]; ARTHUR B. WILLIS, JOHN S. PENNELL & PHILIP F. POSTLEWAITE, PARTNERSHIP TAXATION (6th ed. 1997 & Supp. 2007)) [hereinafter WILLIS]. また、The Bureau of National Affairs が出版している TAX MANAGEMENT PORTOFOLIOS の700番以降も相当に詳細な制度説明を行っている。日本語文献として、平野嘉秋「パートナーシップ税制の法的構造に関する一考察 ―日米比較を中心として―」税務大学校論叢23号1頁（1993）、平野嘉秋『パートナーシップの法務と税務』（税務研究会出版局、1995年）、須田徹『米国のパートナーシップ ―事業形態と日米の課税問題―』（中央経済社、1994年）、水野忠恒「パートナーシップ課税とパス・スルー方式 ―アメリカ法を中心にして―」日税研論集44巻3頁（2000）、佐藤英明「アメリカ連邦所得税における『パートナーシップ』の範囲に関する問題点」日税研論集44巻33頁（2000）などがある。

5 しばしば flow-through（流れ抜ける）とも呼ばれる（例えば、I.R.C.§772の表題は SIMPLIFIED FLOW-THROUGH である）。パス・スルーという言葉の意味につき、詳しくは、事業体課税論・前掲注1・71頁以下を参照のこと。

シップ所得課税の規定は相当に整備され、裁判例や通達等も多く、さらに研究も盛んである。

　また、パートナーシップ所得課税は、その立法の目標を、「簡明性、柔軟性及び（パートナー間の）平等性（simplicity, flexibility, and equity）」[6]としており、パートナー間の経済的取り決めに即した柔軟な課税を行っている点も特徴的である。日本における法人以外の組織では、構成員間で相当自由な経済的取り決めをなし、必然的に構成員間の経済的関係も様々なものとなりうる。そのような経済的関係に即して適切平等な課税を行うために、本質的に税制は柔軟性、つまりいかなる経済的取り決めがなされたにせよ、それに対応することが要求されると思われる。日本におけるこのような問題点を鑑みるとき、パートナーシップ所得課税を検討することは有益である。

　以上、本書では、アメリカのパートナーシップ所得課税を主たる研究対象にするが、このようなアメリカの制度研究をベースに、日本における問題点を明らかにするため、日本における任意組合の課税関係を対照させることとしたい。ただし本書の紙面上の制限と研究材料の多少の観点を考慮して、主たる検討対象はあくまでアメリカのパートナーシップ所得課税としつつ、そこから導き出される理想的な課税モデルを構築することを主眼としたい。その意味で日本における任意組合の課税関係には最低限触れるにすぎないが、課税モデルと任意組合の課税関係とを対照させることにより、任意組合課税の問題点とその解決法を間接的に示すことが可能であると考えられる。

　なお、本書は州法上のパートナーシップと任意組合の私法上の類似性に着目してこれを比較するものではなく、またそのような私法上の制度比較や問題検討を行うものではないことに注意されたい。なお、本書における任意組合には、特に断りのない限り、同様の課税を受けるとされる投資事業有限責任組合や有限責任事業組合も含むものとする（本序言脚注2を参照）。

　本書は、内国歳入法典や財務省規則、各種の立法資料、裁判例、行政実務、学説・意見書等を詳細に整理検討し、歴史的経過も踏まえながら、パートナー

6　H.R. REP. No 83-1337, at 65 (1954); S. REP. No. 83-1622, at 89 (1954).

シップ所得課税のルールと問題点を明らかにした点で、拙いながらも、意義を有するであろう。日本における組合課税ないしパス・スルー課税研究の一助となれば幸いである。

2 本書の構成

　前述のように、本書は、パートナーシップ所得課税をその検討対象とするが、すべての法的構造を網羅的詳細に検討し結論を導くことは、筆者の時間的・能力的限界を超え、また重要な論点を見失わせる可能性をもたらすものである。しかし、本書の検討の中で徐々に明らかにされるように、パートナーシップ課税の問題は、あたかも精巧な組細工のように、パートナーシップの結成・活動・清算といういわばパートナーシップの一生を念頭に置きつつ、精密詳細にしかも相互関連を考えながら考察するべきものである。そこで、本書では特にパートナーシップ所得課税において重要な、いわばパートナーシップ所得課税の骨格を形成し、かつ関連する側面をまず5つ取り上げ、それについて検討を行う。その後、これに密接に関連する側面を2つ取り上げた後、最後にこれらの側面の検討をあわせ、「簡素、柔軟、公平」な組合課税モデルを提示することにより、本書の結論としたい。

　第1章は、パートナーシップがその事業で稼得した所得が、どのようにパートナーに帰属し、課税されるのか、そしてそのような課税がもたらす租税回避の可能性とその立法論的対応策を検討する。中心的な5つの側面の中でも特に重要であり、本章での検討は他の4つの問題の基礎となる。

　第2章は、パートナーたる地位（いわゆるパートナーシップ持分）の基準価格について検討する。この概念は、パートナーシップに対する出資、パートナーシップ持分の譲渡、パートナーシップからの脱退やパートナーシップ清算において極めて重要な役割を果たすものである。本章では、出資時や持分譲渡時の課税上の取扱いを簡単に概観した後、パートナーシップ持分の概念の意義と問題点を検討する。

　第3章は、パートナーシップに対する資産出資の問題、とりわけ資産出資時

の譲渡課税が行われるべきか否かという問題を取り扱う。ここでは、パートナーシップに対する資産出資時の取扱いと、いわゆるビルトイン・ゲイン／ロスの配賦の問題を中心に検討を行う。

　第4章は、パートナーシップ持分の譲渡時の取扱い、その問題点と対応策を、集合アプローチと実体アプローチの対立を軸にしながら検討する。

　第5章は、パートナーシップから金銭や資産が分配された場合の課税関係を取り上げる。ここでは特に、分配された資産や分配されずにパートナーシップが保有している資産に含み損益が生じている場合における譲渡損益課税の側面が問題となる。従来の譲渡損益課税の枠組みでは捉えきれない問題が生じることを念頭に置き、パートナーシップ分配時の譲渡損益課税のあるべき姿を検討する。

　以上が中心的な5つの側面であるが、これに密接に関連するものとして、第6章では、いわゆるファミリー・パートナーシップの問題を取り上げる。第1章の検討が基本的に独立当事者であるパートナー間の所得配賦の側面に対するものであるのに対し、本章では基本的に家族のような関連当事者間での所得配賦について、アメリカの対処法とその問題点を検討するものである。

　さらに、第7章では、所得配賦に関連する2つの側面、課税年度と持分変動時の所得配賦規制について、検討を行う。

　最後に、第8章では、これまで行ってきた検討のまとめとして、「簡素・柔軟・公平」な組合課税のモデルを提案する。

3　アメリカ連邦所得税におけるパートナーシップ及びパートナーの意義

［1］　制定法上の定義及び私法（州法）上のパートナーシップとの関係

　本書は、パートナーシップ所得課税を検討対象とするが、後述する各章ではそこでいうパートナーシップやパートナーの定義について言及していない。パートナーシップやパートナーとはなにかという問題はそれ自体パートナーシップ課税においては重要であるが、しかし考え方としては、パートナーシッ

プ所得課税の対象たるべきパートナーシップやパートナーとは、パートナーシップ所得課税の内容によって決まってくると思われる。このことから、本書はパートナーシップの定義の是非について、パートナーシップ所得課税の内容をみた後に検討すべきとの立場を取り、本書ではパートナーシップの定義について、検討を行わない[7]。

もっとも、パートナーシップ所得課税を検討する上で、最低限の定義は必要であるから、ここでは内国歳入法典上の定義を中心に概説を行う。

内国歳入法典761条は、「パートナーシップ」を「シンジケート、グループ、プール（pool）、ジョイントベンチャーその他非法人組織（unincorporated organization）で、それを通じてまたはそれにより事業、財務活動（financial operation）若しくは投機（venture）を営むもので、本編（高橋注：内国歳入法典のこと）において法人または信託若しくは遺産ではないもの」を含むと定義しており、「パートナー」をパートナーシップの構成員（member）としている[8]。

パートナーシップは元々私法上の概念であり、各州では統一州法委員全国会議（National Conference of Commissioners on Uniform State Laws）が公表した統一パートナーシップ法（Uniform Partnership Act（1914）, Uniform Partnership Act（1997）など）や統一リミテッド・パートナーシップ法（Uniform Limited Partnership Act（1916）, Uniform Limited Partnership Act（2001）など）に基づいたパートナーシップに関する法律を制定し、そこでパートナーシップの定義を設けている。例えば1997年統一パートナーシップ法101条(6)は、パー

7 　共同所有（cotenancy）その他法律関係との区別を含むパートナーシップやパートナーの定義につき、詳細はTreas.Reg.§1.761-1, FEDERAL TAXATION, *supra* note 4, ch. 3; WILLIS, *supra* note 4, ch. 1を参照。パートナーシップ分類については、 Treas.Reg.§301.7701-1以下の制度も参照する必要があるが、これについては後に概説する。

8 　761条はサブチャプターKのみの定義であるが、内国歳入法典全体を通じた定義である同7701条(a)(2)も同様の定義である。なお、761条はこの文章に続けて、積極的事業活動を営まず投資のみを行うものについては、財務省規則（Treasury Regulation. 以下、Treas.Reg.と略）によりサブチャプターKの一部または全部の適用排除を選択できる旨を定めている。この制度については、Treas.Reg.§1.761-2, FEDERAL TAXATION, *supra* note 4, ¶3.08; WILLIS, *supra* note 4, ¶1.02［8］を参照。

トナーシップを「2以上の者が共同所有者として営利事業を営む団体（an association of two or more persons to carry on as co-owners a business for profit)」と定義する。

　内国歳入法典（税法）上のパートナーシップはそのような州法（私法）上の定義を基本的に念頭に置いていると考えられる。しかし例えば Commissioner v. Tower 事件（327 U.S. 280（1946））で、連邦最高裁は、「パートナーシップとは、取引、専門職業（profession）あるいは事業を営むため、人々が金銭、財産（goods）、労力（labor）あるいはスキルをあわせた（join together）ときに設立されるといわれている。…（高橋注：パートナーシップの存在の有無は）パートナーが事業を営み、その利益若しくは損失またはその両方を分けるために、共同することを実際にかつ本当に（really and truly）意図していたかどうか」(at 286-287）によると判示しているから、税法上のパートナーシップ概念は税法固有の概念であって必ずしも州法上のパートナーシップ概念に縛られず、むしろ州法上パートナーシップであることは税法上の考慮されるべき要素と考えられている[9]。

　[2]　連邦税法上の分類の概要
　パートナーシップの定義は上述のようなものであるが、実際は高名なチェック・ザ・ボックス（Check-the-box）財務省規則（Simplification of Entity Classification Rules, 61 Fed. Reg. 66,584（Dec. 18, 1996））[10]に従って、連邦税法上パートナーシップとしての課税を受けるか、法人（正確には association, 社団）として課税を受けるかを選択することができる。
　簡単に概要を述べると、連邦税法上、信託（trust. Treas.Reg.§301.7701-4)と分類されず、また内国歳入法典上と区別の取り扱いを受けない全ての実体（entity）が事業体（business entity）とされる（Treas.Reg.§301.7701-2(a)）。そのうち、州法や連邦法上法人（corporation）とされる一定のもの（これを本来的法人、per se corporation という）は連邦税法上も法人とされるが（Treas.

---

[9]　See WILLIS, *supra* note 4, ¶1.03[1]. 同様のことは Treas.Reg.§301.7701-1(a)第二文にも定められている。

Reg.§301.7701-2(b))、それ以外の事業体（適格事業体、eligible entity）はパートナーシップ（構成員が二人以上）として課税されるか（構成員が一人の場合には税法上無視（disregard）される）、法人として課税されるのかを選択することができる（Treas.Reg.§301.7701-3(a)）。選択をしない場合には、原則として、内国[11]適格事業体であればパートナーシップとされ（ないし税法上無視され）、外国適格事業体であれば少なくとも構成員の一人が無限責任を負っている場合にはパートナーシップ、全員有限責任ならば法人として課税される（Treas.Reg.§301.7701-3(b))[12]。

10　チェック・ザ・ボックス財務省規則に関する日本語文献として、U.S.タックス研究会「米国法人税法の調べ方（154〜156）連邦税法上、どのような基準に基づいて事業組織（business entity）の課税上の扱いが決められるのか - チェック・ザ・ボックス規則(1)〜(3)」国際商事法務27巻3号332頁、4号448頁、5号584頁（1999）、平野嘉秋「米国内国歳入法上の企業分類における新規則 - チェック・ザ・ボックス規則（上）（下）」国際税務17巻11号10頁、12号11頁（1997）、小野傑・渡辺健樹「租税法上の法人概念と先端的金融商品及び国際課税　―日米比較分析」金子宏編『国際課税の理論と実務』（有斐閣、1997年）346頁、359頁以下。なお、チェック・ザ・ボックス財務省規則制定までの歴史的な経過については、佐藤英明「アメリカ連邦所得税における『パートナーシップ』の範囲に関する問題点」日税研論集44号33頁（2000）が詳しい。
11　内国（domestic）事業体か外国（foreign）事業体かについては、Treas.Reg.§301.7701-5を参照。原則として、合衆国の実体として、あるいは合衆国ないしその州の法律によって設立組織された実体を内国事業体、そうでない実体が外国事業体である（同(a)）。
12　チェック・ザ・ボックス財務省規則については、多くの議論や批判が行われているが（例えばSMU Law Reviewの51巻所収の各論文など）、特に連邦議会の租税共同委員会（Joint Committee on Taxation）スタッフが、1997年4月に公表した、STAFF OF JOINT COMM. ON TAX'N, 105th Cong., 1st Sess., REVIEW OF SELECTED ENTITY CLASSIFICATION AND PARTNERSHIP TAX ISSUES (Comm. Print 1997) は、チェック・ザ・ボックス財務省規則がパートナーシップ課税に与えた影響をわかりやすく分析している。なお、チェック・ザ・ボックス財務省規則は国際課税におけるいわゆるハイブリッド・エンティティの問題を引き起こしやすくなるが、これについては拙稿「パートナーシップと国際課税」フィナンシャル・レビュー84号84頁、94頁以下（2006）及びそこに引用されている文献を参照。

第一章　パートナーシップの稼得した所得と
　　　　　その帰属

1　はじめに

　例えば、あなたが本を出版したいと考えたとしよう。テーマは非常に面白く、この本は絶対に売れる。しかしどの出版社に企画を持ち込んでも断られるから、自費出版しよう。でも、自分の力だけではこの本は完成させられない、そのためには自分の尊敬するある先生にも協力してもらおう。そこであなたは先生の所にいって話をする。多忙の先生はあまり乗り気ではない。絶対に売れるという自信があるから、あなたは交渉し始める。出版費用は原則として折半にしましょう、ただし儲かったら先生が七割、私が三割の取り分にします。多額の赤字がでたらその分は私が九割まで負担します。筆記用具は各自が使った額を負担しましょう。参考資料も必要ですね、日本の資料にかかった費用は私が八割負担します、その代わり外国の文献については先生が八割負担して下さい、云々。あなたの目論見はあたり、大層なお金が儲かった…。

　さて、ここで課税の問題が生ずる。このような場合に本の共同出版から来る所得はどう課税したらよいのか？当事者の取り決め通りに課税したらいいのか？それとも取り決めを無視して、全収入・全費用を折半したらよいのか？執筆量に比例して課税した方がよいのか？執筆以外の労務の提供はどう考えるのか？

　本章では、このような共同事業において稼得された所得が、どのようにその構成員に帰属し、それがどのような課税上の問題をもたらすのか、またその対処法を検討することにしよう。日本におけるこのような共同事業を行う典型は

任意組合（民法上の組合。民法667条以下。以下、単に組合という）であり、組合に適用される課税制度は組合課税制度といわれる。後述するように、そこでは組合員に分配される損益は原則として組合契約によって自由に定めることができ、税務上も原則としてそのような自由な損益の分配を尊重しているものの、そこで生じる問題についての対処は不十分である。そこで以下では、当事者に原則として所得や費用を自由に割り振らせ（配賦、**allocation**）、それに従って課税を行いつつも一定の規制を行っているパートナーシップ課税制度を参照し、さらにその問題点を把握することによって、組合課税制度ないしパートナーシップ課税制度にとり、立法論的にあるべき課税モデルを導き出すことにしよう。

以下ではまず、我が国の組合所得課税を概観した後（本章2）、パートナーシップ課税制度を見るが、特に①所得・費用等の当事者による自由な配賦が認められる理由、②所得・費用等の帰属の問題、そして実際上最も重要な問題として、③自由な配賦を利用した不当な租税の回避とその防止策の三点に焦点を当て（同3）、その後まとめを行う（同4）。

2　日本における組合課税制度

日本において組合が稼得した所得の課税について、所得税法・法人税法上の

1　所得税法において任意組合に言及している条文としては、所法161条1号の2、所法180条1項、212条5項、214条1項、227条の2（有限責任事業組合のみ）、228条の4（有限責任事業組合のみ）があるだけであり、法人税法においては任意組合に言及する条文は存在しない。租税特別措置法においては、27条の2（有限責任事業組合のみ）、37条の13第1項2号（投資事業有限責任組合のみ）、41条の4の2（任意組合、投資事業有限責任組合及びこれに類するもののみ）、67条の12（任意組合、投資事業有限責任組合及びこれに類するもののみ）、67条の13（有限責任事業組合のみ）、68条の105の2（任意組合、投資事業有限責任組合及びこれに類するもののみ）、68条の105の3（有限責任事業組合のみ）がある。

なお、人格のない社団等（所得税法2条1項8号、法人税法2条8号）は、法人とみなされて、所得税法・法人税法の規定が適用されるが（所得税法4条、法人税法3条）、人格のない社団等には、組合は含まれない。所得税基本通達2-5及び法人税基本通達1-1-1。

規定はほとんど存在せず[1]、しかもその根幹に関わる規定は皆無であるといってよい。しかし、通達において、組合が稼得した所得は、組合自体に課税するのではなく、組合員に対し課税すると規定されており[2]、判例[3]・学説[4]ともにこれを肯定している。

例えば、法人税基本通達によると、組合事業からの利益や損失は、組合員たる法人の益金・損金の額に算入されるが[5]、その際、①利益・損失が稼得された場合、それが現実に分配・負担されているか否かに関わらず、分配・負担されるべき利益・損失額（通達では帰属損益額といわれる）が算入（配賦）[6]される、及び②その配賦される割合は、組合契約あるいは民法674条によって決定される点に注意しなければならない。

民法上、損益の「配賦」される割合は、組合員が自由に定めることができ、

---

2 所得税基本通達36・37共-19、19の2及び20、法人税基本通達14-1-1、1の2及び2。なお、租税特別措置法（法人税関係）通達62の3(6)-1参照。

3 例えばリンゴ組合事件控訴審判決（仙台高判平成11年10月27日訟月46巻9号3700頁）はこれを明言している。また、同最高裁判決（最判平成13年7月13日訟月48巻7号1831頁）や映画フィルムリース事件最高裁判決（最判平成18年1月24日民集60巻1号252頁）など、任意組合が関わった多くの事件でも、任意組合に対する組合課税の適用を暗黙の前提としていると考えられる。

4 清永敬次『税法（第7版）』（ミネルヴァ書房、2007年）81頁、123頁、岡村忠生『法人税法講義（第3版）』（成文堂、2007年）19頁、金子宏『租税法（第12版）』（弘文堂、2007年）378頁、水野忠恒『租税法（第3版）』（有斐閣、2007年）316～317頁など。

5 参照、碓井光明「共同事業と所得税の課税 ～任意組合課税方式の検討～」税理25巻6号10頁（1982）。

6 アメリカでは、利益や損失（あるいはそれを構成する諸項目）をパートナーに「計算上」割り当てることを、それら利益等を「配賦（allocation）」するといい、資本や配賦された利益の払戻として、「現実に」パートナーシップから、パートナーに対して、金銭その他の資産が譲渡されることを分配（distribution）という。日本では民法でこの両者の概念の区別をしていないことから、税法上も必ずしも明確な区別がされているわけではないが、①平成17年度改正後の所法161条1号の2では「分配」とは異なる「配分」という言葉が使われていること、②通達では「分配」額と「分配を受けるべき」額が区別されていることから、配賦と分配が異なることがある程度意識されているとは思われる。しかし税法全体を通じて別個の言葉で明確な区別をしているとは言い難いため、本書ではアメリカ法の用語法（本章3[1][a]・第二章2[2]参照）に従い、配賦と分配という用語の区別を行う。

その定めがない場合には、出資の価額に応じて定められる（民法674条）。その定め方には制限はなく、例えば利益の配賦される割合と、損失の配賦される割合が異なってもよく、また出資の割合と損益配賦の割合が一致する必要はない[7]。それゆえ例えば、組合契約で、出資割合は５：５だが、利益の配賦割合は９：１、損失の配賦割合は３：７というように定めることもでき、その意味で柔軟性（flexibility）が存在する。

　課税関係において、このような柔軟性がどのように取り扱われるかにつき、制定法上の根拠はないものの、通達においては、このような私法上の柔軟性が基本的に尊重され、契約上定められた配賦割合に従って損益が帰属し、それに応じて課税が行われるのが原則とされている（所基通36・37共-19注２、法基通14-1-1の２注１）。

　しかし、組合契約に応じて組合員間の所得の帰属が決定する場合、いかなる問題が生ずるのか。

　　例１：法人Ａと法人Ｂがある共同事業を行うため、組合を結成した。Ａは多額の欠損金を抱えており、この事業から生ずるであろう利益ではその欠損金を相殺することができないと見込まれている。Ｂは黒字法人である。この共同事業は３年間のもので、３年とも同額の利益が生ずるであろうことが見込まれている。
　　組合契約において、次のように取り決められた。①１年目の利益は全額Ａに配賦する。②２年目の利益はＡとＢで折半する。③３年目の利益は全額Ｂに配賦する。④利益の分配及び資本の払戻しは、３年目の期末に行う。

現実に予測通り利益が生じて配賦が行われたとしよう。先に検討した通り、ＡとＢの契約に従い、１年目の利益は全額Ａに対して課税され、２年目はＡＢそれぞれに、３年目は全額Ｂに対して課税される。

---

[7]　鈴木禄彌編『新版注釈民法(17)　債権(8)』（有斐閣、1993年）126頁以下［品川孝次執筆］、我妻栄『債権各論　中巻二（民法講義V_3）』（岩波書店、1962年）822頁等。

しかし、次の例と比べてどうであろうか。

　　例２：事実は例１と同じ。ただし、１年目と３年目の利益を折半し
　　てＡとＢに配賦すると契約で定めたものとする。

　例１と例２において、３年目の期末に共同事業からＡとＢが分配を受ける
利益は同じである。したがって、結果として、取引の最終的な経済的結果は同
じである。
　しかし、Ｂをみると、例１では２年目と３年目に課税を受け、他方例２にお
いては、１年目から３年目まで毎年課税を受ける。利益総額は例１と例２で変
わらないから、例１は、例２と比べてＢへの課税を繰り延べたことになり、
その分だけ例１におけるＢは例２よりも有利である（Ａは欠損金ゆえに例１
と例２の両方で実際には課税を受けず、差異は生じない）。
　このように、損益配賦の取り決め方により、実質的税負担に差異が生ずる。
例２を通常の取引形式とした場合、それとは異なる取引形式たる例１の選択は、
基本的には同一の経済的効果を達成しつつ、税負担を軽減するから、例２を基
準とする限りは、「租税回避行為」といえる[8]。つまり、現行の組合課税制度を
前提とした場合、租税回避が行われる可能性が十分にあり得るのである。
　おそらくこのような租税回避の可能性を踏まえてのことであろうが、前述の
通達は、分配割合が各組合員の出資の価額を基礎とした割合と異なる場合には
その分配割合が経済的合理性を有するものでなければならないとしている（所
基通36・37共-19但書、法基通14-1-2注１）。ただしその経済的合理性とは何か、
それを満たさない場合にはどのような調整が行われるのかは、必ずしも明らか
ではない[9]。
　そこで、以下では、日本の組合課税同様、当事者の契約により自由に損益を
配賦させつつも、租税回避を防ぐためのシステムを規定しているアメリカの
パートナーシップ課税制度とその問題点をみてみることにしよう。

8　参照、清永・前掲注４・44頁以下。

3 アメリカにおけるパートナーシップ課税と所得の配賦

[1] パートナーシップ所得課税の基本的構造

[a] 制定法の構造

パートナーシップ所得課税[10]は、パートナーシップ自体ではなく、パートナーに対して行われる（内国歳入法典（以下、I.R.C. と表示）§701）。パートナーシップは、いわば導管（conduit）に過ぎない。パートナーは、自分の所得税を計算する際に、パートナーシップ所得の自分の取り分をその他の自分の所得と合算して計算するのであり、これは日本の組合課税と同じである。さらに、パートナーシップ所得や損失は各パートナーに対して配賦されるが、この配賦の仕方は、パートナーが原則として自由に決められ、これに従って課税が行われる（I.R.C.§704(a)）。パートナーが自由に所得や損失の配賦割合を決定でき、これに従って課税が行われる点も日本の組合課税と同じである。

パートナーシップ所得は次の様に課税される。

---

9 そもそも私法上自由に定められた損益の分配割合に従って、税法上も損益が帰属すると考えてよいのか、そこでは損益が無償で移転したとみるべきではないのか、さらに移転するとみた場合に課税関係をどのように考えればよいのか（どのように課税関係を引き直せばよいのか）、という疑問が生じる（例えば、須田徹『米国のパートナーシップ ―事業形態と日米の課税問題―』(中央経済社、1994年) 237頁)。この問題については、拙稿「民法上の組合を稼得した所得の課税に関する基礎的考察 ―課税時期、所得種類、帰属を中心に」税法学543号55頁、78頁以下（2000）及びそこに掲げられている諸文献を参照。契約で定められた損益分配について、合理的理由があればこれを認めるというのが、これまでの学説の多くに示されているところであり（拙稿・前掲・102頁注71を参照）、通達もこれに従ったものと考えられる。課税関係の引き直しについては、法基通14-1-2注2を参照。ただし、贈与や寄附金が生じるのかどうかは明らかではない。

10 本章で参照したアメリカのパートナーシップ課税の基本的概説書として、WILLIAM S. MCKEE, WILLIAM F. NELSON & ROBERT L. WHITMIRE, FEDERAL TAXATION OF PARTNERSHIPS AND PARTNERS (4th ed. 2007 & Supp. 2007) [hereinafter FEDERAL TAXATION] ; ARTHUR B. WILLIS, JOHN S. PENNELL & PHILIP F. POSTLEWAITE, PARTNERSHIP TAXATION (6th ed. 1997 & Supp. 2007) [hereinafter WILLIS] がある。

まず、パートナーシップは、パートナーとは独立した実体（entity）として、その課税所得を算定する（I.R.C.§703）。パートナーシップは、パートナーとは別個の課税年度を有し（I.R.C.§706）、独立して申告書を出し（I.R.C.§6031）、会計方法も独立して選択する（I.R.C.§703(b)）。短期キャピタル・ゲイン／ロス、長期キャピタル・ゲイン／ロスなど所得（income）・利益（gain）・損失（loss）・控除（deduction）（所得等という）の項目（items）の性質は、パートナーシップレベルで決定され、その性質をパートナーが引き継ぐ。

　各パートナーは、702条(a)(1)から(8)に列挙された各項目（例えば、短期キャピタルゲイン／ロス）の「分配割当額（distributive share）」[11]を、個別に自分のものとして所得計算することになる（パス・スルー、pass-through[12]）。分配割当額とは、パートナーシップ所得等のうち、あるパートナーが受け取る「計算上の」割当額のことをいう。また、パートナーシップ所得等を「計算上」割り当てることを、「パートナーシップ所得等の配賦（allocation）」という。つまり、所得の「分配割当額を決定する」ことと、所得を「配賦する」ことは同じ意味である。パートナーシップ所得等をパートナーに割り当てる（配賦する）比率を割当比率（share ratio）という。ここで注意すべきは、実際に行われる「分配（distribution, I.R.C.§731）」と、この「分配割当額」（I.R.C.§704）とは、無関係であるということである[13]。

　列挙項目以外は、所得等を通算して、その算定結果の分配割当額が各パートナーにパス・スルーされる（I.R.C.§702(a)(8)）。パートナーは、配賦された様々な分配割当額を、たとえ実際に分配されていなくても、自己の納税申告書で申告し、課税を受ける。

　分配割当額は、原則としてパートナーシップ契約で定められる（I.R.C.§704

11　分配割当額とは、あるパートナーが受け取る「計算上の」割当額のことである。また、所得の「分配割当額を決定する」ことと所得を「配賦する」ことは同じことである。なお、分配割当額（distributive share）によって分配（distribution）額は決定されない。

12　パス・スルーの定義について、拙稿「事業体課税論」岡村忠生編『新しい法人税法』（有斐閣、2007年）61頁、71頁以下参照。

13　それゆえ、「分配割当額」という言葉は、"something of a misnomer" であるといわれている。FEDERAL TAXATION, supra note 10, ¶11.01［1］。

(a)) が、パートナーシップ契約で定められていない場合、あるいはパートナーシップ契約による所得等の配賦が「実質的な経済的効果 (substantial economic effect)」を欠く場合には、「パートナーシップにおけるパートナーの持分 (the partner's interest in the partnership)」に従って、決定される (I.R.C. §704(b))。

したがって、パートナーシップ契約で定められた所得等の配賦が「実質的な経済的効果」を有する限り、いかなる所得等でも自由に配賦される[14]。例えば、AとBが100ドルずつ出資してパートナーシップを設立した場合、パートナーシップの原価回収控除 (cost recovery deduction) は全額Aに配賦し、非課税利子は4：6で配賦し、その他の損益は7：3で配賦するとパートナーシップ契約で定めることも、それらの配賦が「実質的な経済的効果」を有する限り、自由である[15]。

パートナーシップ所得等の自由な配賦に従うのはなぜか？第一に、次のような説明がある。

「…最も重要であるのは、契約法が利益と負担を無制限の様々な組み合わせで交換することを認めており、パートナーシップは、結局基本的には契約的事業 (contractual undertaking) だということである。…パートナーは、あらかじめ決められた単一の比率により全体的な損益を単純に分けることを、法（高橋注：ここでは私法）によって強制されてはいない。彼らは異なった事業の分野からの利益を、異なった比率で分割することを決めうる。一人あるいは複数のパートナーが特定のタイプの損失について他のパートナーに対し補償 (indemnify) することを約しうる。専門職に就いている人は、その年度における

---

14 アメリカでは、ベンチャー企業支援としてパートナーシップファンドが用いられるが、この場合、出資割合と損益配賦割合が異なるのが通常のようである。参照、ウィリアム・D・バイグレイヴ／ジェフリー・A・ティモンズ著　日本合同ファイナンス㈱訳「ベンチャーキャピタルの実態と戦略」（東洋経済新報社、1995年）14頁、33頁訳注5。
15 「特別配賦 (special allocation)」という言葉は、特に法文上の用語となっているわけではないが、パートナーシップ所得課税においては頻繁に使われる。この言葉は一般に、二つの意味に使われる。一つは一般的な損益の分割とは異なった比率で特定の項目を分割をすることで、二つ目は出資割合と異なった配分（一般的損益配分も含まれる）をすることである、CURTIS J. BERGER & PETER J. WIEDENBECK, CASES AND MATERIALS ON PARTNERSHIP TAXATION 298 (1989).

各自の顧客あるいは患者に対し請求した料金に応じて、利益割当額を算定できる。端的に言えば、パートナーの仲間内の経済的取り決めは、パートナーの望みに応じてあるいは事業の性質に応じて細かくかつ複雑に定めうるのである。…704条の理論は、パートナーの経済的取り決めが、各パートナーの企業の所得あるいは損失の割当額の額と性質の両方について、考慮されねばならないということなのである」[16]。つまり、契約法上自由に配賦が決定できる以上、税法でもこれを尊重し、パートナーシップ所得課税に柔軟性を認めるということであり[17]、その背後には、あるパートナーに有利な所得配賦を行うことは別のパートナーにとっては不利になる[18]という、独立当事者間取引性への信頼がある。

　第二に、そしてこれは第一の説明と矛盾するものではないが、資本（ここでは金銭その他の資産のこと）出資額に応じた所得の配賦が、必ずしもその所得の属する（belong）者への課税とはならない、という説明がある。例えば、「パートナーの出資が金銭的な資本（financial capital）に加えて労務（service）を含み、異なった所得の流れを別個に分けることに合意した場合、資本に応じた配賦は、パートナーシップ投資からのパートナーの経済的所得に対応しないことがある」[19]。

　なお、所得配賦を直接規制するのは704条(b)とその下の財務省規則であるが、704条(b)と財務省規則の下で有効と認められた配賦が、そのまま課税結果を最

16　*Id*, at 303-304.
17　現行のパートナーシップ課税規定が整えられたのは、1954年歳入法典であるが、この制定時に、上下院の委員会報告書は、パートナーシップ課税制度の目的として、「簡明性、柔軟性及び（パートナー間の）平等性（simplicity, flexibility, and equity）」を挙げており（H.R. Rep. No 83-1337, at 65 (1954) ; S. Rep. No. 83-1622, at 89 (1954)）、この柔軟性が現れている部分の一つが、「自由な所得配賦」を認めた課税ということになる。
18　「パートナーに関する税法はしばしば精巧な（delicate）メカニズムを含むのであり、というのもあるパートナーに有利な定めは自動的に他のパートナーにとって不利な結果をもたらしうるからである。1954年法典の基礎にある哲学的な（philosophic）目的の一つとは、パートナーが自分たちの税負担を自分たちで、一定程度決定することを認めるということであり、これが、（高橋注：連邦議会の）委員会報告書が『柔軟性』に言及したときに述べたところのものである。その理論とは、他のパートナーと取引するにあたり、パートナーが自己の将来における納税義務を考慮するであろうというものである」（Foxman v. Commissioner, 41 T.C. 535, 551 (1964), *aff'd*, 352 F.2d 466 (3d Cir. 1965))。

終的に決定するものではない（財務省規則（以下、単に Treas.Reg. と表示）§1.704-1(b)(1)(iii)）。例えば、配賦された損失が、465条の危険負担規定や704条(d)のパートナーシップ持分の基準価格（本書第二章3［2］参照）によって控除できなくなることもある。

［ｂ］　所得移転の法理と所得配賦

以上の所得等の自由な配賦と所得の帰属の関係はどうか。アメリカにおいて、所得の帰属には、いわゆる所得移転の法理（assignment of income doctrine）が適用される[20]。

例えば、「所得課税の第一原則：所得はそれを稼得した者に課税されねばならない」[21]という原則を最初に打ち立てた Lucas v. Earl 事件判決（281 U.S. 111 (1930)）や、利札から生ずる利子はその債務元本の所有者に課税されると判示

19　Lawrence Lokken, *Taxation of Private Business Firms: Imaging a Future Without Subchapter K*, 4 FLA. TAX REV. 249, 268-269(1999)［hereinafter Lokken, *Private Business*］。同論文によると、配賦に関する欠陥は導管（conduit）課税の基本的な問題点を明らかにしており、それは「実体の所有者が複雑な方法で所得を分けている場合、その年度の当該実体の損益がどのようにその所有者によって経済的に分けられているのかにつき、毎年度末に決定する実行可能な手段がしばしば存在しない。したがって、税法が要求するような損益の配賦は、全く人為的（artificial）なものになる」(at 265) ということである。同論文は、このような経済的に不適当な配賦は資本出資に応じて行われる場合でも生じるとし、その例として、借入れによる資金調達類似のパートナーシップのようにパートナーシップ外で同様の投資を行った場合や、資本と労務による投機（いわゆる"Money and Brain Venture"）の場合、リスクが資本出資に応じて分けられていない場合を挙げている (at 265-269)。*See also* Curtis J. Berger, *W (h) ither Partnership Taxation?*, 47 TAX L. REV. 105, 131-134(1991); Walter D. Schwidetzky, *The Partnership Allocation Rules of Section 704(b): To Be or Not To Be*, 17 VA. TAX REV. 707, 724-725 (1998). ある企業（enterprise）の事業所得をその所有者に課税する場合には、所有者間の経済的関係を把握する必要があるが、特別配賦などが行われる場合には濫用の可能性を除去すべく制度が複雑にならざるを得ないとして、特別配賦が行われる場合に実体レベル税（entity-level tax, いわゆる法人税のこと）を課すべきであるとする提案 (Jeffrey L. Kwall, *Taxing Private Enterprise in the New Millennium*, 51 TAX LAW. 229, 246-252 (1998)) もある。

20　所得移転の法理について、とりあえず、*See* BORIS I BITTKER & LAWRENCE LOKKEN, FEDERAL TAXATION OF INCOME, ESTATES AND GIFTS, ch. 75(3d ed. 2003).

している Helvering v. Horst 事件判決（311 U.S. 112（1940））と、パートナーによる自由な所得等の配賦に従ったパートナーシップ所得課税制度の関係をどう理解すべきであろうか。

　さらに、財務省規則は、706条(d)及びそれに関連する所得移転の法理により、704条(b)（及び財務省規則）によって有効とされた配賦を再配賦する（Treas. Reg.§1.704-1(b)(1)(iii)）。706条(d)は、パートナーシップ持分の変動が起こった場合の配賦を取り扱った条文である。また706条(d)に関連した所得移転の法理を示した判決として、例えば、現行706条(d)が制定される前に遡及的配賦を禁止した Rodman v. Commissioner 事件判決(542 F. 2 d 845(2d Cir. 1976))がある。裁判所は、新規加入パートナーに対する加入前の所得の遡及的配賦は、ある納税者が自己の所得を他者に分割することを禁止する Horst 判決に抵触し、認められないと判示している。

　自由な配賦と所得移転の法理の関係について、明確な説明はほとんど見いだせないが、ここではパートナーシップ課税の権威の一人である McKee 教授の見解と、Moore v. Commissioner 事件判決（70 T.C. 1024(1978)）の考え方の二つを示しておこう。

　第一に、McKee 教授は、パートナーシップ所得の配賦の文脈において、所得移転の法理が適用される範囲は極めて狭く、706条(d)の適用される状況に限られる、なぜならば、パートナーシップ配賦の有効性を吟味する場合に所得移転の法理を適用することは、United States v. Basye 事件（410 U.S. 441(1973)）の判決と矛盾するからであると述べる[22]。

　Basye 事件は、医療パートナーシップの提供するサービスの対価として、パートナーに対し退職金を支払う信託に基金が払い込まれた場合、この信託に支払われた報酬額は、医療パートナーシップの所得額に算入されるかが争われた事件である。最高裁は、所得算定上パートナーシップをパートナーの集合（ag-

---

21　Comm'r v. Culbertson, 337 U.S. 733, 739-40(1949), *quoted with approval in* U.S. v. Basye, 410 U.S. 441, 449(1973).

22　William S. McKee, *Partnership Allocations: The Need for an Entity Approach*, 66 VA. L. REV. 1039, 1049-1050 (1980)；FEDERAL TAXATION, *supra* note 10, ¶11.02[1] n. 43.

gregate) ではなく独立した実体 (entity) と位置づけ、信託に支払われた報酬額は、所得移転の法理によりパートナーシップに帰属するから、信託に支払われた報酬といえどもパートナーシップ所得に算入されると判示した。

McKee 教授は、Basye 判決が所得移転の法理をパートナーシップレベルで適用しているのであり、その原理がパートナーレベルで再び適用されるべきではないと述べる。その理由として、パートナーとパートナーシップ間では、なにも稼得 (earn) されておらず、むしろ、すでに稼得したものが単純にパートナー間で配賦されるだけであることを挙げている[23]。

McKee 教授の考え方は、パートナーシップの稼得した所得が、実体としてのパートナーシップ全体に帰属するのであり、個々のパートナーに帰属するものではないということである。すなわち、果実（所得）は、木の所有者としてのパートナーシップに帰属するものであり、個々のパートナーは、果実の帰属する木の所有者ではない。所得がパートナーシップに帰属するか否かについては、(Basye 判決通りに) 所得移転の法理が適用されるが、パートナーシップに帰属した所得がどのパートナーに帰属するか否かには所得移転の法理は適用されない。所得はパートナーシップが稼得したものであり、損益の配賦は単に稼得されたものを配分するだけで、配賦する段階でパートナーが所得を稼得したのではない、ということである。

第二に、Rodman 事件と同じく加入前に発生した損失の遡及的配賦を認めない旨判示した Moore v. Commissioner 事件判決は、現行のパートナーシップ課税を定めたサブチャプターK制定 (1954年) 前には、パートナーシップ損益のパートナーに対する配賦に、所得移転の法理が適用されるか否かについて多少の議論があったが、その制定時に連邦議会が損益配賦についてパートナーに広範な裁量を与えている、と述べている[24]。これは、所得配賦について本来ならば所得移転の法理が適用される可能性があるものの、制定法によってその適用

23　McKee, *supra* note 22, at 1050 ; Federal Taxation, *supra* note 10, ¶ 11.02[1] n. 43.
24　Moore v. Comm'r, 70 T.C. 1024, 1033(1978). ただし租税裁判所は、そのような広範な裁量が遡及的配賦に拡大されるという連邦議会の意図を明確にしている条文がない、と判示し、遡及的配賦が認められないことを明確にしている。

が排除されたことを示すと思われる。したがって、Moore 判決から見ると、現在では、所得配賦に所得移転の法理は適用されず（ただし706条(d)[25]が適用される場合を除く）、専ら704条(b)及びその下の財務省規則の規制にまかされることになる[26]。

McKee 教授の理由づけは、所得移転の法理がパートナーシップレベルで適用される結果、所得配賦にそれが適用されないとするものであり、Moore 事件判決は（所得配賦には所得移転の法理が適用される可能性があったが）制定法(704条(b))によりその適用が排除されたという点で、両者の理由づけは異なっている。しかし、いずれにしろ所得配賦について所得移転の法理が適用されないという結論においては一致している。

なお、所得移転の法理は、問題となる所得をパートナーシップが稼得したかどうかについて適用される。これは、所得移転の法理がパートナーシップレベルで適用されることを示す。したがって、パートナーシップに帰属する所得を、パートナーに直接帰属させる（パートナーシップ申告書で申告せずに、いきなりパートナーの個人申告書上でそれを申告する）ことは原則として認められない[27]。

25　706条(d)、パートナーシップ持分変動時の所得配賦に関する規定であるが、その前身である旧706条(c)(2)を含め、所得移転の法理を示したものと考えられる。Treas.Reg. §1.704-1(b)(1)(iii)第3文（「706条(d)（及び関連する所得移転の法理）」と表示）。同規定に関連する、本文で述べた Moore 事件判決(70 T.C., at 1032-33)や Rodman 事件判決(542 F.2d, at 857-58) でも、所得移転の法理を検討している。706条(d)については、本書第七章3［3］を参照のこと。

26　ただし、以上の議論は、パートナーシップが税法上有効に存在し、納税者がそのパートナーとして税法上認められることが前提となる。例えば、個人的サービスを提供するパートナーシップにおいて、個人的なサービスの価値と比較して所得配賦比率が不釣り合いであり、そのパートナーシップ契約が真正な事業契約ではなく贈与と同等であると認定される場合には、パートナーシップ自体が認められないであろう（BITTKER & LOKKEN, *supra* note 20, ¶75.2.2）。したがって、本来所得の配賦について全般的に考察を進めるためには、パートナーシップの定義あるいはパートナーの定義（いわゆるファミリー・パートナーシップ（I.R.C.§704(e)）の問題も含む）についても留意しなければならない。以下の議論は、これらの問題がない、つまり、パートナーシップの成立及び当事者のパートナーとしての地位が税務上認められているものとして進める。

[2] パートナーシップ所得の配賦：704条(b)財務省規則

[a] 704条(b)による所得配賦規制

前述の通り、パートナーシップ所得等の配賦は、パートナーが契約により自由に定めることができ、課税もそれに従うのが原則であるが、それが無制限に認められるわけではない。つまり、704条(b)（及びその下の財務省規則）の定める一定の基準を満たさなければ、税務上パートナーが契約で定めたパートナーシップ所得等の配賦額、すなわち分配割当額が認められないことになる。以下では、所得等の配賦額の自由な決定に関する704条(b)の規制を見る。

まず、分配割当額は、原則としてパートナーシップ契約で定められるが（I.R.C. §704(a)）、

① パートナーシップ契約で分配割当額が定められていない場合、あるいは
② パートナーシップ契約による所得等の配賦が「実質的な経済的効果（substantial economic effect）」を欠く場合

---

27 アメリカのパートナーシップ課税においては、パートナーがパートナーシップ費用を、パートナー個人の申告書において控除することはできないが、パートナーシップ契約にてパートナーがその費用を個人負担するよう取り決められていた場合には、パートナー個人の総所得からの控除が認められている（*E.g.* Klein v. Comm'r, 25 T.C. 1045, 1051-1052 (1956); Cropland Chemical Corp. v. Comm'r, 75 T.C. 288, 295 (1980), *aff'd mem.*, 665 F.2d 1050 (7th Cir. 1981); Johnson v. Comm'r, 49 T.C.M. 81, 89 (1984). なお、万年筆等の代価の一部を、パートナーシップを通じずにパートナーが受け取った事例において、当該代価のパートナーシップへの帰属が認められた事例として、Starr v. Comm'r, 17 T.C.M. 253 (1958), *aff'd*, 267 F.2d 148 (7th Cir. 1959) がある）。このような取扱いについて、BERGER & WIEDENBECK, *supra* note 15, at 243は、パートナーシップ契約等によってパートナーが負担した費用が（パートナーの個人申告書において）控除が認められるのはおそらく、それがパートナーの事業費用だからではなくてパートナーシップの事業費用だからであり、パートナーに費用を自己負担させる旨の契約によって、支払者たるパートナーにパートナーシップの費用控除を特別配賦したものと取り扱われるからである、と述べている。Basye事件最高裁判決が示すようにパートナーシップは所得移転の法理が適用されるところの計算主体であるから、このように解さないと、現行の取扱いとBasye事件最高裁判決が矛盾してしまうことになるであろう。

には、「パートナーシップにおけるパートナーの持分 (the partner's interest in the partnership)」(以下「パートナーシップ持分」という) に従って、分配割当額が決定される (I.R.C.§704(b))。

重要なのは、「実質的な経済的効果」と「パートナーシップ持分」の概念である。これについて歳入法典は何も述べていないが、その代わり704条(b)財務省規則[28]が詳しく規定している。以下では、主として704条(b)財務省規則に基づいて説明を行う。

配賦が有効な場合として、財務省規則は、以下三つの場合を規定する (Treas. Reg.§1.704-1(b)(1)(i))。すなわち、

(1)その配賦が「実質的な経済的効果」を持つ場合(実質的な経済的効果テストという)

(2)その配賦が「パートナーシップにおけるパートナーの持分」に従っている場合(パートナーシップ持分テストという)

(3)その配賦が「パートナーシップにおけるパートナーの持分に従っている」と「みなされる」場合(みなし持分テストという)

である。

パートナーの定めた配賦が、上記いずれかのテストを満たせば、税務上有効と認められ、それに従った課税が行われる。そうでなければ、パートナーシップ持分テストに従って所得等が再配賦され、課税が行われる。

一般に、「実質的な経済的効果」テストと「パートナーシップ持分」テストは一つのコインの表裏であり、両者は同じ基本的な目的を持つと解されている。その目的とは、パートナーシップ所得・損失項目をそれに対応する経済的利益あるいは負担を負ったパートナーに配賦する(言い換えれば、税負担を経済的

28　T.D. 8065, 1986-1 C.B. 254, T.D. 8099, 1986-2 C.B. 84, T.D. 8237, 1989-1 C.B. 180, T.D. 8385, 1992-1 C.B. 199, T.D. 8500, 1994-1 C.B. 183, T.D. 8585, 1995-1 C.B. 120, T.D. 8717, 1997-1 C.B. 125, T.D. 9126, Treas. Dec. Int. Rev. 9126 (2004), T.D. 9207, 2005-1 C.B. 1344, T.D. 9292, 2006-47 I.R.B. 91(*as corrected at* 71 Fed. Reg. 70,877 (Dec. 7, 2006))(現行最終財務省規則。提案財務省規則 は、Prop. Reg.§1.704-1, 1983-1 C.B. 930、704条(b)についての最初の財務省規則（旧規則）は、T.D. 6175, 1956-1 C.B. 211, T.D. 6771, 1964-2 C.B. 177）。

利益に対応させる）ことである[29]。

　また、両者の違いは、前者がメカニカルなものであるのに対し、後者が極めて曖昧なものになっているところにある。したがって、実質的な経済的効果テストは、パートナーシップ持分テストのセーフ・ハーバー規定と考えられる[30]。

　なお、(3)のみなし持分テストは、前二者と異なり、例えば、税額控除のように所得算定上経済的対応物のない、単なる課税上の項目を配賦するための規定である（Treas.Reg.§1.704-1(b)(4)）[31]。本書ではこのテストを取り扱わない。

　実質的な経済的な効果テストは、さらに「経済的効果」テストと「実質性」テストに二分され、両者を満たさなければ、その配賦は無効とされる（Treas.Reg.§1.704-1(b)(2)(i)）。端的にいえば、経済的効果テストとは、経済的利益を受けたものに課税負担（tax burden）を、経済的負担を受けたものに課税利益（tax benefit）を課すことを目的とした、会計的でメカニカルなものである。一方、実質性テストとは、パートナーが自由に損益の配賦を定めることによって租税回避を図ることを防止するためのテストである。本章2で述べたような租税回避は、このテストにより防止される。したがって、日本の組合課税制度の問題を考えた場合、実質性テストはより注目に値するテストであるといえる（別表1）。

　実際、当事者が約した所得等の配賦が税務上認められるか否かは、セーフ・ハーバーたる実質的な経済的効果テストを満たすか否かにかかっているといってよい。したがって、以下では、まず実質的な経済的効果テストのうち、経済

29　*E.g.*, Lawrence Lokken, *Partnership Allocation*, 41 TAX L. REV. 547, 549 (1986) [hereinafter Lokken, *Partnership*]; Gregory J. Marich, *Substantial Economic Effect and the Value Equals Basis Conundrum*, 42 TAX L. REV. 509, 510 (1987).

30　*E.g.*, Alan Gunn, *The Character of a Partner's Distributive Share Under the "Substantial Economic Effect" Regulations*, 40 TAX LAW. 121, 123 (1986).

31　みなし持分テストの適用項目として、例えば、調整基準価格と帳簿価格が異なるパートナーシップ資産に関する配賦についての特別規定（Treas.Reg.§1.704-1(b)(4)(i)、いわゆる逆704条(c)配賦。本書第三章3［1］［b］参照）や、ノンリコース債務に帰属する損失・控除の配賦に関する特別規定（Treas.Reg.§1.704-1(b)(4)(iv)）がある。

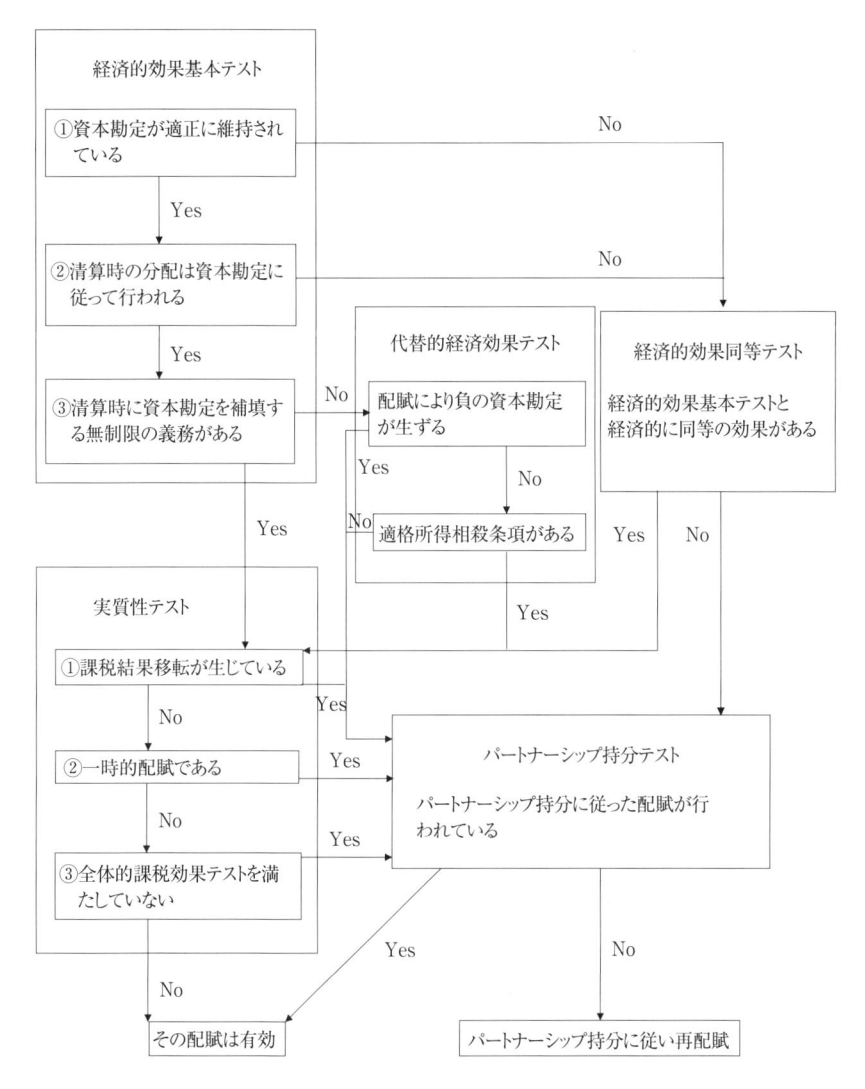

別表1　704条(b)財務省規則のテスト一覧表

経済的効果基本テスト
- ①資本勘定が適正に維持されている → No → (経済的効果同等テストへ)
- Yes ↓
- ②清算時の分配は資本勘定に従って行われる → No → (経済的効果同等テストへ)
- Yes ↓
- ③清算時に資本勘定を補填する無制限の義務がある
- Yes ↓

代替的経済効果テスト
- 配賦により負の資本勘定が生ずる
  - Yes → 適格所得相殺条項がある
    - Yes → (実質性テストへ)
    - No → (パートナーシップ持分テストへ)
  - No → (実質性テストへ)

経済的効果同等テスト
- 経済的効果基本テストと経済的に同等の効果がある
  - Yes → (実質性テストへ)
  - No → (パートナーシップ持分テストへ)

実質性テスト
- ①課税結果移転が生じている
  - Yes → パートナーシップ持分テスト
  - No ↓
- ②一時的配賦である
  - Yes → パートナーシップ持分テスト
  - No ↓
- ③全体的課税効果テストを満たしていない
  - Yes → パートナーシップ持分テスト
  - No → その配賦は有効

パートナーシップ持分テスト
- パートナーシップ持分に従った配賦が行われている
  - Yes → その配賦は有効
  - No → パートナーシップ持分に従い再配賦

〈参考〉
- Karen C. Burke, Federal Income Taxation of Partners and Partnerships 118 (3d ed. 2005).
- Edward J. Schnee & Ed Haden, *Section 704(b) Final Regulations and the Tax Shelter Investment: A Review*, 17 Cumb. L. Rev. 730, 738 (1987).

的効果テストと実質性テストを別々に見た後、そのいずれかを満たさなかった場合に、パートナーシップ持分テストにおいてどのように所得等が再配賦されて課税を受けるかという順序で説明を行う。

[b] 経済的効果テスト

経済的効果テストの目的は、「配賦に対応する経済的な利益あるいは負担がある場合、配賦を受けたパートナー」が「必ず当該経済的利益あるいは負担を受け」るようにすることである[32]。したがって、このテストにおける経済的効果とは、ある配賦が有する経済的利益・負担ということになろう。次の三つのテストのうち一つを満たした場合、その配賦は「経済的効果」があるとされる。すなわち、

(1)経済的効果基本テスト
(2)経済的効果の代替的テスト (alternative test for economic effect、以下、代替的経済効果テストという)
(3)経済的効果同等 (economic effect equivalence) テスト

である。この三つのいずれも満たさなかった場合には、「パートナーシップ持分」テストに移行し、その配賦の有効性が吟味される[33]。

(1) 一般原則:経済的効果基本テスト

「経済的効果」は、パートナーシップの存続全期間にわたり、パートナーシップ契約が次の三項目の全てを規定している場合に存在する。すなわち、

(a)財務省規則通りにパートナーの資本勘定 (capital account) が維持される (Treas.Reg.§1.704-1(b)(2)(ii)(b)(1))、

(b)パートナーシップが清算(あるいはパートナーの持分の清算)する場合 (see Treas.Reg.§1.704-1(b)(2)(ii)(g))、(正の) 資本勘定残高に従って、パートナー

---

[32] Treas.Reg.§1.704-1(b)(2)(ii)(a); *See e.g.*, Thomas W. Henning & William M. Ruddy, *Partnership Allocations - Sailing Beyond the Safe Harbor*, 41 MAJOR TAX PLAN. 22-1, 22-6 (1989); Bradley G. Hoskins & David R. Bower, *An Analysis of the Final Regulations under Sec. 704 (b)*, 17 TAX ADVISER 328, 329, 330 (1986).

にパートナーシップ資産が分配される（Treas.Reg.§1.704-1(b)(2)(ii)(b)(2)）、
(c)清算時に資本勘定に負の残高（deficit balance）があれば、それをパートナーが無条件に（unconditionally）補填する義務を負う（Treas.Reg.§1.704-1(b)(2)(ii)(b)(3)）、

である。

この中で最も重要な要件であり、その他の経済的効果テストでも使用される要件は、資本勘定の維持である。資本勘定とは、簡単に言えば、パートナーシップ資本に占めるそのパートナーの投資額であり[34]、日本の連結財務諸表原則注解17に規定されている持分法により計算された投資勘定と同様に計算される[35]。これが、資本勘定維持規定が財務会計のルールによく似ているといわれる[36]ゆえんである。原則として、資本勘定は次のように維持される（Treas. Reg.§1.704-1(b)(2)(iv)(b)）[37]。

資本勘定は、

---

33 経済的効果テストは、現行最終財務省規則が制定される前にすでに判例で採用されている。リーディング・ケースは Orrisch v. Comm'r, 事件判決（55 T.C. 395（1970））である。これは、減価償却不動産を所有しているパートナーシップの二人のパートナーが口頭で契約し、減価償却費を原告たる納税者に特別に全額配賦した場合の、その配賦の有効性が争われた事件である。この配賦の有効性を評価するにあたり、裁判所は、資産が実際に当該納税者に特別に配賦された減価償却分だけ値下がりしていた場合のパートナーの経済的結果を吟味した。そして、納税者がどのようにその経済的損失を負担するかについてなんらの証拠もなかったので、裁判所は、当該納税者が実際に損失の半分しか負担しないであろうと認定し、当該納税者は減価償却全額を受け取ったがその経済的負担の半額しか負担しないので、減価償却費全額の特別配賦は経済的実質を欠き、無効であると判示した。See, e.g., Holladay v. Comm'r, 649 F.2d 1176 (5th Cir. 1981), affg, 72 T.C. 571(1979); Harris v. Comm'r, 61 T.C. 770(1974); Kresser v. Comm'r, 54 T.C. 1621 (1970). See also William S. McKee, *Partnership Allocations in Real Estate Ventures : Crane, Kresser and Orrisch*, 30 TAX L. REV. 1(1974).

34 「各パートナーの資本勘定は、そのパートナーシップ持分の清算（liquidation）の際に、(高橋注：当該パートナーの) パートナーシップ資産に対する権利あるいはパートナーシップ資産に対する追加出資義務を反映しなければならない。つまり、各パートナーの資本勘定は、パートナーシップに対するその経済的資格（entitlements）あるいは義務（obligations）を反映しなくてはならない」、Marich, *supra* note 29, at 512. See KAREN C. BURKE, FEDERAL INCOME TAXATION OF PARTNERS AND PARTNERSHIPS 10 (3d ed. 2005).

①そのパートナーがパートナーシップに出資した金銭の額及び資産の時価（fair market value）

②そのパートナーに配賦された所得・利益の額（課税・非課税問わない）の分だけ増加し、また、

③パートナーシップがそのパートナーに対して分配した金銭の額及び資産の時価

④そのパートナーに配賦された、パートナーシップ課税所得算定上控除できず、また資本的支出でもない支出の額（I.R.C.§705(a)(2)(B); Treas.Reg. §1.705-1(a)(3)(ii)）

⑤そのパートナーに配賦された損失・控除の額

の分だけ減少する[38]。

資本勘定及び経済的効果基本テストを理解するために、次の例を見よう

35 　正確にいうと、投資勘定は、連結貸借対照表上、資産であり、資本勘定は文字通り資本を示すから、これを同じとみなすのは妥当ではない。ただ、その計算方法が似ている、ということである。企業会計上、資本勘定に厳密に相当するのは、組合企業における出資金勘定であろう。これについては、飯野利夫『財務会計論［三訂版］』（同文舘、1993）10-3頁以下参照。

　日本では、平成17年度税制改正（「所得税法等の一部を改正する法律」（平成17年3月31日法律21号））にて、有限責任事業組合の事業にかかる組合員の事業所得等の所得計算の特例（措置法27条の2）が設けられた。この規定では、所得税の計算上、有限責任事業組合の事業所得等の計算上生じた損失が調整出資金額（措置令18条の3第2項）を超える場合、その超える部分について必要経費算入が認めないというものであるが、この調整出資勘定の計算方法は資本勘定の計算とよく似ている。法人税についても調整出資金額または調整出資等金額を用いた同様の規制が行われているが（措置法67条の12及び13、68条の105の2及び3）、この調整出資等金額の計算（措置令39条の31第5項、39条の32第2項、39条の125第3項、39条の126第2項）は、所得税における調整出資金額の計算方法とは異なるため、資本勘定とはそれほど似ていない。これら規定については様々な問題があると考えられるが、別稿で検討する予定のため、本書ではこれ以上取り上げない。

36 　FEDERAL TAXATION, *supra* note 10, ¶11.02[2][c][i]. *See* JEFFREY L. KWALL, THE FEDERAL INCOME TAXATION OF CORPORATIONS, PARTNERSHIPS, LIMITED LIABILITY COMPANIES AND THEIR OWNERS 154 (1995)

37 　資本勘定の基礎となる会計の概念について、*See* Martin B. Cowan, *Contributions to Partnership Capital*, 45 INST. ON FED. TAX'N §21.01, §21.02[1][a], at 21-3 to -9 (1987).

(Treas.Reg.§1.704-1(b)(5) Ex.(1)(iii)を改変）。

例3：AとBがジェネラル・パートナーシップ[39]を設立し、各自40000ドルの現金を出資して、80000ドルの減価償却資産を購入した。パートナーシップ契約によれば、原価回収控除（cost recovery deduction. 要するに減価償却控除のこと）はすべてAに配賦されるが、それ以外の損益は折半される。さらにパートナーシップ契約は、資本勘定が財務省規則の通りに維持され、パートナーシップの清算時には、資本勘定残高にしたがって清算分配を行い、負の資本勘定残高がある場合には、その額だけ追加出資しなければならないと定める。

1年目、パートナーシップは20000ドルの原価回収控除以外の純損益を認識しなかった。Aに対して20000ドルの原価回収控除が配賦され、それ以外の損益は配賦されなかった。ゆえに1年目期末の資本勘定残高は、Aが20000ドル、Bが40000ドルとなる。

この時点で、資産を60000ドルで売却し、パートナーシップを清算すると、資本勘定に従いAは20000ドル、Bは40000ドルの清算分配を受ける。Aはパートナーシップに対する投資において20000ドルの経済的損失を被ることになる（出資額40000ドル－分配額20000ドル）が、これは先に配賦された原価回収控除の額と等しい。したがって、原価回収控除の配賦に対応した経済的負担をAが負ったことになる。

この様に、資本勘定の維持により、課税利益を受け取ったパートナーがそれ

---

38 パートナーシップ持分の基準価格と資本勘定の差異につき、本書第二章2［3］参照。
39 パートナーシップには、大まかにいうと、パートナーシップ債務について無限責任を負うジェネラル・パートナー（general partner）のみで構成されるジェネラル・パートナーシップ（general partnership）と、一人以上のジェネラル・パートナーと有限責任しか負わないリミテッド・パートナー（limited partner）で構成されるリミテッド・パートナーシップ（limited partnership）がある。また、構成員全員が有限責任であるLimited Liability Company（LLC）も税法上パートナーシップである。パートナーシップの定義につき、本書序言3参照。

に対応した経済的負担を受け取ることになる。もし負の資本勘定を生じるほどの控除・損失がパートナーに配賦された場合には、清算時に負の資本勘定残高分だけそのパートナーは追加出資をしなければならないから、結局、その経済的負担も負うことになる。逆に、課税負担（tax burden）を負ったパートナーは、それに対応した経済的利益を受ける。

　経済的効果基本テストの三要件を満たすことは、配賦に対応する経済的な利益あるいは負担がある場合、配賦を受けたパートナーが必ず当該経済的利益あるいは効果を受けるという経済的効果テストの目的を達成するために必要である。逆に言えば、基本テストの三要件を満たして行われた配賦は、経済的効果を持つ。

(2)　代替的経済効果テスト

　リミテッド・パートナーに対する配賦は、経済的効果基本テストを満たさない。というのは、リミテッド・パートナーは、原則として出資額以上の責任を負わず（参照、Uniform Limited Partnership Act §303(2001)）、資本勘定の負の残高を無制限に補填する義務がないから、先の基本テストの要件(c)を満たさないためである（負の資本勘定残高を一定額しか補填しなくていい場合も、「無条件」の補填義務を負わないから基本テストを満たさない）。

　配賦に対応した経済的利益・負担をリミテッド・パートナーが負わない例を見てみよう。

　　　例４：ＡとＢがパートナーシップを設立して、各自10000ドルずつ出資し、さらに60000ドルを借り入れて、80000ドルの減価償却資産を購入した。パートナーシップ契約は、原価回収控除はすべてＡに配賦するが、それ以外の損益は折半すると規定し、さらに資本勘定の維持及び清算分配・清算時の追加出資について例３と同様の定めをおいている。

　　　１年目、パートナーシップは20000ドルの原価回収控除以外の純損益を認識しなかったとする。Ａに対して20000ドルの原価回収控除が

配賦され、それ以外の損益は配賦されない。したがって1年目期末の資本勘定残高は、Aがマイナス10000ドル、Bが10000ドルとなる。

この時点で、資産を60000ドルで売却し、債務を返済して、パートナーシップを清算する。資本勘定に従いAは10000ドルの追加出資を行うが、この現金は10000ドルの清算分配としてBに分配される。Aはパートナーシップに対する投資において20000ドルの経済的損失を被ることになり（出資額20000ドル－分配額なし）、この額はAに配賦された原価回収控除の額と等しい。

しかし、Aがリミテッド・パートナーで、負の資本勘定残高分だけ清算時に追加出資する義務を負わないと仮定しよう。Aはパートナーシップに対して追加出資をせず、Bはパートナーシップから清算分配を受け取らない。

Aは、パートナーシップに対する投資で10000ドルの経済的負担（出資額10000ドル－分配額なし）しか負わないのに、原価回収控除20000ドルの配賦を受けている。したがって、原価回収控除10000ドルに対応した経済的負担を負わない。一方、Bは控除・損失の配賦を受けていないにも関わらず、10000ドルの経済的負担（出資額10000ドル－分配額なし）を負う。つまり、Bの経済的負担に対応する控除・損失が配賦されていない。

このように、リミテッド・パートナーに対して負の資本勘定を生じさせる、あるいは増大させる配賦は、それに対応した経済的負担をそのリミテッド・パートナーに負わせることができない。したがって、このような配賦は経済的効果を欠くのである。

しかし、それ以外の配賦、つまり、所得・利益の配賦や、負の資本勘定を生じさせない配賦は、リミテッド・パートナーにも経済的効果を有する。例えば、例3において、Aがリミテッド・パートナーであったとしても結果は同じである。

このため、財務省規則は、「代替的経済効果テスト」を設けて、負の資本勘定を生じさせない配賦について経済的効果を認めている。代替的経済効果テス

トとは次のようなものである。すなわち、
  (a)基本的効果テストの最初の二つの条件（資本勘定の維持、資本勘定残高に従った清算分配）が満たされていること（Treas.Reg.§1.704-1(b)(2)(ii)(d)(1)）。
  (b)その配賦が、負の資本勘定残高（一定額の負の資本勘定補填義務しか負わない場合には、その一定額を超える負の資本勘定残高）を生じさせないあるいは増大させないこと（Treas.Reg.§1.704-1(b)(2)(ii)(d)(2)）
  (c)パートナーシップ契約が「適格所得相殺（qualified income offset）」を定めていること（Treas.Reg.§1.704-1(b)(2)(ii)(d)(3)）
の三要件を満たして行われた配賦は、経済的効果を持つ。

　ただし、ある配賦がこのテストを満たすか否かを決定する際には、合理的に予測される将来の分配によって資本勘定が減額されねばならない（Treas.Reg.§1.704-1(b)(2)(ii)(d)(6)）[40]。その目的は、まず損失の配賦を受けた後、分配を受けることによって、実質的にその配賦に経済的効果がないのに、経済的効果テストを満たすことを防ぐことである。例えば、10000ドルの資本勘定残高のあるリミテッド・パートナーがおり、10000ドルの現金分配を受けた後、5000ドルの損失の配賦を受けても、その配賦により負の資本勘定が生ずるから、その配賦は経済的効果を欠くが、順序を逆にして5000ドルの損失の配賦を受けた後、10000ドルの現金分配を受ければ、損失配賦自体は負の資本勘定を生じさせず、経済的効果があるとされてしまう。これを防止するために、あらかじめ予測される分配で資本勘定を減額しておくのである。この規定は、リミテッド・パートナーの負の資本勘定発生をできる限り抑えるものである。

　さらに要件(c)の「適格所得相殺」とは、予測されない（unexpectedly）分配

---

[40] 予見される分配額は、その分配が行われる年度に合理的に予測される資本勘定の増加額（所得・利益の配賦など）によって減額されねばならない。なお予測される分配額及び予測される資本勘定の増加額を決定するにあたり、Treas.Reg.§1.704-1(b)(2)(iii)(c)の時価・基準価格等価規定（value-equals-basis rule）が適用される（Treas.Reg.§1.704-1(b)(2)(ii)(d)のうち、(6)直後の第一文）。したがってパートナーシップ資産の未実現利益の認識によって、予測される金銭分配額は相殺されない。合理的に予測される将来の分配による資本勘定の減額については、将来のことを予測しなければならない故に、曖昧さ・不確実性を有しているとの批判が多い。See, e.g., Marich, supra note 29, 515 n.17.

が起こったときに、その結果生じた負の資本勘定を消滅させるため、分配を受けたパートナーに対して「できるだけ早く」所得及び利益を配賦しなければならないという規定である（Treas.Reg.§1.704-1(b)(2)(ii)(d)のうち、(6)後第二文）。これも、リミテッド・パートナーの負の資本勘定をできる限り抑えることを目的としている[41]。

(3) 経済的効果同等テスト

一般には、経済的効果基本テストあるいは代替的経済効果テストのどちらかを満たさない配賦は、税務上認められない。しかし現在及び将来の課税年度末においてパートナーシップを清算したと仮定した場合に、基本テストの三つの条件を満たしたと同じような結果が発生することが証明できると、経済的効果同等テストにより、経済的効果があるとされる（Treas.Reg.§1.704-1(b)(2)(ii)(i)）[42]。

［c］ 実質性テストの必要性

(1) 租税回避の可能性

まず、実質性テストがない場合に可能となる特別配賦を利用した租税回避を示す。

Gergen教授は、所得等の特別配賦によって、二つの異なった課税上の利益（tax advantage）が得られることを指摘する[43]。

第一に、損益移転配賦による課税繰延べがある。パートナー間の税率の差異

---

41 適格所得相殺条項も、あまり現実に機能せず、しかも難しいという批判がある。*See, e.g.*, Michael J. Close & Dan A. Kusnetz, *The Final Section 704 (b) Regulations: Special Allocations Reach New Heights of Complexity*, 40 TAX LAW. 307, 318 (1987).

42 なお、本章では、経済的効果テストについて極めて簡単にしか触れていないが、実際には、特に資本勘定の維持について細かく規定してある。この細かさ故に、資本勘定維持規定は複雑であるという批判が多い。*See, e.g.*, Susan H. Serling & Gregory V. Gadarian, *Selected Aspects of Partnership Capital Accounting - Liabilities, Promissory Notes, and Revaluations Under the Section 704(b) Regulations*, 5 VA TAX REV. 455, 493 (1986).

43 Mark P. Gergen, *Reforming Subchapter K: Special Allocations*, 46 TAX L. REV. 1, 4 (1990).

を利用し、税率の高いパートナーの所得を繰り延べることによって、パートナー全体として利益が得られる。

　第二に、性質移転配賦（character-shifting allocation）による所得等の性質を利用した課税上の利益がある。このような配賦はパートナー間の資産の交換に類似する。

(2)　損失移転配賦

　Gergen 教授は、損失のみを移転するのではなく、ある年度には損失を特別に配賦し、その後利益を同額だけ配賦するという、いわば損失の一時的配賦ともいえる例を掲げる。

>　例5：AとBはパートナーシップに50ドルずつ投資した。1年目、パートナーシップは100ドルを投資してこれを初年度全額償却（expensing. 即時償却）した。2年目には106ドル稼得できると見込まれている。1年目の損失100ドル全額と2年目の所得の内100ドルはAに配賦する。2年目の残りの6ドルは折半する[44]。

　この例は、50ドルの損失とそれに対応した50ドルの所得をBからAに移転するものである。Aは50ドルの所得を1年目から2年目に繰り延べることになる。Gergen 教授は、このような損失移転配賦について三つの特質を指摘する。

①パートナーの限界税率が異なっているときのみ損失移転配賦は問題となる。税率が同じだとすると、単に富がBからAに移っただけであって、歳入には影響はない。

Aの限界税率が40％、Bが非課税だとしよう。
特別配賦がなく、各自が損失・所得を折半した場合、かかる投資からの税引

44　*Id*, at 5.

後利率は、ABともに６％である。すなわち、Aは30ドルの税引後利益の投資(50ドルの最初の投資－20ドルの節税額（50ドル×40％））を行い、31.80ドルの税引後利益（53ドルの分配－21.20ドルの納税額（53ドル×40％）を得、Bは、50ドルの税引後利益の投資を行い、53ドルの利益を得た。

特別配賦があった場合、Aの税引後利率は18％となる。10ドルの税引後利益の投資（50ドルの最初の投資－40ドルの節税額（100ドル×40％））を行い、11.80ドルの税引後利益（53ドルの分配－41.20ドルの納税額（103ドル×40％））を得た。Bは50ドルの税引後利益の投資を行い、53ドルの利益を得た。

②得られる課税上の利益は、繰り延べられた租税にかかる利子から生ずるものである。

例５の場合、追加的に得られた利益は1.20ドルである。10ドルの投資を６％の利率で投資した場合、得られる利益は0.6ドルでしかないからである。これは、50ドルの費用控除のもたらす20ドルの課税上の利益に、税引後利子率６％を掛けたものと等しい。

③課税上の利益は借入れから生ずるものと似ている。

例５の場合、AがBから50ドルで借入れをして投資をし、６％の利子（３ドル）を付けて返したのと同じことであり、これはタックス・アービトラージ（tax arbitrage）の典型である。すなわち損失移転配賦の本質は、タックス・アービトラージである。タックス・アービトラージが存在するための要件として挙げられるのは、①優遇の存在、②借入れによる投資額の償却基準価格算入、③借入れにかかる支払利子の控除であるが[45]、例５では、即時償却が①を満たし、損失の特別配賦が②にあたり、利益のBに対する配賦が③にあたる。

(3) 利益移転配賦

次に、Gergen教授は、利益移転の例を掲げる。利益移転配賦とは、利益を

特別に配賦した後、後の年度にその利益の特別配賦を受けなかった者に対して、さらに多額の利益を配賦することである。

　　例6：ABパートナーシップは、賃貸料を年に100ドル生ずるある賃貸用資産を所有していた。AとBは対等パートナーである。1年目の賃貸所得の内90％をBに配賦し、3年目の賃貸所得は100％Aに所得する。配賦された所得はすべてその稼得された年度に分配される[46]。

　特別配賦は一時的に利益を高税率パートナーから低税率パートナーに移転して高税率での課税を繰り延べるために使用される。
　Gergen教授いわく、Aは1年目の40ドルの所得を3年目の50ドルの所得に振り替えて所得を繰り延べる（利率は11.8％）。これはAがBに40ドルを貸し付けて将来のパートナーシップ利益から返済してもらうのと同じである。この場合も、パートナーの適用税率の差によって利点が生ずる。
　Gergen教授は、損失配賦とは異なり、利益移転配賦は貸付によっては再現できないことを指摘し、二つの点で利益移転配賦の方が貸付よりも有利であることを示している。第一に、貸付で同じことを行う場合、Aは1年目の所得全額の配賦を受け、それから40ドルをBに貸し付け、Bは3年目の所得の割当額から利子を支払うことになる。Aの見地からすると、貸付という構成にした場合、税引後利益から貸付を行うことになるが、特別配賦を使った場合には、税引前利益から貸付を行うことになる。したがって、貸付と構成した場合に賃貸料40ドルにかかるであろう税を、特別配賦は3年目に繰り延べるから、貸付の方が、特別配賦よりも不利である。第二に、Aが40ドルを渡して50ドルの返済をうけることになるから、発行差金規定（original issue discount rule、OIDルール[47]）によりAは2年目に4.72ドルの利子を発生させねばならないが（I.R.C.§1272)、特別配賦はこれを3年目に繰り延べる。

　45　岡村忠生「タックス・シェルターの構造とその規制」法学論叢136巻4・5・6号269頁、291頁（1995）。
　46　Gergen, *supra* note 43, at 7.

このように、利益移転配賦は、ABの税率差を利用し、利益を折半するよりも税引後利益を（ABともに）上昇させる（ただし、例6は、折半した場合よりもBの税引後利益が下がっている点に注意）。市場利率6％、Aの税率40％、Bの税率0％と仮定したときに、Bの税引後利益を下げないでAの税引後利益を最大限に上昇させるための3年目のAに対する特別配賦は、44.94ドルである[48]。

(4) 性質移転配賦

最後に、Gergen教授は、性質移転配賦の例を掲げる。損益移転配賦は、税率の差を利用した複数年度間にわたるものであるが、性質移転配賦は、通常、単一の課税年度内に発生した損益の性質の差を利用する[49]。

> 例7：AとBを対等パートナーとするABパートナーシップは、同額の非課税利子と課税利子を獲得する。Aは40％の限界税率、Bは非課税である。非課税利子はAに、課税利子はBに配賦された。

47　OIDルールについて、参照、岡村忠生「無利息貸付課税に関する一考察（二）」法学論叢121巻5号1頁、3〜5頁（1987）。

48　例6の状況を念頭に置いて、Bに対して1年目に特別に配賦される利益額（本来Aに配賦される額）を x、Aに対して、n年後に相殺的に配賦される利益の額（本来Bに配賦されるべき額）を y、市場利率を r、Aの税率を t、Bの税率を0とする。
損益を折半で配賦する場合よりも、特別配賦を行った方が有利な場合とは、
$A: x(1+r(1-t))^n \leq y$、$B: x(1+r)^n \geq y$、であり、AB両者が特別配賦により有利な場合とは、$x(1+r(1-t))^n \leq y \leq x(1+r)^n$ で示される。
そこで、x ＝40ドル、r ＝0.06、Aの税率0.4、年数を2として y の値を求めた場合、$42.93 \leq y \leq 44.94$ となり、Bが特別配賦によって不利にならず、Aが最大限有利になる場合とは、y が44.94ドルということになる。なお、折半した場合と、Bが有利にならずAが最大限有利になる場合の利益の差額 a は、$xt((1+r)^n - (1+r(1-t))^n)$ で示されるが、xt は、特別に利益を配賦したことによって生じた節税額であり、$(1+r)$ はBの税引後利率、$(1+r(1-t))$ は、Aの税引後利率を示すから、節税がABの税引後利率の差異、つまりABの税率差によって生ずることが分かる。

49　Gergen, *supra* note 43, at 8（例7及び例8）.

例8：AとBを対等パートナーとするABパートナーシップは、株式（基準価格90000ドル、時価100000ドル）と年10000ドルを生む債券を所有している。Aには別源泉からの10000ドルのキャピタル・ロスがある。株式キャピタル・ゲインはすべてAに、債券からの利子はすべてBに配賦された。

(5) 課税上の利益の売買

損失の特別配賦を使用したタックス・アービトラージの考察を一歩進め、特別配賦を使用した課税上の利益の売買を見よう。

日本においては、一定のリース（ファイナンス・リース）が売買と取り扱われるなど[50]、リース取引による課税上の利益の売買が制限されている。しかし、このリース取引と同様の課税上の利益の売買を、組合の所得等の特別配賦を使用して行いうる。所得等の配賦を使用した租税回避行為の否認規定がない以上、この配賦は税務上有効であると考えられる。

ここでも、即時償却のできる鉱山開発費用（I.R.C. §616）を使用したGergen教授の例を見てみよう。

例9：ABCは9年間毎年160ドルずつ生み出す鉱山に対する1000ドルの投資を検討している。ABCは多額のNOL（net operating loss, 純事業損失）を抱え、今後しばらく税を支払う必要がない。そこで、ABCは鉱山開発のため、限界税率40％のDEFとパートナーシップを組み、ABCは850ドル、DEFは150ドルを出資する。パートナーシップ契約によると、即時償却される鉱山開発費用は100％DEFに配賦され、その後、DEFの資本勘定がゼロになるまで100％所得がDEFに配賦される。さらにその後は所得の80％がABCに、20％がDEFに配賦される。DEFの資本勘定がマイナスである限り、キャッシュフ

---

[50] 平成20年4月1日以降に契約が締結されるリース取引につき、所法67条の2、法法64条の2参照。ファイナンス・リース及びレバレッジド・リースを含むリース取引全般につき、岡村・前掲注4、213頁以下が詳しい。

ローはすべて ABC に分配する[51]。

市場利率を10％と考えた場合、収益が現在価値に直して921.44ドルしかないから、ABC は通常この鉱山に1000ドルの投資を行わない。そこで、ABC は、使えない課税上の利益を DEF に150ドルで売却する。その結果、この投資の ABC に対する純現在価値（net present value）は14.09ドルとなり、DEF に対するそれは11.80ドルとなる。DEF は、150ドルの投資をして出資割合と同じく15％の利益しかもらわないとすると、この投資の純現在価値は7.94ドルしかないのであるから、この特別配賦スキームは、この投資を両者にとって魅力的なものにする（別表2）。

別表2

Year	Partnership Inc.	Partnership Exp.	Partnership Net	Income (Loss) Allocated ABC	Income (Loss) Allocated DEF	Cash (Invested) Distributed ABC	Cash (Invested) Distributed DEF	Capital Account After-Distribution ABC	Capital Account After-Distribution DEF	After-tax Return (Cash-Flow) Future Value ABC	After-tax Return (Cash-Flow) Future Value DEF	After-tax Return (Cash-Flow) Present Value ABC	After-tax Return (Cash-Flow) Present Value DEF
1	0	1000	-1000	0	-1000	-850	-150	850	-850	-850	250	-850	250
2	160	0	160	0	160	160	0	690	-690	160	-64	145.45	-60.38
3	160	0	160	0	160	160	0	530	-530	160	-64	132.23	-59.96
4	160	0	160	0	160	160	0	370	-370	160	-64	120.21	-53.74
5	160	0	160	0	160	160	0	210	-210	160	-64	109.28	-50.69
6	160	0	160	0	160	160	0	50	-50	160	-64	99.35	-47.82
7	160	0	160	88	72	138	22	0	0	138	-6.08	77.90	-4.79
8	160	0	160	128	32	128	32	0	0	128	19.20	65.68	12.77
9	160	0	160	128	32	128	32	0	0	128	19.20	59.71	12.05
10	160	0	160	128	32	128	32	0	0	128	19.20	54.28	11.36
												14.09	11.80

注：利率は10％、税率は ABC が 0 ％、DEF が40％として計算。
現在価値は、一年目期末を基準とし、投資も 1 年目期末に行ったものとする。
出典：Gergen, *supra* note 43, at 21（資本勘定部分については、筆者作成）。

51　Gergen, *supra* note 43, at 21.

Gergen 教授は、この例を80年代の初めに存在したセーフ・ハーバー・リース（safe harbor lease）類似のものとする。セーフ・ハーバー・リースとは、課税上の利益（加速原価回収システム控除（ACRS・加速償却）及び投資税額控除（ITC）による節税額）の移転を目的としたリースである[52]。所得のない納税者は、加速償却や税額控除などの課税上の利益を利用することができない。そこで、課税上の利益を活かすことのできる十分な所得のある納税者が対象資産を購入し、所得のない納税者にリースすることで、前者の課税利益の一部がより安いリース料の形で移転する、言い換えれば、後者は前者に、自己の課税利益をリース料の値引きを代価として売却するのである。

　セーフ・ハーバー・リースを、例9を踏まえて簡単に説明しよう。ここでは、一典型たるセール＝リースバックを念頭に置く。ABC は設備投資を考えたが、多額の NOL を抱えているため、税額控除及び減価償却控除が全く役に立たない。そこで、ABC はこの課税上の利益をセーフ・ハーバー・リースを通じて DEF に売却したい。そのため、ABC はいったん取得した設備を DEF に売却した後、それを賃借することにした（セール＝リースバック）。DEF はその設備を頭金だけ出して買い、残金は ABC から借り、設備を ABC に貸す。賃料は通常、借入金の利子と元本返済額の合計額と同じであり、賃貸期間と借入金返済期間も同じに設定されるため、ABC と DEF は、実際上賃料や借入金支払いのための現金のやりとりなくリースを終える。ABC は全額自己資金でその資産を調達した場合よりも、DEF が支払った頭金の部分だけ、負担が減る。DEF は、課税繰延べ利益（及び投資税額控除）を得る。DEF が実際に拠出し

---

[52] Economic Recovery Tax Act of 1981, Pub. L. No. 97-34, §201(a), 95 Stat. 172, 203 (I.R.C. §168(f)(8))．セーフ・ハーバー・リースは制定後わずか一年で廃止が決定し（廃止理由の一つに、大法人のセーフ・ハーバー・リース節税のスキャンダル化がある、Gergen, *supra* note 43, at 19; WILLIAM D. ANDREWS, BASIC FEDERAL INCOME TAXATION 771 (5th ed. 1999))、これに代わる同種のファイナンス・リース（Tax Equity and Fiscal Responsibility Act of 1982, Pub. L. No. 97-248, §209, 96 Stat. 324, 442-47 (1982)) も施行されないまま（*See* Deficit Reduction Act of 1984, §12, Pub. L. No. 98-369, 98 Stat. 494, 503-505 (1984))、86年改正でこのリース条項は削除された。その主たる理由は、経済に有用ではないことであるが、公平さへの侵害と、補助手段としての非効率性も指摘されている（MICHAEL J. GRAETZ, FEDERAL INCOME TAXATION 656 (2d ed. 1989))。

たのは頭金だけであるから、それより課税繰延べ利益（及び投資税額控除）が大きければ、得になる[53]。

　例9をセーフ・ハーバー・リースの文脈で見てみよう。DEF の出資は、頭金に相当する。DEF が受け取る即時償却が、加速償却・投資税額控除に相当する。また、DEF が資本勘定がゼロになるまで受け取る所得は借入金元本相当額の受取賃料ということになる。資本勘定がゼロになった後の所得の配賦は、先のセーフ・ハーバー・リースとは異なるが、これはリース終了時、ABC がその鉱山の一部を一定価格で購入する選択権を有し、選択権行使の対価として、鉱山の残存所得の20％を DEF に支払ったと考えられる。こうして、セーフ・ハーバー・リース類似の課税上の利益の売買が、所得等の特別配賦によって生ずるのである。

［d］　実質性テスト
　以上のような個々には経済的効果を持つ配賦の組み合わせによる租税回避を防止するため、実質的な経済的効果テストのうちの実質性テストがある[54]。財務省規則は、ある配賦の経済的効果が実質的であると認められるために、その配賦が、課税結果とは別に（independent of tax consequences）、パートナーシップからパートナーが受け取る金額に実質的に（substantially）影響を与えねばならない、と規定する（一般的な実質性の定義）が（Treas.Reg.§1.704-1(b)(2)(iii)(a)第一文）、この規定に拘わらず、(1)全体的課税効果（overall-tax-effect）テストを満たさない場合には実質性を欠くとし、さらに(2)課税結果移転（shifting tax consequences）テスト及び(3)一時的配賦（transitory allocations）テストを満たさない場合にも実質性を欠くと規定する（同第二文以下）。実際には(1)から(3)の三つのテスト全てを満たすか否かで実質性が決定される。これら三つのテストは、その配賦があった場合となかった場合とを比べて、パートナー全体の納税額が少なくなったり、経済的地位が向上したりする場合、すなわち、

53　*See* Alvin C. Warren & Alan J. Auerbach, *Transferability of Tax Incentives and the Fiction of Safe Harbor Leasing*, 95 Harv. L. Rev. 1975, 1762-1767 (1982).
54　*E.g.,* Kwall, *supra* note 36, 159.

節税が図られる場合には、主観的意図に拘わらず[55]、実質性が否定される（税務上無効である）という共通の特徴を持つ。

(1) 全体的課税効果テスト

ある配賦により、その配賦がなかった場合と比べて、①現在価値（present value）の観点からみて、最低限一人のパートナーの税引後の経済的結果（after-tax economic consequences）が増加し、かつ、②現在価値からみて、どのパートナーの税引後の経済的結果も、実質的に（substantially）減少しないという強い可能性（strong likelihood）がある場合、その配賦の経済的効果は実質性を欠くとされる（Treas.Reg.§1.704-1(b)(2)(iii)(a)第二文）。

> 例10：AとBがジェネラル・パートナーシップを設立した。以後数年にわたりAの限界税率は50％、Bは15％であり、またその間パートナーシップは非課税利子と配当をほぼ同額だけ得るという強い可能性がある。AとBは、パートナーシップに対して同額を出資するが、非課税利子のうち80％をAに、20％をBに配賦し、配当は100％Bに配賦する。非課税利子・配当からのキャッシュ・フローもその割合で分配する。パートナーシップ契約は、経済的効果基本テストの三要件を規定しているため、上記の利子・配当の配賦は経済的効果を持つ[56]。

全体的課税効果テストにより、この非課税利子と配当の配賦は実質性を欠くことになる。例えば、パートナーシップが100ドルの非課税利子と100ドルの配当を受け取る。Aには80ドルの非課税利子が、Bには20ドルの非課税利子と100ドルの配当が配賦される。税引後のAの手取額は80ドルであり、Bの手取

---

55 *See* Sherwin Kamin, *Partnership Income and Loss Allocations Before and After the Tax Reform Act of 1976*, 30 TAX LAW. 667, 686-687(1977); Donald J. Weidner, *Partnership Allocations and Capital Accounts Analysis*, 42 OHIO ST. LJ. 467, 498(1981).

56 Treas.Reg.§1.704-1(b)(5)Ex.(5)を簡略化した WILLIS, *supra* note 10, ¶10.04[4][a], at 10-66を改変。

額は105ドル（非課税利子20ドル＋配当100ドル×85％）である。一方、これらが折半された場合、税引後のＡの手取額は75ドル（非課税利子50ドル＋配当50ドル×50％）、Ｂは92.50ドル（非課税利子50ドル＋配当50ドル×85％）である。したがって、この配賦が締結された時点で、AB両者の税引後の経済的結果が増加し、かつAB両者ともに税引後の経済的結果が減少しない強い可能性があるから、全体的課税効果テストは、配賦の実質性を否定する。

(2) 課税結果移転テスト

ある配賦により、①その課税年度の資本勘定の純増減額が、その配賦がない場合と実質的に異なっておらず、かつ、②その年度のパートナー全員の合計納税額が減少する強い可能性がある場合、その配賦は実質的ではないとされる（Treas.Reg.§1.704-1(b)(2)(iii)(b)）。

さらに財務省規則は、実際に問題となっている配賦が行われた課税年度末において、①②が発生すれば、契約で配賦が決められたときにさかのぼり「強い可能性」を推定するとの規定を設けている。ただし、この推定は覆すことができる。

> 例11：ＡとＢは対等パートナーとしてジェネラル・パートナーシップを設立し、1231条資産（取引・事業において使用される資産）を取得・使用していた。パートナーシップ契約は、経済的効果基本テストの三要件を規定している。
>
> その資産を売却すると損失が認識されることが予測された課税年度期首に、パートナーシップ契約を修正して、1231条利益を持たないと見込まれるＡに1231条損失を配賦し、1231条利益を持つと見込まれるＢに、Ａに配賦される1231条損失と同額のその他の性質を持つ損失・控除を配賦し、それ以上の損失・控除は折半されるとした。パートナーシップ契約を修正した時点で、見込まれる1231条損失以上のその他の損失・控除をパートナーシップが負担するであろう強い可能性が存在する（Treas.Reg.§1.704-1(b)(5)Ex.(6)を改変）。

この場合のAとBの資本勘定は、パートナーシップ契約の修正が行われず問題となる配賦が存在しなかった場合と変わらず、しかもAとBの納税額の合計がその配賦が存在しなかった場合よりも少ないという強い可能性があるとして、課税結果移転テストは、配賦が実質性を欠くとする[57]。1231条損失のAに対する特別配賦の経済的効果が、Bに対する同額のその他損失の特別配賦によって打ち消され、最終的な資本勘定が契約を修正しない場合と同じでありながら節税が図られることを、このテストは防止している。

(3)　一時的配賦テスト

　課税結果移転テストは、「同一年度内において」、ある配賦の経済的効果が、別の配賦の経済的効果によって打ち消され、しかも納税額が少なくなる場合を目標とする。これに対して、一時的配賦テストは、「複数年度にわたって」、ある配賦の経済的効果が別の配賦の経済的効果によって打ち消され、しかも納税額が少なくなる場合を目標とする。

　パートナーシップ契約によって、ある配賦（original allocation, 本来の配賦）が、後に他の配賦（offsetting allocation, 相殺配賦）によってほとんど（largely）相殺されるとの可能性が規定されており、それらの配賦が定められたときに、①本来の配賦と相殺配賦がある場合と両者がない場合の資本勘定の純増減額が実質的に異ならず、②本来の配賦と相殺配賦がある場合の方が納税総額が減少する「強い可能性」が存在する場合、本来の配賦・相殺配賦ともども実質性を欠くとされる（Treas.Reg.§1.704-1(b)(2)(iii)(c)）。

　財務省規則はまた、課税結果移転テストと同様、実際に問題となっている（相殺）配賦が行われた課税年度末において、①②が発生すれば、契約で配賦が決められたときに強い可能性を推定するが、この推定も覆しうる。

　しかし、本来の配賦が、相殺配賦によって5年以内に「大部分（in large

57　1231条(a)によると、(1)ある課税年度の1231条利益が1231条損失を上回る場合には、その1231条損益は低税率で課税されうる長期キャピタル・ゲイン／ロスと扱われ、(2)上回らない場合には、通常損益（ordinary income/loss）と扱われる。詳細は、本書第四章3［2］［b］(1)を参照。

part)」相殺されない強い可能性が存在する場合、一時的配賦テストの下では実質的であるとされる（5年例外規定）。ただし、この例外は一時的配賦テストにしか効力を有さないので、全体的課税効果テストにより実質性がないと判断されうる[58]。5年例外規定の根拠は、相殺配賦までのタイムラグが大きく、本来の配賦が一時的といえないと説明されたり[59]、今日の不確定な経済市場から相殺配賦が起きない危険があるためと説明されている[60]。

(4) 小括

実質性テストについて、三点述べる。

第一に、実質性テストは、結果的に節税を引き起こす配賦全てを否認するものではなく、主として節税を目的としたものではないと考えられる配賦を否認しない。「強い可能性」等の言葉が使用されていることからも分かる通り、節税をパートナーが予測できる場合にのみ配賦が否認されるのであって、偶然に節税となった場合には、（パートナーが節税以外の事業上の目的で配賦契約を結んだものと推定され）配賦は否認されない。当事者が狙った節税は、税制の平等性や税制に対する信頼性を揺るがせることになろうが、偶然の節税はそれら揺るがさないであろう。

第二に、以上の三つのテストの関係はどうか？三つのテストは、租税回避の防止、言い換えれば納税額の減少以外の効果を持たない配賦の防止のためのものである。通常は、一般規定として全体的課税効果テストが挙げられ、課税結果移転テストと一時的配賦テストはその特別規定と位置づけられる[61]。課税結果移転テストと一時的配賦テストは、時間的観点が異なるが考え方は同種である。

一般規定と二つの特別規定の違いは、その防止方法にある。一般規定は、ある配賦が税引後の利益をどのように変化させるかに焦点を当てるのに対し、特

---

58 *E.g.*, Marich, *supra* note 29, at 533 n. 48.
59 FEDERAL TAXATION, *supra* note 10, ¶ 11.02[2][b][iii], at 11-42.
60 WILLIS, *supra* note 10, ¶ 10.04[4][c], at 10-70 to 10-71.
61 *E.g.*, *Id*, ¶ 10.04[4].

別規定は、資本勘定においてどのように配賦が相殺され、しかも税額が安くなるかに焦点を当てる。

　一般に、租税回避を図る場合、納税者は、パートナーシップ配賦を使用して、税引後手取額を増加させようとする。したがって、ある配賦の妥当性は、その配賦の税引後の手取額を基準とすべきと考えられる[62]。そうすると、全体的課税効果テストこそが、実質性テストの中心であり、また、租税回避に対して効果的に対処する。

　では、二つの特別規定は不必要なのだろうか。おそらく、その目的は、特定の場合におけるより客観的で使いやすい基準を打ち立てることにある。ただし、納税者側の立場ではなく、連邦政府側の執行上の便宜から使いやすい基準としてである[63]。納税者側の立場に立てば、特別規定をセーフ・ハーバーとして規定したはずだからである。

　第三に、三つのテストには、時価・基準価格等価規定（value-equals-basis rule）と呼ばれる規定が適用される。これはその名の如く、時価と基準価格が等しいという仮定である（Treas.Reg.§1.704-1(b)(2)(iii)(c)）。この規定により、すぐ後に述べる通り、租税回避を図る可能性が残されている。

[e]　実質性テストの問題点

　実質性テストは、租税回避への対処規定としては極めて有効で、租税回避が問題となる所得等の配賦は、ほとんど税務上否認されよう。しかし、その曖昧さについては、指摘する論者が多い[64]。例えば、文言の問題として、「強い可能性」の程度や[65]、課税結果移転テストにおける「実質的に異ならない」の意味[66]、文言以外では、全体的課税効果テストにおける現在価値、すなわち金銭

62　Gergen, *supra* note 43, at 15-16.
63　*See* Marich, *supra* note 29, at 534-535.
64　*E.g.*, Terence Floyd Cuff, *Planning for Partnership Allocations - Economic Effect*, 39 MAJOR TAX PLAN. 23-1, 23-10(1987).
65　*See* Philip J. Wiesner & Donald J. Massoglia, *Sec.704(b) Final Regulations Pose "Substantial" Interpretation Problems*, 17 TAX ADVISER 472, 478(1986); *See also* Marich, *supra* note 29, at 532.

の時間的価値（time value of money）の不確定性[67]などである。

しかし、ここでは、実質性テストの問題点として、特に(1)時価・基準価格等価規定による租税回避の可能性、(2)実質性テストの評価基準を見る。

(1) 時価・基準価格等価規定による租税回避の可能性

減価償却控除をある特定の者に特別に配賦し、その後その減価償却資産を処分した場合に生ずる利益をその者に配賦すること（ゲイン・チャージバック（gain chargeback, 資産処分利益の取戻し））は、減価償却控除による課税の繰延べ利益を増加させる。例えば、加速償却の課税繰延べを享受できない非課税のAと、限界税率40％のBがパートナーシップを組んだ場合、本来ならAに配賦されるべき加速償却及び処分利益を全額Bに配賦すると、Aへの経済的損失なしに、加速償却の利益は全額Bに移転する。

時価・基準価格等価規定がない場合には、このような減価償却の特別配賦とゲイン・チャージバックの組み合わせは一時的配賦テストあるいは全体的課税効果テストによって実質性を欠くと判断され、税務上否認される。

しかし、時価・基準価格等価規定は、資産処分利益（とゲイン・チャージバック）が生じないものとするから、加速償却の特別配賦とゲイン・チャージバックは実質性テストを満たし、節税を狙った配賦とは解されなくなる。

> 例12：ABCは9年間毎年170ドルずつ生み出す減価償却資産（耐用年数5年・原価回収控除年200ドル）に1000ドルの投資を検討している。ABCは多額のNOLを抱えており、今後しばらく税を支払う必要がない。ABCは減価償却資産運用のため、限界税率40％のDEFとパートナーシップを組み、ABCは975ドル、DEFは25ドル出資す

66　Wiesner & Massoglia, *supra* note 65, at 478-479.
67　*E.g.*, Charles H. Coffin, Kevin C. Randall & Henry D. DeBerry, III., *Allocating Oil and Gas Partnership Tax Items Under the Final 704(b) Regulations*, 64 J. TAX'N 222, 224 (1986); Edward J. Schnee & Ed Haden, *Section 704(b) Final Regulations and the Tax-Shelter Investment: A Review*, 17 CUMB. L. REV. 731, 751 (1987).

る。パートナーシップ契約は、原価回収控除を100% DEF に配賦し、その他所得を 8 : 9 の割合で ABC と DEF に配賦する。また、5 年目の期末に資産を売却し、処分利益は DEF の資本勘定がゼロになるまで100% DEF に配賦し、残額は全額 ABC に配賦する。処分価格は現在価値（4 年間170ドルを生むと仮定する）とほぼ同じ540ドルとする。キャッシュフローはすべて ABC に分配し、清算時の分配は資本勘定残高に従う（別表 3）。

別表 3　実際の見積もり

Year	Partnership Inc.	Exp.	Net	Income (Loss) Allocated ABC	DEF	Cash (Invested) Distributed ABC	DEF	Capital Account After-Distribution ABC	DEF	After-tax Return (Cash-Flow) Future Value ABC	DEF	Present Value ABC	DEF
0	0					-975	-25	975	25	-975	-25	-975	-25
1	170	200	-30	80	-110	170	0	885	-85	170	44	154.55	41.51
2	170	200	-30	80	-110	170	0	795	-195	170	44	140.50	39.16
3	170	200	-30	80	-110	170	0	705	-305	170	44	127.72	36.94
4	170	200	-30	80	-110	170	0	615	-415	170	44	116.11	34.85
5	710	200	680	95	415	710	0	0	0	710	-166	440.85	-124.04
												4.73	3.42

時価・基準価格等価規定適用時の見積もり

Year	Partnership Inc.	Exp.	Net	Income (Loss) Allocated ABC	DEF	Cash (Invested) Distributed ABC	DEF	Capital Account After-Distribution ABC	DEF	After-tax Return (Cash-Flow) Future Value ABC	DEF	Present Value ABC	DEF
0	0					-975	-25	975	25	-975	-25	-975	-25
1	170	200	-30	80	-110	170	0	885	-85	170	44	154.55	41.51
2	170	200	-30	80	-110	170	0	795	-195	170	44	140.50	39.16
3	170	200	-30	80	-110	170	0	705	-305	170	44	127.72	36.94
4	170	200	-30	80	-110	170	0	615	-415	170	44	116.11	34.85
5	710	200	-30	80	-110	695	-525	0	0	695	-481	431.54	-359.43
												-4.58	-231.97

内訳は、所得170ドル、資産処分益540ドル。
利率10％、税率は ABC が 0 ％、DEF が40％とする。

市場利率を10％と考えた場合、1000ドルを投資しても収益が現在価値に直して973.73ドルしかないから、ABCは通常この投資を行わない。しかし例12の場合、投資の純現在価値は、ABC：4.73ドル、DEF：3.41ドルであるから、両者は例12のパートナーシップを組むであろう。また例12は実質性テストに抵触しない[68]。なぜなら時価・基準価格等価規定により、資産処分利益がないと考えられるからである。時価・基準価格等価規定を適用した場合の例12の純現在価値は、ABC：-4.58ドル、DEF：-231.97ドルである。原価回収控除の特別配賦がなく、一般損益配賦比率8：9で配賦された場合、投資の純現在価値はABC：-296.79ドル、DEF：-38.9145ドルであるから、これと比較しても例12の実質性は否定されない。

時価・基準価格等価規定は、減価償却控除の特別配賦とゲイン・チャージバックに実質的な経済的効果を持たせるためであると解されており[69]、そうすると減価償却控除の特別配賦とゲイン・チャージバックを使用した税負担軽減あるいは課税上の利益の売買を税務上認めた規定ということもできる[70]。

---

68 財務省規則の例は、時価・基準価格等価規定により、減価回収控除の特別配賦がゲイン・チャージバックによって相殺されず、実質的であると述べているので（Treas.Reg. §1.704-1(b)(5) Ex.(1)(xi)）、例12の配賦の経済的効果は実質的とされよう。

69 FEDERAL TAXATION, *supra* note 10, ¶11.02[2][b][i]；WILLIS, *supra* note 10, ¶10.04[5]; Schwidetzky, *supra* note 19, at 721.

70 配賦の実質性を吟味する場合に時価・基準価格等価規定を使用することは、実質性テストにおいて財務省が取る方向と矛盾するという意見もある。Marich, *supra* note 29, at 541.

議論があるのは、減価償却資産の生み出す所得への時価・基準価格等価規定の適用である。すなわち、減価償却控除を特別配賦した後、その減価償却資産が生み出す所得を特別配賦する（インカム・チャージバック，income chargeback）ことが、実質性を有するか否かである。資産の価値は、それが将来生み出す純キャッシュ・フローの現在価値であるとすると、資産処分時の利益と資産が将来生み出す所得を区別する理由はなく、ゲイン・チャージバックとインカム・チャージバックを区別する必要はない（*See* Gergen, *supra* note 43, at 23 n.96; WILLIS, *supra* note 10, ¶10.04[5]）。しかし、83年の財務省規則案と現行最終財務省規則との差異や時価・基準価格等価規定の拡大が実質性テストを骨抜きにすることなどを理由として、その適用はゲイン・チャージバックのみとする意見が一般的である（*E.g.,* Lokken, *Partnership, supra* note 29, at 611 n.134, 612 n.135）。

(2) 実質性テストの評価基準

 Gunn 教授は、実質性テストの評価基準の曖昧さを批判する[71]。すなわち、実質性テストは、配賦がない場合の課税結果と、配賦がある場合の課税結果の比較を要求する。問題となっている配賦が以前の配賦契約の修正ならばその修正前の契約、また特定の小項目の配賦が問題となっている場合には一般的配賦基準が「配賦がない場合の課税結果」を決定するが、その他の場合には、配賦がない場合の課税結果について何も規定されていない。つまり、何と比べるかの問題（"compared-with-what" question）が生ずる。しかし、もっとも重い税負担を課す配賦を基準とする（可能な限り最悪の基準（"worst possible allocation" standard））ことはない。したがって、実質性を決定する三つのテストはあまりに大雑把すぎて有用ではない[72]。

 Gunn 教授はこの後自分で財務省規則の例を参照して実質性をテストする四つの基準を打ち立てているが[73]、ここでは私なりに財務省規則の例（Treas. Reg.§1.704-1(b)(5)）からくみ取りうる評価基準をまとめてみよう。

① ある項目の配賦が後の年度の別の項目の配賦によって相殺され、その他の項目が均等に配賦されている場合（Ex.(1)(xi)、(17)）、または、ある項目の配賦がその年度の別の項目の配賦によって相殺され、その他の項目が均等に配賦されている場合（Ex.(6)、(7)、(8)、(10)(ii)）、それらの項目が均等に配賦された場合が評価基準となる。

---

71 Gunn, *supra* note 30, at 129-133. 評価基準が特に曖昧なのは、全体的課税効果テストであるが、この評価基準の問題点（パートナーシップ持分テストの下での引き直し含む）について、*see* Richard M. Leder, *Tax-Driven Partnership Allocations with Economic Effect: The Overall After-Tax Present Value Test For Substantiality and Other Considerations*, 54 TAX LAW. 752(2001).

72 *See* Close & Kusnetz, *supra* note 41, at 321-322. 同様のことは、Edward J. Buchholz, *Substantiality under Section 704 (b) - Some Forgotten Issues and Some Ancient Concepts Revisited*, 19 VA. TAX REV. 165, 194-199(1999)でも指摘されている。同論文によれば、損益配賦比率が一つしかない場合、それが出資比率とは異なっていても、実質性テストは適用されない（at 198）。

73 Gunn, *supra* note 30, at 132.

②実質性を疑われている配賦が以前の配賦契約を修正したものである場合には、その修正が行われる前の配賦契約が評価基準となる（Ex.(5)、(6)、(7)、(8)）。
③課税純損失を特定の配賦比率で配賦した後、その配賦が後の年度の課税純所得配賦によって相殺され、その後の課税純所得が均等に配賦される場合、課税純損益を均等に配賦した場合が評価基準となる（Ex.(2)、(3)）。

さらに、ある配賦が実質性を欠く場合、パートナーシップ持分テストに従った配賦により課税されるが、その配賦の方法（本章3［2］［f］のパートナーシップ持分テストを参照）から次のことが分かる。

④損益配賦割合が一つしかない場合は、それを出資割合と変えて、両者が同じ場合よりも納税総額を減少させても、その損益配賦は実質性を持つ。

これは、例えば限界税率40％のAと、非課税のBがパートナーシップを組んで100ドルずつ出資し、損益配賦割合を9：1と定めた場合、損益配賦割合を5：5とした場合より合計の納税額が減少していても、その実質性が認められるということである。通常、AとBが無関係である場合、このようなことが生ずる可能性がほとんどないから問題にはならない。しかし、AとBが関係者、例えば親子の場合には、パートナーシップの特別配賦を使用した贈与ということにもなりかねない。おそらく、このような場合には、当事者がパートナーであるか、パートナーシップがそもそも存在するかという問題が生じよう。

［f］　パートナーシップ持分テスト
　パートナーシップ契約に定められた所得等の配賦が実質的な経済的効果を欠く場合や、契約が所得等の配賦を定めていない場合には、パートナーシップ持分に従って所得等を再配賦し、それに従って課税が行われる。この場合のパートナーシップ持分とは、配賦された所得・利益・損失・控除あるいは税額控除に関係する経済的利益・負担が当事者間で配賦される方法をいう（Treas.Reg.

§1.704-1(b)(3))。したがって、704条(b)におけるパートナーシップ持分とは、会社の株式に相当するところのパートナーシップの資本や利益に対する権利を表象する持分とは異なる[74]。

パートナーシップ持分は全事実及び状況を勘案して決定される。勘案すべき要素として、財務省規則は以下の四つを挙げる（Treas.Reg.§1.704-1(b)(3)(ii)）。

(1)パートナーのパートナーシップに対する相対的出資額
(2)経済的損益に関するパートナーの持分
(3)キャッシュフローその他資産の非清算分配における持分
(4)清算時の資本分配に対するパートナーの権利

また、納税者と歳入庁の両者が、パートナーシップ持分を決定するに足る事実・状況を立証できなければ、持分は平等であると推定される（Treas.Reg.§1.704-1(b)(3)(i)）。

さらに特別規定として、リミテッド・パートナーの資本勘定が負になる配賦をした場合、その経済的効果を有さない負の資本勘定残高を再配賦するため、みなし清算（constructive liquidation）により、経済的効果を決定する規定がある（Treas.Reg.§1.704-1(b)(3)(iii)）。簡単にいえば、問題となっている課税年度の期首と期末にパートナーシップが清算したとして、各パートナーが受け取る（逆に出資する場合もある）額、つまり資本勘定残高を決定した後、期首と期末の資本勘定を比較して各パートナーの損益を決定し、「経済的効果のある配賦」を決定するものである[75]。

(1)経済的効果テストを満たさない場合と、(2)実質性テストを満たさない場合の、パートナーシップ持分テストに従った再配賦を見よう。

---

74 BERGER & WIEDENBECK, *supra* note 15, at 355. 704条(b)にいうパートナーシップ持分とは、所得等の各項目に対するそのパートナーの取り分という意味で使用されているのであろう。会社の株式に対応した独立の資産たるパートナーシップ持分の定義について、第二章2［3］参照。パートナーシップ持分テスト全体に関し、*see* Stephen Utz, *Allocation and Reallocation in accordance with the Partners' Interests in the Partnership*, 56 TAX LAW. 357 (2003).

75 *See* FEDERAL TAXATION, *supra* note 10, ¶11.02[3]; WILLIS, *supra* note 10, ¶10.02[2][b].

(1) 経済的効果テストを満たさない場合の再配賦

ある配賦が、経済的効果テストを満たさない場合は、二種類に分けられる。

①資本勘定残高に従った清算分配が行われず、かつ負の資本勘定を補填する義務がない場合（Treas.Reg.§1.704-1(b)(5) Ex.(1)(ⅰ)、(ⅱ)、 Ex.(4)(ⅰ)、 Ex.(8)(ⅰ)、Ex.(16)(ⅰ)、Ex.(19)(ⅲ)）
②負の資本勘定補填義務のないパートナーに対して負の資本勘定を生じさせる配賦を行う場合（Treas.Reg.§1.704-1(b)(5) Ex.(1)(ⅳ)、(ⅴ)、(ⅵ)、(ⅶ)、Ex.(15)(ⅱ)、(ⅲ)）

①の場合、全事実及び状況を勘案して再配賦が行われるが、特に重要なのは、出資・分配の割合である。②の場合は、みなし清算方式により解決される（その簡便法として、単純に負の資本勘定部分をなくすように再配賦が行われることがある）。

(2) 実質性テストを満たさない場合の再配賦

ある配賦が実質性を欠いた場合、パートナーシップ持分テストに従って再配賦が行われる。再配賦が行われた場合の最終的資本勘定残高は、実質性を欠く配賦が有効だったとした場合（つまり再配賦が行われない場合）と「同一」である。そして、実質性を欠く配賦の額あるいは項目を案分して再配賦が行われる（Treas.Reg.§1.704-1(b)(5) Ex.(5)(ⅱ)、Ex.(6)、Ex.(7)(ⅰ)、(ⅱ)、Ex.(8)(ⅱ)、Ex.(10)(ⅱ)、Ex.(17)）。

このように、パートナーシップ持分テストでは最終的資本勘定残高が有効であるが、実質性テストたる全体的課税効果テストではそれを有効＝評価基準としていない。このことは、配賦の評価基準たる実質性テストと再配賦基準たるパートナーシップ持分テストが異なりうることを示している。したがって、正確には、実質的な経済的効果テストとパートナーシップ持分テストは、同じコインの表裏ではない。

[g] 小括

　実質性テストにより、問題となる租税回避的な所得等の配賦契約はほとんど否認される。実質性テストのないパートナーシップ課税制度では、所得等の配賦契約を使用した租税回避は容易である。86年の税法改正以前に、パートナーシップはタックス・シェルターとして使用されることが極めて多かったが、その理由の一つとしてパートナーによる所得等の自由な配賦とそれに応じた課税が挙げられる（実質性テストを採用した現行最終財務省規則は85年末に採用）。すなわち、借入れを使用したパートナーシップ自体によるタックス・アービトラージに加えて、パートナー間の所得等の自由な配賦契約によるタックス・アービトラージが行われたから、二重の意味でパートナーシップはタックス・シェルターとされたのである。もっとも、実質性テストが設けられている現行最終財務省規則の下でも、時価・基準価格等価規定により、ある程度の租税回避の可能性（課税上の利益の売買の可能性）が残されている。

　租税回避の否認の点から見て現行の財務省規則は優れているが、その複雑さと曖昧さについては、多くの論者が指摘する[76]。例えば、本章では取り扱わなかったが、ノンリコース債務に帰属する控除の配賦に関する特別規定（Treas.Reg. §1.704-2）や資本勘定の再評価規定（Treas.Reg. §1.704-1(b)(2)(iv)(f)）等は極めて複雑である。もっとも、現行規定によれば濫用が生ずる可能性がほとんどなく、また規定の複雑さも複雑なパートナーシップを設立するから問題になるのであって、比較的単純なパートナーシップから生じた所得の課税については問題がないから、このままでよいとする意見もある[77]。

　また、そもそも自由な所得の配賦を認めることから濫用や複雑さが生ずるのであるから、むしろ税務上はこれを廃止し、ある一定の基準に基づいて所得の配賦が決定されるべきだという考え方もある。Gergen 教授は、自由な所得等の配賦を禁止し、相対的資本勘定を基準として配賦を行うべきであると主張するが[78]、相対的資本勘定が果たして基準として適正であるかについては疑問が

76　*E.g. Joseph J.* Anania, Jr., *Allocating Partnership Income -Section 704（b）Final Regulations*, 64 TAXES 518, 527-528（1986）.

77　Schwidetzky, *supra* note 19.

ある[79]。実際のところ、いわゆる特別配賦を全廃せよとの主張はほとんどない。例えば、近年、パートナーシップを含む小規模事業課税制度改革が論じられているが、その中では、特別配賦を原則として認めるべきでないとしつつも、パートナーシップから特定パートナーに対する一定の優先的利益配賦は認められるとの立場を取っている者が多いようである[80]。さらに、パートナーシップ制度は、危険を分散し、危険な投資を促進する柔軟性を持ったものであり、これに対応

78 Gergen, *supra* note 43. *See also* Mark P. Gergen, *Subchapter K and Passive Financial Intermediation*, 51 SMU L. REV. 37 (1997). なお、Gergen 教授は、20世紀最後の四半世紀にはパートナーシップ課税制度の著しい進展があり、その進展の一つは資本勘定分析であるが、ただし持分取得オプションや持分譲渡制限などによる割引（discount）などにより、その分析の有用性には限度がある旨、指摘している。Mark P. Gergen, *The End of the Revolution in Partnership Tax?*, 56 SMU L. REV. 343 (2003). *But see* Lawrence Lokken, *As the World of Partnership Taxation Turns*, 56 SMU L. REV. 365 (2003)（オプションや割引などはパートナーシップ課税固有の問題をもたらさないと指摘）。

79 その難点の一つは、出資・分配の時期が自由であることにより、相対的資本勘定に応じて損益が配賦できない場合が存在するということであろう。あるパートナーの資本勘定がマイナスで、他のパートナーの資本勘定がプラスということもあり得るのである。相対的資本勘定の代わりにパートナーシップ持分の基準価格（アウトサイド・ベイシス、本書第2章参照）を用いるということも考えられるが、そもそもパートナーシップ負債の各パートナーに対する配賦が損益配賦割合（利益持分）に応じてなされているので、結局当事者の取り決めた損益配賦割合通りに所得を配賦することに他ならなくなってしまう。

　もっとも、逆の発想もできるのであり、資本勘定に応じた配賦が不適当な場合（例えば、各パートナーの資本勘定に応じて損益を配賦していたが、リミテッド・パートナーに対して出資額以上に損失配賦することになってしまうような場合）以外は、資本勘定に沿った配賦が妥当であり、資本勘定に応じた配賦が不適当な場合のみ特別配賦を認めるという見解もある。Darryll K. Jones, *Towards Equity and Efficiency in Partnership Allocations*, 25 VA. TAX REV. 1047, 1093-1099 (2006).

80 Berger, *supra* note 18; George K. Yin, *The Future Taxation of Private Business Firms*, 4 FLA. TAX REV. 141, 190-194 (1999); Kwall, *supra* note 19, at 246-252; James S. Eustice, *Subchapter K Corporations and Partnerships: A Search for the Pass Through Paradigm (Some Preliminary Proposals)*, 39 TAX L. REV. 345, 362-366 (1984). ただし支払われた優先配当を一種のパートナーシップ費用とみなし、受け取ったパートナーはこれを通常所得として申告すべきであるとする。法人の場合に優先配当が認められていることと比較して、パートナーシップにも優先利益配賦が認められるべきである、と考えられるのであろう。

して中立的な、つまりは柔軟な税制が必要であるから、現在のパートナーシップ課税制度の大枠を改革すべきではない（したがって、特別配賦も認められるべきである）、との主張[81]もあり、また資本出資に応じて損益を配賦することにより、パートナーシップを通じたリスク・シェアリングに適切に対応できなくなる、という指摘[82]もある。資本勘定では労務出資が表示されないから、労務出資に対してパートナーシップ所得を配賦するには、特別配賦が必要であるという事情も重要であろう（本章3［1］［a］脚注19参照）。

4　おわりに

　本章では、組合の稼得した所得が、どのように組合員に帰属するのかについての検討を行った。その骨子は次のようなものである。
　日本においては、組合の稼得した所得は、組合契約によって自由に組合員間に帰属することが原則であると考えられる。これは組合契約による自由な所得の配賦による租税回避の可能性を生み出す。
　アメリカのパートナーシップ課税制度においても同様にパートナーシップの稼得した所得はパートナーシップ契約で自由にパートナー間に配賦され、それに従って課税が行われるが、これについては、「実質的な経済的効果テスト」を中心とする内国歳入法典及びその下の財務省規則が詳細な規制を行っており、柔軟性をもった規制により、租税回避を抑止して税負担の平等を確保している。ただし、これらの規定は、相当な複雑さや不明確さなどの問題も抱えている。
　組合から生ずる所得を組合契約で自由に配賦でき、それに従って所得が帰属するときに租税回避が発生する場合、大まかには二種類の対応策が考えられる。一方は、自由な所得の配賦自体を認めず、一定の基準、例えば現金その他資産の出資額に従って所得が帰属するというものである。他方は、アメリカ法のよ

---

[81] Rebecca S. Rudnick, *Enforcing the Fundamental Premises Partnership Taxation*, 22 HOFSTRA L. REV. 229 (1993).

[82] Lokken, *Private Business, supra* note 19, at 266-268.

うに、自由な所得配賦を原則として認めつつも、一定の規制をかけるというものである。いずれも一長一短あるが、現行制度を基礎にし、可能な限り私的自治を尊重する観点からは、後者の方が好ましいし、例えば①現金その他資産の出資額に応じて所得を帰属させると、ある組合員の出資額がプラスで、別の組合員の出資額がマイナスになった場合には所得の帰属の基準が失われること、②現金その他資産の出資額に応じて所得が帰属すると考えると、労務その他資産以外の出資への所得の帰属がなくなること、③自由に所得配賦を行っている組合につき出資額に所得が帰属すると考えた場合にはいわゆる対応的調整を行う必要があること、という問題点も考えると、やはり後者の方が好ましいであろう。

　以上を考慮し、かつアメリカ法が抱える問題を解決した課税モデルを、本書第8章にて提案することにしよう。

第二章　パートナーシップ持分の基準価格

1　はじめに

　前章では、パートナーシップ／組合の稼得した所得とそのパートナー／組合員への帰属の問題を考察してきた。原則として損益はその配賦割合（いわゆる損益分配割合）に応じてパートナー／組合員に帰属し、パートナー／組合員は帰属した組合の損益を、他の源泉から生じた損益と合算して申告することになる。

　このことを踏まえた上で、本章ではパートナーシップ持分の基準価格についての検討を行う。パートナーシップ持分とは、法人の場合の株式に対応する概念であり、組合でいえば、組合員たる地位ないし組合の包括的財産に対する合有持分権のことである。パートナーシップ持分の基準価格とは、そのような一つの資産たるパートナーシップ持分に対してつけられた基準価格のことであり、我が国の組合課税の文脈でいえば、あたかも組合員たる地位に一つの帳簿価額がつけられたようなものである。もっとも我が国においてこのような概念が認められるか否かは明文の規定がない以上定かではない。しかし後述するように、仮にそのような帳簿価額の概念を導入し、かつ組合課税やパートナーシップ課税を行うとすると、組合員段階での二重課税を排除するための帳簿価額の複雑な調整が必要であるが、それには明文の規定が要求されるから、結局のところ、おそらく我が国ではそのような概念は明示的には存在しない、と考えてよいであろう。

　パートナーシップ持分の基準価格を検討することは、次の二つの意義を有す

る。

　第一に、次章以下で検討するように、パートナーシップ持分に基準価格をつけることにより、持分が譲渡されたときあるいはパートナーシップからの分配が行われたときの損益計算が簡明になるものと思われるが、そのような持分譲渡・分配時の損益計算について研究する際の基礎として、パートナーシップ持分の基準価格がどのようなものか、またどのように算定されるのかを把握する必要がある。つまり、次章以下の研究を進める上で、パートナーシップ持分を研究することが不可欠である。

　第二に、パートナーシップの負担した損失は、前章で説明した「実質的な経済的効果テスト」の下で各パートナーに帰属し、そこでそのパートナーのその他の所得から控除されることになっている。ただしこれには例外があり、各パートナーに配賦されたパートナーシップ損失は、そのパートナーのパートナーシップ持分の基準価格の範囲内でしか控除できない。つまりパートナーシップ持分の基準価格は損失控除制限機能を果たしているのである。このことを踏まえて、我が国の組合課税においても、「経済的に、かつ実質的に負担することのないものまで損失として認識することは認められるべきではない」[1]として、パートナーシップ持分の基準価格を参考として損失の控除限度額を規制すべきであるとの提案がなされており、これを吟味する必要がある。

　本章では、この二つの意義のうち、特に後者の意義に注目する。つまり、本章では、損失控除制限機能としてのパートナーシップ持分の基準価格に焦点を当て、それが損失控除をどのように制限するか、そして、基準価格の概念の組合課税への導入を主として検討したい。なお、前者の意義は、持分譲渡や分配などの個別の場面で検討するのが適当と思われるので、本章では特にこれを取り扱わない。持分譲渡の際のパートナーシップ持分の基準価格の働きについては本書第四章で、同様にパートナーシップからの分配の際のパートナーシップ持分の基準価格の働きについては同第五章で取り上げる。

　パートナーシップ持分の基準価格の概念は様々な場面で問題となるので、ま

---

[1] 平野嘉秋「パートナーシップ税制の法的構造に関する一考察　－日米比較を中心として－」税務大学校論叢23・256頁（1993）。

ずパートナーシップ課税についての基本的概念を簡単に整理し（本章2）、その後パートナーシップ持分の基準価格の損失控除制限機能について検討し（同3）、最後に組合課税について言及することにしたい（同4）。

2 パートナーシップ課税の基本的概念

[1] 出資

出資（contribution）とは、パートナーシップの事業目的達成のため、パートナーがパートナーシップに資金等を出すことであり、それと引き換えにパートナーシップ持分（a partner's interest in the partnership）を得る。出資するものは、金銭でも、金銭以外の資産でも、役務（service）でもよい。

資産が出資された場合、パートナーシップ及び出資したパートナーは、原則としてその含み損益の課税が繰り延べられる（nonrecognition, 内国歳入法典（以下特に断りのない限り、すべての条文は内国歳入法典のものであり、引用はI.R.C.と略す）§721(a)。例外として、参照、I.R.C.§721(b)）。したがって、パートナーシップは出資資産の基準価格を引き継ぎ（I.R.C.§723）、パートナーは受け取ったパートナーシップ持分を出資資産の基準価格で評価する（I.R.C.§722）。

このように、資産のパートナーシップへの出資時に、その資産の含み損益に対する課税が繰り延べられるのは、第一に、パートナーシップがパートナーとは区別された税務上の実体ではなく、パートナーシップに対する資産出資は利益認識を引き起こすほどの大きな投資の変動ではないこと、第二に、パートナーシップに対する資産出資に課税を行うと、そのような出資が阻害される（"capital lock-in"）ことになるが、このような阻害要因を排除し、より資産を生産的に利用できるパートナーシップへの資産移転を促進することにある、といわれている[2]（詳細は、本書第三章2を参照のこと）。

役務の出資と引き換えに、パートナーが受け取った持分は、原則的に報酬

---

2 Daniel N. Shaviro, *An Efficiency Analysis of Realization and Recognition Rules Under the Federal Income Tax*, 48 TAX L. REV 1, 18-19, 49-50 (1992).

(compensation for service）として総所得（gross income, I.R.C.§61(a)）に算入される（財務省規則（以下、Treas.Reg. と略す）§1.721-1(b)(1)）[3]。

［２］　分配

分配（distribution）とは、資本や配賦された利益の払い戻しとして、パートナーシップからパートナーに対して、現実に、金銭や金銭以外の資産が譲渡されることである。

分配が行われた場合、パートナーシップ及び分配を受けたパートナーは、通常、課税されない（I.R.C.§731(a)）。ただし、金銭の分配を受け、それが、分配直前のパートナーシップ持分の基準価格を超過する場合には、その超過額は利益として課税される（I.R.C.§731(a)(1)）。さらに、パートナーシップ持分を清算（liquidation）[4]する場合、パートナーシップ持分の基準価格（本章3参照）が、分配を受けた流動性の高い次の資産、すなわち、(A)分配金銭額、及び、(B)未実現未収金（unrealized receivables, I.R.C.§751(c)）及び棚卸資産項目（inventory, I.R.C.§751(d)）の分配を受けたパートナーに対する調整基準価格（adjusted basis, I.R.C.§732）の合計額を超えており、しかも清算時に(A)及び(B)以外の資産が分配されなかった場合には、当該超過額について損失を認識する（I.R.C.§731(a)(2)）。分配時に認識された損益は、原則として資本的資産（capital asset）から生ずる損益（キャピタル・ゲイン／ロス）とされる（I.R.C.§§731(a), 741）[5]。

---

[3] *But see* Rev. Proc. 93-27, 1993-2 C.B. 343. サービスと引き替えにパートナーシップ持分を取得した場合（役務出資の場合）の課税結果につき、詳しくは WILLIAM S. MCKEE, WILLIAM F. NELSON & ROBERT L. WHITMIRE, FEDERAL TAXATION OF PARTNERSHIPS AND PARTNERS ch. 5 (4th ed. 2007 & Supp. 2007) [hereinafter FEDERAL TAXATION]；ARTHUR B. WILLIS, JOHN S. PENNELL & PHILIP F. POSTLEWAITE, PARTNERSHIP TAXATION ¶ 4.05 (6th ed. 1997 & Supp. 2007) [hereinafter WILLIS].

[4] パートナーシップ持分の「清算」の定義については、*see* Treas.Regs.§§1.704-1(b)(2)(ii)(g). *See also* I.R.C.§761(d)；Treas.Reg.§1.761-1(d). 詳細は、本書第五章2［１］［ａ］を参照。

[5] *But see* I.R.C.§751(b).

［3］　パートナーシップ持分の基準価格と持分の譲渡

内国歳入法典上、パートナーシップ持分（a partner's interest in the partnership）については定義規定がない。

1997年統一パートナーシップ法（Uniform Partnership Act（1997））101条(9)は、パートナーシップ持分を、「当該パートナーの譲渡可能な持分及び全ての経営その他の権利を含む、パートナーシップに対するパートナーの持分（interest）の全て」と、いささかトートロジカルに定義している[6]。

内国歳入法典上も、「ほとんどの課税目的上、パートナーはパートナーシップ資産に対し直接の持分を有しているとみなされず、パートナーシップの資本、利益（profits）、利得（gains）、及び、損失の配分にあずかる権利を表象し、かつ独立の資産たる、パートナーシップ持分を有すると考えられている」[7]。簡単にいえば、パートナーシップ持分とは、会社における株式（stock）に対応した概念であるといえよう。

パートナーシップ持分は、パートナーがパートナーシップの有する個々の資産に対し直接有する持分とは区別されており、原則として、内国歳入法典上は、

6　この1997年統一パートナーシップ法起草時のコメントによると、譲渡可能な持分（transferable interest）とは、損益に対する持分と分配を受ける権利（his share of the profits and losses and right to receive distributions）、つまりパートナーの経済的持分（the partner's economic interests）のみを指すものとされている。See Uniform Partnership Act(1997) §401(a) & (b)(資本と利益に対する権利). 旧1914年統一パートナーシップ法に関するものであるが、CURTIS J. BERGER & PETER J. WIEDENBECK, CASES AND MATERIALS ON PARTNERSHIP TAXATION §1.02, at 20（1989）も参照. なお、旧1914年統一パートナーシップ法（Uniform Partnership Act）の下では、各パートナーはパートナーシップ資産の共同所有者（co-owner）であり、また資本及び利益の持分（share）を表象する独立したパートナーシップ持分も有すると考えられていた。Jerold A. Friedland, *Determining a Partner's Share of Partnership Liabilities under I.R.C. Section 752*, 7 B.U.J. TAX LAW 1, 3 n.3 （1989）. 1997年統一パートナーシップ法では、パートナーシップはパートナーとは別個のものであること（§201）、パートナーシップ資産はパートナーシップのものであり、パートナーが個人的に有するものではないこと（§203）が明定されており、よりパートナーとパートナーシップとの分離ないし、パートナーシップの（私法上の）実体（entity）性が強調されている。

7　Friedland, *supra* note 6, at 3.

これを一つの資本的資産として取り扱う（I.R.C.§741）[8]。したがって、パートナーが交代する、いわゆるパートナーとしての地位たる持分の譲渡は、パートナーシップの保有する個々の資産に対する持分が譲渡されたものとは取り扱われずに、パートナーの地位たる一つの資産が譲渡されたものとみなされる（例外として、I.R.C.§§743(a), 751(a)がある）。

パートナーシップ持分の基準価格とは、このような一つの資産たるパートナーシップ持分につけられた基準価格である[9]。

3 パートナーシップ持分の基準価格

［1］ 算定方法

［a］ 一般原則

パートナーシップ持分の基準価格（以下、単に「持分の基準価格」という）には、次の二つの特徴がある。

①持分の基準価格は、株式の基準価格と異なり、パートナーシップ所得等の配賦により修正される（I.R.C.§705(a)）。

②持分の基準価格には、実際にパートナーが出資した金銭・資産のみならず、パートナーシップの負債のうち、当該パートナーに配賦された「負債割当額（partner's share of the partnership liabilities）」が算入される（I.R.C.§752 (a) & (b)）[10]。

---

8 ただし、未実現未収金及び棚卸資産項目から生ずる損益は、資本的資産以外の資産から生じたもの（通常所得／損失（ordinary income/loss））として取り扱う（I.R.C.§751(a)）。

9 なお、一般に、あるパートナーの持分の基準価格をアウトサイド・ベイシス（outside basis）といい、あるパートナーシップ資産の基準価格をインサイド・ベイシス（inside basis）という。*Eg.*, STEPHEN A. LIND, STEPHEN SCHWARZ, DANIEL J. LATHROPE & JOSHUA D. ROSENBERG, FUNDAMENTALS OF PARTNERSHIP TAXATION 32 (7th ed. 2005)；ALAN GUNN & JAMES R. REPETTI, PARTNERSHIP INCOME TAXATION 11 (4th ed. 2005).

(1) 取得基準価格（original basis）

出資により持分を取得した場合は、出資金銭の額、及び（金銭以外の）資産の出資時の出資パートナーにおける調整基準価格の合計額である（I.R.C.§722)[11]。

それ以外の方法で持分を取得した場合（持分を譲り受けた場合）は、1011条以下の規定により決定される（I.R.C.§742)。すなわち、原則として、売買により取得した場合はその取得価額（cost）（I.R.C.§1012)、相続の場合には、被相続人の死亡日の時価（I.R.C.§1014(a))、贈与の場合は贈与者の基準価格を引き継ぐ（I.R.C.§1015(a))。

(2) 基準価格の修正

取得基準価格は、以下の修正を受ける[12]。

まず、パートナーシップ所得（課税・非課税を問わない）の当該課税年度及びそれ以前の年度の分配割当額（distributive share, その定義について第一章3 [1] [a] 参照）だけ、増加する（I.R.C.§705(1))。さらにパートナーが追加出資を行えば、その金銭の額及び出資資産の出資パートナーにおける調整基準価格だけ増加する（Treas.Reg.§1.705-1(a)(2))。

次に、パートナーシップ損失（控除できるか否かを問わない）の当該課税年度及びそれ以前の年度の分配割当額だけ、基準価格は減少する（I.R.C.§705(a)(2))。さらに、そのパートナーに分配された金銭の額あるいは資産の基準価格[13]だけ減少する。ただし、基準価格はゼロより下に下がらない。なお、基準価格を超過する金銭が分配された場合、分配受領パートナーは当該超過額を原則と

---

10 財務省規則においては、"Debt"、"Liability"、"Obligation" という語は、区別して用いられているので（see Joseph A. Snoe, *Economic Realty or Regulatory Game Playing?: The Too many Fictions of The §752 Liability Allocation Regulations*, 24 SETON HALL L. REV. 1887, 1895-1898 (1994))、本章では、"Debt" に「債務」、"Liability" に「負債」、"Obligation" に「義務」の言葉を対応させて用いることにする。

11 役務の出資については、see Treas.Regs.§§1.722-1 & 1.721-1(b)(1)。

12 詳しくは、see FEDERAL TAXATION, *supra* note 3, ¶6.02; WILLIS, *supra* note 3, ¶5.02.

13 I.R.C.§733(2)。分配された資産の基準価格については、see I.R.C.§732。

してキャピタル・ゲインとして認識する（I.R.C.§§731(a), 741）。

　以上の持分の基準価格の変動は、パートナーシップが導管（conduit）であることに鑑み、パートナー段階での二重課税・二重控除を防止するために必要な措置である。例えば、パートナーシップが得た所得は、パートナー段階で、その分配割当額に対して課税が行われる。しかし、ここで持分の基準価格が増加しなければ、パートナーシップ持分を売却・清算等した場合、同一の経済的利益に対して再びパートナー段階で課税が行われることになる。また、パートナーシップ損失及び控除の分配割当額についても、持分基準価格が減少することにより、二重控除が行われることを防止している[14]。

　なお、705条(a)は、持分の基準価格がゼロより下になること[15]を禁じるが、これに対応して、704条(d)はパートナーシップ課税年度末の調整基準価格を超過する損失の（その損失が配賦されたパートナーレベルでの）控除を禁じている（損失の配賦自体は禁じられていない）。704条(d)の目的は、損失控除に対応する持分の基準価格の減少がなければ、持分の売却等で認識される利益が不当に減少する（つまり経済的利益よりも少ない利益しか認識されない）ことになるから、これを防止しようというものである[16]。この不当さは、次の例でもわかる。Aがパートナーシップに500ドルを出資して（資本勘定・持分の基準価格共々500ドル）、900ドルの損失の配賦を受け、これを全額控除できたとし、かつ持分の基準価格がゼロより下にならないとしたとしよう。配賦された損失900ドル全額を控除したのち、Aがパートナーシップ持分を10ドルでBに売却した場合、持分の基準価格はゼロであり、かつ実現額（amount realized）は10ドルであるから[17]、利益10ドルがAについて認識される。この時点までの課税結果

14　なお、持分の基準価格は、パートナーシップ非課税所得の分配割当額によっても増加するが、「この増加はそのパートナーの持分の売却時におけるその所得の課税を防ぐために必要なもので、その所得の非課税性を永久にする効果を持つのである」（FEDERAL TAXATION, *supra* note 3, ¶6.02[3][a], at 6-9）。控除できない費用（資本的支出のような資産化される支出を除く）については、逆のことがいえる。

15　パートナーシップ持分、及びパートナーシップ持分以外のその他資産一般の負の基準価格については、*see* George Cooper, *Negative Basis*, 75 HARV. L. REV. 1352 (1962).

16　FEDERAL TAXATION, *supra* note 3, ¶6.02[4].

をまとめると、Aはパートナーシップに対する投資として、500ドル投資し、しかも900ドルの損失を受けてこれを控除し、持分を売却した時点で10ドルの利益を得たことになる。そうすると、Aはパートナーシップに対する投資により、投資額500ドルをはるかに超えた損失890ドル（900ドル－10ドル）を控除できるから、実際に負担しない損失の控除が認められ、明らかに不当である。

最後に、パートナーシップ負債と基準価格の問題を見てみよう。あるパートナーのパートナーシップ負債割当額（本章3［1］［b］参照）が増加した場合、あるいはパートナーがパートナーシップ債務の引受（assumption）を行ったため、そのパートナーの個人的債務が増加した場合は、それらの増加をそのパートナーからのパートナーシップに対する金銭の出資として取り扱う（I.R.C.§752(a)）。逆にあるパートナーのパートナーシップ負債割当額が減少した場合、あるいはパートナーシップがパートナーの個人的債務の引受を行ったため、そのパートナーの個人的債務が減少した場合は、それらの減少をパートナーシップからそのパートナーに対する金銭の分配として取り扱う（I.R.C.§752(b)）。この規定により、持分の基準価格には、パートナーシップ負債のそのパートナーに対する負債割当額が算入されることになる。そして、負債割当額は、損失の控除制限規定（I.R.C.§704(d)）と連動して、損失の控除額を直接左右する。パートナーシップのすべての負債は、いずれかのパートナーに対して配賦されるので、一般に次の等式が成立する[18]。

持分の基準価格の総額（アウトサイド・ベイシス総額）
＝パートナーシップ資産の基準価格の総額（インサイド・ベイシス総額）

---

17 資本勘定は持分譲渡の時点で－400ドルであるが、負の資本勘定は実現額に算入されないことに注意。*See* FEDERAL TAXATION, *supra* note 3, ¶11.05[2][b]. *See also* Rev.Rul. 73-301, 1973-2 C.B. 215, 217.

18 以上が持分の基準価格算定の原則であるが、これについては代替算定方法がある、I.R.C.§705(b). 詳しくは、*see* FEDERAL TAXATION, *supra* note 3, ¶6.03 ; WILLIS, *supra* note 3, ¶5.03.

[b]　負債割当額

(1)　はじめに

　負債割当額は、損失控除の範囲決定に関して重要であり、大変議論の多い分野であるから、ここで簡単に負債割当額の算定についての歴史を見てみる。

　現在のパートナーシップ課税制度ができたのは1954年であるが、当時より現在に至るまで、内国歳入法典には、負債割当額を直接定める規定は存在しない。それゆえ、その定義は財務省規則により行われている。まず、1956年にパートナーシップ負債割当額についての財務省規則（T.D. 6175, 1956-1 C.B. 211、以下「旧財務省規則」という）が制定された。

　旧財務省規則は、パートナーが誰も個人的責任（personal liability）を負っていない負債をノンリコース負債（nonrecourse liabilities）とし、それ以外の負債、つまり、パートナーの誰かが個人的責任を負っている負債を、リコース負債（recourse liabilities）とする[19]。ノンリコース負債は、利益割当比率にて全パートナーに対して配賦される。リコース負債は、パートナーシップ契約にある損失割当比率に従って配賦されるが、リミテッド・パートナーは有限責任しか負わないから、個人的責任を負わないとして、原則としてリミテッド・パートナーにはリコース負債が配賦されなかった（Treas.Reg.§1.752-1(e)(1956)）。

　ノンリコース負債が利益割当比率に従って配賦された理由は、次のようなものである。ノンリコース負債が債権者に返済された場合、返済はパートナーシップの得た利益から行われる。利益がなければ、パートナーシップは、ノンリコース負債の担保となった資産を失うことになるが、それ以上の責任は問われない。パートナーシップ利益から負債が返済される場合、各パートナーの利益の取り

19　なお、旧財務省規則自体は、リコース負債、ノンリコース負債という言葉を使っていないが、現行最終財務省規則と対比して、一般にこの言葉が使われているようである。See FEDERAL TAXATION, *supra* note 3, ¶8.01; WILLIS, *supra* note 3, ¶6.01[1]. 注意すべきは、ある負債が、パートナーシップ資産すべてを担保としていても、パートナーにその個人的資産から返済することを債権者が要求できなければ、「ノンリコース」負債となる。つまり、リコース負債か否かについては、パートナーの個人的資産が担保になっているか否かで判断する。このことは現行最終財務省規則でもいえる。

分がそれだけ減るので、ノンリコース負債を返済するための負担は、利益の取り分に比例する。それゆえ利益割当比率に従って配賦されるのである、と[20]。

一方、リコース負債が損失割当比率に従って配賦された理由は、次のようなものである。パートナーシップが、損失を被ったためにパートナーシップ資産のみではリコース負債を返済できなくなったとき、パートナーがその個人的資産からこれを返済しなければならない。その負担は、損失を被る割合に等しいので、パートナーシップの損失割当比率に従って配賦されるのである、と[21]。

その後、1983年の Raphan v. United States 事件[22]では、ジェネラル・パートナーがパートナーシップのノンリコース債務を保証（guarantee）したが、リミテッド・パートナーたる原告が、当該債務に対してはパートナーの誰も個人的責任を負っていないから、当該債務はノンリコース債務であり、ノンリコース債務はリミテッド・パートナーたる原告にも配賦されて持分の基準価格が増加するから、その分だけパートナーシップ損失が控除できると主張していた。請求裁判所（Claims Court）は、これを受けて、本件のノンリコース債務の保証は、「パートナー以外の立場で」パートナーシップに対して権利及び責任を有するものであるから、当該保証をなしたパートナーは個人的責任を負っていないとして原告の主張を認容し、この債務をノンリコース債務と判示した。Raphan 事件においては、ジェネラル・パートナーがノンリコース債務を保証しているから、パートナーシップが債務を返済できなくなった場合、このジェネラル・パートナーが、自己の個人的資産から債務を返済することになる。それにもかかわらず、請求裁判所はこれをノンリコース債務と分類したのである。この事件の控訴審判決は、当該債務保証を、パートナーの立場で行われたものであり、ジェネラル・パートナーは個人的責任を負うとして、この請求裁判所

---

20 *E.g.*, J. Martin Burke & Michael K. Friel, *Allocating Partnership Liabilities*, 41 TAX L. REV. 173, 178 (1986); Friedland, *supra* note 6, at 6.

21 *E.g.*, Burke & Friel, *supra* note 20, at 177 ; Friedland, *supra* note 6, at 6. ただし、損失を被る割合と、リコース負債を返済する割合とは、不均衡損失配賦（disproportionate loss allocation）の場合には、一致しない。詳しくは本章3［3］［b］を参照。

22 3 Cl.Ct. 457 (1983), *aff'd in part, rev'd in part*, 759 F.2d 879 (Fed. Cir. 1985), *cert.denied*, 474 U.S. 843 (1985).

判決を覆したが[23]、それ以前に、連邦議会は、Raphan事件請求裁判決の結論を無視して、新財務省規則を制定するよう財務省長官に指示した[24]。

これを受けて、財務省は、1988年12月29日に暫定財務省規則（temporary regulations）[25]を制定し、その後、1991年12月20日に、現行最終財務省規則（final regulations）[26]を制定した[27]。その内容は以下の(2)で述べる。

(2) 負債割当額算定の原則

まず、パートナーシップが、外部（パートナー含む）に対して負った負債（以下これをパートナーシップ負債という）は、「リコース負債（recourse liabilities）」と「ノンリコース負債（nonrecourse liabilities）」に分けられる。それぞれについて各パートナーの割当額を決定し、それを合計した額が、各パートナーの負債割当額である[28]。

パートナーシップ負債のうち、パートナー及びその関係者（related person）[29]の一人以上が「損失の経済的危険（economic risk of loss）」を負うものを、

---

23 759 F.2d 879 (Fed. Cir. 1985).

24 Deficit Reduction Act of 1984, Pub. L. No. 98-369, §79, 98 Stat. 494, 597 (1984). 同法の下院委員会報告書は、債務を、「損失の経済的危険（economic risk of loss）」を負うパートナーに配賦するよう財務省規則を制定することを、要求している。H.R. REP. No. 98-432, at 1235(1984).「損失の経済的危険」とはなにかについて、同報告書は明らかにしていない。財務省規則をみる限り、これは、704条(b)の「実質的な経済的効果」を有するように配賦された「損失」を最大限に負う「危険」と、解釈される。詳しくは、本章 3 [1][b](2)～(4)及び3[2][b] 参照。

25 T.D. 8237, 1989-1 C.B. 180, *as amended by* T.D. 8274, 1989-2 C.B. 101. *See e.g.,* Stephen L. Millman, *A Critical Analysis of the New Section 752 Regulations,* 43 TAX LAW. 1(1989); Richard L. Hubbard, *Allocation of Partnership Liabilities,* 48 INST. ON FED. TAX'N §25.1 (1990).

26 T.D. 8380, 1992-1 C.B. 218. *See e.g.,* Sanford C. Presant, Leslie H. Loffman & Laurie Abramowitz, *The Final Regulations Under Section 752,* 19 J. REAL EST. TAX'N 267(1992); Mason & Dennis, *Allocation of Partnership Liabilities,* 23 TAX ADVISER 495(1992).

27 最終財務省規則と暫定財務省規則の間には多少の差異がみられるが、負債の配賦方法はほとんど変わっていない。なおRaphan事件から最終財務省規則までの経過は、Howard E. Abrams, *Long-Awaited Regulations Under Section 752 Provide Wrong Answers,* 44 TAX L. REV. 627, 627-630(1989)[hereinafter *Long-Awaited Regulations*] を参照した。

その危険を負う範囲で「リコース負債」という (Treas.Reg.§1.752-1(a)(1))。

逆に、パートナーシップ負債のうち、パートナーの誰もが損失の経済的危険を負わないものを、その範囲で「ノンリコース負債」という (Treas.Reg.§1.752-1(a)(2))。

パートナーシップリコース負債は、各パートナーが「損失の経済的危険」を負う額に従って各パートナーに配賦される (Treas.Reg.§1.752-2(a). 「リコース負債割当額」の決定)[30]。

(3) 「損失の経済的危険」とリコース負債割当額の算定

原則として、パートナーシップがみなし清算 (constructive liquidation) を行い、パートナーシップ負債の支払期日が到来したとして、あるパートナーがパートナーシップその他の者に対して支払いをなさなければならなくなり、かつ、その支払についての償還 (reimbursement) を他のパートナーに求めるこ

---

28 負債割当額の決定の前に、そもそも「負債」とはなにかが問題となる。負債の定義は、暫定財務省規則 (Temp. Reg. § 1. 752-1T(g)(T. D. 8237, 1989-1 C. B. 180)) では行われていたものの、最終財務省規則では説明なくその定義が削られた。しかしその後、負債概念の混乱を背景として、2005年に Treas. Reg. §1. 752-1(a)(4)が追加された (T. D. 9207, 2005-1 C. B. 1344)。それによると、ある義務 (obligation) のうち、①金銭を含む債務者の資産の基準価格を生じあるいは増加させる、②債務者の即時の控除を生じさせる、あるいは③債務者の課税所得算定上控除できずまた資産化できない費用を生じさせるものにつき、その範囲で752条における負債 (liability) である、とされている。詳細につき、see FEDERAL TAXATION, *supra* note 3, ¶7.03; WILLIS, *supra* note 3, ¶6.01[2] & n. 10(1997 & Supp. 2007)。

29 パートナーの「関係者 (related person)」の定義については、see Treas.Reg.§1.752-4(b). 以下、本章において「関係者」は考慮しない。

30 パートナーシップ負債の現行の取扱い、つまり持分の基準価格に負債割当額を算入するという取扱いが、個人課税の基準価格の取扱い (Crane v. Comm'r, 331 U.S. 1 (1947)) にその基礎をおいているため (Alan W. Perry, *Limited Partnerships and Tax Shelters: The Crane Rule Goes Public,* 27 TAX L. REV. 525, 542(1972))、ノンリコース借入れも持分の基準価格に算入される。AMERICAN LAW INSTITUTE, FEDERAL INCOME TAX PROJECT – SUBCHAPTER K : PROPOSALS OF THE AMERICAN LAW INSTITUTE ON THE TAXATION OF PARTNERS 258-59 (1984). Crane 事件及びノンリコース借入れの問題点について、参照、岡村忠生「タックス・シェルターの構造とその規制」法学論叢136巻4・5・6号269頁、330～337頁（1995）。

とができないとした場合に、その支払義務を負う範囲で、そのパートナーは、「損失の経済的危険（economic risk of loss）」を負うとされる（Treas.Reg.§1.752-2(b)(1)）。

みなし清算（constructive liquidation）では、以下のような出来事が同時に発生したとみなされる（Treas.Reg.§1.752-2(b)(1)）。

①全パートナーシップ負債を支払わねばならなくなる。
②全パートナーシップ資産（金銭含む）の価格がゼロになる[31]。
③パートナーシップがその資産を対価なしで処分したとする[32]。
④全所得・利益・損失・あるいは控除をパートナーに配賦する。
⑤パートナーシップを清算する。

みなし清算における各パートナーの支払義務は、パートナーシップに対する追加出資義務と、債権者その他の者に対する支払義務に分けられる。パートナーシップに対する追加出資義務は、第一章3［2］［b］(1)で説明した各パートナーの資本勘定を使用して算定する。

出資・支払義務の算定は、その算定時の事実及び状況に基づいて行われるが、重要なのは、「そのパートナーシップ負債に関係するすべての法律上及び契約上の義務を考慮する」ことである（Treas.Reg.§1.752-2(b)(3)）。例えば、パートナーシップ契約の他に、債権者その他の者（パートナーシップ含む）に対する、保証（guarantees）、補償（indemnifications）、払戻契約（reimbursement agreement）等の義務をも考慮しなければならない（Treas.Reg.§1.752-2(b)(3)(i)）。また、たとえ支払いをなしたとしても、それがパートナーシップや他のパートナーから償還（reimbursement）される場合は、支払義務があるとはされない（Treas.Reg.§1.752-2(b)(5)）[33]。

例1：AとBは各自現金100ドルずつ出資してジェネラル・パート

---

31 *But see* Treas.Reg.§1.752-2(h)(2).
32 ただし、債権者の担保権が一ないしそれ以上のパートナーシップ資産に限られている場合に、債務から解放される（relief from liabilities）ことは、対価として受け取ったものとされている。*See also* Treas.Reg.§1.752-2(b)(2).

ナーシップを結成した。パートナーシップは、無関係の第三者から1000ドルで建物を購入し、対価のうち200ドルを現金で、残りの800ドルを手形(両パートナーは個人的責任を免れ得ない)を振り出して支払った。パートナーシップ契約では、損益を9:1でAとBに配賦すると規定している。資本勘定は、各自704条(b)(第一章3［2］［b］(1)参照)に従って計算されている(Treas.Reg.§1.752-2(f) Ex(1)を一部改変)。

この時点での負債割当額、及び、持分の基準価格を算定してみよう。みなし清算を行うと、800ドルの手形を支払わねばならず、かつ、すべての資産が無価値になったものと仮定される。したがって、この資産(建物)から1000ドルの損失が発生し、Aに900ドル、Bに100ドル配賦される。ABそれぞれの資本勘定は、以下の通りとなる。

A: －800ドル(最初の出資額100ドル－資産からの損失900ドル)

B: 0ドル(最初の出資額100ドル－資産からの損失100ドル)

結果として、みなし清算を行った場合、Aは800ドルを追加出資しなくてはならない(Bはゼロ)。この800ドルは、手形債務の返済に充てられるから、Aが債務全額について「損失の経済的危険」を負う。したがって、債務800ドルは全額「リコース負債」となり、これはすべて「損失の経済的危険」を負うAに配賦される。

結局、持分の基準価格は、

A: 900ドル(最初の出資額100ドル＋債務割当額800ドル)

B: 100ドル(最初の出資額100ドル)

である。

---

33 パートナーシップの資産状態に関する規定、パートナー自身がノンリコース貸付を行っている場合など、その他多くの規定が存在する。詳しくは、Treas.Reg.§1.752-2; FEDERAL TAXATION, *supra* note 3, ¶8.02 ; WILLIS, *supra* note 3, ¶ ¶6.01［3］［b］, 6.02［4］［a］. 旧財務省規則のリコース債務の配賦と、現行最終財務省規則のリコース債務の配賦の差異について、本章3［3］［b］参照。

(4) 「ノンリコース負債割当額」の算定

パートナーの誰もが「損失の経済的危険」を負わない負債は、「ノンリコース負債」として、各パートナーに配賦される。

ノンリコース負債割当額は、次の額の合計額である。

① 704条(b)（パートナーシップ所得等の配賦に関する規定）及びその下の財務省規則で決定されるパートナーシップミニマムゲイン（partnership minimum gain）の割当額（Treas.Reg.§1.752-3(a)(1)）。

② ノンリコース負債の担保となった資産を債務の弁済と引き替えに処分した場合に、704条(c)（ビルトイン・ゲイン／ロスに関する規定）により配賦される課税利益（taxable gain）（Treas.Reg.§1.752-3(a)(2)）。

③ ①及び②で配賦されなかった残りのノンリコース負債（いわゆる「超過ノンリコース負債（the excess nonrecourse liabilities）」）の割当額。

これらのうち①、②は所得の配賦等の規定と関連するが、紙面の関係上、本章では特にこれらを取り扱うことはしない。

財務省規則は、③の「超過ノンリコース負債」を、パートナーシップ利益配賦割当額に応じて、つまり、利益割当比率で配賦すると定めている。この利益配賦割当比率は、経済的取り決めに関連するすべての事実及び状況を勘案して決定される[34]。

---

34 Treas.Reg.§1.752-3(a)(3). もっとも、超過ノンリコース負債の配賦は、かなり自由が認められている。すなわち、パートナーシップ契約で超過ノンリコース債務を配賦するために利益持分（the partners' interests in partnership profit、利益に対する持分をあらわすもので、利益割当比率と同じ）を定めた場合、この持分がパートナーシップ所得あるいは利益のその他の重要な項目（some other significant item）の配賦（ただし、当該配賦が704条(b)財務省規則の下での「実質的な経済的効果」を有していること）と合理的に一貫して（reasonably consistent）いれば、これが認められる。さらに、ノンリコース負債に帰属しうる控除（the deduction attributable to those nonrecourse liabilities）が配賦されると合理的に見込まれる（reasonably expected）方法に従って配賦することも認められている（see Treas.Reg.§1.752-3(c) ex. 2）。

［2］　基準価格の機能：損失控除制限

［a］　基準価格の諸機能

　パートナーシップ持分の基準価格は、①持分の売却・交換にかかる損益の算定、②パートナーシップからパートナーに対する金銭の分配があった場合にパートナーにおいて認識される利益の算定、③パートナーシップ持分を清算した場合の分配にかかる損失の算定、④パートナーシップから分配された資産の基準価格の算定（I.R.C.§732）、⑤パートナーシップ損失の分配割当額控除の制限（I.R.C.§704(d)）のために必要となる。

　これらは持分の基準価格の機能を示すが、本章では、冒頭で示したとおり、⑤に焦点を当てる。

［b］　損失控除制限（704条(d)）

　704条(d)は、パートナーシップ損失の分配割当額の控除を、損失の生じた年度末の持分の基準価格（調整基準価格）の範囲内でのみ認め、それを超過する部分の損失を、後の年度に繰り越させる。

　704条(d)の目的が、損失控除に対応する持分の基準価格の減少がなければ、持分の売却等で認識される利益が不当に減少することになるから、これを防止しようというものであることは本章3［1］［a］(2)で述べた。しかし、この目的の他に、704条(d)は、持分の基準価格概念と結びつき、以下に見るように、資本勘定を利用したパートナー間の間接的な借入れから生ずる損失控除を否認するという独自の機能を果たしている[35]。もっとも、この機能は、連邦議会が意図したものではなく[36]、二重課税・控除の防止を目的とした基準価格の変動や、負の基準価格の禁止などの規定が組み合わさった結果、いわば副次的に[37]生ずるものである[38]。次の例を見てみよう。

　　　例2：AとBは現金500ドルずつを出資してABジェネラル・パートナーシップを結成し、1000ドルの減価償却資産（耐用年数5年・残存価額ゼロ・定額法）を購入した。ただし、損失割当比率はA：B＝

9：1とし、減価償却費以外のいかなる所得・損失も生じないとする。所得の配賦は、実質的な経済的効果の要件（704条(b)）を満たしているとする。

705条(a)による持分の基準価格がないと仮定しよう。5年後、減価償却累計額は1000ドルとなり、このときの資本勘定は以下のようになる。

A：－400ドル（最初の資本勘定500ドル－減価償却費900ドル）

B：＋400ドル（最初の資本勘定500ドル－減価償却費100ドル）

このままでは、持分の基準価格による損失の控除制限がないから、Aは900

35　704条(d)により控除が繰り延べられた損失（以下、「704条(d)損失」という）は、後の年度に繰り越される。そして、パートナーシップ所得の配賦を受けたり追加出資をしたりして、持分の基準価格が後の年度で増加すれば、その分だけ控除できる。繰越期間に制限はない。704条(d)損失について、次の注意が必要である。(1)パートナーシップ持分を処分し利益が生じた場合、その利益から704条(d)損失は控除できない。(2)パートナーシップ持分の譲渡があったとき、譲受人が譲渡人の704条(d)損失を利用できるかについては規定がない。しかし、譲渡が課税の行われる取引（taxable transaction）であった場合、譲受人は譲渡人の704条(d)損失を利用できないが、贈与等基準価格の引き継ぎ（carry-over）がなされる取引においては、持分の基準価格と、そのパートナーに対するパートナーシップ資産の基準価格（インサイド・ベイシス）の割当額の間の歪みを防止するため、譲渡人の704条(d)損失は譲受人により引き継がれるべきであるとされている、FEDERAL TAXATION, *supra* note 3, ¶ 11.05[2][b]-[c].

36　連邦議会には、持分の基準価格を利用して、資本勘定を利用したパートナー間の間接的な借入れから生ずる損失の控除を否認しようという意図がなかったことは、その立法経過からも明らかである。*See* S. REP. No. 83-1622, at 94 (1954); H.R. REP. No. 83-1337, at 68 (1954).

37　Abrams教授とGergen教授は、資本勘定を利用した間接的な借入れから生じた損失の控除制限機能を465条のAt Riskルールにおける共同事業者間の借入れ額を危険負担額（amount at risk）に算入しないとしている（I.R.C. § 465(b)(3)(a)）のと軌を一にしているという（Howard E. Abrams, *The New Section 752 Regulations: A Rejoinder,* 48 TAX NOTES 1056, 1058 (1990) [hereinafter *A Rejoinder*]; Mark P. Gergen, *Response to Abrams,* 48 TAX NOTES 1059, 1059 (1990) [hereinafter *Response*]）が、議会は、そもそも資本勘定を利用した間接的な借入れから生じた損失の控除を制限しようとの意図で制定したのではないことに注意する必要がある。At Riskルールについて、詳しくは、岡村・前掲注30・331～337頁。

ドルの損失を控除できることになる。しかし、Ａは最初に500ドルしか投資していないので、控除できた900ドルのうち、自己の実際の投資分500ドルを除いた400ドルの損失は、ＡではなくＢの実際の投資分から生じた損失である。言い換えれば、Ａが、Ｂの投資分から生じた損失を「借りている」ことになる。資本勘定を見た場合、この時点で、Ａはパートナーシップに対して400ドルの追加出資義務を負い、Ｂは400ドルの払戻しを受ける権利を持っているから、この出資義務と払戻権を一体として見た場合、Ａは、Ｂに400ドル「借りている」のである。しかも、この借入れは、直接ＡからＢに対して行われているのではなく、パートナーシップに対する出資義務と払戻権を利用した、言い換えれば、資本勘定を利用した間接的な借入れである。

ここで持分の基準価格を導入しよう。3年目期末にＡ・Ｂに配賦された損失は、それぞれ180ドル、20ドルであるが、Ａは2年目期末の基準価格の残額が140ドルしかないので、40ドルは控除できない。

そして、5年目の期末には持分の基準価格は次のようになっている。

Ａ：0ドル（最初の基準価格500ドル－減価償却費500ドル）

---

38 もっとも、資本勘定を利用した間接的なパートナー間の借入れは、通常の借入れと異なり、不確定（contingent）である。すなわち、資本勘定は所得・損失の配賦、追加出資や分配によって変動し、額が一定に定まらない。あるパートナーの資本勘定が正になったり負になったりし、資本勘定を通じたパートナー間の借入れがどのパートナーとパートナーとの間で行われているかも定かではない。負の資本勘定を有するパートナーは、負の額だけ追加出資をする（債務を返済する）ことになり、それは清算があった日から90日以内あるいは清算のあった課税年度の期末までに行わなくてはならない（Treas.Reg. §1.704-1(b)(2)(ii)(b)(3)）が、清算がいつ行われるのか定かではない（See Treas.Reg. §1.704-(b)(2)(ii)(g)）。また、以上の不確定性とは別に、負の資本勘定はその本質がパートナーシップに対する債務をあらわしているにもかかわらず、利子がついていない（統一パートナーシップ法でも、税法においても、資本勘定（正・負を問わず）に利子をつけることが要求されてはいない、Rebecca S. Rudnick, *Enforcing the Fundamental Premises of Partnership Taxation,* 22 HOFSTRA L. REV. 229, 322（1993））点で、通常の債務とは異なるとも考えられる。したがって、このような性質を有する借入れから生ずる損失の控除を積極的に認めないことは、先の負の基準価格の問題は別にしても、検討する余地が全くないわけではない。なお、内国歳入庁は、負の資本勘定が存在するだけでは、パートナーシップ＝パートナー間の借入れは成立しない、としている（Rev.Rul. 73-301, 1973-2 C.B. 215, 217）。

B：＋400ドル（最初の基準価格500ドル－減価償却費100ドル）

　Aは配賦された減価償却費のうち400ドルが控除できないままである。つまり、Aは、資本勘定を利用した間接的な借入れから生じた損失を、控除できないのである。これは、持分の基準価格の損失控除制限（704条(d)）が、資本勘定を利用したパートナー間の間接的借入れから生ずる損失の控除を制限する機能を果たしているということである。なお、この制限機能は出資比率と損益割当比率が異なるときにしか、発揮されない[39]。

　以上のように、持分の基準価格の損失控除制限により、資本勘定を利用した間接的なパートナー間の借入れから生ずる損失のみ控除が認められないが[40]、それ以外の損失は控除されることに注意すべきである。何が損失であるか、その損失の配賦が適当か否かを直接規制するのは、704条(b)（とその下にある財務省規則）の「実質的な経済的効果」テストである[41]。そして、負債割当額の算定方法をみると分かる通り、持分の基準価格は、「実質的な経済的効果」を有するように配賦された損失が、できるだけ704条(d)により控除できなくならないように定められている[42]。言い換えれば、負債は、「実質的な経済的効果」を有するように配賦された損失を最大限に負う「危険」に従って、配賦されるのである（このことは、「実質的な経済的効果」という概念が、「損失の経済的危険」の前提となる概念であることを示している）。つまり、704条(b)（財務省規則）に従って配賦された損失の控除が、704条(d)及び752条（財務省規則）により控除されないという矛盾をできるだけ取り除くよう、持分の基準価格は定められている[43]。

39　*See A Rejoinder, supra* note 37, at 1058; *Response, supra* note 37, at 1059.

40　ただ、本章3［3］［b］で述べる通り、資本勘定を利用した間接的なパートナー間の借入れから生ずる損失の控除を704条(d)が完全に防止しているわけではないといわれている。

41　例えば、自己の出資額以上の責任を負わないリミテッド・パートナーに、その出資額を超える損失を配賦しないように直接規制しているのは、704条(b)の「実質的な経済的効果」テストである（Treas.Reg.§1.704-1(b)(2)(ii)(d). 第一章3［2］［b］(2)参照）。

42　なお、704条(b)財務省規則でも、「損失の経済的危険」の概念が使用されているが（Treas.Reg.§1.704-2）、所得等の配賦に関することなので、本章ではこれを取り扱わない。

例3：例1のABパートナーシップは、その後、購入した建物を火事で失い、実際に損失1000ドルを被った。損失は、Aに900ドル、Bに100ドル配賦され、この損失の配賦は「実質的な経済的効果」(704条(b))を有する。

　Aに900ドル、Bに100ドルずつ損失が配賦されたが、持分の基準価格はそれぞれ900ドル、100ドルである。したがって、ABともに全額損失の控除ができ、704条(b)(財務省規則)に従って配賦された損失の控除が、704条(d)及び752条(財務省規則)により控除されない、という矛盾は生じない。

　しかし、704条(b)(財務省規則)に従って配賦された損失であっても、その損失が資本勘定を利用した間接的なパートナー間の借入れから生ずる場合、その損失の控除はできない。したがって、持分の基準価格(704条(d))により、資本勘定を利用した間接的なパートナー間の借入れから生ずる損失の控除は制限されるが、それ以外の損失は、それが704条(b)の実質的な経済的効果テストに従って配賦されたものである以上、控除が認められるのである。

　［3］　負債割当額の決定方法に対する批判

　持分の基準価格の算定方法、特に負債割当額の算定については、それが直接損失の控除にかかわるため、様々な批判・提言があるが、以下、［a］「みなし清算」方式の虚構性、［b］パートナー間の資本勘定を通じた借入れに対する

43　その意味で、704条(b)財務省規則と752条財務省規則は統一されている。*E.g.*, Richard E. Levine, Leslie H. Loffman & Sanford C. Presant, *A Practical Guide to the Section 752 Temp.Regs. − Part II*, 70 J. TAX'N 260, 268(1989)(暫定財務省規則についてこのように述べているが、暫定財務省規則の基本的な考え方は、現行最終財務省規則とほとんど同じである）; Robert C. Ricketts, *The Allocation of Partnership Liabilities Under Sec. 752*, 22 TAX ADVISER 288, 288(1991)(暫定財務省規則について). 704条(b)(財務省規則)と704条(d)の制限をクリアしたとしても、その他の規定（*e.g.*, I.R.C.§§465, 469）により損失が控除できないことがあるが、本章では、704条(b)(財務省規則)と704条(d)の関係のみ取り上げるので、その他の損失控除制限規定は考慮しない。

批判、[ｃ] 負債の自由な配賦、に絞って、現行財務省規則方式に対する批判をみてみよう[44]。

[ａ] 「みなし清算」方式の虚構性

この批判は、特にリコース負債について、現行規定のように、最悪の状況において負債について責任を負うものが、負債についての「損失の経済的危険」を負うと仮定して（みなし清算方式）、各パートナーに負債を配賦するのはおかしいというものである。つまり、ほとんどの場合、パートナーシップが負債を返済するのであって、しかもその場合に、負債は、パートナーシップの得た利益あるいは資産から返済されるのが通常であるから、パートナーがその個人的資産から債務を返済すると仮定する「みなし清算」方式は、現実を無視しているとの批判である[45]。

---

44 ここで検討できなかったものには、Stephen G. Utz, *Partnership Taxation in Transition: Of Form, Substance, and Economic Risk*, 43 TAX. LAW. 693 (1990); Curtis J. Berger, *W(h)ither Partnership Taxation?*, 47 TAX L. REV. 105 (1991); Jerome Kurtz, *The Limited Liability Company and the Future of Business Taxation: A Comment on Professor Berger's Plan*, 47 TAX L. REV. 815 (1992) 等がある。また現行の負債割当額の算定方法の構造にかかわらない問題、例えば、負債の定義、不確定義務 (contingent obligation) についての取扱いなどの細かい問題については、see Terence F. Cuff, *Allocating Partnership Liabilities*, 70 TAXES 303 (1992); M. Celeste Pickron, *Final Rules on Allocation of Partnership Liabilities Still Leave Unanswered Questions*, 76 J. TAX'N 272 (1992). また、現行最終財務省規則及び暫定財務省規則より前に発表されたものであるが、負債割当額の算定方法について述べたものとしては、AMERICAN LAW INSTITUTE, *supra* note 30, 253-280 (1984); Philip F. Postlewaite, Thomas E. Dutton & Kurt R. Magette, *A Critique of the ALI's Federal Income Tax Project - Subchapter K: Proposals on the Taxation of Partners*, 75 GEO. L. J. 423, 495-506 (1986); William A. Rosoff, *The Road to Oz After the Execution of the Wizard: The Section 704(b) Nonrecourse Deduction Regulations and Section 752 Debt allocation Regulations After Tax Reform*, 46 INST. ON FED. TAX'N § 25.1 (1988) 等がある。

45 Snoe, *supra* note 10 (この論文では、現行方式に代わる二つの代替案を示しているが、ここではそのうちの純粋パススルー代替案 (pure passthrough alternative) を取り上げている); Note, *The Final Regulations under IRC Sections 704(b) and 752: Envisioning Economic Risk of Loss through a Glass Darkly*, 49 WASH. & LEE L. REV. 487, 525-527 (1992).

この批判によれば、パートナーシップリコース負債は、債務の担保となっている資産の各パートナーの持分割合で配賦するか、あるいは、利益割当比率により配賦すべきことになる。その場合、リコース負債は、ジェネラル・パートナーのみならず、リミテッド・パートナーにも配賦される。さらに、リコース負債もノンリコース負債も、資産あるいは利益から返済される以上、リコース負債とノンリコース負債を区別して配賦すべきではないことになる。

　しかし、これに対して、次のような反論がある。

　この批判は、「論理的に基礎となっている、内国歳入法典のパートナーシップ課税条項の基準価格決定ルールを無視している。要点を繰り返すと、752条の割当ルールの下、パートナーシップ負債の割当額の増減は、パートナーシップ持分の調整基準価格に反映される。基準価格の意義とは、704条(d)の下で、パートナーシップ損失のパートナーの控除能力に対する限度として働いていることである。基準価格規定の目的は、パートナーへの損失の配賦と、実際に負担された損失があれば、その損失を負担した方法とを結びつけて、パートナーシップ損失の控除が経済的実体を反映することを、保証するものである」[46]。

　言葉を補って説明すると、704条(b)の下の財務省規則で、「実質的な経済的効果」を有する損失が負担されることになる以上、それに対応して当該損失の控除を認めなければならず、負債割当額算定上もこれを考慮しなければならない、ということである。「みなし清算」方式を財務省規則が取っているのは、704条(b)で認められた損失が、原則として752条（と704条(d)）により控除されないような矛盾を排除するところに意図がある。したがって、現行財務省規則の方式は、実際に負債がパートナーシップの利益・資産から返済されるという現実にそぐわなくても肯定されるというのが、現行方式を弁護する立場の主張である。ノンリコース負債の配賦についても、704条(b)と752条の矛盾を排除しようとすると、現行方式が肯定される。

46　Philip F. Postlewaite & Tammy Jo Bialosky, *Liabilities in the Partnership Context - Policy Concerns and the Forthcoming Regulations,* 33 UCLA L. REV. 733, 748-749(1986). この反論は暫定財務省規則が制定される前、旧財務省規則が制定されていた頃のものであるが、現行の負債割当方式についても同じ理由が成立する。

［ｂ］　パートナー間の資本勘定を通じた借入れに対する批判

　Abrams教授は、現行の負債割当額算定方法が、債務による経済的出費の増加に焦点を当てていないと批判する[47]。

> 例４：Aは25ドル、Bは75ドルをABパートナーに出資する。パートナーシップはリコース借入れで900ドルを借り入れる。これを５年の耐用年数を持つ減価償却資産に投資する（残存価額ゼロ・定額法）。損失のうち５％をAに、95％をBに配賦する。

　現行財務省規則によれば、「みなし清算」を行うと、資本勘定は、
　　A：−25ドル（最初の出資額25ドル−損失50ドル）
　　B：−875ドル（最初の出資額75ドル−損失950ドル）
となり、各自この額について出資を行わねばならず、追加出資された金額はそのまま借入金の返済に充てられるから、AとBのこの債務に関する「損失の経済的危険」額は、A：25ドル、B：875ドルである。したがって、AとBの持分の基準価格は、A：50（25＋25）ドル、B：950（75＋875）ドルとなる。

　Abrams教授は、みなし清算の時に生ずる追加出資額は、負債のために生ずるのではなく、パートナー間の歪んだ損益配賦比率[48]から来るものであるから、歪んだ損益配賦比率から来る追加出資額と、債務から来る追加出資額を区別すべきであると主張する。そのために、Abrams教授は、負債を負った場合と負っていない場合のみなし清算の結果を比べて負債を配賦すべきだとする。例４だと以下のようになる。負債を負っていない段階で、パートナーシップのみなし

47　以下に述べるAbrams教授とGergen教授の論争は、暫定財務省規則について行われたものであるが、現行最終財務省規則についても当てはまる。この論争は、*Long-Awaited Regulations, supra* note 27；Mark P. Gergen, *Disproportionate Loss Allocations,* 48 TAX NOTES 1051(1990)；*A Rejoinder, supra* note 37；*Response, supra* note 37にて行われたもので、文中の例４及び例５は、これらの論文から引用している。

48　歪んだ損益配賦比率とは、出資比率と損益配賦比率が異なる場合の、その損益配賦比率のことである。このように出資比率と異なった比率で損失が配賦されることを、不均衡損失配賦（disproportionate loss allocation）という。

清算を行うと、資本勘定は、
 A：＋20ドル（最初の出資額25ドル－損失5ドル）
 B：－20ドル（最初の出資額75ドル－損失95ドル）
となり、Aは20ドルの分配を受け、Bは20ドル追加出資をしなければならない。

　負債を負った段階での追加出資義務は、A：25ドル、B：875ドルであるから、負債を負ったことにより、Aは45ドルの負担の増加（負債がない場合は20ドルの分配が受けられたのに、負債がある場合25ドルの追加出資を行うことになる）、Bは855ドルの負担の増加（負債がない場合は20ドルの追加出資をするが、負債がある場合875ドルの追加出資をする）が起こる。したがって、Abrams教授によると、正しい負債割当額は、A：45ドル、B：855ドルであり、持分の基準価格は、A：70ドル、B：930ドルとなる。Abrams教授の方式は、負債を損失割当比率で配賦したのと同じであり、したがって、同教授は、本章3［1］［b］(1)で述べた1956年に制定された旧財務省規則（Treas.Reg.§1.752-1(e)(1956)）の方法が、現行の負債割当方法より妥当であるとする。

　これに対して、Gergen教授は、次のように述べて反論している。

　「いかなる配賦経路を取ろうとも、Bは債務について875ドル危険を負担している（at risk）のであり、その額だけ債務から基準価格を受け取るに足る、ということなのである」。

　さらにGergen教授は、704条(d)があるパートナーからの資本勘定を利用した間接的なパートナー間の借入れから生ずる損失の控除を制限しているが（Abrams教授もこの機能を認めている。本章3［2］［b］参照）、これは財務省規則でも完全に機能していない、と主張し、しかしAbrams教授の方法でも完全に機能していないどころか、さらに誤った結論に達してしまうので、財務省規則の方法がまだ妥当である、とAbrams教授を批判する。Gergen教授の示す例を見てみよう。

  例5：Aは25ドル、Bは75ドルをABパートナーに出資する。パートナーシップはリコース借入れで900ドルを借り入れる。これを10年

の耐用年数を持つ減価償却資産に投資する（残存価額ゼロ・定額法）。
損失のうち５％をＡに、95％をＢに配賦する。

　一年目期末に資産の基準価格は900ドル、債務の額も同じである。時価と基準価格が等しいとすると、パートナーシップ資産は債務返済に十分である（900ドルの資産に900ドルの債務）。そうすると、ＡもＢも個人的資産から債務を返済しなくてもよいから、この時点でパートナーシップが債務を負っていない場合と同視できる。債務がなければ、Ｂは95ドルのうち75ドルしか控除できない。しかし、現行の財務省規則の方法だと、ＡもＢも配賦された損失を完全に控除でき、Ａの資本勘定は＋20ドル、Ｂのそれは－20ドルである。言い換えれば、１年目の期末においては、財務省規則の方式だと、資本勘定を利用して間接的にＢはＡから20ドル借り入れ、その分の損失を控除している、といえる。
　このようなパートナー間の借入れから生ずる損失を控除している状況は、財務省規則の方式だと５年目の期末で終る。704条(d)の機能が、資本勘定を利用した間接的なパートナー間の借入れから生ずる損失の控除を制限することにあるとすれば、現行の財務省規則方式は不完全である。すなわち、そのような借入れから生ずる損失の控除を完全に制限するためには、１年目期末に20ドル、２年目期末に15ドル（前年度より控除されずに繰り越されてきた損失のうち、５ドルのみ控除できる。以下の年度も同じ）、３年目期末に10ドル、４年目期末に５ドルの損失の控除を認めるべきではない。
　一方、Abrams教授の方法だと、同じく１年目期末に20ドルの損失の控除を認めているものの、10年目期末に20ドルの損失控除が認められない。しかし10年目期末にＢに配賦された損失は、第三者からの借入れから来る損失であり、Ｂが完全に危険を負担しているから、本来完全に控除が認められるべきである。したがって、Abrams教授の方法は、最初に控除を否認すべき損失について否認せず、控除を認めるべき損失を認めないから、現行財務省規則の方式よりもさらに妥当性を欠く。
　以上のように述べた後、Gergen教授は、現行財務省規則はAbrams教授の方法よりも妥当であるとしている[49]。

しかしこの場合、次に問題となるのは、資本勘定を利用した間接的なパートナー間の借入れから生ずる損失の控除を完全に否認できないのかということである。これについて、Gergen教授は、不完全な現行財務省規則を完全なものにするための方法として、パートナーシップ資本の時価がパートナーシップ負債額を下回る範囲で負債を持分の基準価格に算入する、あるいは、704条(b)のノンリコース負債に関する規定に沿って、パートナーシップ資産の基準価格が資産に付着する負債額を下回った範囲で負債を持分の基準価格に算入する方法を検討している。しかし、後者は資産の時価が資産の基準価格を上回った場合正しく働かず、前者は時価評価が頻繁すぎるため、妥当ではないと結論づけている[50]。Gergen教授の考えに基づけば、現行財務省規則の方式は、もっとも妥当であるということができよう[51]。

　Gergen教授のいう通り、資本勘定を利用した間接的なパートナー間の借入れから生ずる損失の控除を制限する機能の観点から、現行の財務省規則方式は不完全であるとみることもできるが、別の見方もあるように思われる。すなわち、先の例で、1年目期末に資産の基準価格が900ドルで債務の額も等しいとき、

49　現行最終財務省規則方式と、Abrams教授方式の算定結果は以下の通り。

年度 (期末)	資産の 基準価格 と時価	配賦される 減価償却費 A	配賦される 減価償却費 B	資本勘定 A	資本勘定 B	BがAから 借り入れて いる額	課税結果 Abrams教授方式 持分の基準価格 A	課税結果 Abrams教授方式 持分の基準価格 B	課税結果 Abrams教授方式 控除できない損失 A	課税結果 Abrams教授方式 控除できない損失 B	現行財務省規則方式 持分の基準価格 A	現行財務省規則方式 持分の基準価格 B
0	1000	-	-	25	75		70	930	0	0	50	950
1	900	5	95	20	-20	20	65	835	0	0	45	855
2	800	5	95	15	-115	15	60	740	0	0	40	760
3	700	5	95	10	-210	10	55	645	0	0	35	665
4	600	5	95	5	-305	5	50	550	0	0	30	570
5	500	5	95	0	-400	0	45	445	0	0	25	475
6	400	5	95	-5	-495		40	360	0	0	20	380
7	300	5	95	-10	-590		35	265	0	0	15	285
8	200	5	95	-15	-685		30	170	0	0	10	190
9	100	5	95	-20	-780		25	75	0	0	5	95
10	0	5	95	-25	-875		20	0	0	20	0	0

現行財務省規則方式では、配賦された損失は全額控除できる。なお、1956年制定の旧財務省規則は、Abrams教授方式と同じ結果を生ずる。

パートナーシップ資産を債務にまず充当し、その後ＢからＡに支払いが行われると考えるから、ＢからＡが20ドル借り入れているという結論になるが、順序を入れ替え、パートナーシップ資産をまずＡの資本勘定返済（20ドル）に充当し、残額（880ドル）をパートナーシップ債務返済に充て、債務返済が不足する分はＢが追加出資（20ドル）をするということになれば、Ｂはパートナーシップ債務から基準価格を得ている（したがって、ＢはＡから借り入れているのではない）、という結論にもなりうるからである。また、パートナーシップが債務を負わなければ、１年目に配賦された減価償却費95ドルをＢが控除できないことも、逆にいえば（Ａからではなく）パートナーシップ外からの債務により、その減価償却費95ドルが全額控除できる原因である、と論ずることも可能であろう。したがって、資本勘定を利用した間接的なパートナー間の借入れから生ずる損失の控除を制限する機能の観点から、現行の財務省規則方式は不完全であると明確に言い切れるかは疑問である。

---

50 Gergen 教授は、この二つの代替案を詳細に検討していない。もっとも、この二つの代替案は、どちらも資本勘定を利用した間接的なパートナー間の借入れから生ずる損失の控除を完全に否認できるようである。そうすると、Gergen 教授は、時価評価した資産により返済される負債額を正確に測定し、経済的に負担していない損失が配賦されないことを基準として、この二つの代替案を検討・評価したのであろう。しかし、704条(b)財務省規則は、経済的に負担されない控除であるノンリコース控除（nonrecourse deduction）をこの方法で算定し、しかもノンリコース控除を配賦しているのである（see Reg. §1.704-2）。詳しくは別途検討しなければならないが、704条(b)財務省規則が、経済的に負担されない損失や控除の配賦を認めていることを考えると、Gergen 教授の代替案に対する評価には疑問が残る。なお、この二つの代替案は、持分の譲渡や分配等の課税結果を念頭に置いていないことに注意。

51 以上の議論で注意すべきは、Abrams 教授と Gergen 教授が、資本勘定を利用した間接的なパートナー間の借入れから生ずる損失の控除を制限するという機能を積極的に取り上げていることである。繰り返しになるが、制定当時、704条(d)に、このような機能を積極的に与えようという意図は、連邦議会にはなかったようであるし（see S. Rep. No. 83-1622, at 94 (1954); H.R. Rep. No. 83-1337, at 68 (1954)）、一般にもこの機能は知られていなかったようである（see J. Paul Jackson, Mark H. Johnson, Stanley S. Surrey, Carolyn K. Tenen & William C. Warren, *The Internal Revenue Code of 1954: Partnerships*, 54 Colum. L. Rev. 1183, 1192-1194 (1954)）。

［c］　負債の自由な配賦：Burke & Friel 提案

　Burke 教授と Friel 教授は、負債の配賦について、「パートナーに、すべての負債、リコース及びノンリコース（負債）を、パートナーの選択どおり、彼らに配賦することを認め、そして毎年、再配賦を認める」ことを提案している[52]。

　その理由付けは以下のようなものである。

　「752条の唯一の機能は、…ある基本的な課税上の原則を、パートナーシップのコンテクストの中に組み込むことである。――つまり、パートナーシップの構成上引き受けられた負債に対する基準価格をパートナーに与え、パートナーシップを通じた負債の減少を、パートナーの基準価格の減少、あるいは、パートナーによって認識された利益として取り扱うことである」(at 196)。言い換えれば、752条の機能は、基準価格を増減させる機能である。旧財務省規則は、経済的損失よりも大きい基準価格を何人たりにも得させないようにするという機能を、正当な根拠なしに752条に認めようとする。しかし、704条(b)の機能は、実質的な経済的効果を有さない損失配賦を否認することである。704条(b)及びその下にある財務省規則で控除が認められた損失は、できるだけ控除されるべきであって、752条及び704条(d)で別の基準を設けて損失の控除を否認する必要性はない、というのがその主張である。

　確かに、現行最終財務省規則の負債の配賦方法は、負債の自由な配賦を、（特にリコース負債について）認めているわけではない。しかし Burke 教授と Friel 教授の提案は、704条(b)（財務省規則）の実質的な経済的効果テストに従って配賦された損失が、752条及び704条(d)の下で控除できないという矛盾の排除を、念頭に置いたものである。しかし、そのような矛盾をできるだけ取り除くよう、負債が配賦され基準価格が定められている（本章3［2］［b］参照）から、Burke 教授と Friel 教授の提案で示されたような批判は、すでに現行最終財務省規則には当てはまらない。

52　Burke & Friel, *supra* note 20, at 195-208. この論文は、暫定財務省規則が制定される前に発表されたものである。

［4］小括

ここまでパートナーシップ持分の基準価格の機能、特に704条(d)の損失控除制限機能をみてきたが、まとめていうと、次のようになる。真正な損失のみ控除されるように規制するのは、損失の配賦を直接規制している704条(b)（その下の財務省規則）である。752条（財務省規則）がパートナーシップ負債をみなし清算方式を前提として配賦している以上、752条と結びついた704条(d)の基準価格損失控除制限機能は、資本勘定を利用した間接的なパートナー間の借入れから生ずる損失の控除を認めないという、連邦議会の意図しない機能を有する。なお、その機能は不完全であるという主張もあるが、完全に機能させようとした場合、これを実行することは時価評価等の問題上難しい。したがって、その機能を念頭に置いた場合、現行最終財務省規則の方式がもっとも妥当であるといえる。

4 おわりに

本章は、アメリカのパートナーシップ税制におけるパートナーシップ持分の基準価格の損失控除機能をみてきたが、注意すべきなのは、何が経済的な損失であるのか、それがどのように各パートナーに配賦され、それに対応した租税負担をどのように各パートナーに負わせるのか、を規制しているのが、パートナーシップ持分の基準価格ではなくて、パートナーシップ所得等の配賦を直接規制する704条(b)（とその下の財務省規則）であることである。752条財務省規則は、704条(b)の「実質的な経済的効果」を有する損失を負う「危険」に従って（みなし清算方式）、負債を配賦し、パートナーシップ持分の基準価格を定めている（本章3［1］[b]⑶・3［2］[b]）。それゆえ、パートナーシップ持分の基準価格の損失控除制限を、経済的・実質的に負担することのない損失を控除させないための第一次的・一般的な損失控除制限として捉えるのは、誤りである。例えば、追加出資義務を負わないリミテッド・パートナーに対し

53　*See* Treas.Reg.§1.704-1(b)(2)(ii)(d)（代替的経済効果テスト。第一章3［2］[b]⑵参照）。

て、その者が既に出資した額以上の損失を配賦するのは、確かに経済的に負担されない損失の配賦であるが、そのような損失の配賦を制限しているのは、704条(b)（財務省規則）であり[53]、704条(d)（あるいは752条）ではない。したがって、実際にパートナーシップ持分の基準価格は損失控除をほとんど制限していないのであるから、これを経済的・実質的に負担することのない損失を控除させないための制限として把握することは、妥当性を欠く。確かに、パートナーシップ持分の基準価格は、704条(b)（とその下の財務省規則）とは別に損失控除を制限しているが、本章3［2］［b］で見た通り、資本勘定を利用した間接的なパートナー間の借入れから生ずる損失の控除を制限するだけである。しかも、資本勘定を利用した間接的なパートナー間の借入れから生ずる損失が真正な損失かどうかは別問題として、そのような機能は、それは立法者たる連邦議会の意図したものではない。

　そうすると、アメリカのパートナーシップ課税を基礎として、組合課税を考えてみた場合、経済的・実質的に負担することのない損失を控除させないためには、パートナーシップ持分の基準価格による損失控除制限ではなく、所得等の配賦に関する704条(b)（とその下の財務省規則）を参照して所得等の配賦を直接に規制することを考えた方がよいと思われる。

　さらに根本的に、資本勘定を利用した間接的なパートナー間の借入れから生ずる損失を制限する機能がなぜ必要なのか、疑問が生じうる。資本勘定を利用した間接的なパートナー間の借入れといえども、（無利息である以外は）真正な借入れとみうる限り、これをパートナーシップ持分の基準価格に算入して、損失の控除を認めることも可能だからである。資本勘定を利用した間接的なパートナー間の借入れから生ずる損失を制限する機能は、インサイド・ベイシス総額＝アウトサイド・ベイシス総額を前提とした持分の基準価格算定方法を取り、かつ負の基準価格を避ける、という二つの要素からもたらされる。前者の要素は簡素化のために仕方がないとしても、後者の要素は直感的な負の基準価格に対する嫌悪から導かれたようであり、論理的な分析に従って導かれた要素とは思われない。したがって、資本勘定を利用した間接的なパートナー間の借入れも真正な借入れであり、パートナーシップ外からの借入れと全く同じよ

うに取り扱われるべきであるから、現行のパートナーシップ持分の基準価格算定方法を前提にして、パートナーシップ持分の基準価格に限って負の基準価格を認めることも可能であるように思われる（ただし負の基準価格が生じている部分は無利息貸付によるものであるから、利子を帰属させる何らかの方策は必要であろう）[54]。

結局、持分譲渡や分配の課税結果を律するために持分の基準価格の概念を導入する場合はともかく、損失の控除制限として持分の基準価格を組合課税に導入する意義はあまりないであろう。

---

54 Cooper, *supra* note 15, at 1369-1371は、持分の基準価格の範囲でのみ損失を控除することを肯定するが、本章で行ったような分析が行われておらず、その主張の正当性には疑問がある。なお、パートナーシップ課税において、正負の資本勘定に利子を帰属させるべきであると主張するものとして、Rudnick, *supra* note 38がある（特に321-340参照）。

第三章 パートナーシップに対する出資と
　　　　　ビルトイン・ゲイン／ロスの配賦

1 はじめに

　我が国の組合課税において問題となることの一つは、資産を組合に出資した場合、その時点で当該資産の含み損益にはどのような課税が行われるのか、そしてもし課税が行われないとするとどのような問題が生ずるのか、ということである。また、同様の問題は、組合の資産に含み損益がある時に、その組合に対して新たな組合員が加入する際にも生じるであろう。資産出資や組合員の途中加入は現実には決して少ないわけではないと思われるが、このような問題について、法令上の規定あるいは裁判例は存在せず、また研究も進んでいないように思われる。

　一方、アメリカのパートナーシップ課税制度においては、パートナーシップの得た所得は、パートナーシップに対して課税されず、パートナーレベルで課税される。また、資産（金銭以外）がパートナーシップに出資された場合、出資資産の含み益に対する課税は繰り延べられ、後にパートナーシップがその資産を処分したときに、その処分損益は、パートナーシップの得た課税所得として、各パートナーに分けられ、課税されることになる。したがって、ある者（出資パートナー）が値上がりした資産をパートナーシップに出資し、その値上がり資産をパートナーシップが処分して課税所得が発生した場合、出資前の値上がり益は出資パートナーの下で発生したのだから、本来出資パートナーに対して課税されるべきであるのに、他のパートナーに誤って課税されうることになる。同じような課税結果の移転は、値上がりした資産を有するパートナーシッ

プに、新たなパートナーが加入した後、パートナーシップがその値上がり資産を売却した場合にも生ずる。すなわち、新規パートナー加入前の値上がりは、新規加入パートナー以外のパートナーに対して課税されるべきであるのに、新規パートナー加入後にその値上がりによる所得が実現したために、新規パートナーにもその所得が配分され、課税されることになる。そして、このような課税結果の移転を防止するために、パートナーシップ課税制度には、特別の条項が設けられているのである。

本章では、パートナーシップに対する出資の一般的な課税結果を概観し（本章2）、パートナーシップによるその出資資産の処分による課税結果の移転と、それに対する防止策を見た後（本章3）、我が国の組合課税制度の問題点を解釈論的に検討し（本章4）、最後にまとめを行うことにする（本章5）。

2　パートナーシップに対する出資と所得の配賦

パートナーシップが所得を得るには、まずパートナーシップが結成され、パートナーは現金やその他資産あるいは役務を出資し、それと引き替えにパートナーシップの持分（interest）を受け取ることが必要となる。

資産がパートナーシップに出資された場合、資産の含み損益に対する課税は原則として繰り延べられる（nonrecognition, 内国歳入法典（以下、I.R.C.と表示）§721(a)）。資産を受け取ったパートナーシップは、出資したパートナーのその資産に対する基準価格（basis）を引き継ぎ（I.R.C.§723）、パートナーは受け取った持分の基準価格として、出資した資産の基準価格を用いる（I.R.C.§722）。

このように、資産が出資されたときにその含み損益に対する課税が繰り延べられる理由として挙げられる[1]のは、第一に、パートナーシップがパートナーとは区別された税務上の実体ではなく、パートナーシップに対する資産出資は利益認識を引き起こすほどの大きな投資の変動ではないこと[2]、第二に、パートナーシップに対する資産出資に課税を行うと、そのような出資が阻害される

1　この理由の分類は、Daniel N. Shaviro, *An Efficiency Analysis of Realization and Recognition Rules Under the Federal Income Tax*, 48 Tax L. Rev 1, 49-50（1992）に依った。

("capital lock-in")ことになるが、このような阻害要因を排除し、より資産を生産的に利用できるパートナーシップへの資産移転を促進することにある[3]、

2 　出資時に損益を認識しないことについて、パートナーシップに対する集合アプローチ (aggregate approach) と実体アプローチ (entity approach) から説明するものがあるが、この説明はパートナーシップとパートナーが税務上区別されていないことを理由とするものであるから、この第一の考え方に沿ったものである。集合アプローチ（集合論）とは、税務上パートナーシップを、単なるパートナーの集団であり、パートナーシップをパートナーと独立した実体（entity）ではないと見るものである。実体アプローチとは、逆に、パートナーシップをパートナーとは別個の独立した実体と見るものである。現行のパートナーシップ課税制度は、両者が入り交じったものとして説明される。例えば、課税自体の観点から見ると、パートナーシップ自体は課税されず、パートナーに課税されるから（I.R.C.§701）、これは集合アプローチに基づくものである。一方、パートナーシップは、独自に課税所得を計算し（I.R.C.§703）、パートナーとは別個に課税年度を有する（I.R.C.§706）から、これは実体アプローチに基づくものである。集合アプローチによる出資時の損益不認識（課税繰延べ）の考え方とは、パートナーシップがパートナーの集団であるから、出資パートナーは、「自己に対して」出資しているだけであり、したがって資産が交換されていない（つまり351条や1031条とは異なる）というものである（See ARTHUR B. WILLIS, JOHN S. PENNELL & PHILIP F. POSTLEWAITE, PARTNERSHIP TAXATION ¶1.01[2] (6 th ed. 1997 & Supp. 2007) [hereinafter WILLIS]；Philip F. Postlewaite, Thomas E. Dutton & Kurt R. Magette, *A Critique of the ALI's Federal Income Tax Project-Subchapter K: Proposals on the Taxation of Partners*, 75 GEO. LJ. 423, 465-466 (1986). PAUL LITTLE, FEDERAL INCOME TAXATION OF PARTNERSHIPS 25-27 (1952)；AMERICAN LAW INSTITUTE, FEDERAL INCOME TAX PROJECT: TAXATION OF PRIVATE BUSINESS ENTERPRISES 217-218 (1999) [hereinafter *1999 ALI Study*]）。この考え方によれば、パートナーシップに対する現物出資は、その性質上、資産の交換のような取引がない、つまり実現（realization）すらしていないということになるし、現行721条制定以前はむしろこの見解が支配的だったようである。この考え方から現行721条をみると、その条項はパートナーシップに対する現物出資を出資資産とパートナーシップ持分という一つの資産の交換とみた上で（つまり実現とみた上で）、認識しないことにしているのだから、取引の性質を一変させたということになる。

3 　*E.g.,* STEPHEN A. LIND, STEPHEN SCHWARZ, DANIEL J. LATHROPE & JOSHUA D. ROSENBERG, CASES AND MATERIALS ON FUNDAMENTALS OF PARTNERSHIP TAXATION 30 (7th ed. 2005)；CURTIS J. BERGER & PETER J. WIEDENBECK, CASES AND MATERIALS ON PARTNERSHIP TAXATION 108 (1989)；BORIS I BITTKER & LAWRENCE LOKKEN, FEDERAL TAXATION OF INCOME, ESTATES AND GIFTS ¶86.2.1 (3d ed. 2003).「（内国歳入法典）721条の目的は、資産を生産的（productively）に使うパートナーシップへの個人からの資産の流れ（flow）を促進することにある」（United States v. Stafford, 727 F.2d 1043, 1048 (11th Cir. 1984))。

といわれている[4]。なお、このような課税繰延べ措置は、この取引（出資）が資本の元入れに過ぎず、経済的利益が得られていないから、租税優遇措置としてみる必要はないとされている[5]。

　現在のパートナーシップ課税制度が確立したのは、1954年内国歳入法典制定以降であり、出資時課税繰延べを定めた内国歳入法典（以下、特に断りのない限り、条文はすべて内国歳入法典上のもの）721条もその時点で制定されている。それ以前の歳入法典（1339年法典）では、現在の721条に該当する条文がなかったといわれているが、すでに判例でパートナーシップに対する出資は課税機会（taxable event）ではなく、出資時に資産の含み益には課税されないとされていた（法人に対する現物出資とは異なり、実現した損益を認識しないのではなく、損益の実現自体がなかったと考えられていた。例えば、G.C.M. 10092, XI-1 C.B. 114, 115（1932）[6]）。したがって、現行721条は、単に制定前の原則を制定法化しただけといわれる[7]。

　結局、パートナーシップに対する現物出資が行われた後、その資産の含み損益はパートナーシップに移転し、パートナーシップがその資産を売却・交換し

4　第一の理由については、パートナーシップに出資した資産が自己に帰属する部分についてはともかく、他のパートナーに帰属する部分については、当該資産が売却されたものと見ることができるし（LITTLE, *supra* note 2, at 26-27）、もし第一の理由のこの難点を第二の理由が補っていたとしても、他の取引ではなくパートナーシップに対する資産出資についてのみ資産移転の阻害を重要視するのはなぜか、という疑問が生ずる。これに対して、Shaviro, *supra* note 1, at 49-50は、次のように論ずる。パートナーシップに対する資産出資は、パートナーシップに対する資産のリースによって代替されやすく、一方その他の資産売却は、リースのような継続的契約関係を前提にしていない以上、リースによる代替可能性は（パートナーシップに対する資産出資と比較して）低い。したがってパートナーシップに対する資産出資時の含み損益課税は、リースによる代替を招きやすく、いいかえれば租税に対する弾力性が高いが、その他の資産売却はリースによる代替をそれほど招きやすいとはいえないため、租税に対して比較的に弾力性は低い。このような弾力性の差異より、効率性の観点からは、パートナーシップに対する資産出資時の含み損益課税繰延べは肯定されうる、と。

5　BITTKER & LOKKEN, *supra* note 3, ¶86.2.1.

6　本章脚注2の諸文献も参照のこと。なお、現物分配時の損益認識についても同様のことがいえる。第五章2［1］［b］・注5参照。

た場合に、パートナーシップがその損益を認識する。その場合、出資時の含み損益はパートナーシップの所得に算入され、各パートナーに配賦されることになる。

　パートナーシップの稼得した損益については、第一章3で述べたように、実質的な経済的効果テスト等の下で、各パートナーに配賦される。ある所得等の項目の配賦が経済的効果を有するかどうかは、経済的効果テスト（第一章3［2］［b］）のうち、資本勘定を使用して把握される。資本勘定は、出資や配賦された所得額によって増加し、利益・資本の分配、損失の配賦などによって減少する。

　資本勘定は、清算分配に対する権利（資産の含み損益に対する権利も含む）を正確に反映するため、その算定上、出資時の資産及び分配される資産は時価で評価される（Treas.Reg.§1.704-1(b)(2)(iv)(e)(1)）。その他にも、特定の場合における資産再評価を反映して資本勘定を修正することが認められている（Treas.Reg.§1.704-1(b)(2)(iv)(f)）。その中には、新規パートナーが加入してきた場合や清算分配される場合が含まれている[8]。

　一般に、資本勘定を説明するときに「帳簿（book）」といわれる言葉が使用される（財務省規則でも使用されている）。すなわち、この場合の帳簿とは、パートナーシップが使用する財務会計（外部報告のためのもの）を行うための「帳簿」ではなく、上記の資本勘定を維持するための（税務上の）「帳簿」を指す[9]。本章でも、以下では帳簿という言葉を使用するが、これは資本勘定維持のため

---

[7]　S. Rep. No. 83-1622, at 94(1954); H.R. Rep. No. 83-1337, at 68(1954); William S. McKee, William F. Nelson & Robert L. Whitmire, Federal Taxation of Partnerships and Partners ¶4.01[1][a], at 4-3 n.1 (4th ed. 2007 & Supp. 2005) [hereinafter Federal Taxation]; Martin B. Cowan, *Contributions to Partnership Capital*, 45 Inst. on Fed. Tax'n §21.01, §21.02[1][b], at 21-9 to 21-10 (1987). *See* J. Paul Jackson, Mark H. Johnson, Stanley S. Surrey & William C. Warren, *A Proposed Revision of the Federal Income Tax Treatment of Partnerships and Partners. American Law Institute Draft*, 9 Tax L. Rev. 109, 120-23(1954) [hereinafter *Proposed Revision*]; J. Paul Jackson, Mark H. Johnson, Stanley S. Surrey, Carolyn K. Tenen & William C. Warren, *The Internal Revenue Code of 1954: Partnerships*, 54 Colum. L. Rev. 1183 (1954) [hereinafter *The Internal Revenue Code of 1954*]; Bittker & Lokken, *supra* note 3, ¶86.2.1.

の帳簿のことである。

　ある所得項目の配賦の経済的効果は、資本勘定の上で表現されるのが原則であるが、このような資本勘定分析上現れないものが、いわゆるビルトイン・ゲイン／ロスの配賦である。以下ではビルトイン・ゲイン／ロスの配賦とその問題点について見ていくことにしよう。

3　ビルトイン・ゲイン／ロスの配賦：内国歳入法典704条(c)(1)(A)

［１］　問題の所在：ビルトイン・ゲイン／ロスの移転

［ａ］　704条(c)配賦

(1)　704条(c)(1)(A)の目的

　先に述べたように、パートナーシップに資産を出資する場合、その含み損益に対する課税は繰り延べられ、その資産の含み損益は、認識されないまま、資産とともにパートナーシップに譲渡される。この出資時の含み益（資産の出資時の帳簿価格（＝時価）から課税上の基準価格を引いたもの）を、一般にビルトイン・ゲイン（built-in gain）といい、逆に含み損のことをビルトイン・ロ

8　この資産再評価による資本勘定の修正は任意のものであるが、修正を行わなかった場合には、パートナー間の相対的な資産持分に影響がある。例えば、すでに存在するパートナーシップに新たにパートナーが加入してきた場合に資産再評価を行うことにより、（その時点での）パートナーシップ資産の含み益について、既存のパートナーの持分が守られることになる。*E.g.,* Stephan B. Land, *Partnership Revaluations*, 43 TAX LAW. 33, 34-35(1989). したがって、資産再評価による資本勘定修正は、税務以外の目的上必要である。また税務上も、資産再評価が行われない場合には、不利な課税結果が引き起こされる可能性があるため、新規パートナーが加入してきた場合などは再評価を行うように勧められている。*See* FEDERAL TAXATION, *supra* note 7, ¶ 11.02[2][c][ii]. *See also* Chester W. Grudzinski, Jr. & Donald J. Mason, *Applying the New Contributed Property Rules to Securities Trading Partnerships*, 72 J. TAX'N 156, 160 & n.15 (1990).

9　FEDERAL TAXATION, *supra* note 7, ¶ 11.02[2][c][ii]; Thomas W. Henning & William M. Ruddy, *Partnership Allocations – Sailing Beyond the Safe Harbor*, 41 MAJOR TAX PLAN. ¶ 2200, ¶ 2201.1, at 22-14(1989).

ス（built-in loss）という（Treas.Reg.§1.704-3(a)(3)(ii)）[10]。

ある者（出資パートナー）が値上がりした資産をパートナーシップに出資し、その値上がり資産をパートナーシップが処分して課税所得が発生した場合、ビルトイン・ゲイン／ロスは本来出資パートナーに対して課税されるべきであるのに、他のパートナーに誤って課税されうることになる。このような課税結果の移転を防止するのが、704条(c)(1)(A)の目的である。ここでは、704条(c)(1)(A)がない場合の課税結果の移転と、704条(c)(1)(A)によるその移転防止を簡単に説明しよう。まず、課税結果の移転を見るために、704条(c)(1)(A)の適用がない場合の例を見てみる。

> 例1：AとBがパートナーシップを結成し、Aは基準価格4000ドル、時価10000ドルの資産を出資した。Bは10000ドルの現金を出資した。AとBはパートナーシップの損益を折半することにした。パートナーシップ結成後、Aの出資した資産が12000ドルに値上がりし、その時点でパートナーシップはその資産を売却した。

ここで、先に述べた（資本勘定維持のための）帳簿と、課税上の基準価格を用いて考えてみよう[11]。

出資時の帳簿価格と、課税上の基準価格の貸借対照表は表1の通りである。

［表1］

帳簿価格			課税基準価格		
資産	10000	A	10000	資産	4000	A	4000
現金	10000	B	10000	現金	10000	B	10000

10　ビルトイン・ゲイン／ロスはその他にも様々な名称がある。出資前損益（precontribution gain or loss）、生得的損益（inherent gain or loss）、帳簿－課税差異（book-tax difference）、あるいは帳簿－課税乖離（book-tax disparity）などともいわれる（Gregory J. Marich & Williams S. McKee, *Sections 704(c) and 743(b) : The Shortcomings of Existing Regulations and the Problems of Publicly Traded Partnerships*, 41 TAX L. REV. 627, 627 n. 2 (1986)）。後二者は、帳簿価格と基準価格が食い違っている点に注目した名称である。

これを見ると分かる通り、Aの出資した資産の出資時の帳簿価格（時価）と基準価格の差額は6000ドルであり、これが含み益にあたる。資産が12000ドルで売却された時点で、帳簿上の利益2000ドル、課税上の利益8000ドルが認識される。

パートナーの所得等の配賦は半分ずつであるから、帳簿上の利益も課税上の利益も折半される。したがって、帳簿上の利益は、A：1000ドル／B：1000ドル、課税上の利益はA：4000ドル／B：4000ドルとなる。

この時点でパートナーシップを清算したとしよう。AとBは各自帳簿上の資本勘定残高に従って、各自現金11000ドル（出資時資本勘定10000ドル＋帳簿上の利益1000ドル）の清算分配を受ける。一方、Aの持分の基準価格は8000ドル（出資時の基準価格4000ドル＋課税上の利益4000ドル）、Bのそれは14000ドル（出資時の基準価格10000ドル＋課税上の利益4000ドル）である。清算分配時に受け取った金銭の額と持分の基準価格の差がそれぞれ損益として認識されるから（I.R.C.§.731(a)）、Aは3000ドルの利益、Bは3000ドルの損失を認識することになる（この損益はキャピタル・ゲイン／ロスである、I.R.C.§§731(a), 741)。

ここでBに注目してみよう。実際にこのパートナーシップに対する投資で、Bは1000ドルの利益しか得られなかった（分配額11000ドル－出資額10000ドル）。この1000ドルの利益は、Aの出資した資産の出資後の値上がり分であり、パートナーシップによる資産処分時に実現しているのであるから、本来この時点で1000ドルの課税所得についてBに対して課税があるべきである。しかし、

---

11 パートナーシップ持分の基準価格算定方法については第二章3［1］参照。なお、貸借対照表等を使った以下の説明で注意しなければならないのは、各パートナーの帳簿価格（資本勘定）と課税基準価格の意味である。通常、パートナーの持分の基準価格は、「課税上の」資本勘定に、そのパートナーの負債割当額を足したものと等しい。しかし、本章では、パートナーシップが借入れを行わないので、各パートナーの課税基準価格（持分の基準価格）と「課税上の」資本勘定は等しいのである。正確には、各パートナーのビルトイン・ゲインの移転問題を解析するために、「課税上の」資本勘定を使用しなければならないが、本章でいうところの「資本勘定」（帳簿上の資本勘定）と「課税上の」資本勘定の区別を明確にするため、「課税上の」資本勘定概念は使用せず、課税基準価格の概念で代替する。

例１の場合だと、資産が処分されたときに4000ドルの課税所得が認識され、パートナーシップが清算したときに課税損失が3000ドル認識されている。結局、Ｂの課税所得額はＢの利益と等しいが、課税時期にずれ（この場合は前倒し）が生じてくるのである（逆に、Ａには課税の繰延べが生じている）。

　また、この資産が通常所得（ordinary income）を生む資産であったと考えてみよう。資産売却時にＢは4000ドルの通常所得を認識する。一方、清算した時点で、3000ドルのキャピタル・ロスが認識される（I.R.C.§§731(a), 741)。したがって、本来Ｂが得たのは通常所得1000ドルでしかないことと比べると、所得の種類の転換（conversion）が生じているのである。そして、このような課税時期のずれと所得種類の転換を利用して、課税上の状況の異なった納税者間（例えば、二人の納税者の税率が異なる場合など）での租税回避が図られうる。

　以上のような所得の課税時期のずれ（タイムラグ）と所得の転換の原因は、Ａの出資した資産の出資時の含み益がＡに課税されず、Ｂに誤って課税されたためである。すなわち、パートナーシップの得た課税所得8000ドルの内、6000ドルはＡの出資する前に発生した所得であり、Ａに課税されるべきであるのに、Ｂに課税されたことが原因でもある。この場合、帳簿上では出資前の含み益がＢの資本勘定にすでに反映されているため、実際に含み益はＡに分配されるにも拘わらず、課税結果のみＢに移転しているといえる。このようなビルトイン・ゲイン／ロスの「課税結果」の移転は、一般に、ビルトイン・ゲイン／ロスが移転したと表現されるが、このようなビルトイン・ゲイン／ロスの移転（正確にはビルトイン・ゲイン／ロスの課税結果の移転）を防止することが704条(c)(1)(A)の目的である。

　現行704条(c)(1)(A)は、上記のようなビルトイン・ゲイン（以下、特に断りのない限り、ビルトイン・ゲインにのみ言及するが、ビルトイン・ロスの取扱いも同様に行われる）について、次のように規定している。

　「パートナーによりパートナーシップに出資された資産に関する所得、利益、損失、及び控除は、パートナーシップに対するその資産の基準価格と、出資時の公正な市場価格（高橋注：時価）の差額（variation）を考慮するように、パー

トナー間に割り当てられねばならない。」

　すなわち、ビルトイン・ゲインは出資したパートナーに強制的に配賦され、出資パートナーに対して課税されるというのである。こうすることにより、出資パートナーがその資産を所有していた時に発生した利益は、その資産の所有者たる出資パートナーに配賦され、課税される。例１でいえば、704条(c)(1)(A)により、課税所得8000ドルの内6000ドルがＡに配賦され、残りの2000ドルはＡとＢで折半され、課税されることになる。租税回避の観点からいうと、704条(c)(1)(A)は、課税結果の移転による、所得の課税時期のずれ（タイムラグ）と、所得の転換を防止する規定であるといえる[12]。

　ビルトイン・ゲインの出資パートナーに対する配賦・課税という取扱いの根拠は何であろうか。704条(c)は、資産からの所得が資産の所有者に課税されるとの原則（所得の帰属の原則）を示しているため、所得移転の法理（assignment of income doctrine）の変種である、との説明もなされる[13]。しかし、一般には経済的結果（この場合は帳簿上の結果）と課税結果の一致の点から、ビルトイン・ゲインの出資パートナーに対する課税は正当化される[14]。すなわち、帳簿上（資本勘定分析上）、すでにその含み益は出資パートナー（例１でいえばＡ）に帰属するものとされているのだから、その含み益に対する課税も出資パートナーに対して行われるべきである、というのである。したがって、704条(c)(1)(A)は、経済的結果と課税結果を一致させる規定であり、例えばLucas v. Earl 事件（281 U.S. 111（1930））のように、課税上の公平のため所得を受け取った者ではなくそれを稼得した者に課税するという経済的結果と課税結果のいわば

12　John P. Steines, *Partnership Allocations of Built-In Gain or Loss*, 45 TAX L. REV. 615, 618 (1990).

13　*Id*, at 615. 所得移転の法理一般について、とりあえず、*see* BITTKER & LOKKEN, *supra* note 3, ch. 75. もっとも、704条(c)は一時的な所得の移転のみを防止しているだけであり、その意味で通常の所得移転の法理とは異なる。

14　*E.g.*, Joseph G. Walsh, *Accounting for Book-Tax Differences of Property Contributed to a Partnership*, 26 TAX ADVISER 195, 195(1995); Kenneth N. Orbach & Lori L. Raymond, *A Practical and Policy Examination of Secs. 704(b), 704(c) and 743(b)*, 19 TAX ADVISER 174, 174-175(1988).

不一致を目指したともいえる所得移転の法理では、704条(c)(1)(A)は理由づけられないことになろう。

前述の資本勘定分析（経済的効果テスト）の目的は、「配賦に対応する経済的な利益あるいは負担がある場合、配賦を受けたパートナー」が「必ず当該経済的利益あるいは負担を受け」るようにすることである（Treas.Reg.§1.704-1(b)(2)(ii)(a)）。言い換えれば、経済的利益／負担を受けたパートナーに、租税負担／利益を負わせることが目的である（"Tax" follows "book"）。したがって、704条(c)(1)(A)は、資本勘定分析（704条(b)財務省規則）と同一の目的を果たしているといえる。パートナーシップ所得の（パートナーに対する）配賦及び課税は、経済的利益／負担を受けたパートナーに租税負担／利益を負わせる、という一貫した目標を掲げているのである[15]。

(2) 減価償却資産のビルトイン・ゲインの配賦

ビルトイン・ゲインのある減価償却資産が出資された場合、減価償却が行われる際に、ビルトイン・ゲインが認識される。

> 例2：AとBがパートナーシップを結成し、Aは基準価格6000ドル、時価10000ドルの減価償却資産（定額法、耐用年数10年、残存価額0ドル）を出資し、Bは10000ドルの現金を出資した。AとBは損益の配賦について対等である。帳簿上（資本勘定算定上）も、その資産の耐用年数は10年、定額法（残存価額0ドル）で償却される。

1年目期末、Aの出資した資産は帳簿上1000ドル、課税上600ドルの減価償却を生み出した。パートナーシップは減価償却以外の純損益を有さなかった。

---

[15] Marich & McKee, *supra* note 10, at 631-632; FEDERAL TAXATION, *supra* note 7, ¶11.04[1]. *See* Steines, *supra* note 12, at 630-632. なお、パートナーシップ所得等の配賦を、(資本勘定分析＝経済的効果テストを使用した）規制は、704条(b)及びその下の財務省規則が行っているが、上記の通り、ビルトイン・ゲインは帳簿上（資本勘定維持上）表示されない（すでに取り込み済）ため、ビルトイン・ゲインの配賦は資本勘定分析では規制できない。

先の説明を踏まえて課税結果を検討すると、１年目の課税上の減価償却額と帳簿上のそれが食い違うのは、ビルトイン・ゲインのせいである。したがって、704条(c)(1)(A)により、食い違い分は減価償却資産を出資したパートナーであるAに負担させられねばならない。結局、Aの減価償却額は、課税上100ドル／帳簿上500ドルであり、Bのそれは、課税上500ドル／帳簿上500ドルである。非出資パートナーは経済的負担（帳簿上の負担＝減価償却額）と同じ課税上の利益（tax benefit, 減価償却控除）を得ることになる。

　これは、減価償却資産が取引あるいは事業において生み出す純キャッシュ・フローの観点からも説明される。

　例2において、減価償却資産の時価とそれが生み出す純キャッシュ・フロー（その資産が生み出す課税所得に減価償却控除を足した額）が等しいと仮定しよう。金銭の時間的価値（time value of money）がないとして、この減価償却資産は毎年1000ドルの純キャッシュ・フローを生み出すとする。1000ドルの純キャッシュ・フローの内、400ドルはビルトイン・ゲインがキャッシュ・フローの形態をとって流出しているのである。したがって、400ドルのビルトイン・ゲイン分はAに配賦され、残りのキャッシュ・フロー600ドルは折半される。結局（課税上の）純キャッシュ・フローはAに700ドル、Bに300ドル配賦される。一方、減価償却控除は毎年600ドルであり（減価償却控除は、課税済投下資本の非課税での回収であるから、この中には課税されていないビルトイン・ゲインは当然含まれない）、これも折半される。結局、この資産に関する限り、Aは400ドルの所得（＝ビルトイン・ゲイン）を得るものの、Bは何の所得も得ていないことになる。言い換えれば、取引あるいは事業に使用されている減価償却資産のビルトイン・ゲインは、それが生み出す課税所得の形で認識されていく[16]。

［b］「逆」704条(c)配賦
　704条(b)（704条(c)ではないことに注意）の下の財務省規則によると、例えば、

16　Marich & McKee, *supra* note 10, at 637.

新規パートナーが加入してきた場合には、資産の再評価とそれに伴う資本勘定の再評価を行いうる（Treas.Reg.§1.704-1(b)(2)(iv)(f)）。この資本勘定の再評価は当事者のパートナーシップ資本に対する各自の持分を時価で正確に評価するために行われる[17]。この再評価は資本勘定を修正するためだけに行われるものであり、課税が実際に引き起こされるわけではない。

その際、パートナーシップが保有する資産が値上がりしていれば、資産の帳簿価格と基準価格が乖離することになる。これはビルトイン・ゲインの定義（Treas.Reg.§1.704-3(a)(3)(ii)）に当てはまらないが、実質はビルトイン・ゲインの一種といえる[18]。

704条(b)財務省規則は、このようなビルトイン・ゲイン（の一種）についても、704条(c)による配賦と同様の方法で（704条(c)が直接適用されるわけではない）、配賦されることを要求している(Treas.Regs.§§1.704-1(b)(2)(iv)(f)(4), -1(b)(4)(i). See Treas.Reg.§1.704-1(b)(5) Ex. (14), (18))。例を見てみよう。

　　例3：AとBがパートナーシップを結成し、AとBはそれぞれ4000ドルの現金を出資し、その現金で8000ドルの資産を購入した。AとBは損益の配賦について対等である。その資産が20000ドルに値上がりした時点で、Cが10000ドルの現金を出資してパートナーシップに新しく加入してきた（持分は3分の1）。パートナーシップは、財務省規則に従い、資産再評価を行い、その含み益をAとBに配賦した。C加入直後、パートナーシップはその資産を20000ドルで売却した。

17　前にも述べたが、資産再評価はパートナーの選択によるものである。しかし、資産再評価を行わないことにより、実質的に資本の譲渡があったものとみなされて、課税上パートナーシップが不利益を被ることもあり、また経済的な歪みも発生するから、新たにパートナーが加入するときなどは、再評価を行った方がよいとされている。FEDERAL TAXATION, *supra* note 7, ¶11.02[2][c][ii]; Steines, *supra* note 12, at 633-634; Mark P. Gergen, *Reforming Subchapter K: Contributions and Distributions,* 47 TAX L. REV. 173, 186 n.42 (1991).

18　なお、本章では便宜上、資産再評価による資産の課税上の基準価格と帳簿価格の乖離も、ビルトイン・ゲインという。

C加入直後の貸借対照表は表2の通り。

[表2]

帳簿価格				課税基準価格			
資産	20000	A	10000	資産	8000	A	4000
現金	10000	B	10000	現金	10000	B	4000
		C	10000			C	10000

この場合、資産の基準価格は8000ドルであるが、帳簿価格は20000ドルであり、ビルトイン・ゲインが12000ドルあることを示している。資産売却時、帳簿上は何らの損益も認識されず、一方課税上は12000ドルの利益が認識される。704条(c)の原則によれば、これはAとBに配賦されることになる。したがって、A、Bは帳簿上何の損益も配賦されないが、課税上は各6000ドルずつ利益が配賦されて課税を受ける。一方、Cは帳簿上も課税上も、損益が配賦されないため何らの課税も受けない。

このように資産再評価によるビルトイン・ゲイン／ロスの配賦のことを一般に、「逆」704条(c)配賦（reverse section 704(c) allocations）という[19]。本章でのビルトイン・ゲイン／ロスの配賦に関する議論は、逆704条(c)配賦にも当てはまる。新規にパートナーが加入しため引き起こされる逆704条(c)配賦と通常の704条(c)配賦を比較した場合、出資パートナーにあたるのは、新規パートナー加入以前からいたパートナー（例3でいえばAとB）であり、非出資パートナーにあたるのは、新規加入パートナー（例3でいえばC）である[20]。

19　*E.g.,* Donald Turlington, *Section 704(c) and Partnership Book-Tax Disparities - The Ceiling Rule and the Art of Tax Avoidance,* 46 INST ON FED. TAX'N §26.01, §26.02, at 26-7 (1988); Land, *supra* note 8, at 35 n.13. なお、「逆」704条(c)配賦とは誤称（misnomer）であり、なぜならこのような配賦は基本的に出資資産に関する704条(c)配賦と同一であって、逆ではないからという意見もある、New York State Bar Association, Tax Section, Committee on Partnerships, *Report on Treasury Regulation Section 1.704-3T and Certain Other Section 704(c) Matters,* 94 TAX NOTE TODAY 86-15(1994)[hereinafter *1994 NYSBA Report*].

また、前述の通り資産再評価は任意であるから、値上がり資産を抱えたパートナーシップに新規パートナーが加入してきた場合に資産再評価を行わず、加入後その資産が売却された場合には、上記のビルトイン・ゲインの移転問題とは質が異なるビルトイン・ゲイン（正確には、ビルトイン・ゲインの一種）の移転の問題が生ずる。資産再評価を行った場合には、ビルトイン・ゲインの経済的な（帳簿上の）帰属と、ビルトイン・ゲインに対する課税結果の帰属が乖離するという上記のような問題が生ずる。この場合、ビルトイン・ゲインは、帳簿価格と基準価格の乖離として表される。一方、再評価を行わなかった場合には、ビルトイン・ゲインの経済的帰属と、課税結果の帰属は同一のパートナーに対するものである。この場合、ビルトイン・ゲインは、帳簿価格と基準価格の乖離として表されない（資産再評価が行われないため）。しかし、新規加入パートナーの下では発生していないビルトイン・ゲインが、経済上／課税上共に新規加入パートナーに帰属するという点で、所得移転の法理と対立するものといえよう。したがって、実際には、ビルトイン・ゲインの移転の問題には、資産再評価が行われなかった場合と、それ以外の場合（資産再評価が行われた場合と値上がり（値下がり）資産が出資された場合）の二種類あることになる。前者は所得移転の法理との関係上問題となりうるものであり（Treas.Reg.§1.704-1(b)(2)(iv)(f)はその可能性を示唆している）、後者は上記のように経済的結果と課税結果の乖離が問題となる。以下では、前者、すなわち資産再評価が行われなかった場合のビルトイン・ゲインの移転の問題を特に論じず、専ら後者、すなわち帳簿価格と基準価格の乖離としてのビルトイン・ゲインの問題に焦点を絞って話を進めることにする。

　［c］　その他のビルトイン・ゲイン／ロス移転防止条項
　ビルトイン・ゲインのある資産が出資された場合、ビルトイン・ゲインを出資パートナー以外のパートナーに移転するその他の方法には、その資産を分配することが考えられる。

20　Treas.Reg.§1.704-3(a)(6)；Joel Scharfstein, *An Analysis of the Section 704 (c) Regulations*, 48 TAX LAW 71, 76 (1994)；Marich & McKee, *supra* note 10, at 630-631 n.13.

パートナーシップ資産の分配時に、パートナーシップは損益を認識せず（I.R.C.§731(b)）、受け取ったパートナーも課税を受けない（I.R.C.§731(a)）。したがって、パートナーシップに対する出資と分配を組み合わせることによって、ビルトイン・ゲインが移転できたり、あるいは損益を認識せずに売買・交換と同一の結果を達成することができる。

これに対して、パートナーシップに対する資産の譲渡と、パートナーシップから出資パートナーあるいはその他パートナーに資産が譲渡された場合、両者を一つにしてみると、その実体が資産の売却・交換である時には、その資産譲渡は、売買・交換と取り扱われる（I.R.C.§707(a)(2)(B)）。これは偽装売買（disguised sale）規定といわれるものである。

また704条(c)(1)(B)によると、パートナーシップに出資された704条(c)資産が、出資者以外のパートナーに出資後7年以内に分配された場合、出資者（あるいは704条(c)(3)によるその後継者）は、その分配時に、その時価で分配者に当該資産が売却されたとした場合に704条(c)(1)(A)により出資パートナーに配賦される損益と同額（及び同性質）の損益を認識することを要求している（I.R.C.§§704(c)(1)(B)(i), 704(c)(1)(B)(ii)）。分配を受けたパートナーの持分の基準価格が十分に高い場合、資産分配を受けたパートナーは、その分配を受けた資産について基準価格を引き継ぐ（I.R.C.§732(a)(1)）。したがって、この基準価格引き継ぎ条項のため、資産を分配することにより、その資産のビルトイン・ゲインは出資パートナー以外のパートナーに移転してしまうことになる。それを防止するため、ビルトイン・ゲインのある資産が分配されたときに、ビルトイン・ゲインの認識を出資パートナーに強制しているのが、704条(c)(1)(B)である。したがって、704条(c)(1)(B)は、704条(c)(1)(A)を裏から支える規定である。

また、704条(c)(1)(B)は、ビルトイン・ゲインのある資産が分配されたときに、すでに出資パートナーがパートナーシップを脱退している場合には働かない。そこで、これに対処するために、737条は、その出資パートナーが脱退する際に分配を受け取る時点で、ビルトイン・ゲインに（ビルトイン・ロスは認識されないことに注意）課税することを要求している。すなわち、704条(c)資産を出資して7年以内に資産の分配を受けたパートナーは、(1)分配された資産の時

価が分配を受けたパートナーの持分の基準価格を超過する額、あるいは(2)出資資産の残存704条(c)利益（課税が繰り延べられたビルトイン・ゲイン。純出資前利益、net precontribution gain という）、のいずれか少ない額と同額の利益を認識しなければならない（I.R.C.§737(a)）。

さらに、704条(c)(1)(C)は、ビルトイン・ロスが出資パートナー以外の者に移転することを防止するべく、それを出資パートナーについてのみ考慮し、他のパートナーに配賦される額を計算するにあたっては、出資資産の出資時時価を基準にすることを規定している[21]。これは例えば出資パートナーが持分譲渡をした場合、ビルトイン・ロスがそのまま消滅することを意味する。

上記のように、ビルトイン・ゲインの移転を防止するその他の規定があるが、本章では出資資産と所得配賦の関係のみを取り上げる[22]。

21　American Jobs Creation Act of 2004, Pub. L. No. 108-357, §833(a), 118 Stat. 1418, 1589 (2004). 同法では、持分譲渡や分配時に損失の移転を防止する734条(d)（本書第五章2［4］［d］参照）及び743条(d)（本書第四章3［3］［d］参照）が制定された。いずれも損失の移転を防止するための規定である。立法理由につき、STAFF OF JOINT COMM. ON TAX'N, GENERAL EXPLANATION OF TAX LEGISLATION ENACTED IN THE 108th CONG., 384-390 (Comm. Print 2005).

22　パートナーシップの出資・分配を含む課税システムの改革自体を検討しているものとして、Gergen, *supra* note 17（パートナーシップからの分配に関して新たにメカニカルな勘定基準システム（accounts based system）といわれるシステムを提案する）や、Curtis J. Berger, *W (h) ither Partnership Taxation*, 47 TAX L. REV. 105 (1991)（パートナーシップやＳ法人を含めた小規模企業の課税システムを提案する）があり、また出資・分配に対する704条(c)の適用範囲の拡大を検討した Steines, *supra* note 12等があるが、本章は、現在のパートナーシップ課税制度を念頭に置きつつ、特に現物出資と所得配賦にテーマを絞るものである。したがって、出資時の損益非認識、つまり資産の含み損益の課税繰延べ（I.R.C.§721(a)）と、ビルトイン・ゲインの出資パートナーに対する配賦（I.R.C.§704(c)(1)(A)）の政策理由自体は正当なものとして、議論を進めることにする。また、パートナーシップを使用した非課税の資産交換（ビルトイン・ゲインの移転を含む）を規制するその他の条項としては、例えば、704条(b)（パートナーシップ所得の配賦を規制する規定。第一章3［2］参照）、751条(b)（通常所得のキャピタルゲインへの転換を防止するためのみなし資産交換規定．第五章2［2］参照）等もある（*see* Gergen, *supra* note 17, at 173-174）。

［2］ 704条(c)(1)(A)の歴史

［a］ 54年 ALI 研究：部分的繰延売買アプローチの検討

以下では、704条(c)(1)(A)の歴史に現れた、ビルトイン・ゲインを出資パートナーに配賦するための様々なメカニズムを比較検討していく。

現行のパートナーシップ課税制度が形づくられたのは、1954年歳入法典であるが、それ以前にも、もちろんパートナーシップ課税制度はあった。54年以前には、現行の721条(a)に該当する条文がなかったものの、判例で、パートナーシップに対する出資は課税されないと判示され[23]、その後の歳入法典（Revenue Act of 1934, §113(a)(13)）でも、出資資産の基準価格は、出資者の基準価格を引き継ぐと定められた[24]。したがって、54年法以前にも、パートナーシップに対する出資について課税繰延べが行われており、しかもビルトイン・ゲインの移転の問題が存在していた。

このような状況の中で、アメリカ法律協会（American Law Institutes、以下 ALI という）は、1954年2月、パートナーシップ所得課税の法典の草案を発表した[25]。この草案は、パートナーシップに対する出資では、パートナーシップ結成を阻害し新たな事業に対する抑止（deterrent）にならないよう、損益を認識しない（含み損益課税繰延べ）ことを前提に、ビルトイン・ゲイン／ロスの取扱いをめぐり、いくつかの検討、提案がなされている。

まず検討されているのは、いわゆる繰延売買アプローチ（deferred sale ap-

---

23 Archbald v Comm'r, 27 B.T.A. 837 (1933); Helvering v. Walbridge, 70 F.2d 683 (2d Cir. 1934). *See* Gen. Couns. Mem. 10092, 11-1 C.B. 114(1932)（このメモランダムはビルトイン・ゲイン／ロスの配賦についても触れている）。1954年法以前の状況を含む歴史的状況の把握に役立つものとして、Laura E. Cunningham & Noël B. Cunningham, *Simplifying Subchapter K: The Deferred Sale Method*, 51 SMU L. REV. 1, 4-15(1997).

24 *The Internal Revenue Code of 1954, supra* note 7, at 1204 (1954); *Proposed Revision, supra* note 7, at 119-133; Cowan, *supra* note 7, §21.02[1][b], at 21-9 to -10. LITTLE, *supra* note 2, §§3.2 & 3.3.

25 AMERICAN LAW INSTITUTE, FEDERAL INCOME TAX STATUTE (1954). [hereinafter *1954 ALI Study*]. この内の2巻94～97頁及び106～112頁にパートナーシップへの出資に関する条文草案が、354～360頁、375～383頁及び399～406頁にその解説が掲載されている。

proach、記帳価格アプローチ、credited value approach ともいわれる）である。後に述べる完全繰延売買アプローチ（full deferred sale approach）と対比して、これは部分的繰延売買アプローチ（partial deferred sale approach）といわれるため[26]、本章でもその名称を使用する。部分的繰延売買アプローチは、パートナーシップをパートナーの集合（集合論）と考えて、資産の出資により、出資資産の持分の一部を、他の資産の持分と引き替えに、譲渡したと考えるものである。

部分的繰延売買アプローチは、例1を基礎とすると次のように説明される。部分的繰延売買アプローチにより、出資時に、Bは、時価5000ドルでAの資産の持分の半分を取得したとされ、これがBの資産持分の基準価格となる。一方、Aは、資産の半分の持分を5000ドルでBに売却した（引き替えに現金の持分半分を貰ったとされる）と扱われる。したがって、この時点でAは3000ドルの利益を実現するが、これは後にパートナーシップがこの資産を処分（この場合減価償却も資産の一部処分と考える）するまで認識が繰り延べられる。パートナーシップ持分の基準価格はこの時点でA：4000ドル、B：10000ドルとなる[27]。

実際にパートナーシップがこの資産を売却したとき、AとBは各自の資産持分を売却したものと取り扱われる。したがって、Bは1000ドルの利益（6000ドルの実現額－5000ドルの基準価格）を認識し、一方、Aは4000ドルの利益（6000ドルの実現額－2000ドルの基準価格）と、先に認識が繰り延べられていた利益3000ドルの合計7000ドルを認識する。以上の結果は、例1で現行704条(c)(1)(A)が適用された場合と同じである。

一方、減価償却の場合を見てみよう。

26　*E.g.*, New York State Bar Association, Tax Section, Committee on Partnerships, *Comments Relating to Proposed Regulations to be Issued Pursuant to Sections 704(c), 707(a)(2) and 752*, 85 TAX NOTE TODAY 102-57（1985）[hereinafter *1985 NYSBA Report*］; Steines, *supra* note 12, at 619.

27　*1954 ALI Study*, *supra* note 25, at 400-401.

例４：ＡとＢがパートナーシップを結成し、Ａは基準価格4000ドル、時価10000ドルの減価償却資産（定額法、耐用年数10年、残存価格０ドル）を出資し、Ｂは10000ドルの現金を出資した。ＡとＢは損益の配賦について対等である。帳簿上（資本勘定算定上）も、その資産の耐用年数は10年、定額法（残存価格０ドル）で償却される。

　この場合も、出資時に、Ｂは、時価5000ドルでＡの資産の持分の半分を取得したとされ、これがＢの資産持分の基準価格となる。一方、Ａは、資産の半分の持分を5000ドルでＢに売却したと扱われる。したがって、この時点でＡは3000ドルの利益を実現するが、これは後にパートナーシップがこの資産を処分（この場合は減価償却）するまで認識が繰り延べられる。

　１年目、Ｂは500ドル（5000ドルの基準価格の10分の１）の減価償却控除を得る。一方、Ａは200ドル（2000ドルの基準価格の10分の１）の減価償却控除を得るが、Ｂに対する資産持分の売却時に認識が繰り延べられていた利益3000ドルの10分の１、すなわち300ドルの利益も認識するため、結局100ドルの利益（売却時に認識された利益がキャピタル・ゲインならば、内訳はキャピタル・ゲイン300ドル、減価償却控除200ドルとなる）を認識することになる[28]。

　以上のような部分的繰延売買アプローチについて、ＡＬＩはいくつかの難点を指摘する。第一に、このアプローチ（の計算等）が極めて難しく納税者が理解できない。第二に、パートナーシップが純損失を得た年度に、出資パートナーが利益を認識するということは（出資時に利益が認識される場合と同じく）望ましくない。後者は、例えば例４において、出資時の繰延利益が減価償却時に認識されることは、出資時に利益を課税するのとほぼ同じことではないか、すなわち出資時の課税繰延べの取り扱いと矛盾するのではないかという意見であ

28　ＡがＢに持分を「売却」したときに実現した利益は、パートナーシップがその資産を実際に処分するまで課税が繰り延べられるので、「繰延売買」アプローチの名称がつけられている。また、ＢはＡの資産の持分の基準価格を時価（帳簿価格）とするため、資本勘定に記入された価格という意味で「記帳価格」アプローチともいわれる、AMERICAN LAW INSTITUTE, FEDERAL INCOME TAX PROJECT - SUBCHAPTER K 129 (1984) [hereinafter *1984 ALI Study*].

ると思われる[29]。

　以上の難点のために、ALI は結局、部分的繰延売買アプローチを一般規定として推薦せず、簡明性の観点から、基準価格移転アプローチ（shift-of-basis approach）を基本とした規定を提案した。基準価格移転アプローチとは、出資時に資産の持分が交換された場合、持分の基準価格は譲渡者のそれを引き継ぐというものである。そして各資産の持分の基準価格の合計が、パートナーシップ持分の基準価格となる。例1でいえば、BはAの資産持分を譲渡してもらうことになるが、その基準価格はAのものを引き継ぐ、すなわち2000ドル（資産の基準価格4000ドルの半分）ということになる。したがって、AとBのパートナーシップ持分の基準価格は7000ドル（資産の基準価格2000ドル＋現金5000ドル）である。現行のパートナーシップ持分の基準価格は、パートナーシップに対し投下した課税済資本（＋パートナーシップ外部からの借入額）、すなわちパートナーシップに対する投資額を示すが、基準価格移転アプローチの場合にはパートナーシップ持分がパートナーシップに対する投資額を示さない（基準価格移転アプローチの場合Aの持分の基準価格は7000ドルだが、Aのパートナーシップに対する課税済投下資本（出資資産の基準価格）は4000ドルしかないことに注意）。したがって、ビルトイン・ゲインは「永久的」に移転する。これは、現行のパートナーシップ課税制度において704条(c)(1)(A)がない場合のビルトイン・ゲインの「一時的」移転と大きく異なる点である。そして ALI は、このような永久的なビルトイン・ゲインの移転を好まない納税者の便宜を図るために、ビルトイン・ゲインの移転を一時的なものとする実体（entity）アプローチ[30]、あるいはビルトイン・ゲインの移転を生じない部分的繰延売買アプローチの選択を納税者に認めている。

29　*1954 ALI Study, supra* note 25, at 355-356. ALI は、繰延売買アプローチを、パートナーシップの損益の配賦規定であり、損益認識規定ではないから、パートナーシップが損失を認識していれば、損失しか配賦されるべきではないと考えていたものとされる、Cowan, *supra* note 7, §21.01[1][d], at 21-14.

30　後に54年歳入法典で採用されるアプローチである。例1で、現行704条(c)(1)(A)の適用がない場合と同じ結果が生ずる。

[b] 54年歳入法典：シーリング・ルール問題の発生

ALI研究が発表された後まもなく、1954年歳入法典（Pub. L. No. 83-591, 68A Stat. 1(1954)）が制定された[31]。

その704条(c)(1)と(2)は、以下のように規定している。

「(1)一般規定 —— 702条(a)に述べられている項目の、パートナーの分配割当額算定において、パートナーによりパートナーシップに出資された資産に関する減価償却、減耗償却、または利益若しくは損失は、(2)号あるいは(3)号に別に規定されている範囲を除き、当該資産がパートナーシップによって購入された場合と同様の方法でパートナー間に割り当てられねばならない。

(2)パートナーシップ契約の効果 —— パートナーシップ契約がその旨を定めている場合には、パートナーによりパートナーシップに出資された資産に関する減価償却、減耗償却、または利益若しくは損失は、（財務）長官の定める規則の下、パートナーシップに対するその資産の基準価格と、出資時の公正な市場価格の差額（variation）を考慮するようにパートナー間に割り当てられねばならない。」

54年歳入法典の704条(c)(1)（以下、旧704条(c)(1)という）は、いわゆる実体ルール（entity rule）といわれるように、ビルトイン・ゲインの部分も、その他の損益とともに、パートナーシップの契約に従って配賦されると規定する。言い換えれば、ビルトイン・ゲインのある資産から生じた帳簿上の所得等の配賦比率に従って、ビルトイン・ゲインも配賦されるのである。これにより、例1で示した通りの一時的なビルトイン・ゲインの移転が生ずることになる。つまり、パートナーシップは、資産売却時に帳簿上の利益2000ドル／課税上の利益8000ドルを認識し、AとBには、帳簿上／課税上の利益は両者とも、契約通りに折半される。それゆえビルトイン・ゲインが3000ドルほどAからBに移転する。しかし、このビルトイン・ゲインの移転は、パートナーシップが解散する時に消滅する。このようなビルトイン・ゲインの移転を容認する旧704条(c)(1)が一般規定となったのは、その簡明性（simplicity）ゆえである[32]。

---

31 財務省規則については、see 1956-1 C.B. 211.
32 S. Rep. No. 83-1622, at 90, A223(1954); H.R. Rep. No. 83-1337, at 66, 380(1954).

ただし、連邦議会は、納税者の選択（パートナーシップ契約）に基づき、現行704条(c)(1)(A)に類似する54年歳入法典704条(c)(2)（以下、旧704条(c)(2)という）を制定し、ビルトイン・ゲインを出資パートナーに配賦することを認めている。これは、例1において現行704条(c)(1)(A)が適用された場合と同じ結果を生むことになる。

　このような旧704条(c)(2)には、シーリング・ルール（ceiling rule）といわれるものがついていた。これによると、旧704条(c)(2)の下で出資パートナーに配賦される減価／減耗償却及び処分損益は、パートナーシップが課税上認められた減価／減耗償却及びパートナーシップが税務上実現した処分損益の額に限られる（Treas.Reg. § 1.704-1(c)(2)(i)）[33]。

　このシーリング・ルールの存在理由としては、出資資産の出資時時価を過大に評価して出資前の値上がりを意図的に膨らませ、出資後の損失を過大に認識させることを防止することなどが挙げられているが[34]、しかしシーリング・ルールにより歪み（distortion）が発生する。すなわち、シーリング・ルールにより、以下に述べるようにビルトイン・ゲインが（旧704条(c)(2)の目的に反して）移

33　旧704条(c)(2)の文言上、シーリング・ルールは導き出せないが、上院財政委員会報告書（S. REP. No. 83-1622, at 381(1954)）がその旨を明確に述べているので、旧704条(c)(2)にはシーリング・ルールが適用されるといわれている。*The Internal Revenue Code of 1954, supra* note 7, at 1208; Marich & McKee, *supra* note 10, at 636 n.31.

34　Gergen, *supra* note 17, at 183-184; BERGER & WIEDENBECK, *supra* note 3, at 150-151; *1984 ALI Study*, *supra* note 28, at 131-139. また、集合論的見解による704条(c)の一般的取扱いと、実体論的見解から導かれるシーリング・ルールの衝突であるとも説明されている。Marich & McKee, *supra* note 10, at 635; Michael G. Frankel, Leslie H. Loffman & Sanford C. Presant, *Planning Opportunities Exist Under the Allocation Methods for Contributed Property*, 78 J. TAX'N 324, 325 n.5 (1993). パートナーシップ課税制度上、簡素化のため、パートナーシップをパートナーとは独立した実体としてその所得等を計算し、その計算結果のみをパートナーにパススルーするから、パートナーシップが認識した以上の損益をパートナーが認識することは、このような取扱いに反し簡素化の妨げになるというのがシーリング・ルールの最初の存在理由であったのであろう。*E.g.*, Turlington, *supra* note 19, § 26.01, at 26-4 to -5; Land, *supra* note 8, at 53; Marich & McKee, *supra* note 10, at 635. シーリング・ルールの考え方自体は、すでに39年法当時からあったといわれている。Turlington, *supra* note 19, § 26.07, at 26-28 to 26-29.

転してしまうのである。

　シーリング・ルールが問題になるのは、(1)減価／減耗償却資産が出資された場合、(2)ビルトイン・ゲインのある資産が出資された後値下がりした場合（ビルトイン・ロスのある場合には、その逆）の二つの場合である。順次これを見ていこう。

(1)　減価償却資産とシーリング・ルール

　例4に旧704条(c)(1)(A)を適用したとしよう。帳簿上の減価償却は毎年1000ドル、一方課税上の減価償却は毎年400ドルである。帳簿上の減価償却は各自500ドルずつ配賦される。課税上の減価償却が帳簿上のそれより少ないのは、出資前の値上がりのせいであるから、減価償却の不足分はAに帰属し、課税上の減価償却はまずBに配賦される。

　704条(c)の目的を課税結果と経済的（帳簿上の）結果の一致とみた場合、本来、Bに課税上の減価償却が500ドル配賦されねばならない。しかし、パートナーシップは、課税上の減価償却を400ドルしか認められていないから、シーリング・ルールにより、400ドルを超えて減価償却をBに配賦することはできない。したがって、帳簿上の減価償却は400ドルが全額Bに配賦される。シーリング・ルールにより、Bの帳簿上の減価償却と課税上の減価償却は一致せず、704条(c)の目的からはずれた「歪み」が生じ始めるのである。

　課税上の減価償却が帳簿上のそれより少ないのはビルトイン・ゲインのためである。課税上の減価償却の不足額（＝ビルトイン・ゲイン）は本来、Aのみに帰属すべきであるものの、シーリング・ルールにより、不足額がBにも帰属することになる。言い換えれば、ビルトイン・ゲインが、減価償却の不足（つまり、課税所得の増大）という形で、毎年100ドルずつ、移転しているのである。最終的には、表3のような貸借対照表ができる[35]。

35　資産のビルトイン・ゲイン（帳簿価格と課税上の基準価格の乖離）はなくなったが、その代わりにAの持分とBの持分について帳簿価格（資本勘定）と課税上の基準価格の乖離が生じているのが分かる。

[表3]

	帳簿価格			課税基準価格	
現金	10000	A	5000	現金 10000	A 4000
		B	5000		B 6000

　資産の償却が終了した時点（10年目期末）で、パートナーシップが清算した場合、各自5000ドルずつ現金が配賦され、Bは1000ドルの損失（キャピタル・ロス）を認識し、一方、Aは1000ドルの利益（キャピタル・ゲイン）を認識する。

　これをシーリング・ルールの歪みのない部分的繰延売買アプローチの場合と比べてみよう。どちらにおいても、清算終了後、Aは10年間で合計1000ドルの利益を認識し、一方、Bは5000ドルの損失を認識する。しかし、部分的繰延売買アプローチによると、Aは毎年100ドルずつ利益を認識していくのに対して、旧704条(c)(2)によると1000ドルが10年目期末に一気に認識されるので、Aにとっては後者の方が、課税の繰延べの点で有利である。一方、Bは部分的繰延売買アプローチによると毎年500ドルの減価償却を得るが、旧704条(c)(2)によると毎年400ドルの減価償却しかもらえず、10年目期末に1000ドルのキャピタル・ロスを得ることになる。この場合、後者の方が課税が前倒しになっているだけでなく、通常所得（ordinary income）から控除されるはずの減価償却が、キャピタル・ロスに転換されているので、所得種類の転換も行われていることになる。

　減価償却にシーリング・ルールが適用された場合でも、歪みを防ぐ方法はある。上述のように、減価償却資産の場合、ビルトイン・ゲインは、取引・事業から生ずる課税所得という形で認識されていくのであるから、減価償却額の不足によるBの所得の過大申告（＝ビルトイン・ゲインの移転）を防ぐには、課税所得をそれだけAに過大に配賦すればよい。すなわち、毎年パートナーシップの得るその資産以外から生じた課税所得、あるいはその資産が生み出す純キャッシュ・フローを折半するのではなく、100ドルほどAに多く、Bに少なく配賦する（ただしそれらは、帳簿上は折半される）。例えば、資産が毎年

1000ドルの純キャッシュ・フローを生み出す場合、帳簿上は折半されるが、課税上はAに600ドル、Bに400ドルしか配賦しないことにすれば、歪みは生じない（これを治療的配賦（curative allocations）という）。

しかし、旧704条(c)(2)の条文を、現在の704条(c)(1)(A)のそれと比較すれば分かる通り、資産に関する「所得（income）」の治療的配賦（704条(c)配賦）はできなかったのである。したがって、旧704条(c)(2)における、資産の処分損益の取扱い（ビルトイン・ゲインを出資パートナーに配賦する）とその資産が生み出す純キャッシュ・フローの取扱い（純キャッシュ・フローとなったビルトイン・ゲインを出資パートナーに配賦できない）のシンメトリーの欠如もまた、ビルトイン・ゲインの移転という結果を生ずる原因となっていた[36]。

以上のような課税上の結果と経済的（帳簿上の）結果の不一致という点から、シーリング・ルールによる歪みは分析される。しかし、基準価格の観点からシーリング・ルールを分析する論者もいる。その分析によれば、シーリング・ルールは、実際の経済的投資に見合った課税上の基準価格を与えることを阻害する、ということになる[37]。

---

36 Marich & McKee, *supra* note 10, at 638.
37 Steines, *supra* note 12, at 642. 考え方は次の通りである。例4で、BはAの資産の持分を5000ドルの現金（の持分）と引き換えに購入したのであるから、本来5000ドルの課税基準価格を付けるべきであるのに、旧704条(c)(2)によれば、シーリング・ルールのために（4000ドルの減価償却しか認められないから）4000ドルの課税基準価格しか付けることができない。したがって、その投資の回収時に過大に所得が申告されることになる、ということである。この考え方からも、出資資産の処分時の利益と、出資資産が生み出す純キャッシュ・フローの取扱いについて、シンメトリーが欠けていることが指摘される。

　出資後間もなくその資産が売却された場合、Bは（経済的には5000ドルだが）4000ドルの課税基準価格をその資産について有するが、旧704条(c)(2)により、収入金額はAに6000ドル、Bに4000ドルしか配賦されない。一方、資産を取引・事業において使用し、それが10000ドルの収入金額（純キャッシュ・フロー）を生み出した場合には、各自5000ドルずつ折半することになる。したがって、資産売却時の取扱いと、資産を事業に供した場合の取扱いを同じようにするには、取引・事業から生ずる純キャッシュ・フローをAに6000ドル、Bに4000ドル配賦すればよい、ということになる。この場合にも、治療的配賦が、シーリング・ルールの歪みを取り除く、有効な手段であることが示される。

シーリング・ルールが減価償却資産に適用された場合には歪みが生ずるのであるが、ビルトイン・ゲインのある減価償却資産すべてにシーリング・ルールが適用されるものではない。例えば、例2の場合は、ビルトイン・ゲインが相対的に少なく出資パートナーが十分それを吸収できる（言い換えれば、減価償却基準価格が十分に多いために非出資パートナーに減価償却費が十分に配賦される）ために、シーリング・ルールが適用されないのである。

一般に、シーリング・ルールは、あるパートナーが出資した資産の基準価格と帳簿価格（出資時時価）の比率（例4でいえば、4000／10000で40％）が、他のパートナーによって経済的に購入された持分割合（例4でいえば50％）よりも低い場合に適用される[38]。

したがって、1％の持分を購入したパートナーがほんの僅かに値上がりした資産を出資した場合、シーリング・ルールが適用されて歪みが生じうる[39]。

(2) ビルトイン・ゲインのある資産と出資後の値下がり

シーリング・ルールの問題が発生するのは、減価償却資産の場合だけではなく、ビルトイン・ゲインのある資産が、出資後に値下がりした場合も含まれる。この場合は、減価償却資産の場合と異なり、すべての場合にシーリング・ルールが適用される。例を見てみよう。

例5：AとBがパートナーシップを結成し、Aは基準価格4000ドル、時価10000ドルの資産を出資した。Bは10000ドルの現金を出資した。

しかしこの分析は、704条(c)(1)(A)がビルトイン・ゲインの配賦について定めているのではなく、基準価格の配賦について定めているように解する点で条文解釈としては難がある。Marich & McKee, *supra* note 10, at 634-635 n.26. もっとも、パートナーシップ持分を譲渡した際に行われるいわゆる743条(b)修正との比較からすれば、704条(c)(1)(A)を基準価格の配賦として捉えた方が分かりやすいかもしれない。

38 Marich & McKee, *supra* note 10, at 644; Steines, *supra* note 12, at 644.
39 Marich & McKee, *supra* note 10, at 644; Steines, *supra* note 12, at 646-647. 後者の論文は、パートナーによる出資時あるいは新規パートナーの加入時の半分超にシーリング・ルールが適用されると考えることは極端とはいえない、と述べている（at 647）。

AとBは損益の配賦について対等である。パートナーシップ結成後、
　Aの出資した資産が8000ドルに値下がりし、その時点でパートナー
　シップはその資産を売却した。

　旧704条(c)(2)でシーリング・ルールが適用されないとする。出資前の値上が
り6000ドルはその所有者たるAに帰属し、出資後の値下がり2000ドルはパー
トナーシップに帰属する（AとBで各自1000ドルずつ負担）と考えられよう。
したがって、帳簿上の損失2000ドルはAとBで折半されるから、この分の課
税上の損失2000ドルも折半、出資前値上がりはAに配賦されるべきだから課
税利益6000ドルがAに配賦され、結局、Aには課税利益5000ドル、Bには課税
損失1000ドルが配賦されるべきである。これは課税結果と経済的結果に一致さ
せるという704条(c)本来の目的からしても正しいことである。シーリング・ルー
ルが適用されない部分的繰延売買アプローチでも同一の結果が示される。
　しかし、シーリング・ルールが適用された場合、パートナーシップは課税利
益4000ドル（財務省規則の定義によると、この額が本件のビルトイン・ゲイン
の額である。Treas.Reg.§1.704-3(a)(3)(ii)）しか認識していないから、Bに対す
る損失の配賦は認められない。したがって、課税利益4000ドルは、すべて出資
前の値上がりに帰属するものとして、Aに4000ドル配賦される。この場合、A
の帳簿上の資本勘定と、課税上のそれ（持分の基準価格）に乖離が生ずるが、
これはBについても言える。すなわち、資産の帳簿価格と基準価格の乖離（ビ
ルトイン・ゲイン）が、本来ならばすべてAに配賦されて、すべての課税結
果と経済的結果が一致すべきなのに、シーリング・ルールの結果、乖離の一部
が誤ってBに配賦されたのである。
　このような現象は、出資前値上がり益（出資時のビルトイン・ゲイン）が誤っ
てBに配賦され、Bに配賦されるはずの出資後の値下がり（課税損失）を相
殺してしまったとも言える（逆に出資後の値下がりがAに移転されて、出資
時のビルトイン・ゲインを相殺したと説明する論者もいる[40]）。いずれにせよ、

40　Marich & McKee, *supra* note 10, at 650.

ビルトイン・ゲイン資産が出資後値下がりした場合においても、シーリング・ルールが、課税結果と経済的結果の一致を妨げていることは明らかであるが、ただし、この場合には、シーリング・ルールの歪みを基準価格の不足から説明できないことに注意すべきである[41]。

　以上のように、旧704条(c)(2)のシーリング・ルールは、ビルトイン・ゲインの移転防止（あるいは課税結果と経済的結果の一致）という704条(c)の持つ目的とは相いれないものであった。しかし、84年に旧704条(c)(2)が（選択適用ではなく）強制適用になった（現行704条(c)(1)(A)とほぼ同じ）時まで、シーリング・ルールによる歪みはあまり問題にならなかったのである。というのも、そもそも旧704条(c)(1)でビルトイン・ゲインの移転が認められていたからであった[42]。この時点では、連邦議会も ALI と同様、ビルトイン・ゲインの移転による租税回避の問題を重要視していなかったのである。

41　Steines, *supra* note 12, at 643. 減価償却資産にシーリング・ルールが適用される場合でも、ビルトイン・ゲインのある資産が出資後値下がりした場合でも、いずれにせよシーリング・ルールによる歪みは生ずるのであるが、当事者が意図的にシーリング・ルールによるビルトイン・ゲイン（あるいは出資後の値下がり）の移転を図り、課税上の利益 (tax advantage) の移転あるいはその売買を行うという意味で、濫用の可能性が高いのは、前者である。後者は値下がりを予見して出資することがほぼできないので、濫用の可能性は高くない。したがって、後にシーリング・ルールによる租税回避が問題となったとき、濫用防止の必要があるのは前者のみ (Steines, *supra* note 12, at 665)、あるいはシーリング・ルールによる歪みを取ることを前者は強制すべきであるが、後者はパートナーの選択にまかせるべきであるとの意見があった (Marich & McKee, *supra* note 10, at 652. この論文によると、ビルトイン・ゲインのある資産が出資後値下がりした場合、出資後の値下がりがビルトイン・ゲインを相殺するから、その範囲でビルトイン・ゲインの移転はなく、強制的にシーリング・ルールの歪みを取る必要はないし、721条の出資資産の含み益（損）課税繰り延べの政策にも合致しない、と述べている (at 651))。

42　なお、全く別のシーリング・ルール問題解消法も提示されている。例えば、減価償却資産の場合、減価償却額がシーリング・ルールにより不足するから、非出資パートナー（出資パートナー以外のパートナー）が税務上ビルトイン・ゲインを負担していることになる。それと同等の結果をつくろうとした場合、資本（減価償却額）が出資パートナーに譲渡されねばならないが、それは資本の移転として課税されるべきである。この場合、出資パートナーが減価償却を過大に貰っている部分については、出資パートナーに課税され、一方、非出資パートナーは、それに対応する控除を得る、という意見である。Cowan, *supra* note 7, §21.02[1][e], at 21-17 to 21-18.

[c] 82年ALI研究：完全繰延売買アプローチの検討

1982年、タックス・シェルター・パートナーシップが問題になり、連邦議会がそれに対応し始めた中で、ALIは再びパートナーシップ課税制度についての提案を行った（報告書の出版は1984年である）。以下では、それを見ていくことにしよう。

まず、ALIは、ビルトイン・ゲインの配賦の適切な方法として、繰延売買アプローチを検討している。この繰延売買アプローチは54年ALI研究にて提案されたものとは若干異なり、一般に、「完全繰延売買アプローチ（full deferred sale approach）」といわれている。例4の事実を踏まえて完全繰延売買アプローチを説明しよう。

完全繰延売買アプローチによれば、Aは、その持分と引き替えに資産全体を課税交換したものと取り扱われる。パートナーシップは、その資産について、出資時時価たる10000ドルの基準価格を得る。Aは出資時に6000ドルの利益を得るが、その課税は後に資産が処分（減価償却含む）されるまで、繰り延べられる。

1年目、パートナーシップは1000ドルの課税上／帳簿上の減価償却を得、これはAとBに半分ずつ配賦される。一方、Aは出資時に繰り延べた利益6000ドルの内、その10分の1を認識する。したがって、Aは100ドルの課税利益（認識された利益がキャピタル・ゲインならば、600ドルのキャピタル・ゲインと500ドルの減価償却控除がその内訳となる）を、Bは500ドルの減価償却控除を得ることになる。この結果は、部分的繰延売買アプローチのそれとほぼ等しい[43]。部分的繰延売買アプローチと完全繰延売買アプローチとの主たる差異は

---

43 完全繰延売買アプローチと部分的繰延売買アプローチは、結果的に認識される損益の額は等しいが、内訳が多少異なる。売却時に認識された利益がキャピタルゲインだとした場合、Aが認識する利益額は毎年100ドルで、これは完全繰延アプローチであろうと部分的繰延売買アプローチであろうと等しい。しかし、後者は内訳がキャピタルゲイン300ドル、減価償却控除200ドルとなるため、前者と比較すると、一般に納税者に不利であるといわれている。Steines, *supra* note 12, at 620-621. Cunningham & Cunningham, *supra* note 23 は deferred sale approach の採用を勧めているが、このアプローチは完全繰延売買アプローチのことである。

結果ではなく考え方にあり、全体的アプローチだと資産全部が出資時に売却(交換)されたと考えられ、部分的アプローチだと資産の一部が出資時に売却（交換）されたと考えられる点に違いがある。

　この完全繰延売買アプローチは、課税結果と経済的結果の一致を完全に行っているといえるのであり、正確な結果を出し、また簡明である、しかも、パートナーシップの結成に対する抑制効果もなく、歳入に対しても過度のコストをかけない、とALIは評価している[44]。

　しかし、ALIは、それが（それでもまだ）複雑であり、かつ価格評価の問題を抱えていると述べて、完全繰延売買アプローチを却下している。

　ALIは、第一の問題として価格評価の問題を挙げ、その問題が、パートナー間の相対的税負担に影響を与え、パートナー間に緊張を生み出すものである、と述べる。ALIの掲げた例を見てみよう。

　　　例6：Aは建物を、Bは土地をパートナーシップに出資した。両資産ともに基準価格はゼロである。建物と土地は、等価格でパートナーシップの帳簿に記入される。資本／利益持分ともに平等である。建物は40年の耐用年数を持ち、こちらは賃貸される。土地は投資のために保有される。
　　　最初の年度、パートナーシップは賃料を受け取り、減価償却費以外の費用を引いた純所得額は200ドルである。土地は保有され続ける。鑑定によると、土地と建物が等価であるとの合意にも拘わらず、両資産の価格は1000ドルから3000ドルの間であると評価している（*1984 ALI Study*, at 131 Ex.(4)より）。

　例6の建物が出資時に3000ドルである場合、パートナーシップは最初の年度に125ドルの所得（200ドル－75ドル（3000ドル／40年））を得る。所得の半分はAに、もう半分はBに課税される。さらに、Aは繰り延べていた利益75ド

---

[44] *1984 ALI Study, supra* note 28, at 129.

ルを認識・申告する。したがって、Aは総所得137.50ドルを申告し、Bは62.50ドルを申告する（合計の所得額は200ドル）。

一方、建物の時価が出資時に100ドルだとすると、パートナーシップの最初の年度の所得は175ドルである（200ドル－25ドル（1000ドル／40年））。AとBは各自半分の所得を認識し、Aは繰延利益25ドルを申告する。Aの所得は112.50ドルで、Bのそれは87.50ドルである（合計の所得額は200ドル）。

総所得額は、3000ドルと1000ドルの場合で同じであるが、AとBに割り当てられる所得額は、出資時の時価によって影響を受ける。

以上のように、パートナー全体の税負担には影響を与えないが、各パートナーの納税額は評価によって大きく異なる。これは、例10のように両者が金銭以外の資産を出資した場合（この場合、例えば二人のパートナーが絶対的評価額を決めず、等価で評価するとの契約をした場合で、後に出資時の絶対的評価額を求められたときに、両パートナーは大いに狼狽するであろう）のみならず、一方のパートナーが金銭を他方が資産を出資したような評価の比較的しやすい状況でさえ、価格評価をする場合には、複雑な問題を生じうる、と述べる。

ALIは以上のように、主として価格評価がパートナー間での対立を招きやすいことを指摘した上で、当事者（パートナー）による価格評価の操作が行われやすいが、シーリング・ルールは、そのような操作の可能性を消滅させるものであるから必要である、と述べる。すなわち、シーリング・ルールがなければ、出資時時価を高めに設定して出資後の値下がりを生じさせあるいは増大させて各パートナーに配賦するような操作ができるが、シーリング・ルールは基準価格と実際の資産の売価を使用して、このような操作を吟味することができる、と述べる。

ALIが完全繰延売買アプローチを採用しない理由の第二は、それが複雑であるというものである。

この複雑さには、記帳・記録が大変であるという要素の他に、次のような要素も挙げられている。すなわち、パートナーシップが結成されたときのみならず、新たなパートナーが既存のパートナーシップに加入していたときにも繰延売買アプローチが適用されることが望ましいが、それはあまりにも複雑すぎる。

複雑すぎるからといってパートナーの新規加入に繰延売買アプローチを適用しないと、パートナーシップに対する出資という取引を、既存のパートナーシップに対する新規加入という取引形態に変えることができるため、出資資産に対する繰延売買アプローチは回避されてしまう、というものである。

このように、ALIは完全繰延売買アプローチを採用しなかったが、結局、市場で流通している証券（marketable securities）は、価格評価の困難性がないから、ビルトイン・ゲイン移転防止のための（旧704条(c)(2)のような選択規定ではなく）強行規定をそのような証券について設けるべきだとだけ勧告している。ただし、その際にシーリング・ルールも勧告されている。

[d] 84年法以降

84年、連邦議会は、出資時に含み損益に課税をしない721条(a)は妥当ではあるが、旧704条(c)(1)によるビルトイン・ゲインの課税結果が移転することを防止する必要があると判断し[45]、704条(c)を改正して、旧704条(c)(2)の取扱いを選択ではなく、強制に切り替えた[46]。

また連邦議会は併せて、財務長官に新たな財務省規則の制定権限を与え、新財務省規則が制定されるまで、旧704条(c)(2)の財務省規則が適用されるとした[47]。

新財務省規則について、立法経過では、次のようなことが指摘されている[48]。(1)704条(c)項目（ビルトイン・ゲイン／ロス）の代わりにそれ以外の項目を使用して、帳簿価格と課税上の基準価格の乖離を旧704条(c)(2)におけるよりも早く解消することが認められる、(2)簡素化のための前704条(c)の適用例外規

---

45 H.R. REP. NO. 98-432, at 1209(1984); S. PRT. NO. 98-169, at 214(1984). 非課税パートナーあるいは純事業損失（Net Operating Loss）を抱えたパートナーに対するビルトイン・ゲインの移転による租税回避の可能性が指摘されている。

46 Deficit Reduction Act of 1984, Pub. L. No. 98-369, §71, 98 Stat. 494, 589 (1984). 以下単に84年法という。また改正された704条(c)を「前704条(c)」という。84年法以降の経過についてここで参照したのは、Steines, *supra* note 12, at 627-629; Scharfstein, *supra* note 20, at 71-73; Cowan, *supra* note 7, §21.02[2]である。

47 H.R. REP. NO. 98-432, at 1209(1984); H.R. REP. NO. 98-861, at 856(1984)(Conf. Rep.).

定の制定、(3)シーリング・ルールによる歪みを取るための資産処分時の治療的配賦。さらに、減価償却資産の取り戻し所得の配賦に関する規定、代替基準価格（substituted basis, I.R.C.§7701(a)(42)）をつける取引において出資資産が売却された場合の規定、パートナーシップ契約で不均衡損益割り当て（disproportionate profit and loss sharing）が定められている場合の規定、資産が処分されるまでに出資パートナーの持分が処分されてしまった場合の出資資産の取扱いに関する規定などの検討項目が挙げられていた。

以上のように、前704条(c)によって、ビルトイン・ゲインの出資パートナーに対する配賦が義務づけられ、ビルトイン・ゲインの非出資パートナー（その資産を出資したパートナー以外のパートナー）に対する配賦ができなくなり、したがって、ビルトイン・ゲインの移転の問題は消滅したかのように見えた。しかし、先に述べたシーリング・ルールによるビルトイン・ゲインの移転が目立つようになってきた[49]（なお、前704条(c)はその後改正され、現行704条(c)(1)(A)となった）[50]。

このような状況の中、1992年12月、704条(c)について財務省規則案が制定された[51]。この財務省規則案は、ビルトイン・ゲインの配賦方式として、(1)伝統的方式（traditional method）、(2)治療的配賦のついた伝統的方式（traditional method with Curative Allocations）、(3)繰延売買方式（deferred sale method）の三種を挙げ、少額のビルトイン・ゲインについての適用除外規定や資産の合算（aggregation of property）などの規定を含んだものであった。さらにその１年後の93年12月、いくつかの修正が行われて、最終及び暫定財務省規則が制定された[52]。

---

48 H.R. REP. NO. 98-432, at 1209 (1984); H.R. REP. No. 98-861, at 856-857 (1984) (Conf. Rep.); S. PRT. NO. 98-169, at 214-215 (1984); STAFF OF JOINT COMM. ON TAX'N, 98th CONG., GENERAL EXPLANATION OF THE REVENUE PROVISIONS OF THE DEFICIT REDUCTION ACT OF 1984 213-215 (Comm. Print 1984).

49 Scharfstein, *supra* note 20, at 73.

50 Omnibus Budget Reconciliation Act of 1989, Pub. L. No. 101-239, §7642, 103 Stat. 2106, 2379 (1989).

51 Prop. Treas. Reg. §1.704-3, 1993-1 C.B. 857.

次に、その現行最終財務省規則を、財務省規則案と比較しながら見ていくことにしよう。

［3］　現行最終財務省規則 §1.704-3

［a］　序説
　財務省規則は、704条(c)の目的が、出資前の利益あるいは損失（precontribution gain or loss）の課税結果のパートナーでの移転を防止することであるとその冒頭で定め、その目的と一貫している合理的な方法（reasonable method）で、所得等を配賦しなければならないと規定する（Treas.Reg.§1.704-3(a)(1)）。したがって、ビルトイン・ゲインの配賦方式を特定しているわけではないが、特に、(1)伝統的方式、(2)治療的配賦のついた伝統的方式、(3)救済的配賦方式（remedial allocation method）は、「一般に」合理的であるとする。しかし、すべての方式について、一般的濫用防止規定が適用され、前記の三つの方式でもある状況下では不合理であるとされうる（この三つの方式にセーフ・ハーバー方式はない）。したがって、特定の方式のみを使用するように強制する場合と比べて柔軟ではあるが、曖昧さが残る。
　以下では、財務省規則の順序に従い、各方式を簡単に見た後、特別規定について見ていくことにする[53]。

［b］　伝統的方式
　伝統的方式（Treas.Reg.§1.704-3(b)）とは、旧704条(c)(2)の下で使用されていた旧来からの方式である。すなわち、ビルトイン・ゲインがある資産を売却した場合、ビルトイン・ゲインは出資パートナーに配賦される。一方、出資さ

---

[52] T.D. 8500, 1994-1 C.B. 183; T.D. 8501, 1994-1 C.B. 191. 暫定財務省規則はさらにその1年後、最終財務省規則となった。T.D. 8585, 1995-1 C.B. 120; T.D. 8717, 1997-1 C.B. 125; T.D. 8730, 1997-2 C.B. 94.

[53] 制度について、詳しくは、see WILLIS, supra note 2, ¶10.08; FEDERAL TAXATION, supra note 7, ¶11.04.

れた資産が減価償却資産の場合、ビルトイン・ゲインにより、帳簿上の減価償却よりも課税上の減価償却控除が少ない場合には、まず非出資パートナーに対して帳簿上の減価償却と同額の課税上の減価償却を配賦し、残額を出資パートナーに配賦する。本章でいう例1及び例3を参照されたい。

しかし、この伝統的方式には、シーリング・ルールが適用されるため、歪み（ビルトイン・ゲインの移転）が発生する。歪みが生じたからといって、伝統的方式がすぐに不合理になるわけではないが（Treas.Reg.§1.704-3(b)(2) Ex.1(ii)）、パートナーの合計の納税額の現在価値（present value）を実質的に減額するような方法で、ビルトイン・ゲインが移転した場合には、一般的濫用防止規定（Treas.Reg.§1.704-3(a)(10)）が適用されるおそれがある。シーリング・ルールの濫用及び濫用防止規定の適用例は後ほど見ることにしよう。

［c］ 治療的配賦のついた伝統的方式

伝統的方式を使用しつつ、シーリング・ルールによる歪みを矯正するために、合理的な治療的配賦を行うという方式である（Treas.Reg.§1.704-3(c)(1)）。治療的配賦とは、簡単にいえば、シーリング・ルールによって制限された項目を、別の同タイプの項目で補ってやることである。例えば、シーリング・ルールにより非出資パートナーに配賦される減価償却控除が足りない場合には、同じタイプの減価償却控除を足りない額だけ非出資パートナーに配賦するか、あるいは出資パートナーにその資産が生み出すのと同タイプの所得を出資パートナーに多めに配賦するか、どちらかをすることになる。

ある課税年度に関する治療的配賦は、それが現在の課税年度におけるシーリング・ルールの効果を相殺するために必要な額を超えるならば、その超過額はで合理的とは考えられない（Treas.Reg.§1.704-3(c)(3)(i)）。したがって、当該年度におけるシーリング・ルール制限の効果を完全に相殺するためにある年度において適格な項目が足りない場合には、後の年度における「巻き返し（catch up）」治療的配賦は、一般に認められない。ただし、二つの例外が認められている。第一に、「巻き返し」治療的配賦は、資産の処分に基づいて（必要な範囲で）認められる（Treas.Reg.§1.704-3(c)(3)(i)）。第二に、治療が資産の経済

的耐用年数のような合理的な期間にわたってなされ、出資時に有効であるパートナーシップ契約によりその旨が記載されていれば、「巻き返し」治療的配賦をなしうる（Treas.Reg.§1.704-3(c)(3)(ii)）。

　治療的配賦は、シーリング・ルールによって制限された課税上の項目と同「タイプ」の課税上の項目の使用により、行われねばならない。所得・利益・損失・控除の治療的配賦は、シーリング・ルールによって制限された課税上の項目に関するものと実質的に同等の影響を各パートナーの納税義務について与えるものと見込まれ（expected）ねばならない、と財務省規則は規定している（Treas. Reg.§1.704-3(c)(3)(iii)(A)）。見込みは、(1)資産出資時（あるいは出資パートナーが資産出資の義務を負ったとき）、あるいは(2)治療的配賦が行われるところの条項がパートナーシップ契約の一部となったときのどちらか遅い方の時点で、存在していなければならない。しかし、見込みは、その資産に関してなされる配賦の正しい方法として十分にパートナーシップ契約を特定をしていない場合には、配賦が実際になされたときに吟味される。また、同タイプである場合とは次のような場合である。例えば、ABパートナーシップがあり、Aは非課税パートナー、Bは課税パートナーであるとし、Aはリース資産を出資する。資産に関するBの減価償却控除がシーリング・ルールにより制限されている場合、他のリース資産からの減価償却控除は、一般にタイプ要件を満たしている。一方、Aに対する配当／利子所得の配賦は、タイプ要件を満たしていないのであって（Treas.Reg.§1.704-3(c)(3)(iii)(A)）、なぜなら設備からの賃料所得は非関連事業課税所得（unrelated business taxable income, UBTI）としてAに課税される一方、利子／配当はUBTIではないからである[54]。

　治療的配賦の例を見てみよう。

　　例7：AとBはパートナーシップを結成し、損益をすべて折半するが、ビルトイン・ゲイン／ロスは、治療的配賦のついた伝統的方式に従い配賦することにした。

54　Scharfstein, *supra* note 20, at 82.

Aは基準価格4000ドル、時価10000ドルの備品（耐用年数10年、定額法、残存価額ゼロ）を出資し、Dは10000ドルの現金を出資し、それを使用して小売りするための棚卸資産を購入した。

　1年目、備品の減価償却費は、帳簿上1000ドル、課税上400ドルである。また、棚卸資産の販売で700ドルの所得を得ている。パートナーは、棚卸資産からの所得が、自己の納税義務に対し、備品からの所得と実質的に同じ効果を有するものと予見している（Treas.Reg.§1.704-3(c)(4)Ex.1(i)及び(ii)を一部改変）。

　伝統的方式だと、棚卸資産からの所得700ドルは、帳簿上も課税上も折半される（各自350ドル）。一方、減価償却は、帳簿上は折半だが（各自500ドル）、課税上はBは400ドルしか配賦されない（100ドルがシーリング・ルールにより不足している）。

　Bに100ドルのビルトイン・ゲインが移転しているので、これを治療すべく、100ドルの棚卸資産の販売からの所得を、「税務上」（帳簿上ではないことに注意）Aに多く配賦すると、Bへのビルトイン・ゲインの移転は消滅する（表4）。

［表4］

	A 帳簿価格	A 課税基準価格	B 帳簿価格	B 課税基準価格
出資	10000	4000	10000	10000
減価償却	(500)	(0)	(500)	(400)
棚卸資産売却益（治療的配賦）	350	450	350	250
1年目期末	9850	4450	9850	9850

　以上で分かる通り、ビルトイン・ゲインの移転は、課税結果と経済的結果の乖離が（非出資パートナーに対して）生ずることであるが、それと逆の乖離（本来は発生していない）を意図的に引き起こすことにより、乖離を打ち消し合わせるというシステムである。

［d］　救済的配賦方式

　この方式は、財務省規則案で採用された完全繰延売買アプローチが複雑であるとの批判を受けたためにつくられた、完全繰延売買アプローチの修正版であるとの説明がなされている（T.D. 8501, 1994-1 C.B. 181, 182)[55]。両者の生み出す結果は似ている。

　救済的方式は、先の治療的配賦とは異なり、経済的には実体のない課税上の所得項目と、それに対応する課税上の損失・控除を（なにもないところから）つくり出して[56]、これを配賦する。ある項目と、それを相殺する項目を課税上つくり出すから、課税所得及び損失には変動がなく、またそれら項目は、課税上のものである（経済的実体のないものである）から、救済的配賦は、パートナーの帳簿上の資本勘定に影響はない。例４の事実に基づき、財務省規則案で提示された繰延売買アプローチの例を見てから、同じ事案で救済的配賦方式の例を見てみよう。

　完全繰延売買アプローチ：出資時にパートナーシップはＡの出資した資産を10000ドルで購入したものとみなされる。しかし、減価償却算定上、Ａの出資資産4000ドル分は、前所有者の耐用年数を引き継ぎ４年で償却され、一方残りの6000ドルは新たに購入したものとされ、10年で償却される。Ａは6000ドルの繰延利益を有する。

　１年目から４年目まで、毎年パートナーシップは1600ドルの帳簿上／課税上の減価償却を得る（4000ドル／４年＋6000ドル／10年）。これはＡとＢに折半される（各自800ドルずつ）。

　帳簿上の項目はその課税上の項目に対応していなければならないから（Reg.

55　財務省規則案の繰延売買方式は複雑であるとの批判（*E.g.,* Richard W. Harris, *Federal Taxation of Partnership Asset Revaluations*, 14 VA. TAX REV. 257 (1994); *1994 NYSBA Report, supra* note 19）の他、724条と抵触するのではないか（Frankel, Loffman & Presant, *supra* note 34, at 330-332）との批判もあった。

56　救済的配賦で生み出された架空の所得は、幻の所得（"phantom" income）とも呼ばれている。Richard M. Lipton, *The Final Section 704 (c) Regulations: The Good and the Bad*, 21 J. REAL EST. TAX'N 299, 300 (1994).

§1.704-1(b)(2)(iv)(g)(3))、帳簿上の減価償却も同じ変動の仕方をする。

一方、Aは毎年600ドル（6000ドル／10年）の繰延利益を認識する。したがって、Aは、毎年課税上200ドルの損失（帳簿上800ドルの損失）、Bは毎年課税上800ドルの損失（帳簿上も同額）を得る。4年目期末の資本勘定は表5の通り。

［表5］

	A 帳簿価格	A 課税基準価格	B 帳簿価格	B 課税基準価格
出資	10000	4000	10000	10000
減価償却	(3200)	(3200)	(3200)	(3200)
繰延利益認識		2400		
4年目期末	6800	3200	6800	6800

5年目から10年目まで、毎年パートナーシップは600ドルの帳簿上／課税上の減価償却を得る（6000ドル／10年）。これはAとBに折半される（各自300ドルずつ）。

一方、Aは引き続き毎年600ドル（6000ドル／10年）の繰延利益を認識する。したがって、Aは、毎年課税上300ドルの所得（帳簿上300ドルの損失）、Bは毎年課税上300ドルの損失（帳簿上も同額）を得る。5年目期末の資本勘定は表6の通り。

［表6］

	A 帳簿価格	A 課税基準価格	B 帳簿価格	B 課税基準価格
4年目期末	6800	3200	6800	6800
減価償却	(300)	(300)	(300)	(300)
繰延利益認識		600		
4年目期末	6500	3500	6500	6500

救済的配賦方式：Treas.Reg.§1.704-3(d)(2)により、Aの出資した資産のうち、4000ドル分は、前からの所有者の耐用年数を引き継ぎ4年で償却され、一方残りの6000ドルは、10年で償却されることになる。

1年目から4年目まで、毎年パートナーシップは1600ドルの帳簿上の減価償

却を得る(4000ドル／4年＋6000ドル／10年)。これはAとBに折半される(各自800ドルずつ)。一方、課税上の減価償却は1000ドルであるが、このうち800ドルはBに配賦され、残り200ドルはAに配賦される。この時点でシーリング・ルールの歪みはないから、救済的配賦は行われない。4年目期末の資本勘定は表7の通り。

［表7］

	A 帳簿価格	A 課税基準価格	B 帳簿価格	B 課税基準価格
出資	10000	4000	10000	10000
減価償却	(3200)	(800)	(3200)	(3200)
4年目期末	6800	3200	6800	6800

5年目から10年目まで、毎年パートナーシップは600ドルの帳簿上の減価償却を得る(6000ドル／10年)。これはAとBに折半される(各自300ドルずつ)。一方、課税上の減価償却はないから、Bについて帳簿上の結果と課税結果が一致しなくなってしまう(＝ビルトイン・ゲインが移転する)。そこで、救済的配賦を行うが、帳簿とは全く関係なく、300ドルの課税上の減価償却と、それを打ち消す300ドルの課税上の通常所得を(なにもないところから)つくりだす(経済的実体はない)。このうち300ドルの課税上の減価償却をBに配賦し(課税結果と経済的結果が一致する)、300ドルの通常所得をAに配賦する。5年目期末の資本勘定は表8の通り。

［表8］

	A 帳簿価格	A 課税基準価格	B 帳簿価格	B 課税基準価格
4年目期末	6800	3200	6800	6800
減価償却	(300)	(0)	(300)	(0)
救済的配賦	――	300	――	(300)
4年目期末	6500	3500	6500	6500

以上の例により、救済的配賦と繰延売買アプローチの結果がほぼ同じであることが分かる。ただし、数値的には同じだが、所得種類の関係上繰延売買アプ

ローチの方が有利である。資産を出資し、これが売買と取り扱われたとき、この資産がＡにとって資本的資産の場合には、繰り延べられた利益はキャピタル・ゲインとなる。一方、救済的配賦方式の場合は、通常所得が（課税上）配賦されるから、納税者にとっては前者の方が有利であることが分かる（同じことは、繰延売買アプローチと治療的配賦との関係についてもいえる）[57]。

また救済的配賦方式と治療的配賦方式を比べてみた場合、その最大の違いは、救済的方式は完全にシーリング・ルールの効果を消滅させてしまうものの、治療的配賦は、同タイプの項目がなければ、シーリング・ルールの効果が完全には消滅しないことが挙げられる[58]。

さらに、減価償却控除に関し、救済的配賦は、基準価格と出資時時価（帳簿価格）の差額部分を新たに購入したものと見るので、治療的配賦よりも、ビルトイン・ゲインの消滅が遅くなるであろうといわれている[59]。

[e] 濫用防止規定

上記の三種の配賦方式はすべて濫用防止規定に服する。すなわち、資産の出資及びその資産に関する課税項目の対応的配賦が、実質的に（substantially）パートナーの合計の税額の現在価値を減少させるような方法で、パートナー間にビルトイン・ゲインの課税結果を移転する見解をもって（with a view）なされた場合には、配賦方式は不合理であるとされる（Treas.Reg.§1.704-3(a)(10)））。財務省規則は、伝統的方式の濫用的使用（Treas.Reg.§1.704-3(b)(2) Ex. 2 ）及び治療的配賦のついた伝統的方式の濫用の事例[60]（Treas.Reg.§1.704-3(c)(4) Ex. 3 ）を掲げている。伝統的方式の濫用的事例として、シーリング・ルール

---

57 See Steines, *supra* note 12, at 620-621.
58 Scharfstein, *supra* note 20, at 85. これはすでに財務省規則案が発行される前からいわれていた。Marich & McKee, *supra* note 9, at 680-681.
59 Scharfstein, *supra* note 20, at 85. また両者のその他の違いとして、同「タイプ」か否かの判断時期の差異も挙げられている。
60 財務省規則はまた、治療的配賦の使用にかかる制限に抵触した不合理な治療的配賦の例（治療はシーリング・ルールの効果を相殺する必要のある額を超過してはならないという規定に違反した事例）を挙げている。Treas.Reg.§1.704-3(c)(4) Ex.1(iii)。

によるビルトイン・ゲインの移転を利用して、多額の純事業損失（Net Operating Loss, NOL）を抱えたパートナーに意図的にビルトイン・ゲインを配賦して、全パートナーの納税額の合計を減少させることが挙げられ、そのような文脈で伝統的方式を使用することは合理的ではないとされている。一方、治療的配賦の濫用的使用は分かりづらいので、例を見てみることにしよう。

例 8 : ＡとＢはパートナーシップを結成し、損益をすべて折半するが、ビルトイン・ゲイン／ロスは、治療的配賦のついた伝統的方式に従い配賦することにした。

Ａは基準価格1000ドル、時価10000ドルの備品（税務上の耐用年数は１年だが経済上のそれは10年）を出資し、Ｂは10000ドルの現金を出資し、それを使用して棚卸資産を購入した。Ｃは多額の純事業損失を抱えている。

１年目、備品は減価償却され、帳簿上は10000ドル、課税上は1000ドルの減価償却が発生する。一方、棚卸資産の売買からは8000ドルの所得が得られた。まずは伝統的方式に従い配賦する。帳簿上の減価償却は折半（各5000ドル）、課税上の減価償却は、伝統的方式に従い、全額Ｂに配賦される（1000ドル）。棚卸資産の販売益は、帳簿上も課税上も折半される（各4000ドル）。

この時点で、Ｂにビルトイン・ゲインが4000ドル移転していることが分かるから、逆に帳簿上Ｂに配賦された4000ドルの棚卸資産の販売益を、課税上Ａに移転して、ビルトイン・ゲインの移転は、消滅する。

財務省規則は、このような例 8 を納税額を減少させる見解をもって出資がなされ、かつ治療的配賦がなされたから、このような治療的配賦は濫用であるとする。そして濫用でない事例とは、ビルトイン・ゲインの移転をその経済的耐用年数に合わせて、少しずつ修正していく方法であるとする。すなわち、ビルトイン・ゲイン4000ドルの移転を10年にわたって修正すべきである（毎年400ドル）とし、したがってＢに配賦された棚卸資産の販売益のうち400ドルだけ

課税上Aに配賦するとする（表9参照）。

[表9]

	A		B	
	帳簿価格	課税基準価格	帳簿価格	課税基準価格
出資	10000	1000	10000	10000
減価償却	(5000)	(0)	(5000)	(1000)
棚卸資産売却益	4000	4400	4000	3600
（治療的配賦）				
1年目期末	9000	5400	9000	12600

例8がなぜ濫用的事例なのかは多少分かりづらいが、減価償却資産のビルトイン・ゲインの移転は、その経済的耐用年数（等の合理的期間）にわたり少しずつ修正すべきであるとされている(Treas.Reg.§1.704-3(c)(3)(ii).ビルトイン・ゲインは経済的耐用年数にわたりその資産が生む所得として発生するという考えがこの規定の根底にあるのであろう）から、納得はできる。また、これらの事例の濫用の原因は、配賦方式が不適切であるだけではなく、税務上の耐用年数が、経済上のそれよりも非常に短い（加速償却）ということも原因である。

以上のような濫用防止規定であるが、その規定は非常に曖昧であると非難されている[61]。すなわち、例えば、「実質的な」納税額の減少とはどのくらいのことなのか[62]、「見解をもって（with a view）」とは、例えば「主たる目的（principal purpose）」とどう違うのかの他に、セーフ・ハーバー規定がない（救済的配賦方式もセーフ・ハーバーではない[63]）、濫用であると認定された配賦方式を否認

---

61 Scharfstein, *supra* note 19, at 85-91. 濫用防止規定が不明確であるとの批判は、すでに財務省規則案の頃から批判されていた（Michael G. Frankel, Leslie H. Loffman & Sanford C. Presant, *IRS Issues Proposed Partnership Allocation Rules for Contributed Property*, 78 J. TAX'N 268, 275 (1993); New York State Bar Association, Tax Section, Committee on Partnerships, *Report on Proposed Regulation Section 1.704-3 Relating to Allocations Under Section 704(c) of the Internal Revenue Code*, 93 TAX NOTE TODAY 258-26 (1993) [hereinafter *1993 NYSBA Report*]）。

62 濫用か否かを決定する際には、納税額を減少させる方法による課税結果の移転の観点を持っていることは重要ではあるが、濫用か否かは、納税額の減少の点からは決定されない（Treas.Reg.§1.704-3(a)(1)）。

して新たに配賦する場合の方式、いわゆる再配賦方式 (default method) が欠けている[64]、「現在価値」の算定に使用される利率はどうなのか、等の多くの問題を抱えている。これらはすべて、濫用防止規定が防止したい濫用とは、一体「何と比べて」濫用なのかがあまり明確でないことを表している。

[f] その他の規定

(1) 少額適用除外

ある課税年度におけるパートナーの出資した資産の帳簿上と課税上の乖離（ビルトイン・ゲイン／ロス）が小さい場合（全ての乖離額が20000ドル未満で、かつ乖離額が基準価格の15％を超過する資産がないこと）、パートナーシップは704条(c)を無視するか、出資資産の処分時にのみそれを適用することを選択できる (Treas.Reg. §1.704-3(e)(1))。財務省規則案の少額適用除外は、乖離が基準価格総額の15％超でなく、乖離総額が10000ドル超でない場合を指していた（1993-1 C.B., at 865-866）ので、最終財務省規則でこの規定は少し拡張されたことになる。

(2) 資産の合算

一般に、704条(c)財務省規則は、資産ごとに適用され、合計することは認め

---

63 救済的配賦方式でも濫用的事例があるとされている (T.D. 8501, 1994-1 C.B. 191, 192) が、これは実際は、704条(c)の濫用事例ではない、といわれている。Scharfstein, *supra* note 20, at 90-91. 救済的配賦方式をセーフ・ハーバー方式とし、濫用的事例の判断基準とすべきであるとの意見 (*1994 NYSBA Report*, *supra* note 19) もある。NYSBAは、財務省規則案が制定されたときには、繰延売買方式をセーフ・ハーバーとし、濫用的事例の判断基準とすべきであるとしていた (*1993 NYSBA Report*, *supra* note 61)。財務省は一貫してセーフ・ハーバー方式及び濫用的事例の判断基準の制定に反対している。*See* 1995-1 C.B. 121.

64 伝統的方式が濫用防止規定に抵触する場合には、納税者が「自発的に」救済的配賦方式を使用するであろう、といわれている。FEDERAL TAXATION, *supra* note 7, ¶ 11.04[3][d]. しかし、*1994 NYSBA Report*, *supra* note 19は、治療的配賦のついた伝統的方式に従って再配賦されると述べる。

られていない（Treas.Reg.§1.704-3(a)(2)）。以下で述べるように、特別合計規定が証券パートナーシップについて認められる。さらに、不動産以外の減価償却資産、適格金融資産以外の棚卸資産、ゼロ基準価格資産その他歳入庁長官が認めた資産について、ごく狭い例外的な合算規定（Treas.Reg.§1.704-3(e)(2)）により、複数の資産について合計すること（つまり、704条(c)の適用上、単一の資産と取り扱うこと）が認められる。適用される資産は、同一年度において同一のパートナーが出資しなければならない。

この規定は、過度に制限的で柔軟性を欠き、納税者に大きな負担を負わせるものだとの非難されている[65]。

(3) 証券パートナーシップに対する特別規定

証券パートナーシップにとって、以上のような704条(c)(1)(A)の原則規定を遵守していくことは非常に負担が大きい。すなわち、多くのパートナー、多くの再評価期日、数千もの取引のある証券パートナーシップに資産毎基準に基づいて704条(c)の適用を行うことは、非常に負担となる[66]。

そのため、証券パートナーシップについては特別の合算規定が設けられている（Treas.Reg.§1.704-3(e)(3)）[67]。

65　Scharfstein, *supra* note 20, at 92. 財務省規則案では、より狭い規定であった（1993-1 C.B., at 865）。

66　証券パートナーシップは、一般に現金出資にて設立され、後にそれを使用して市場性のある証券が購入される。ほとんどの証券パートナーシップは証券の出資を受け付けていないが、これは出資パートナーの証券取得方法、基準価格や制限（証券取引委員会によるもの）等の問題があるほか、721条(b)による利益認識を避けるためでもある、といわれている（Grudzinski & Mason, *supra* note 8, at 156.）。したがって、証券パートナーシップの場合に問題になるのは、主として「逆」704条(c)配賦である。

67　ただし、大きな証券パートナーシップは、コンピューターを使用して、各資産ごとに704条(c)を適用しているといわれている。これは、相当なビルトイン・ゲインのある証券を有するパートナーシップに新規加入しようとする投資家が、合算方式によるビルトイン・ゲインの移転により不利益を被らないようにするためである。Scharfstein, *supra* note 20, at 94.

[４] 小括

 以上、パートナーシップに対する出資とビルトイン・ゲイン／ロスの移転、及びそれに対する対応策を見てきたが、以下のいくつかの点が重要であると思われる。

 第一に、704条(c)(1)(A)（及び721条(a)）を考える際の評価基準である。

 パートナーシップに対して現物出資を行った場合、その出資資産の含み益（含み損も含むものとする。以下同じ）の課税は繰り延べられる。これはパートナーシップに対する投資を阻害しないようにするための措置である。一方、出資前にその資産に発生した含み益は、出資する以前の所有者たる出資パートナーに課税したい。これは所得移転の法理からくるものであり、さらにいえば所得課税のあり方を示しているといえよう。

 つまり、資産の含み益も未実現ではあるが所得であり、発生に応じて本来その所有者に課税されるべきであるが、その資産が所有者の手を離れるとき、すなわち実現をきっかけに一気にその所得は課税される。その時点で課税されない場合、資産の所得は資産の所有者に課税するという原則故に、所得が発生した、いわば本来のその所得の稼得者に課税ができなくなる。したがって、通常は、譲渡時の課税繰り延べと、譲渡後（譲渡時ではない）に譲渡人に（その下で発生した）含み益を課税することは、両立しない。

 しかし、パートナーシップ課税の場合、出資したパートナーがパートナーシップ所得を直接受け取ったものとみなされ、課税を受けるというシステムになっている。このパートナーシップの導管的役割のために、パートナーシップに対する出資により実際に出資パートナーから資産が離れた場合も、なお出資パートナーに発生した所得を出資パートナーに課税することができる。資産の譲渡時に含み益に課税せず、しかもその本来の稼得者たる譲渡人（出資パートナー）に譲渡後（出資後）その所得に課税をすることができるという、極めて例外的な構造をパートナーシップ課税は有するのである。

 このような特殊な構造を持つゆえに、所得課税の原則からすれば両立するはずのない資産出資時課税繰延べ（投資の継続性重視／投資の阻害要因排除）と、出資前含み益の出資後の課税（所得移転の防止）を同時に達成することが、パー

トナーシップ課税においては可能になる。

　そして704条(c)(1)(A)（及び721条(a)）は、そのような相反する目的を達成するための規定であった（言い換えれば、資産出資時課税繰延べである721条(a)を支えているのは704条(c)(1)(A)であった[68]）のだが、84年から現在に至るまでのその規定の歴史が物語るように、相当に達成し難い目的であり、しかも達成した場合には相当な執行上の負担／複雑さが、納税者・課税庁に残されることになるのである[69]。したがって、704条(c)(1)(A)を考えるとき、投資の継続性重視／投資の阻害要因排除、所得移転の防止、及び執行上の負担の三つが常に考えられねばならないであろう[70]。

　第二に、ビルトイン・ゲインの移転防止（正確にいえば、ビルトイン・ゲインに関する課税結果の移転防止）のためには、704条(c)(1)(A)だけではなく、いわゆる資本勘定システムと資産の時価評価が重要な役割を果たしている。

　パートナーが資産を出資したとき、帳簿上（資本勘定システム上）時価で記帳が行われる。これは、その資産における未だ課税されていない（出資パートナーの下で発生した）含み益が、帳簿上評価されて、パートナー間では、出資パートナーに帰属することを示している。したがって、資本勘定システムを改正して、例えば、出資資産の調整基準価格で記帳することにすれば、出資パートナーの下で発生した含み益を、出資パートナーに排他的に帰属させることは

68　Karen C. Burke, *Partnership Distributions: Options for Reform*, 3 FLA. TAX REV. 677, 725 -726 (1998).

69　完全繰延売買アプローチは、資産出資を資産の売却・交換及び利益認識の繰延べと考えるため、本質的に721条の資産出資課税繰延扱いと矛盾するとの指摘は以前からあった（*E.g., 1985 NYSBA Report, supra* note 26; *1954 ALI Study, supra* note 25, at 356; John G. Schmalz & Mark B. Brumbaugh, *Section 704 (c) – Proposed Regulations Relating to Property Contributed to a Partnership*, 20 J. REAL EST. TAX'N 314, 320 (1993)）。

70　前述のように、ビルトイン・ゲインの移転の防止について、パートナーシップ課税では極めて多くの努力が払われてきた。本章ではそのうち所得の配賦に関する704条(c)(1)(A)しか取り扱わなかったが、資産分配によるビルトイン・ゲイン移転防止規定たる704条(c)(1)(B)、さらにその規定の回避防止規定たる737条、出資・分配時の資産の含み益非課税を利用し、実質的に売買・交換を非課税で行うことを防止する707条(a)(2)、等である。これら多くの規定を設け、多大な執行上の犠牲を払いながらもなお、資産出資時課税繰延べを維持し続けていることは注意されるべきである。

できなくなる。

　第三に、前述のように、完全繰延売買アプローチ、部分的繰延売買アプローチ及び救済的配賦方式では、認識される損益の純額が同一となるが、認識される所得や損失の種類や額がそれぞれ若干異なるため、全く同一の効果を達成するとはいえない。この中で納税者（パートナー）にもっとも有利であると思われるのは完全繰延売買アプローチであり、その次に有利なものは部分的繰延売買アプローチであろう。そして、出資パートナーに対し出資前に発生した含み益（ビルトイン・ゲイン）を出資パートナーに課税するという目的を考えた場合、出資パートナー自身がビルトイン・ゲインをすべて認識したかのように考えるべきであろうから、完全繰延売買アプローチが目的によく合致するといえる。

4　日本における組合課税

　以下では、日本における民法上の組合の所得課税と組合に対する出資をめぐる課税問題を、ビルトイン・ゲインの移転という立場から見ていこう。

［1］　組合に対する資産の出資
　組合に対する出資は、現金や資産の他、労務や信用、「不作為」等も出資されることがあるとされる[71]。
　ここでは、一応資産が出資された場合の課税問題、具体的には、その資産が含み益（含み損）を持っていた場合、資産が組合に譲渡されたものとして、それが課税されるのか否か、課税されるとしたらどの範囲までか、を考えよう。考察を簡単にするために、所得税法33条の譲渡所得の文脈で考えてみる。
　民法上、組合の資産は「共有」であるが（民法668条）、通常の共有（民法249条～264条）とは異なり、資産の持分の処分と分割請求が禁じられている（民法676条）。持分処分の自由と分割請求権が通常の共有の本質をなし、これは組

---

[71] 鈴木禄彌編『新版注釈民法(17)　債権(8)』(有斐閣、1993年) 43～45頁［福地俊雄執筆］。

合員間の共同目的のための人的結合関係が存在するためであるから、組合資産の「共有」とは、（通常の）「共有」と異なる「合有」であるともいわれる[72]。

そして、組合財産のこの特殊な「共有」ゆえに、組合に対する資産の出資により、その資産全体についての物権変動が生ずるとされる。つまり、Ａが、Ａ・Ｂ・Ｃ三人の組合に資産を出資した場合、出資資産全部について物権変動が生ずるのであり、Ａが自己の持分を留保しつつＢとＣに持分が移転するのではないとされる[73]。

資産の譲渡を、「有償無償を問わず資産を移転させるいっさいの行為をいうもの」と解し（最判昭和50年5月27日民集29巻5号641頁）、かつこの民法上の物件変動の見解に従って組合に対する現物出資を（税法上）解釈した場合には、資産「全体」を譲渡して、引き替えに、包括的な組合財産上の合有持分権を受け取ったものとして、課税結果が決定されよう。このような解釈を、以下では全部譲渡説という[74]。

一方、植松氏は次のように述べる。

「民法の通説に従うと、出資財産全体を譲渡したとみるべきようにも考えられるが、国税庁は個人の譲渡所得の課税上、出資財産のうち出資者の持分となる部分以外の譲渡があったとみるという考え方に立っている。その根拠は明らかにされておらず、税法上に定めがない場合の実務上の取扱いとして、納税者に有利な方を選んだということかもしれないが、多少税法上の理屈を詮索してみても、その結論は支持されると思われる。つまり民法上の学説の相違は、現物出資をめぐって、組合の法律関係を組合員相互の間の双務契約として捉えるか、あるいは目的財産としての組合財産の組成と考えて、そのためにどのような説明をするかということから起こる問題であり、後者の説明として資産の全

---

72 我妻栄『債権各論　中巻二（民法講義V₃）』（岩波書店、1962年）800頁、北川善太郎『債権各論（民法講要Ⅳ）』（有斐閣、1993年）96頁、星野英一『民法概論Ⅳ（契約）』（良書普及会、1986年）304頁等。

73 鈴木・前掲注71・87頁以下［品川孝次執筆］。

74 おそらく、この場合の収入金額は出資資産の時価であろうが、そのためには、取得する持分権を出資資産の時価で評価する旨の規定が必要であるといわれる（岡村忠生『所得税法講義』（成文堂、2007年）74頁）。

部の譲渡があると考えるにしても、その譲渡と同時に自己の持分部分は出資者にその共有持分として帰属するのだから、結局出資者から離れる部分は、その持分以外の部分にほかならない。

税法目的上その自己に帰属する部分にまで譲渡所得の実現を認めることは無理で、税法目的上は民法学説の差異は関係がないということであろう。さらにその共有持分は合有持分として出資者による処分等が制限されており（民法676）」、「原則として組合の事業に供されるものであることを考えると、出資者の個人財産の一部が出資財産に対する合有持分に変わる点を捉えて経済的利益の実現があったと考えることも、一般には無理と考えられる」[75]。

これは、例えば、Aが、A・B・C三人の組合に資産を出資した場合、Aが自己の持分を留保しつつBとCに「出資資産の持分」が譲渡されたものと考えるものである。これを一部譲渡説という。実務はこの取扱いに従うとされる[76]。

一方、従業員持株会については、以上の取扱いの例外があるのではないかと思われる。従業員持株会の会計上の処理については多少特殊であり、例えば、A・B・Cの三人が従業員持株会を結成し、Aが株式1株を出資し（いわゆる現物組入れ）、BとCがそれぞれ現金10を出資したものとすると、組合の会計上、Aは株式1株、BとCはそれぞれ現金10に対して持分を有しているものとされ、

75　植松守雄「講座　所得税法の諸問題　第18回　第一　納税義務者・源泉徴収義務者（続17）」税経通信43巻3号62〜63頁（1988）。

76　武田昌輔編著『DHCコンメンタール法人税法（措置法§§54〜63の2）』（第一法規）3296〜3297頁（措置法通達62の3(6)-1について）、3371〜3372頁（措置法通達63(6)-1について）。なお、租税特別措置法（法人税関係）通達62の3(6)-1、63(6)-1は、その注意書きで次のように述べている。「土地の所有者及び建築業者等が、それぞれ土地又は建築資金を出資して建物を建築し、これを共同で譲渡してその利益をそれぞれの持分に応じて分配する民法上の組合契約を締結している場合には、土地所有者が建築業者から取得する建物の持分及び建築業者等から取得する土地の持分は、当該建物を第三者に譲渡したときに、その持分の算定の基礎とした価額により、それぞれ譲渡及び取得があったものとした上、本文の取扱いを適用する」。この注意書きによると、組合に対する資産の出資は、おそらく個々の資産の持分が交換されたもの（一部譲渡説）と構成されることになろう。

Ａ・Ｂ・Ｃがそれぞれ株式３分の１と現金6.6に対して持分を有するものではない[77]（したがって、会計上は、Ａらの株式保有状況は、共有というより単独所有に類似することになる）。このような場合、株式の現物出資時には、譲渡所得課税がなかったものと考えられるであろう。これを以下では無譲渡説という。

　以上、組合に対する資産出資時課税につき、三つの考え方を見てきた。実務と学説の多くは一部譲渡説を採るようであるが[78]、以下、それぞれの説の難点を見ていくことにしよう[79]。

［２］　全部譲渡説の問題

　まず、全部譲渡説は、一部譲渡説ないし無譲渡説を取る実務が説明できない。これら実務が違法であると言い切ることも可能であるが、特に現行実務を非難する見解は見当たらない。また、全部譲渡説の考え方の根底にある、民法上の物権変動に譲渡所得課税も従うという考え方も、必ずしも現行実務（あるいは一般に定着を見た法解釈）に合致したものではないように考えられる。例えば、共有土地の現物分割について所得税基本通達33-1の６は土地の譲渡がなかったものと取り扱っているが、「共有物の分割は、共有者相互間において、共有物の各部分につきその有する持分の交換又は売買が行われることであ（る）」（最判昭和42年８月25日民集21巻７号1729頁）ことからすると、この通達は、所得税法上の譲渡の概念を、物権変動を基準に構成していない、ということにな

77　持株会の会計についてここで参照したのは、野村證券株式会社累積投資部編『持株会の設立と運営実務』（商事法務研究会・1995年）、飯島眞弌郎編著・萩原英彦／稲垣隆一著『Ｑ＆Ａ持株制度の運用と実務』（新日本法規出版・1998年）である。なお、出資時（現物組入れ時）に譲渡損益課税がないことに対応して、分配時にも譲渡損益課税はない。

78　学説において、全部譲渡説を採るものとして岡村・前掲注72・74頁、一部譲渡説を採るものとして例えば、金子宏「任意組合の課税関係」税研125号16頁、17頁（2006）、小原昇「有限責任事業組合契約制度の課税上の取扱いについて」租税研究674号５頁、14～15頁（2005）、平野嘉秋「日本版 LLC・LLP と課税上の論点（15）」国際税務26巻３号80頁、81頁（2006）、成道秀雄「法人税　事例　有限責任事業組合の税務」税務事例研究90号１頁、７頁（2006）。

79　なお、全部譲渡説と一部譲渡説については、増井良啓「組合形式の投資媒体と所得課税」日税研論集44巻148～151頁（2000）も参照のこと。

る[80]。所得税法33条において、物権変動を基準に「譲渡」概念が構成されるべきならば、この通達は明らかに違法である。しかし、この通達が違法である旨言及した見解はないようである。

　さらに、全部譲渡説は、資産を組合に対して全部譲渡するのと引き替えに、組合員たる地位（一つの資産）を受け取ったものと考えるのであろうが、このような組合員たる地位には明文の規定なくして帳簿価額（これはパートナーシップ課税制度でいうアウトサイド・ベイシスである）がつけられないと思われるから（本書第2章1参照）、この点からも難点がある。

　また、全部譲渡説は、ビルトイン・ゲイン／ロスの問題を回避することはできるが、新規加入組合員がいる場合のビルトイン・ゲイン／ロスの問題（いわゆる「逆」704条(c)配賦の問題）が生じうる。

[3]　一部譲渡説の問題

　一部譲渡説の根拠は、税務上、組合自体が納税義務者ではなく、あくまでも個々の組合員の集合に過ぎないという集合論にある。一部譲渡説は、出資資産のうち、出資者に帰属する部分以外について資産（持分）譲渡があったと考えるが、この見解を突き詰めれば、組合員が出資、分配、途中加入、脱退などにより、包括的組合財産に対する合有持分権が変動するごとに、個々の資産の合有持分は変動するから、そのたびごとに譲渡所得課税が行われねばならない。しかしこれでは譲渡所得課税を行うことが不可能になるか、あるいは組合を利用する事業を行うことが不可能になるかのいずれかであり、ごくプリミティブな組合を除き、現実の解釈としては妥当ではない場合が多いと思われる。また、出資時にのみ一時譲渡があった（したがってその後その資産の合有持分に変動

80　碓井光明「不動産の共有と租税」ジュリスト869号110頁（1986）は、共有物分割時には理論上持分の譲渡があるとしつつ、通達では譲渡がなかったものと取り扱う、と述べている。物権変動があるにもかかわらず譲渡所得が生じない場合として、その他に譲渡担保の設定（東京地判昭和49年7月15日行裁例集25巻7号861頁（控訴審：東京高判昭和51年5月24日訟月88号841頁））や買戻特約付財産譲渡（大阪高判昭和63年6月30日判タ678号93頁（上告審：最判平成元年2月21日税資169号321頁）。買戻権喪失時に譲渡があったものとされる）などがある。

があっても譲渡はなく譲渡所得課税もない）とすることは、出資時には出資者の合有持分を可能な限り大きくし、その後にその合有持分を（他の出資者の出資によって）徐々に減少させることにより、簡単に出資時の譲渡所得課税を回避することができる。

　また、ビルトイン・ゲイン／ロスの移転の問題も見逃し得ない。値上がりした資産を出資し、一部のみ利益が認識され、出資組合員に帰属する含み益（ビルトイン・ゲイン）については課税されない場合、後に組合がその資産を譲渡すると、その含み益にあたる部分も含めて、組合の所得となるから、組合契約の定める損益配分割合に応じて、各組合員に課税されるとも考えられる。そうすると、出資組合員に帰属する含み益の一部が、他の組合員に課税されるおそれ（いわゆるビルトイン・ゲインの（課税結果）移転の問題）は十分にある。

［4］　無譲渡説の問題

　無譲渡説の最大の難点は、ビルトイン・ゲイン（ロス）の移転がはなはだ大きくなるということになろう。実際、この無譲渡説に基づいた取扱いが課税上、これまで特に問題を生ずることがなかったのは、従業員持株会の特殊な会計手法（単独所有として会計処理する）があったからである（したがって、ビルトイン・ゲイン／ロスの問題も生じなかった）。しかし、そのような特殊な会計手法を使う組合のみを、明文の規定なく無譲渡説に基づいて処理することは、公平の観点からは問題が生ずるであろう。さらにこのような特殊な会計手法は、財産が株式と現金しかないという比較的単純な組合だからできるものであって、多種多様な資産に関する取引を頻繁に行う組合には利用できない点も、公平の観点からは問題である。アメリカ法でパートナーシップに対する現物出資につき課税が繰り延べられるのは、ビルトイン・ゲインの配賦に関するルールがバックアップしているためであることを考えると、同様のルールがない日本においては、無譲渡説は採用しがたいであろう。

［5］　小括

　以上のような三つの見解のうち、まずいずれの見解が現行法解釈論として妥

当であろうか。税務上組合をどのように把握するかという側面と、譲渡所得の本質の側面が重要であろう。

　税務上、組合は納税義務者（実体）ではなく、組合員の集合に過ぎないという考え方（集合論）を前提とする限り、組合資産は個々の組合員が持っていることになるから、一部譲渡説が正しいものと思われる（「民法上」共有だからという理由ではない。「税法上」共有なのである）。もちろん、組合の合有持分権と資産全体の譲渡とも考え得るし（これは組合を実体とみる考え方、つまり実体論に基づいている）、それは政策的に選択可能であるが、それはまさに立法で行われるべきであって、予見可能性と法的安定性を重視し、かつ制度に首尾一貫性を持たせて組合を使用した場合と使用しなかった場合の中立性ないし公平を保つには、明文のない限り、組合を組合員の集合とみて解釈すべきである。また、民法上の物権変動は、共有物分割のところでみたとおり、譲渡所得課税が行われるべき資産譲渡の基準には必ずしもならないと考えられる。

　次に、譲渡所得に対する課税は、「資産の値上りによりその資産の所有者に帰属する増加益を所得として、その資産が所有者の支配を離れて他に移転するのを機会に、これを清算して課税する」（最判昭和43年10月31日訟月14巻12号1442頁）趣旨である。したがって、値上がり益が最終的に資産所有者の手を離れるとき、つまりその値上がり益が発生した者に課税する最後の機会に、その値上がり益について課税することになる。組合に対する資産出資の場合にもいえるのであり、組合に対して資産が出資されたとしても、その資産の出資前含み益が出資後にも出資者に課税されうる限り、出資時に譲渡所得課税は行われないと考えられるであろう。したがって、一部譲渡説が正しいとしても、従業員持株会のように、出資前含み益がその資産の出資者に課税されるように会計処理されている限りにおいて、譲渡がないものと見て譲渡所得課税が行われないことが正当化されうる[81]。もちろん、納税者の会計処理の方法により、課税があったりなかったりすることが税制上好ましいかどうかという疑問は残る。

---

[81] 金子宏『租税法（第12版）』（弘文堂、2007年）379頁は、「組合契約によって出資者にもどってくることが予定されている場合は別として、会社への現物出資と同様に、資産の譲渡にあたると解するのが、普通の考え方である」、と指摘する。

以上が、私見による現行法の解釈であるが、一部譲渡説の難点はそのまま残り、きわめて使い勝手の悪い制度であることは確かであろう。

5　おわりに

　アメリカのパートナーシップ課税制度においては、パートナーシップの所得配賦によるビルトイン・ゲインの移転の問題とそれに対するメカニカルな対応策が長年検討されてきた。84年法による改正までは、パートナーシップ契約によるビルトイン・ゲインの移転が問題となり、84年法制定から現行最終財務省規則制定まではシーリング・ルールによるビルトイン・ゲインの移転が問題となってきたのである。ビルトイン・ゲインの移転問題は、単に課税結果が移転しているだけの問題ではなく、それを通じた租税回避の可能性があることも前述の通りである。

　我が国においても、出資時の含み損益に対する課税をどうするのか、そしてその含み損益に対して出資時に課税しない場合のビルトイン・ゲイン／ロスの移転については、同様の問題がある。彼我の一番大きな差異は、アメリカでは明文の規定があるが、我が国では明文の規定がない上に、納税者の会計処理によって課税結果が異なりうるということである。前述のように、明文の規定なくしてこれだけ重要な課税結果が決定されることは、予測可能性や法的安定性を重視する租税法律主義からは妥当ではない。資産出資時に、その含み損益に課税する必要性（あるいは課税しない必要性）を念頭に置きつつ、パートナーシップ課税制度を参照しながら、簡潔かつ公平な立法を行う必要があろう。また、資産出資のみならず、組合員の新規加入におけるビルトイン・ゲイン／ロスの問題も考慮すべきである。

　最後に、パートナーシップ課税制度は、シーリング・ルールをめぐる一連の複雑な立法的対応により、出資時の時価評価の問題がいかに重要であるかを示してくれた。これは、出資時に資産の含み損益に課税するとしても、時価評価によって納税者が租税回避をなしうる可能性がある、ということを示している。したがって、出資時に資産の含み損益全額課税をすれば、単純に問題が解決さ

れるというわけではないことに、注意すべきであろう。

第四章　パートナーシップ持分の譲渡

1　はじめに

　我が国の民法上、組合員たる地位の譲渡（組合員の交替）については規定はないものの、学説・判例は一般にこれを認めており[1]、実際に、組合員たる地位の譲渡が生じていると思われる[2]。しかし、後述するように、このような場合の課税結果について、租税法令上に規定がなく、それほど明確ではない。

　一方、我が国の組合に類似したアメリカのパートナーシップ課税制度においては、パートナーシップ持分[3]の譲渡（transfer of interests in a partnership）について、詳細な規定とそれを裏付ける長い歴史、そして様々な研究が存在す

1　我妻栄『債権各論　中巻二（民法講義V₃）』（岩波書店、1962年）841頁以下、星野英一『民法概論Ⅳ（契約）』（良書普及会、1986年）317頁、広中俊雄『債権各論講義〔第六版〕』（有斐閣、1994年）314頁、鈴木祿彌編『新版注釈民法(17)　債権(8)』（有斐閣、1993年）159頁以下［菅原菊志執筆］等。判例としては、大判大正5年12月20日民録22輯2455頁、大判大正9年7月16日民録26輯1131頁。なお、大判大正8年12月1日民録25輯2217頁は、譲受人が改めて加入契約を締結する必要があると判示している。

2　民法上の組合ないしそれに類するものとしては、投資事業組合がその一例として挙げられる。1998年6月3日に「中小企業等投資事業有限責任組合契約に関する法律」（法律第九十号。現在は「投資事業有限責任事業組合契約に関する法律」）が制定されたが、その後同月9日に「投資事業組合の運営方法に関する研究会報告書」が通産省から公表され、その資料として「『投資事業組合の実体に関する調査』集計概要」も公表された。この資料は、組合員の地位の譲渡の具体的実例として、非業務執行組合員がリストラにより親会社への地位の譲渡を行った例、経営不振に陥った非業務執行組合員が資産整理として他社へ地位の譲渡を行った例などを掲げている。

3　パートナーシップ持分の定義については、第二章2［3］参照。

る。本章では、アメリカ内国歳入法典上のパートナーシップ持分譲渡の取り扱いとその問題点を探求し、我が国の組合課税に対する立法的な示唆を得ることにする。

　アメリカの連邦所得税法上、パートナーシップをどのように取り扱うかについては、大別して二つのアプローチが存在する。一つはパートナーシップを課税上の独立した実体（entity）とはみなさずに、単なるパートナーの集合（aggregate）として見る見方である。内国歳入法典（以下、I.R.C.と表示）701条は、パートナーシップが稼得した所得について、パートナーシップ自体が納税義務者でなく、パートナーシップのパートナーが個々に納税義務を負うと規定しており、パートナーシップ課税制度は原則としてこの集合アプローチ（aggregate approach）に立脚していると考えられる。この場合のパートナーシップは単なる所得の導管（conduit）でしかない。一方、パートナーシップは、課税上、自己の課税所得を個人納税者と同様に算定し（I.R.C.§703）、パートナーのその算定結果を自己の申告書に反映する（I.R.C.§702）。この際、パートナーシップは、パートナーとは別個独立の課税年度を有し（I.R.C.§706）、またパートナーシップの課税所得算定上の選択も、原則としてパートナーシップが独自に行うことになっている（I.R.C.§706(b)）。したがって、内国歳入法典上では、パートナーシップをパートナーとは独立した実体として取り扱うこともあり、このようなアプローチを実体アプローチ（entity approach）という。正確には、アメリカ連邦所得税法上のパートナーシップの取り扱いは、集合アプローチを原則としつつも場合によっては実体アプローチを採用しているといえよう。

　内国歳入法典において、集合アプローチと実体アプローチの対立が生ずる分野として、パートナーシップ持分の譲渡が挙げられ、その課税上の取り扱いは、その対立に従い、二通り考えられる。一つは実体アプローチに従った考え方である。パートナーシップがパートナーとは独立の実体であり、パートナーはパートナーシップに対して先のパートナーシップ持分を有するのみで、パートナーシップの保有資産を直接に保有しているわけではないから、パートナーシップ持分の譲渡は、法人の株式の場合と同様、個々のパートナーシップ資産に対する直接の持分を譲渡したものとは考えられない、というものである。その場合、

譲渡されたものはパートナーシップ持分という一つの資産である。もう一つの考え方は、集合アプローチに従った考え方である。パートナーシップはパートナーの集合であり、パートナーシップ資産もパートナーが直接に保持しているものと考えられるから、パートナーシップ持分の譲渡とは実際にはパートナーシップ資産の個々の持分を譲渡したものにすぎない、というものである。この場合、譲渡されたものは様々なパートナーシップ資産に対する直接の（共有）持分である。後に述べるように、内国歳入法典は、原則として、パートナーシップ持分の譲渡を実体アプローチに従って取り扱いつつも、集合アプローチの要素を取り入れてこれを修正している。

前述のように、本章は、アメリカ内国歳入法典上のパートナーシップ持分譲渡の取り扱いとその問題点を探求し、日本の組合課税に対する立法的な示唆を得ることを目的とするが、その際、分析を容易にするために、アメリカ法における実体アプローチ及び集合アプローチという概念を道具として使用する。

まずは、日本における組合員たる地位の譲渡の課税結果について簡単に考察した後（本章2）、1999年財務省規則改正前のパートナーシップ持分譲渡の課税上の取扱いを概観し（本章3）、その後1999年改正財務省規則を含む様々な見解を検討してみることにしよう（本章4）。

2　日本における組合員たる地位の譲渡とその課税結果

日本において組合員たる地位の譲渡が行われた場合のその課税結果については、法令上の規定はなく、実務上の取扱いも必ずしも明らかではない。おそらく、組合員たる地位の譲渡とは、個々の組合資産に対する持分の譲渡であると解し、その個々の組合資産の持分ごとに課税結果が算定されるべきであり、組合員の地位自体を一つの資産として課税結果を決定するということはない、といういわゆる集合アプローチが一般的な見解であろう[4]。このような考え方は、組合課税がもともと集合アプローチに基づいて行われる（つまり組合自体を実体＝納税義務者と見ない）ことと首尾一貫するものである。

もっとも、組合員たる地位が譲渡され、それが個々の資産の持分が譲渡され

たものとして課税上取り扱うとしても、問題が生じないわけではない。各組合員の出資割合や損益配賦割合が均一でしかも出資が現金からのみなり、新規加入も途中脱退もなく、組合債務もなく、組合資産の数も組合員数も少ないようなごく単純な組合ならばともかく、複雑な、特に出資割合と損益配賦割合が異なり、しかも組合自体が債務を有する場合には、個々の資産のどの部分が譲渡されたものと取り扱われ、組合債務について譲渡人はいくらその責任を免れ、その損益はどのように計算されるべきなのか、全く明らかではない。また譲渡後、個々の組合資産の帳簿価額はどのように計算されるのか（譲渡された部分と譲渡されていない部分の帳簿価額を分離する必要があるのか否か）、個々の組合資産のうち、譲渡されていない部分のいわゆるビルトイン・ゲイン／ロスの移転が生ずる可能性をどうするのかについても、不明である。

次に、アメリカのパートナーシップ課税制度におけるパートナーシップ持分の譲渡の取扱いのうち、売却または交換の課税結果を検討することにし、なかでもパートナーシップからの分配の課税制度と関係が深く、また実体アプローチと集合アプローチの対立と調和を示す二つの条項、734条(b)の選択的基準価格調整条項と、751条(a)のいわゆる「解散予定パートナーシップ（collapsible partnerships）」条項の制度及び問題点を探ることにする[5]。

---

4 例えば、植松守雄「講座所得税法の諸問題 第18回 第1 納税義務者・源泉徴収義務者（続17）」税経通信43巻3号65頁（1988）、須田徹『米国のパートナーシップ 事業形態と日米の課税問題』（中央経済社、1995）244頁、渡辺健樹「組合の税務問題と米国のパートナーシップ」税務弘報52巻3号110頁、115頁（2004）、成道秀雄「法人税 事例 有限責任事業組合の税務」税務事例研究90号1頁、24～26頁、38～41頁（2006）（旧組合員の脱退と新規組合員の加入と考えている）。

5 パートナーシップ持分のその他の譲渡、例えば贈与や慈善寄付などについて、さらには売却または交換のうち、ここで取り上げなかった細かい問題（例えば割賦販売）については、*See* WILLIAM S. MCKEE, WILLIAM F. NELSON & ROBERT L. WHITMIRE, FEDERAL TAXATION OF PARTNERSHIPS AND PARTNERS ch. 16 (4th ed. 2007 & Supp. 2007) [hereinafter FEDERAL TAXATION]; ARTHUR B. WILLIS, JOHN S. PENNELL & PHILIP F. POSTLEWAITE, PARTNERSHIP TAXATION ch. 12 (6th ed. 1997 & Supp. 2007) [hereinafter WILLIS].

3 パートナーシップ持分の譲渡の課税上の取り扱い：1999年財務省規則改正前[6]

[１] 一般原則

パートナーシップ課税制度は、後に述べるように、一般にパートナーシップ持分の譲渡課税について実体アプローチを採用している。譲渡された持分は独立した資本的資産（capital asset）と取り扱われ、それはパートナーシップが保有する資産とは別個のものと取り扱われる。したがって、損益の金額、基準価格及び保有期間の決定の際に適用される様々な歳入法典上の条項は、パートナーシップの保有する資産に対する共有持分ではなく、譲渡されたパートナーシップ持分自体を対象に適用される。

［ａ］ 持分譲渡人の取り扱い

持分を売却または交換した場合、その持分の売却交換から生じた損益は、751条の適用される場合を除き、資本的資産の売却または交換から生じたものと取り扱われる（I.R.C.§741; Treas.Reg.§1.741-1(a)）。したがって、原則として、持分を売却したときには、パートナーシップが有する資産の種類如何に拘わらず、その損益は全額キャピタル・ゲイン／ロスと取り扱われる。損益の計算は、1001条以下の資産処分時の損益決定に関する規定が働く[7]。

---

6 なお、本章３で述べる743条(b)、751条(a)及び755条の下の財務省規則については、1999年12月14日に T.D. 8847, 1999-52 I.R.B. 701による改正前の財務省規則による。改正後の財務省規則については、本章４［４］にて取り扱う。改正後財務省規則については1999年に改正された旨、表示する。

7 741条が制定されたのは1954年歳入法典からであり、それ以前にはこのような条項がなかったため、パートナーシップ持分の売却について実体アプローチが採用されるかあるいは集合アプローチが採用されるかについては不明であった。判例は一般に実体アプローチを採用していたようである。*See, e.g.,* Comm'r v. Shapiro, 125 F.2d 532 (6th Cir. 1942); Thorney v. Comm'r, 147 F.2d 416 (3d Cir. 1945); United States v. Landreh, 164 F.2d 340 (5th Cir. 1947); Shapiro v. United States, 178 F.2d 459 (8th Cir. 1949); Long v. Comm'r, 173 F.2d 471 (5th Cir. 1949); Hatch's Estate v. Comm'r, 198 F.2d 26 (9th

Cir. 1952)（以上は納税者が実体アプローチを主張していた事件であるが、Pursglove v. Comm'r, 20 T.C. 68 (1953); McClellan v. Comm'r, 117 F.2d 988 (2d Cir. 1941)のように、課税庁側が実体アプローチを主張していた事例もある）。*Contra* City Bank Farmers Trust Co. v. United States, 47 F. Supp. 98 (Ct. Cl. 1942). 歳入庁長官も最終的に1950年のメモランダムでこの立場を容認した。Gen. Couns. Mem. 26379, 1950-1 C.B. 58, 59, *declared obsolete by* Rev. Rul. 67-406, 1967-2 C.B. 420.

ただし、歳入庁長官は、このメモランダムにおいて、過去のサービスに対する収益の分配割当額を表象する支払部分は、その持分の売却からきた収入金額ではなく、通常所得として取り扱われるべきであると述べており、判例もこの立場を支持するものもあった（Helvering v. Smith, 90 F.2d 590 (2d Cir. 1937) ; Tunnell v. United States, 259 F.2d 916 (3d Cir. 1958) ; Trousdale v. Comm'r, 219 F.2d 563 (9 th Cir. 1955) ; Spicker v. Comm'r, 26 T.C. 91(1956)）。しかし、Swiren v. Comm'r, 183 F.2d 656 (7th Cir. 1950)、United States v. Donoho, 275 F.2d 489 (8th Cir. 1960)やMeyer v. United States, 213 F.2d 278 (7th Cir. 1954)のように、持分を単一の資本的資産を見るという立場に立脚し、過去のサービスに対する未収金に帰属する部分もパートナーシップ持分の売却収入金額の一部を構成するとして、売却時の利益を（この未収金に帰属する部分も含めて）全額キャピタル・ゲインと判示する事件もあった。連邦議会は、パートナーシップ持分の売却交換を、一つの資本的資産の売却交換と見るとの判例の流れを制定法化した（H.R. REP. No. 83-1337, at 70 (1954) ; S. REP. No. 83-1622, at 96 (1954)）。しかし、後に述べるように、このようにパートナーシップ持分を一つの資本的資産と見た場合には、通常所得のキャピタル・ゲインへの転換の問題が生ずるため、連邦議会は751条を制定したのである。

なお、54年法以前の判例状況について、ここで主として参照したのは、 Dale E. Anderson & Melvin A. Coffee, *Proposed Revision of Partner and Partnership Taxation: Analysis of the Report of the Advisory Group on Subchapter K (Second Installment)*, 15 TAX L. REV. 497, 498(1960); FEDERAL TAXATION, *supra* note 5, ¶ 17.01[1]（通常所得のキャピタル・ゲインへの転換は、751条がなくても司法上の手当だけで十分であったと述べる）; J. Paul Jackson, Mark P. Johnson, Stanley S. Surrey & William C. Warren, *A Proposed Revision of The Federal Income Tax Treatment of Partnerships And Partners -American Law Institute Draft*, 9 TAX L. REV. 109, 144-147(1954) [hereinafter *Proposed Revision*] ; J. Paul Jackson, Mark H. Johnson, Stanley S. Surrey, Carolyn K. Tenen & William C. Warren, *The Internal Revenue Code of 1954: Partnerships*, 54 COLUM. L. REV. 1183, 1215-1218(1954); AMERICAN LAW INSTITUTE, FEDERAL INCOME TAX STATUTE 407 (1954) [hereinafter *1954 ALI Study*] ; G. FRED STREULING, JAMES H. BOYD & KENNETH H. HELLER, FEDERAL TAXATION OF PARTNERS AND PARTNERSHIPS 263-264 (2d ed. 1992) ; Donald McDonald, *Income Taxation of Partnerships-A Critique*, 44 VA. L. REV. 903, 913-915(1958); BORIS I. BITTKER & LAWRENCE LOKKEN, FEDERAL TAXATION OF INCOME, ESTATES AND GIFTS ¶ 88.5.1 (3d ed. 2003) ; Irving I. Axelrad, *Collapsible Corporations and Collapsible Partnerships*, 12 MAJOR TAX PLAN. 269,

1．パートナーシップ持分売却時に売却者が実現した金額は、持分と引き替えに受け取った金銭及びその他の資産の時価の合計額（参照、I.R.C.§1001(b)）プラス、売却パートナーのパートナーシップ負債割当額（partner's share of the partnership, I.R.C.§752(d)）である[8]。

 2．売却者のパートナーシップ持分の調整基準価格は705条の下で決定される[9]。

 3．パートナーシップ持分の保有期間は、パートナーシップ資産の保有期間を参照することなく、売却者が持分を保有していた期間による[10]。

403-405(1960)（この論文は、Swiren事件の提示する問題を司法上のアプローチによって対処し得た、と指摘する）である。

[8] See Comm'r v. Tufts, 461 U.S. 300 (1983)（パートナーシップがノンリコース債務を使用してアパートを建設したものの、アパートの時価が下落してノンリコース債務額を割り込んだところで、そのパートナーシップのパートナーが自己のパートナーシップ持分を第三者に売却した。裁判所は、ノンリコース債務額（負債割当額）もリコース債務と同様真の債務として取り扱われ、ノンリコース債務額が、その引き当てとなっている資産（アパート）の時価を超過しているとしても、ノンリコース債務額が全額実現額に算入されると判示した。なお裁判所は、同判決のなかで、資産を引き当てとする負債がその資産の時価の範囲で資産所有者の負債と考えられると定める752条(c)が、債務付き資産の出資分配を取り扱う752条(a)及び(b)にのみ適用され、持分の譲渡に関する752条(d)には適用されない、と判示している）。売却パートナーの負債割当額については、第二章3［1］［b］参照。

　注意しなければならないのは、実現額には売却パートナーの負債割当額が算入されるのであって、704条(b)財務省規則の下で計算されている資本勘定（capital account, see Treas.Reg.§704-1(b)(2)(iv)）のマイナス額（これはパートナーシップに将来出資しなければならない額を示す）が算入されないということである。

[9] なお、売却交換がパートナーシップ課税年度の途中に行われた場合には、売却年度期首におけるパートナーシップ持分の基準価格に、売却日に終了するパートナーシップ課税年度の未分配パートナーシップ所得あるいは損失の当該売却者割当額を考慮して調整を行った額となる（Treas.Reg.§1.705-1(a)(1)）。パートナーシップ持分の調整基準価格については、第二章3［1］参照。

[10] See e.g., Comm'r v. Lehman, 165 F.2d 416 (2d Cir. 1948), aff'g, 7 T.C. 1088 (1946) ; Humphrey v. Comm'r, 32 B.T.A. 280 (1935) ; Gray v. Comm'r, 11 T.C.M. (CCH) 17 (1952). 同様に、パートナーシップ持分の保有期間はパートナーシップ資産の保有期間に影響を与えない。Rev.Rul. 68-79, 1968-1 C.B. 310. なお、1223条(1)の下、資産を出資した場合には出資資産の保有期間もパートナーシップ持分の保有期間に含まれる。

以上のような実体アプローチの例外として、未実現未収金（unrealized receivables）及び棚卸資産項目（inventory items）についての特別取扱いを定めた751条がある。この規定については本章3［2］において取り上げる。

　［b］　持分譲受人の取り扱い

　742条は、パートナーシップ持分の譲受人の取得基準価格（original basis）が、他の資産の取得に適用されるルールによって決定されると規定している。したがって、持分が購入されたときには、購入者の取得基準価格は、1012条の下、その原価（コスト）である。ただし、この取得基準価格には、購入者のパートナーシップ負債割当額が加算される（I.R.C.§752(d)）。相続によって取得した場合には、原則として死亡日（ないし代替的評価日）の持分の時価（I.R.C.§1014(a)．パートナーシップ負債割当額も基準価格に中に算入される。Treas.Reg.§1.742-1）、贈与によって取得した場合は、原則として贈与者の基準価格を引き継ぐ（I.R.C.§1015(a)）。

　さらに、743条(a)により、パートナーシップ資産の基準価格は、譲渡が売却、交換ないし死亡時の譲渡で、かつパートナーシップが後述の743条(b)の選択的基準価格調整条項の適用を受けることを選択していない限り、パートナーシップ持分の譲渡の結果として調整されない、と規定している（Treas.Reg.§1.743-1(a)も参照のこと）。したがって、実体アプローチがここでも採用されている。

　［c］　その他の課税結果

　持分の譲渡人及び譲受人以外のいわゆる継続パートナー（continuing partners）が、パートナーシップ持分の譲渡によって影響を受けることはない。ただし、持分の譲渡によってパートナーシップが終了する場合には、影響を受けることがある。

　708条(a)は、このサブチャプターの目的上、パートナーシップが「終了」しない限り存在し続ける、と規定している。パートナーシップは次の二つの場合以外には、税務上終了しない（I.R.C.§708(a)）。

(A)パートナーシップの事業、財務活動、あるいは投機がパートナーシップのパートナーのいずれによっても、全く営まれなくなったとき（I.R.C.§708(b)(1)(A)）、あるいは

(B)12ヶ月以内にパートナーシップ資本及び利益持分全体の50％以上の売却又は交換があったとき（I.R.C.§708(b)(1)(B)）。

 したがって、州の民事法上パートナーシップが解散したとしても、それ自体ではパートナーシップは税務上終了しない。ここで問題となるのは、パートナーシップ持分の売却または交換により、パートナーシップが税務上終了する、という(B)である。この場合、終了パートナーシップは、そのすべての資産と負債を新規パートナーシップに出資して、これと引き替えに終了パートナーシップは新規パートナーシップの持分を取得し、その直後、終了パートナーシップは新規パートナーシップ持分を、終了パートナーシップ持分に比例して譲受人たるパートナー及びその他の残存パートナーに清算分配した、と課税上みなされる（Treas.Reg.§1.708-1(b)(1)(iv)）。

 パートナーが自己の全持分を売却または交換した場合、706条(c)(2)(A)は、彼に関してパートナーシップ課税年度が終了すると規定している。処分時に終了する短期課税年度におけるパートナーシップ損益の売却パートナーへの分配割当額は、この処分日が含まれる売却者の課税年度の申告書において申告されることになる。売却日に終了する短期課税年度についてのパートナーシップ所得が売却者に配賦される範囲で、その持分の調整基準価格が増加し、したがって売却時に売却者が実現する利益が減少（ないし損失が増大）する（Treas.Reg.§1.705-1(a)(1)）。逆にパートナーシップが売却日に終了する短期課税年度において損失を生じている場合、売却者の持分の調整基準価格は減少し、その売却時の利益は、同額だけ増加（ないし損失が減少）する。

 パートナーが自己の持分の一部を売却または交換した場合、706条(c)(2)(B)は、パートナーシップ課税年度は売却パートナーに関して終了しないと規定している。課税年度は通常の期末まで継続し、その年度のパートナーシップ損益の売却パートナーの分配割当額は、年度中のパートナーの変動持分を考慮して決定

される（I.R.C.§706(d)(1)）[11]。

［2］ 解散予定パートナーシップ条項：751条(a)

［a］ 問題の所在

前述のように、パートナーシップ持分は原則として資本的資産と分類される。資本的資産の売却または交換からの損益はキャピタル・ゲインあるいはロスと分類され（I.R.C.§1222）、他の所得、すなわち通常所得（ordinary income, I.R.C.§64）あるいは通常損失（ordinary loss, I.R.C.§65）とは別個の取り扱いを受ける。キャピタル・ゲインは一般に通常所得（個人について最高35％）よりも低い税率（最高15％。I.R.C.§1(h)）で課税される[12]。そのため、通常所得を生む資産をパートナーシップに保有させ、パートナーシップ持分を売却することにより、実質的には通常所得を生む資産を売却したにもかかわらず（パートナーが直接この資産を売却したならば売却益は通常所得）、資本的資産売却ということで、売却益について有利なキャピタル・ゲイン取り扱いを受けることができる（通常所得のキャピタル・ゲインへの転換（conversion））。

このようなパートナーシップ持分を使用したキャピタルゲインの通常所得への転換を防止するために、1954年歳入法典において、751条(a)が制定された。その条項は次のようなものである。すなわち、

譲渡人たるパートナーが、パートナーシップ持分の全部あるいは一部と引き替えに受け取った金銭の額あるいは資産の時価で、

(1)パートナーシップの未実現未収金（unrealized receivables）、または

(2)パートナーシップの棚卸資産項目（inventory items）

に帰属するものは、資本的資産以外の資産の売却又は交換からの実現額

---

11 パートナーシップ持分の売却または交換によるパートナーシップの終了については、see FEDERAL TAXATION, *supra* note 5, ch. 13; WILLIS, *supra* note 5, ch. 16, 持分変動があった場合のパートナーシップ所得分配割当額の算定については、本書第7章3［3］を参照。

12 キャピタル・ロスについては、キャピタル・ゲインの額プラス3000ドルまで（法人以外の納税者の場合）しか控除できない、I.R.C.§1211(b)。

(amount realized, 収入金額) と考えられる、

というものである。以下ではこの条文について見ていくことにするが、パートナーシップの未実現未収金と棚卸資産項目をまとめて「751条資産」と呼ぶことにする (Treas.Reg.§1.751-1(e))[13]。

751条の適用は以下の四つのステップに分けて行われる。すなわち、①持分売却時の実現額を751条資産とそれ以外の資産に配賦する、②売却者の持分の基準価格を751条資産とそれ以外の資産に配賦する、③751条資産に帰属する損益を計算する、⑤751条資産以外に帰属する損益を計算する、という形である[14]。

13　後述するが、「棚卸資産項目」という言葉は、97年8月5日以前には「相当に値上がりした棚卸資産項目 (inventory items which have appreciated substantially in value)」という言葉であったが、Pub. L. No. 105-34, §1062, 111 Stat. 788, 946-947によって条文改正が行われ、現在に至っている。すなわち「相当に値上がりした」という要件がはずされたわけである。ただし財務省規則は改正が行われていないため、07年12月時点で未だ「相当に値上がりした」という要件がついたままであるが、「棚卸資産項目」の部分は改正されていないので、おそらく「棚卸資産項目」の解釈については財務省規則はそのまま適用されよう。なお、資産分配における751条資産の取り扱いは751条(b)が定めるが、本章ではこれを取り扱わない。

14　「解散予定パートナーシップ (Collapsible Partnership)」という言葉は、解散予定法人 (Collapsible Corporation) の問題から端を発するのであろう。解散予定法人の問題は次のようなものである。1986年に General Utilities ドクトリン (General Utilities & Operating Co. v. Helvering, 296 U.S. 200 (1935)) が廃止され、311条 (非清算分配の場合) 及び336条 (清算分配) が改正されるまで、資産の現物分配の際に、法人は現物分配された資産の含み益を認識しなかった。そのため、通常所得を将来生む資産を法人が保有している場合、その資産を分配することにより、法人側では含み益について課税がなく、株主側では株式の基準価格と資産の時価の差額をキャピタルゲインとして申告することができた (I.R.C.§§301(c), 331)。分配資産の基準価格は時価となる (I.R.C.§§301(d), 334)。したがって、将来の通常所得について法人側の課税を避けながら、株主側では、直接資産を保有していれば通常所得であったものを、法人を使用することによってキャピタルゲインに転換することができた。同じことは株式を譲渡した場合にも達成されうる。株式の譲渡人は将来の通常所得をキャピタルゲインに転換し、譲受人はこの後法人を清算して資産を取得しても損益を認識しないことになる。この問題に対処するために、いわゆる解散予定法人条項、341条が制定されたのである。解散予定法人という名称は、租税回避目的が達成されたらすぐに解散される予定であるところから (そうでない場合もあるが) 付けられた名称である (以上のことについては、BORIS I. BITTKER & JAMES S.

［ｂ］　751条資産

(1)　未実現未収金

「未実現未収金（unrealized receivables）」とは、パートナーシップが使用する会計方法により以前に総所得に算入されていないもので、次のものに対する支払（受領）の（契約上その他の）権利である（I.R.C. §751(c); Treas.Reg. §1.751-1(c)(1)）。

①引き渡されあるいは引き渡されるべき物品で、そこからの収入金額が、非資本的資産の売却交換によると扱われるもの、または

②供されあるいは供されるべきサービス。

物品に対する支払（受領）権からは、資本的資産の売却交換からの収入金額が除かれる。この収入金額はキャピタル・ゲインまたはロスを生ずるからであり、当然の定めである。資本的資産は、その保有期間に関わらず、この条項の適用を受けない。したがって、この条項により、短期キャピタル・ゲインの長期キャピタル・ゲインへの転換が妨げられることはない[15]。

さらに1231条資産の取り扱いが問題となる。1231条資産の売却交換からの利益（損失）は1231条利益（損失）といわれる。その課税年度の1231条利益合計額が1231条損失の合計額を上回っていれば、超過分の利益はすべて長期キャピ

EUSTICE, FEDERAL INCOME TAXATION OF CORPORATIONS AND SHAREHOLDERS ¶ 10.61 (7th ed. 2000 & Supp. 2007) を参照した）。なお、341条は、Jobs and Growth Tax Relief Reconciliation Act of 2003, Pub. L. 108-27, §302(e)(4)(A), 117 Stat. 752, 763 (2003) により、廃止された。

解散予定パートナーシップ条項と解散予定法人条項は、例えば後者は一般に、損益が全額キャピタルゲインとなるか通常所得となるかのオール・オア・ナッシングなのに対して、前者は一般に両方が認識される、また前者はメカニカルな規定であるが、後者は主観的テストを含むものであるなどの違いはあるが（Donald C. Alexander, *Collapsible Partnerships*, 19 INST. ON FED. TAX'N 257, 258-259 & n.9 (1961); Axelrad, *supra* note 7, at 407-423）、本章ではそれを取り扱わない。ただ一点だけ指摘しておくと、解散予定法人と比べて解散予定パートナーシップは、租税回避という観点からのみならず、譲渡人と譲受人間の公平という観点からも考察されうる。

15　FEDERAL TAXATION, *supra* note 5, ¶ 17.03[2].

タル・ゲインと分類され、下回っていれば、すべて通常損失と分類される[16]。1231条利益は、まずパートナーシップレベルで純額計算され (I.R.C. § 702(a)(3))、その純額がさらにパートナーにパス・スルーされて、パートナーレベルではそのパートナーの他の1231条利益との間で純額計算が行われるから、通常ならば、パートナーシップレベルの他の取引及びパートナーレベルでの他の取引によって、1231条資産が通常所得を生むかキャピタル・ゲインを生むかが左右されうる。しかし、未実現未収金がパートナーシップレベルで決定されること、及び1231条損失が損失所得となるのであって、(純額としての) 通常所得がキャピタルゲインに転換されることがないことから、1231条資産は751条の適用を免れうる、とされている[17]。

供されたないし供されるべきサービスに対する支払 (受領) 権については、Swiren v. Commissioner 事件 (183 F.2d 656 (7th Cir. 1950)) のように、現金主義サービスパートナーシップの持分の売却者に対してキャピタル・ゲイン取り扱いを与えた判例を主として念頭に置いている[18]。

この支払 (受領) 権の評価は、購入者と売却者の独立当事者間契約を一般的に決め手として行われる (Treas.Reg. § 1.751-1(c)(3))。契約がない場合、財務省規則は、その契約の「履行を完了する見積もり費用」のみならず、「(751条(a)の適用されるところのパートナーシップ持分の) 売却と…支払の間の時間」も考慮しなければならない、と規定している (Id.)。また、売却前に支払われ

---

16 正確にいうと、ある課税年度の1231条利益が1231条損失を上回っている (下回っている) と、それら1231条損益がすべて長期キャピタルゲインあるいはキャピタルロス (通常損益) と取り扱われるのである。1231条資産とは、「取引または事業において使用されている資産」で、1年超保有されている、減価償却資産あるいは不動産のことである (I.R.C. § 1231(b)(1))。棚卸資産や、取引または事業の通常の過程において主として顧客に販売されるために保有されている資産などは除かれている。なお、1年以下しか保有されていない場合には、1231条資産としての適格を失うから、キャピタルゲイン・ロスを生み出す余地はなく、これは751条(c)の適用範囲内に入る。

17 WILLIS, *supra* note 5, ¶ 12.02[4][a]n.169. *See* FEDERAL TAXATION, *supra* note 5, ¶ 17.03[2]. *But see* Leon M. Nad, *Dispositions of Partnership Interests and Partnership Property*, 43 INST. ON FED. TAX'N 29-11 (1985).

18 FEDERAL TAXATION, *supra* note 5, ¶ 17.03[1]. *See* WILLIS, *supra* note 5, ¶ 12.02[4].

たあるいは発生したものの、パートナーシップの会計方式によっては以前に考慮されていない原価が、未収金の基準価格に算入される（Treas.Reg.§1.751-1(c)(2)）。

さらに、未実現未収金には、上述①②以外の第三のカテゴリーとして、いわゆる取り戻し（recapture）項目が含まれる（I.R.C.§751(c)）。これらの項目は、資産売却時に通常所得を生むので、未実現未収金の中に含まれるのである。(1)1245条による減価償却取り戻し、(2)1250条の下での追加的減価償却取り戻し、(3)617条(d)による鉱物調査支出の取り戻し、(4)1252条による土壌あるいは水質の保全（I.R.C.§175）及び土地整備支出（I.R.C.§182、高橋注：現在は廃止されている）の取り戻し、(5)995条(c)の下での留保DISC所得[19]、(6)1248条(a)による特定外国法人の株式に関する税法上の利益（earnings & profits）、(7)1253条(a)による、フランチャイズ、商標、商号の譲渡時の通常所得と取り扱われる利益、(8)1254条(a)による石油、ガス、地熱その他鉱物資源に関する取り戻し、(9)1276条による市場割引債（I.R.C.§1278）の発生市場割引額、(10)短期債務（I.R.C.§1283）に内在している通常所得、である[20]。

(2) 棚卸資産項目

制定法上、棚卸資産項目の三つのカテゴリーが定められている（I.R.C.§751(d)）。

1. 1221条(1)の意味での、在庫品（stock-in-trade）、棚卸資産、及びパートナーシップ事業の通常の過程において主として顧客に売却されるために保有されている資産

2. 売却あるいは交換時に、「資本的資産ではなく、かつ1231条に規定さ

---

19 DISCとは、Domestic International Sales Corporationの略である。定義については、see I.R.C.§992.

20 467条(c)（リースバックあるいは長期賃貸契約にかかる資産処分時の取り戻し）により生ずる通常所得も751条(c)の未実現未収金に含まれる、I.R.C.§467(c)(5)。

なお、751条(c)は単に、三つのクラスを「含む」と述べただけであり、その定義は排他的なものではないため、これ以外の資産が未実現未収金に含まれる可能性はある、FEDERAL TAXATION, *supra* note 5, ¶17.03.

れている資産ではない資産」と考えられるその他の資産、及び

3．もし売却あるいは分配受領パートナーに保有されていれば、最初の二つのカテゴリーの一つに規定されているタイプの資産と考えられるであろう資産、

である。

第一のカテゴリーは典型的な棚卸資産である。第二のカテゴリーは大変に広範であるが、この中には前述の未実現未収金も該当する（Treas.Reg.§1.751-1(d)(2)(ii)）[21]。第三のカテゴリーは、販売業者（ディーラー）がパートナーシップを使用して通常所得をキャピタルゲインに転換することを防止するための規定である[22]。

最後になるが、たびたび触れてきた「相当な値上がり」テストについて簡単に述べておこう。54年歳入法典が採用された当時、751条資産とされたのは、未実現未収金と、「相当に値上がりしたパートナーシップ棚卸資産項目（inventory items of the partnership which have appreciated substantially in value）」であった。したがって、当時棚卸資産項目が751条資産となるには、それが「相当に値上がりしている」ことが要件となっていたのである。この要件は少額の通常所得のキャピタルゲインへの転換を追求しないという少額適用排除の性格を持つものであった。

54年法の制定当時、パートナーシップ棚卸資産項目は、その時価が、①調整

---

[21] 歳入法典上、724条及び735条(a)は、出資または分配資産の性質がパートナーシップまたは分配受領パートナーにおいても維持されると規定しているが、このうち未実現未収金については永久に性質が維持され、一方、棚卸資産項目については5年間のみ性質が維持される、とする。また、分配資産の損益計算及び基準価格算定に関する731条(a)(2)(B)及び732条(c)(1)もまた、未実現未収金と棚卸資産項目を分けている。さらに、751条の規定の仕方や、立法時の上院報告書の例（*See* S. REP. No. 83-1622, at 404（1954））から、このような財務省規則による歳入法典の解釈については多くの論者が疑問を投げかけている。*See, e.g.,* Anderson & Coffee, *supra* note 7, at 501 & n.226; Alexander, *supra* note 14, at 261 & n.23. なお、未実現未収金を棚卸資産項目に入れた場合、未実現未収金は一般に値上がり（ゼロ基準価格）のことが多いため、後に述べる「相当な値上がり」テストを満たしやすくなるという効果が生じる。*E.g.,* Nad, *supra* note 17, at 29-10.

[22] FEDERAL TAXATION, *supra* note 5, ¶17.04[3]; Alexander, *supra* note 14, at 262-263.

基準価格の120%、及び②金銭以外[23]の全てのパートナーシップ資産の時価の10%の両方を超過している場合にのみ、相当に値上がりしている、とされた（いわゆる120%テストと10%テスト）。しかし、金銭借入れによる資本的資産の取得等により、このテストが非常に回避されやすいとの批判が相次ぎ[24]、1993年歳入調整法（Revenue Reconciliation Act of 1993, P.L. 103-66, §13206(e), 107 Stat. 312, 462 (1993)）は、10%テストを削除し、その代わり、120%テストを避ける「主たる目的（principal purpose）」のために取得された棚卸資産は120%計算から除外される、という濫用防止規定を設けた。それにもかかわらず、751条(b)（分配に関する規定）の適用による複雑さを回避するための少額適用排除規定として有効ではない上に、（改正されても）回避されやすいという理由で、1997年納税者救済法（Taxpayer Relief Act of 1997, Pub. L. No.105-34, §1062, 111 Stat. 788, 946-947 (1997)）によって、「相当な値上がり」テストは全面的に削除されたのである[25]。

[c] 751条資産に配賦される実現額

751条及びその下の財務省規則は、751条資産に配賦される実現額の算定方法を定めていない。財務省規則§1.751-1(a)(2)は、購入者と売却者が、独立当事者間契約において、751条資産に配賦される実現額を定めている場合には、その配賦は正しいものと考えられる、と規定している[26]。問題は当事者が定めを

---

[23] 現金が除かれたのは借入れによるテストの回避を防止するためである。Edward J. Schnee, *The Future of Partnership Taxation*, 50 WASH. & LEE L. REV. 517, 534 (1993).

[24] *E.g.*, Alexander, *supra* note 14, 265 & n. 39; Anderson & Coffee, *supra* note 7, at 502-503; John J. Costello, *Problems Under Section 751 Upon Current and Liquidating Distributions and Sales of Partnership Interests*, 15 INST. ON FED. TAX'N 131, 137 (1957); E. George Rudolph, *Collapsible Partnerships and Optional Basis Adjustments*, 28 TAX L. REV. 211, 212 & n.7 (1973).

[25] H.R. REP. No. 105-148, at 506-507 (1997); S. REP. No. 105-33 at 192-193 (1997).

[26] なお、後に述べる754条選択を当事者が行っている場合にはともかく、これを行っていない場合には当事者間の利害関係の対立がないから、当事者間の配賦契約が真正であるか否かは疑わしいとされていた。*See* WILLIS, *supra* note 5, ¶12.02[6]n.193; FEDERAL TAXATION, *supra* note 5, ¶17.02[3][d].

おいていない場合である[27]。

売却者の資本持分及び損益持分が同じならば、特に問題はない。

　　例1：Aは、ABパートナーシップの50％の資本持分と損益持分を有するパートナーである。パートナーシップは唯一の751条資産として未実現未収金を有している（基準価格0ドル、時価12000ドル）。Aはその持分全体を時価で売却した。この場合、Aの未実現未収金の50％持分は6000ドル（12000ドルの50％）の時価を有する。Aはそのパートナーシップ持分全てを時価で売却したから、未収金に配賦される購入価格部分は、未収金の時価のAの割当額と等しく、したがって未実現未収金に帰属する実現額は6000ドルである（FEDERAL TAXATION, *supra* note 7, ¶17.02[3][a]Ex. 17-1より）。

問題は資本持分と損益持分が一致していないときである。一般に、値上がりパートナーシップ資産の時価の売却者の割当額は、(1)パートナーシップ資本の持分比率×その資産の帳簿価格、プラス(2)パートナーシップ利益の持分比率×（資産の時価－帳簿価格）を合計額と等しい、といわれている[28]。

　　例2：パートナーシップABCの貸借対照表は次のようなものである。

27　実現額の配賦については、規定がないために、だいぶ疑義が生じていたようである。*See* Anderson & Coffee, *supra* note 7, at 503-504, 514 n.279.
28　FEDERAL TAXATION, *supra* note 5, ¶16.02[3][b](3rd ed. 1997). 同じことは、WILLIS, *supra* note 5, ¶12.02[8][a]の例においても行われている。この場合の帳簿価格とはTreas. Reg.§1.704-1(b)(2)(iv)の資本勘定維持ルールにおける価格のことをいう。ここでは原則として、資産の帳簿価格と調整基準価格が等しいことを前提にしている。

資産	調整基準価格 (帳簿価格)	時価	資本	調整基準価格 (帳簿価格)	時価
現金	4000	4000	A	12000	16000
棚卸資産	8000	17000	B	6000	10000
その他の資産	12000	15000	C	6000	10000
	24000	36000		24000	36000

　Cは25％資本持分と33.3％利益持分を有している。Cはその持分をDに10000ドルで売却した。棚卸資産の時価のうち、Cの割当額は、(1)資本持分25％×資産の帳簿価格8000ドル、プラス(2)利益持分33.3％×（資産の時価17000ドル－帳簿価格8000ドル）で、合計5000ドルである[29]。

[d] 751条資産に配賦される基準価格

　次に、売却者のパートナーシップ持分の基準価格の内、751条資産に帰属する部分を決定する。財務省規則は、751条資産に帰属する基準価格が、持分売却の直前に売却者に対して現在分配[30]にて分配されていた場合に、その資産が取る基準価格と等しい、と規定している（Treas.Reg.§1.751-1(a)(2)）。751条資産に帰属する部分の基準価格は732条が規定している。732条(a)は、現在分配において分配された資産が、パートナーシップにおける基準価格と同じ基準価格を、分配受領者に対しても取る、と規定している。ただし分配後の基準価格は分配受領者の持分の基準価格を超過することができない（I.R.C.§732(b)）。超過する場合には、持分の基準価格はまず分配された未実現未収金及び棚卸資産

29　WILLIS, *supra* note 5, ¶12.02[8][a]のEx.より。資産が704条(c)(1)(A)の特別配賦ルール（帳簿価格と調整基準価格が異なる場合）については、*See* FEDERAL TAXATION, *supra* note 5, ¶17.02[3][b]Ex.16-5.

30　現在分配（current distribution）とは、清算分配（liquidating distribution）以外の分配のことである（*see* I.R.C.§732(a)）。清算分配とは、パートナーの持分の清算時（in liquidation of a partner's Interest）にパートナーシップからパートナーに対して行われる分配のことであり（*see* I.R.C.§732(b)）、パートナーの持分の清算とは、一つないし一連の分配による、あるパートナーの、全パートナーシップ持分の終了を意味する（I.R.C.§761(d)）。

項目に、分配前基準価格に比例して配賦され、残額がパートナーシップに対する相対的基準価格に比例してその他の分配資産に配賦される（I.R.C.§732(c)）。したがって、先の例2においていえば、棚卸資産の基準価格4分の1（Cは25％資本持分を有する）、すなわち2000ドルは、（現在分配されたときも同じ基準価格であるから）そのまま751条資産に配賦されることになる。

751条資産に配賦される基準価格について732条が適用されることについては、多少の問題が生ずるであろう。次の例を見てみよう。

例3：対等DEFパートナーシップが次の貸借対照表を有している。

資産	調整基準価格	時価	資本	調整基準価格	時価
現金	4000	4000	D	10000	12000
棚卸資産	12000	18000	E	10000	12000
不動産	1000	10000	F	1000	12000
その他の資産	4000	4000			
	21000	36000		21000	36000

Fのパートナーシップ持分の基準価格が低いのは、Fが含み益のある不動産（基準価格1000ドル、時価10000ドル）を出資したためである[31]。

Fは自己のパートナーシップ持分を12000ドルで売却した。売価12000ドルのうち、3分の1、つまり6000ドルは棚卸資産のFの持分（時価18000ドルの3分の1）に帰属する。Fの棚卸資産持分の基準価格は、それが現在分配されたときのFの手元に置ける基準価格に等しい。分配資産の基準価格は、(1)分配された資産のパートナーシップに対する基準価格か、あるいは(2)分配受領者の持分の基準価格（いわゆる「アウトサイド・ベイシス（outside basis）」）のいずれか低い方である（I.R.C.§732(a)）。棚卸資産のFの持分のパートナーシップに対する基準価格は4000ドル（12000ドルの3分の1）であり、一方Fの持

---

31 WILLIS, *supra* note 5, ¶12.02[8][b]の例より。

分の基準価格は1000ドルであるから、棚卸資産の基準価格は1000ドルとなる。したがって、751条資産（棚卸資産）に帰属する利益額は6000ドル－1000ドルで5000ドルとなる。残りの売価6000ドルから残りの持分の基準価格0ドルを引いた額6000ドルがキャピタル・ゲインとなる。したがって、持分を売却した際に、Ｆの認識する損益は通常所得5000ドルとキャピタル・ゲイン6000ドルである。しかし、この貸借対照表を見ると、資産の含み益のうち、棚卸資産に帰属するものは6000ドル、不動産に帰属するものは9000ドルである。不動産に帰属する含み益は出資前値上がり益であるから、全額Ｆに配賦され（I.R.C. §704(c)(1)(a)）、一方棚卸資産の含み益は6000ドルで、この3分の1がＦに配賦される。Ｆの含み益は、実際のところキャピタル・ゲイン9000ドルと通常所得2000ドルである。そうすると、Ｆの含み益の一部（キャピタル・ゲイン3000ドル）が通常所得に転換していることになろう[32]。

　これは、売却者のパートナーシップ持分の基準価格（上記の例でいえば1000ドル）が、751条資産のパートナーシップ調整基準価格のうち、譲渡人の按分割当額（上記の例でいえば4000ドル）より低い場合には、必ず生ずる問題である[33]。

［e］　751条資産に帰属する損益及び751条資産以外に帰属する損益の計算
　751条資産に配賦される実現額と基準価格を使用して、751条資産に帰属する損益を計算する（Treas.Reg. §1.751-1(a)(2)）。この損益は通常所得あるいは損失とされる。一方、実現額の残りの部分（751条資産以外に帰属する実現額）と、

32　この考えは、パートナーシップ資産の含み益の分配割当額がそのまま譲渡人の持分の利益を体現しているということが前提となる。

33　おそらく問題を解決するためには、出資前含み益を課税済のものとして持分の基準価格と資産の調整基準価格に算入するしか方法がないが、課税済でない出資前含み益を、課税済投資額を示す持分の基準価格に算入することは難があるであろう。問題の根元は、後に述べるように、パートナーシップ持分の譲渡を集合アプローチに忠実に従って処理しようとして、各資産ごとのパートナーの持分を確定しようとするところから生ずる。集合アプローチに忠実たろうとすればするほど、問題はよりひどくなるのであり、その最たるものは、後述するALIの完全分割（full-fragmentation）アプローチを採用したときである。

基準価格の残りの部分（751条資産以外に帰属する基準価格）を使用して、残りの損益が算定されることになる。この損益は、741条の下、キャピタル・ゲインまたはロスと分類される。741条が、実現額を751条資産に帰属させているところからもわかるとおり、持分売却時に全体的には損失が生じていても、通常所得が認識されうる。つまり、キャピタル・ロスと通常所得が同時に認識されるのである（逆もありうる）[34]。

なお、6050条Kによると、751条(a)が適用される交換が生じた場合、パートナーシップはその旨を Form 8308において申告しなければならず (I.R.C. § 6050K (a); Treas. Reg. § 1.6050K-1 (a)(1))、またパートナーシップは Form 8308のコピーをパートナーシップ持分の譲渡人及び譲受人に提供しなければならない (I.R.C. § 6050K (b); Treas. Reg. § 1.6050K-1 (c))。さらに、持分の譲渡人は譲渡後30日以内（ないし譲渡年度の翌年の1月15日のいずれか早いほう）に、パートナーシップに対して通知を行わねばならない (I.R.C. § 6050K (c)(1); Treas. Reg. § 1.6050K-1 (d))。パートナーシップはこの通知を受けるまでは申告あるいは譲渡人・譲受人に対する情報提供を要求されない (I.R.C. § 6050K (c)(2); Treas. Reg. § 1.6050K-1 (e))。

[3] 選択的基準価格調整条項：743条(b)・754条・755条

[a] 問題の所在

前述のように、持分の譲渡については原則として実体アプローチが取られている。したがって、例えば持分が売却された場合、持分の購入者は、その持分についてコスト基準価格を取るだけであって (I.R.C. § 742)、パートナーシップの保有する資産の基準価格には変動が生じない[35]。しかし、次の例を見てみ

---

[34] Nad, *supra* note 17, at 29-8; Philip F. Postlewaite, Thomas E. Dutton & Kurt R. Magette, *A Critique of the ALI's Federal Income Tax Project – Subchapter K: Proposals on the Taxation of Partners*, 75 GEO. L.J. 423, 574 & n.644 (1986). このような結果は明らかではないとするものとして、AMERICAN LAW INSTITUTE, FEDERAL INCOME TAX PROJECT – SUBCHAPTER K 42-43 (1984) [hereinafter *1984 ALI Study*].

よう。

　例4：Aは対等ABCパートナーシップのパートナーである。パートナーシップは次のような資産を有している。

資産	調整基準価格	時価	資本	調整基準価格	時価
現金	6000	6000	A	8000	11000
棚卸資産	18000	27000	B	8000	11000
			C	8000	11000
	24000	33000		24000	33000

　AはPに対して11000ドルで持分を売却した。

　Pの持分の基準価格は11000ドルである。パートナーシップが保有する資産の基準価格には何の変動もない（I.R.C.§743(a)）。この後、棚卸資産が売却された場合、通常所得9000ドルをパートナーシップは認識し、これを各パートナーに均等に配賦する。Pはこのとき通常所得3000ドル（9000ドルの3分の1）を認識する。しかし、この通常所得はAの手元において発生したものであり、すでにAが持分を処分したときに、（持分の値上がり益という形で）Aに課税されたはずである。したがって、（Pの手元では通常所得が発生していないのであるから）棚卸資産の売却時にPに対して課税はないはずである。このように、持分が売却されたときに、パートナーシップが保有する資産の基準価格が調整されない場合には、自己の手元において発生していない所得について課税を受けることになる。

　このような誤った課税は一時的なものである[36]。例えば、棚卸資産売却後、パートナーシップを清算したとしよう。その際Pが受け取る現金額は11000ドル（現

35　54年歳入法典制定前には、実体アプローチに基づいて、持分の購入によるパートナーシップ資産の基準価格の調整を認めていない。*E.g.,* Estate of Lowenstein v. Comm'r, 12 T.C. 694(1949), *aff'd sub. nom.* First Nat'l Bank of Mobile v. Comm'r, 183 F.2d 172 (5th Cir. 1950); Ford v. Comm'r, 6 T.C. 499(1946). 詳しくは、Anderson & Coffee, *supra* note 7, at 517-518; *1984 ALI Study, supra* note 34, at 188-89 n.1; FEDERAL TAXATION, *supra* note 5, ¶24.01[1].

金33000ドルの3分の1）であり、これはPが持分取得に支払った金銭と同じである（したがってPはパートナーシップに対する投資で何らの経済的損益も有していない）[37]。清算直前において、Pの有する持分の基準価格は14000ドルである（取得基準価格31000ドル＋棚卸資産売却益3000ドル）。持分清算時に現金分配額が持分の基準価格を下回る額3000ドルは損失として認識され（I.R.C.§731(a)(2)）、これはキャピタル・ロスと分類される（I.R.C.§§731(a), 741)。一連の取引でPは何も経済的な損益を受けていないのであるが、棚卸資産売却時に3000ドルの通常所得を認識し、清算時に3000ドルのキャピタル・ロスを認識する。課税される損益は結局ゼロなのであるが、一種の課税の前倒しが起こるのと、通常所得がキャピタル・ロスで相殺されて、所得種類の転換が生じているところから、Pは不利益を被る可能性がある[38]。

このような納税者の不利益を解消するため、以下で述べるように、743条(b)は、納税者の選択により、パートナーシップ資産の基準価格を調整することを認めている。これは、パートナーシップ持分の譲渡がパートナーシップ資産の基準価格に影響を与え、持分の譲受人が個々のパートナーシップ資産の持分を直接取得したように取り扱われるという意味で、集合アプローチからの修正がなされているのである[39]。

ここで二点注意しなければならない。

第一に、743条(b)選択的基準価格調整を使用しない場合の方が、納税者に有利に働くことがある、ということである。先の例で、棚卸資産が値下がりしていた場合、棚卸資産売却にかかる通常損失の認識が先行し、パートナーシップ

---

36 ただし、Estate of Dupree v. United States 事件（391 F.2d 753 (5th Cir. 1968)）が示すように、相続の際に受け取った資産について基準価格は故人死亡時の時価となるから（I.R.C.§1014(a)）、その場合には誤った課税は永久的なものになりうる。Estate of Dupree v. United States 事件について、詳しくは、See FEDERAL TAXATION, *supra* note 5, ¶ 24.01[3]; Donald J. Weidner, *Transfers of Partnership Interests and Optional Adjustments to Basis*, 10 NEW MEXICO L. REV. 51, 75-78 (1980).

37 この例では Treas.Reg.§1.704-1(b)(2)(iv)の資本勘定維持における資産の帳簿価格と基準価格が等しいものと仮定している。

38 John S. Pennell, *Problems Involving the Optional Adjustment to Basis of Partnership Assets*, 34 MAJOR TAX PLAN. 8-1, 8-6 (1982); Schnee, *supra* note 23, at 534.

の清算を仮定するとその額はキャピタル・ゲインとして現れるから、有利な所得種類の転換（通常損失がキャピタル・ゲインで相殺される）が起こる。これは明らかに納税者に有利である。このような場合に743条(b)による基準価格調整を受けることは、納税者の不利に働く[39]。

第二に、743条(b)の基準価格調整は、譲受人たるパートナーにのみ限定され、他のパートナーには影響を与えない。したがって、基準価格調整はパートナーシップ全体に共通の基準価格に影響を及ぼすわけではない。

以下では743条(b)の選択的基準価格調整の適用についてみていくことにしよう。

［b］　調整額の決定：743条(b)

743条(b)によると、売却交換により、またはパートナーの死亡により持分が移転した場合、後述する754条に規定された選択をなしているパートナーシップ（ないし持分譲渡に関し相当なビルトイン・ロスを有するパートナーシップ。本章3［3］［d］参照）は、

①譲受人のパートナーシップ持分の基準価格が、パートナーシップ資産調整基準価格の按分割当額（proportionate share of the adjusted basis of the partnership property）を超過する額だけ、パートナーシップ資産の調整基準価格を増加させ、あるいは、

②譲受人のパートナーシップ資産調整基準価格の按分割当額が、パートナーシップ持分の基準価格を超過する額だけ、パートナーシップ資産の調整基準価

39　*E.g.*, Susan F. Klein, *Optional Adjustments to Basis of Partnership Properties – Special Problems*, 38 INST. ON FED. TAX'N 10-3 (1980)；Rudolph, *supra* note 24, at 212; Gregory J. Marich & Williams S. McKee, *Sections 704 (c) and 743 (b): The Shortcomings of Existing Regulations and the Problems of Publicly Traded Partnerships*, 41 TAX L. REV. 627, 653 (1986). 自己のパートナーシップ加入前の所得について、課税を受けないようにするシステムとして、743条(b)の選択的基準価格調整は704条(c)(1)(A)のビルトイン・ゲイン・ロス配賦規定（正確には「逆」704条(c)配賦）とよく似ている。704条(c)(1)(A)については、第三章3参照。

40　*E.g.*, Rudolph, *supra* note 24, at 232.

格を減少させねばならない。

　一般に、パートナーにおけるパートナーシップ持分の基準価格のことをアウトサイド・ベイシス (outside basis) という。また、パートナーシップの保有する資産各々の基準価格のことを、インサイド・ベイシス (inside basis) という[41]。譲受人のパートナーシップ資産調整基準価格の按分割当額というのは、インサイド・ベイシスの合計額のうち、譲受人たるパートナーの取り分のことであるから、以下ではこれをインサイド・ベイシス割当額と呼ぶ。そうすると、743条(b)は、譲受人たるパートナーにおけるインサイド・ベイシス割当額とアウトサイド・ベイシスの差額が、基準価格調整の額であると述べているのである。いいかえれば、743条(b)の目的は、インサイド・ベイシス割当額とアウトサイド・ベイシスを等しくするように、インサイド・ベイシスを調整することである。ただ、743条(b)はその調整の総額のみを定め、実際に個々の資産の基準価格を調整すること(調整を配賦すること)は、次に述べる755条に任せている。

　アウトサイド・ベイシスについては、既に第二章3［1］で述べたので（取得時のアウトサイド・ベイシスは購入の場合にはコスト、相続の場合には死亡時の時価）、問題はインサイド・ベイシス割当額であるが、これについて法典はなにも述べていない。財務省規則§1.743-1(b)(1)は、インサイド・ベイシス割当額が、パートナーシップ資本及び剰余金におけるパートナーとしての持分 (interest as a partner in partnership capital and surplus) に、パートナーシップ負債割当額を加えたものと等しい、と規定している。負債割当額は752条財務省規則 (Treas.Reg.§1.752-2 & -3を参照) によって決定されるが、「パートナーシップ資本及び剰余金におけるパートナーとしての持分」について、財務省規則は何らの言及もしていない。ある論者は、パートナーシップ資本及び剰

---

[41] *E.g.*, STEPHEN A. LIND, STEPHEN SCHWARTZ, DANIEL J. LATHROPE & JOSHUA D. DOSENBERG, FUNDAMENTALS OF PARTNERSHIP TAXATION 32 (7th ed. 2005) ; ALAN GUNN AND JAMES REPETTI, PARTNERSHIP INCOME TAXATION 11 (4th ed. 2005) ; CURTIS J. BERGER & PETER J. WIEDENBECK, CASES AND MATERIALS ON PARTNERSHIP TAXATION §1.03, at 35 (1989). 一般に、アウトサイド・ベイシスの合計はインサイド・ベイシスの合計額と等しい。

余金におけるパートナーの持分とは、パートナーシップ資産がその調整基準価格で売却され、すべてのパートナーシップ負債が返済された場合に、そのパートナーが受け取る清算分配の額と等しい、と述べている。具体的には、次のような調整基準価格貸借対照表を作成した場合の、各パートナーの資本持分と等しい[42]。

例5：Aは対等ABCパートナーシップのパートナーである。パートナーシップは次のような資産を有している。

資産	調整基準価格	時価	資本及び負債	調整基準価格	時価
現金	5000	5000	負債	10000	10000
未収金	10000	10000	A	15000	22000
棚卸資産	20000	21000	B	15000	22000
減価償却資産	20000	40000	C	15000	22000
	55000	76000		55000	76000

Aはその持分をPに22000ドルで売却した[43]。

各パートナーのパートナーシップ資本及び剰余金持分とは、このような貸借対照表を作成したときの基準価格の資本持分である。したがって、A、B及びCはそれぞれ15000ドルの資本及び剰余金持分を有することになる。負債割当額が各自3333ドルであるから、各パートナーのインサイド・ベイシス割当額は15000ドル＋3333ドルで、18333ドルである。Pのインサイド・ベイシス割当額も同額である。一方、Pのアウトサイド・ベイシスは、支払金額22000ドルと負債割当額3333ドルの合計額25333ドルである。したがって、基準価格調整の額はアウトサイド・ベイシス25333ドルからインサイド・ベイシス割当額18333

42　FEDERAL TAXATION, *supra* note 5, ¶24.02[1]; Klein, *supra* note 39, at 10-4 to 10-6. なお、この見解に反対する論者（Pennell, *supra* note 38, at 8-19 to 8-25）もいるが、704条(c)(1)(a)が規定されている現在では、どちらをとっても差はないようである。この問題は、Jerold J. Stern, *Dual Interpretation: Transferee partner's Basis Adjustment Under Section 743(b)*, 55 TAXES 691 (1977) においても指摘されている。

43　Treas.Reg.§1.743-1(b)(1) Ex.(1)より．

ドルを引いた7000ドルとなる。パートナーシップは、Ｐについてのみ、この額だけパートナーシップ資産の基準価格を増加しなければならない。以上のような過程を経て決定された基準価格調整の総額は、次に755条の下で配賦される。

［ｃ］　調整額の配賦：755条

調整額の配賦は次のように行われる。

第一に、パートナーシップ資産を二つのクラスに分ける（I.R.C.§755(b)；Treas.Regs.§§1.755-1(a)(1)(i)、1.755-1(b)（1956））。すなわち、①資本的資産及び1231条資産（以下、キャピタル・ゲイン資産という）及び②そうでない資産（以下、通常所得資産という）のいずれかである[44]。

第二に、743条(b)基準価格調整の総額を、キャピタル・ゲイン資産に帰属する部分と通常所得資産に帰属する部分に分ける。具体的には、キャピタル・ゲイン資産に帰属するアウトサイド・ベイシスとインサイド・ベイシス割当額の差額が、キャピタル・ゲイン資産に帰属する基準価格調整額となる。同様に、通常所得資産に帰属するアウトサイド・ベイシスとインサイド・ベイシス割当額の差額が、通常所得資産に帰属する基準価格調整額となる（Treas.Reg.§1.755-1(b)(2)（1956））。しかし、パートナーシップ資産のうち、一つのクラスが値上がり、他方のクラスが値下がりしている場合、正の調整額の純額があれば、それが全額値上がりクラスに配賦される。一方、負の調整額の純額があればそれを値下がりしているクラスに全額配賦される（参照、Treas.Regs.§§1.755-1(a)(1), 1.755-1(b)(2), 1.755-1(c) Ex.(1)、(2)（1956））[45]。

44　このような二分法は、資本的資産の値上がりに帰属する基準価格調整が未実現未収金や棚卸資産（通常所得資産である）に配賦されることを防止するためのものであるといわれている。WILLIS, *supra* note 5, ¶12.04[1][a]. しかし例えば1245条や1250条によってキャピタルゲイン資産からの利益が通常所得と取り扱われるところから、この二分法は完全ではない。FEDERAL TAXATION, *supra* note 5, ¶24.04[1][b]at 24-26 n.99. この結果は、後述の配賦プロセス内のゆがみを増大させるという形で現れる。もっとも、この二分法が主として意味を有するのは、持分譲渡時ではなく、分配時である。Anderson & Coffee, *supra* note 7, at 524.

45　なお、のれん（goodwill）やゴーイング・コンサーン・バリューについても、それが存在する場合には基準価格調整が配賦される。Treas.Reg.§1.755-1(a)(1)(iv)（1956）。

第三に、各クラス内で、基準価格調整の配賦が行われる。ある資産のクラスに配賦された基準価格調整は、そのクラスの各資産の時価とパートナーシップにおける調整基準価格の差額を比例的に減少させるべく、そのクラスの資産の間で配賦される（I.R.C.§755(a); Treas.Reg.§1.755-1(a)(1)(1956)）。したがって、例えば正の基準価格調整は、値上がり資産にのみ、その値上がり益に比例して配賦され、値上がりしていないまたは値下がりしている資産には基準価格調整が配賦されない（Treas. Reg.§1.755-1(a)(1)(ii)(1956)）。逆に、基準価格調整が負ならば、値下がり資産にのみ、その値下がり損に比例して配賦される（Treas. Reg.§1.755-1(a)(1)(iii)(1956)）。

　具体的な例を見てみよう。

　　例6：Aは対等ABCパートナーシップのパートナーである。パートナーシップは次のような資産を有している。

資産	調整基準価格	時価	資本	調整基準価格	時価
資本的資産X	900	1000	A	900	1100
減価償却資産Y	600	800	B	900	1100
棚卸資産Z	1200	1500	C	900	1100
	2700	3300		2700	3300

　　Aはその持分をDに1100ドルで売却した。パートナーシップは754条の下、基準価格調整をするための選択をなしている。

　743条(b)による基準価格調整の総額は、Dにおけるアウトサイド・ベイシス1100ドルから、インサイド・ベイシス割当額900ドルを引いた200ドルである。この調整は、キャピタル・ゲイン資産（XとY）と通常所得資産（Z）に、その値上がり（キャピタル・ゲイン資産は300ドル、通常所得資産も300ドル）に応じて配賦される。したがって、キャピタル・ゲイン資産、通常所得資産ともに100ドルずつ配賦される。さらにキャピタル・ゲイン資産に配賦された基準価格調整は、XとYに、値上がり益に応じて配賦される。したがってXには33.3ドル、Yには66.7ドルで配賦される。Zには100ドル配賦される。この後、X、

Y、Zがそれぞれ時価で売却された場合、パートナーシップはそれぞれ100ドル、200ドル、300ドルの利益を認識する。これが各パートナーに3分の1ずつ配賦されるが、DはX、Y、Zについて基準価格調整をそれぞれ33.3ドル、66.7ドル、100ドル有するから、これがDに配賦された利益をそのまま相殺し、結局Dは何の課税も受けない。

このように、743条(b)基準価格調整は、Dに対する誤った課税（通常は一時的ではあるが）を排除する。しかし先の配賦プロセスにおいて述べてきたように、例えば正の基準価格調整は値上がりクラス／資産にのみ配賦する、というクラス間／資産間のいわゆる「純額」ルールが歪みを生み出す。次の例を見てみよう。

例7：Aは対等ABCパートナーシップのパートナーである。パートナーシップは次のような資産を有している。

資産	調整基準価格	時価	資本	調整基準価格	時価
資本的資産X	1000	1500	A	900	1000
減価償却資産Y	1000	1100	B	900	1000
棚卸資産Z	700	400	C	900	1000
	2700	3000		2700	3000

Aはその持分をDに1000ドルで売却した。パートナーシップは754条の下、基準価格調整をするための選択をなしている[46]。

まず、743条(b)による基準価格調整の額を求めると、これはDのアウトサイド・ベイシス1000ドルと、インサイド・ベイシス割当額900ドルの差額、すなわち100ドルである。これは正の基準価格調整である（言い換えれば持分の値上がりを表象する）。次に、キャピタルゲイン資産（XとY）と通常所得資産（Z）に基準価格調整が配賦される。正の基準価格調整であるから、値上がりクラス（この場合はキャピタルゲイン資産）にのみ配賦される。通常所得資産は値下

---

46 Treas.Reg.§1.755-1(c) Ex.(2)(1956) より。

がりしているので基準価格調整は配賦されない。最後に、クラス内で基準価格調整を配賦する。Xの値上がり益は500ドル、Yの値上がり益は100ドルであるから、これに比例して、基準価格調整100ドルが配賦される。Xには83.3ドル、Yには16.7ドルが配賦される。

この後、X、Y、Zが時価で売却された場合、パートナーシップはそれぞれ500ドルのキャピタル・ゲイン、100ドルのキャピタル・ゲイン、300ドルの通常損失を認識し、これらは各パートナーに3分の1ずつ配賦される。Dにはキャピタル・ゲイン合計200ドルと通常損失100ドルが配賦されるが、Dはキャピタル・ゲイン資産に基準価格調整合計100ドルを有するから、結局、キャピタル・ゲイン100ドルと通常損失100ドルを認識する[47]。Dは経済的には何らの損益も有さないにも関わらず、損益を認識するが、この損益は純額はゼロであるものの、キャピタル・ゲインと通常損失という所得種類のずれが生じているのが分かるであろう。このように、755条(b)が矯正しようとしてきた誤った課税は、純額ルールによって存続することになる[48]。

この点について、755条(a)(2)は、財務長官が定めた財務省規則によって認められたその他の方法にて、基準価格調整のパートナーシップ資産への配賦を認めている。財務省規則§1.755-1(a)(2)(1956)は、この規定を受けて、調整が行われる課税年度終了後30日[49]以内に適当な税務署長（district director）に申請書を提出することにより、その他の方法の使用許可を申請することをパートナーシップに認めている。財務省規則によると、次の場合に、税務署長は、いくつかのパートナーシップ資産の基準価格を増加させつつ、同時に別の資産の基準価格を減少させる方式の使用を認めることができる。すなわち、

---

47 パートナーシップもいずれのパートナーも1231条損益を有さないと仮定する。

48 *E.g.*, Klein, *supra* note 39, at 10-13 to 10-14; Weidner, *supra* note 36, at 97-100. 究極的には、パートナーシップが保有する資産に値上がり資産と値下がり資産があって、その値上がりと値下がりの純額が等しい場合には、743条(b)による基準価格調整自体がないことになる。Pennell, *supra* note 38, at 8-33 n.89. この歪みは、704条(c)(1)(a)のシーリングルールによる歪みを想起させる。参照、第三章3[2][b]。

49 この30日以内の申請については、期間が短すぎるとの非難があった。Pennell, *supra* note 38, 8-13; Weidner, *supra* note 36, at 100 n.154.

①基準価格増加及び減少により、各資産の時価と基準価格の差異（含み損益）が減少ないし消滅し

②基準価格増減の純額が、743条(b)による基準価格調整額と等しく、かつ

③パートナーシップ資産の価格の「十分な提示（satisfactory showing）」がある場合である（Treas.Reg.§1.755-1(a)(2)(1956)）。

この第三の要件が示すように、原則として純額ルールが取られているその理由は、ある資産を過大評価しつつ別の資産を過小評価することによる濫用の可能性を、課税庁側がおそれているからと考えられる。この税務署長が認めた「その他の方法」によれば、純額ルールによる歪みはなくなるのであるが、しかしこの財務省規則の規定の解釈上、クラス内における基準価格の増加と減少を同時に行うことはできるものの、クラス間での、すなわち一方のクラスが値上がりし、他方のクラスが値下がりしている場合、一方のクラスの基準価格を増加させ、他方を減少させることはできない、と解されているため、いずれにせよ歪みは残っていた[50]。

［d］　基準価格調整の選択：754条

基準価格調整は原則として754条の選択をなした場合になされうる。754条による選択（以下、754条選択という）をなした場合、当該選択が提出された課税年度及びその後の年度の間の全ての分配及び譲渡について、財務省規則に従って選択が撤回されるまで、基準価格調整がなされねばならない（I.R.C.§754）。したがって、754条選択をなした場合、本章の対象としている

50　この財務省規則（Reg.§1.755-1(a)(2)(1956)）は、755条(a)の下での規則であるため、クラス間配賦を定めた755条(b)には適用されない、というのが理由である。Pennell, *supra* note 38, at 8-30; Klein, *supra* note 39, at 10-13 to 10-14. この問題に拍車をかけているのが先のキャピタル・ゲイン資産と通常所得資産の二分法の不完全さである。先にも述べたが、例えば1245条の下での取り戻し所得は751条の下では未実現未収金として通常所得資産の取り扱いを受けるものの、755条の下ではキャピタル・ゲイン資産の一部である。したがって、基準価格調整のプロセスでは、他の損失を有する資産によって（特にキャピタル・ロス資産）、751条の下で課税されたにもかかわらず、743条(b)の下での基準価格調整が認められないこともありうる。

743条(b)の基準価格調整（持分譲渡に関する）のみならず、分配に関する734条(b)の基準価格調整も強制的に行われる[51]。754条選択は、基準価格調整が行われる分配あるいは譲渡が生じた課税年度の申告書とともになされねばならない（Treas.Reg.§1.754-1(b)(1)）。

一度754条選択がなされれば、それが撤回されるまでは、基準価格調整がすべての分配及び持分譲渡に関してなされる。パートナーシップ申告書が提出されている地域の税務署長の承認を得なければ撤回できない（Reg.§1.754-1(c)(1)）。撤回申請が承認される理由として、財務省規則は、パートナーシップ事業の性質の変動、パートナーシップ資産の相当な増加、パートナーシップ資産の性質の変動、パートナーシップ持分の脱退あるいは移転の頻発による選択の執行上の負担の増加、を挙げている。しかし、パートナーシップ資産の基準価格が減少する可能性を避けるという目的によっては、撤回は承認されないとされており、納税者に有利なときだけ選択をなすということはできない。754条選択を一度なすとそれ以後のすべての持分譲渡と分配について基準価格調整を行わねばならず、一度選択がなされたならば容易に撤回ができないこと、また譲渡に関する743条(b)の基準価格調整は譲受人にのみ直接の影響を与えるものであって、他のパートナーには直接の影響がないこと、基準価格調整は納税者に有利に働くばかりでなく不利に働くこともあることから、754条選択（基準価格調整）をなすにあたってについては慎重な吟味が要求される[52]。そして、これら754条選択の有利な点（二重課税排除）、不利な点（二重控除排除・過大

---

51 別個の適用を勧告する意見も多い。Rudolph, *supra* note 24, at 231; Anderson & Coffee, *supra* note 7, at 523; William D. Andrews, *Inside Basis Adjustments and Hot Asset Exchanges in Partnership Distributions*, 47 TAX L. REV. 3, 7-25(1991)（Andrews 教授は、743条(b)基準価格調整を選択としつつ734条(b)基準価格調整の強制適用を主張する）。

52 *See e.g.,* Pennell, *supra* note 38, 8-14 to 8-15; Schnee, *supra* note 23, at 534-535; Klein, *supra* note 38, at10-26 & n.70; Henry B. Jordan, *Adjusting the Basis of Partnership Property: When to Elect, How to Determine*, 22 J.TAX'N 242, 242(1965). 743条(b)基準価格調整は譲受人にのみ影響を与えるのに、754条選択自体は、譲受人ではなく、パートナーシップがなすことも重要である。また、743条(b)基準価格調整は確かに譲受人のみに影響を与えるが、その後の資産分配における基準価格調整は直接その他のパートナーに関わってくることにも注意。Weidner, *supra* note 36, at 88.

な執行上の負担）を比較した結果、パートナーシップが選択をしないのでは、との意見もある[53]。

なお、743条(b)基準価格調整をわざと行わずに、損失二重計上や所得種類の転換を利用することを防止するべく、2004年に743条(d)が設けられた[54]。同条は、パートナーシップ資産の含み損（時価マイナス調整基準価格）が25万ドルを超過する場合（持分譲渡に関し相当なビルトイン・ロスを有するパートナーシップの場合）に、強制的に基準価格を調整を行わせる規定である。

［4］ 小括

以上、1999年改正前の歳入法典及び財務省規則による持分譲渡の取り扱いを見てきた。ここでは二点指摘しておこう。

第一に、譲渡人側でも譲受人側でも、（実体アプローチをベースとしながらも）完全に実体アプローチに従った取り扱いは行っていない、ということである。完全な実体アプローチに従った場合、パートナーシップ持分は一個の資産（資本的資産）とされ、持分の譲渡損益はキャピタル・ゲインあるいはロスとなり、また、持分が譲渡された場合、持分自体の基準価格は影響を受けうるが、パートナーシップ資産の基準価格自体には影響はないことになる。前述のように、このような実体アプローチに従った場合、譲渡人側では所得種類の転換が生じ、

---

[53] Trapp, *Problems of Estate Disposition of the Tax Advantaged Partnership Interest*, 36 MAJOR TAX PLAN. 21-1, 21-27 to 21-28 (1984); Pennell, *supra* note 38, at 8-67 to 8-40.
Ronald G. Caso & Stephen J. Epstein, *An Analysis of the Optional-Basis-Adjustment Rule for Partners and Partnerships*, 42 J.TAX'N 234, 236, 237-238 (1976) が示すように、754条選択をなさず、その代わりに特別配賦を使用して、有利な二重課税排除の効果を得つつも、不利な二重控除を受けるという納税者側のテクニックが存在する。

[54] American Jobs Creation Act of 2004, Pub. L. No. 108-357, §833(b), 118 Stat. 1418, 1589-1591 (2004). 同法では、同時にビルトイン・ロスを出資パートナーにのみ配賦し、持分譲渡や清算が行われたときには当該ビルトイン・ロスをなかったものとみなす704条(c)(1)(C)（本書第三章3［1］［c］参照）、そして分配時につき743条(d)と同じ機能を果たす734条(d)（本書第五章2［4］［d］参照）が制定された。いずれも損失の移転を防止するための規定である。立法理由につき、STAFF OF JOINT COMM. ON TAX'N, GENERAL EXPLANATION OF TAX LEGISLATION ENACTED IN THE 108th CONG., 384-390 (Comm. Print 2005).

逆に譲受人側では一時的二重課税及び所得種類の転換が生ずることになるから、前者については解散予定パートナーシップ条項、後者については選択的基準価格調整条項が設けられ、持分譲渡の取り扱いに集合アプローチの要素が盛り込まれているのである。

　第二に、解散予定パートナーシップ条項及び選択的基準価格調整条項によって集合アプローチが盛り込まれたとはいえ、それは一定の範囲でしかない、ということである。すなわち、完全な集合アプローチが取られているわけでもない。まず、譲渡人側で集合アプローチを取り入れているのは解散予定パートナーシップ条項であるが、751条資産に帰属する実現額と基準価格を決定するところについてのみ、集合アプローチが取られているだけで、例えばキャピタル・ゲインやロスが長期か短期かというような問題は実体アプローチに従って、つまり持分自体の保有期間を参照して決定されている。個々の資産のうち、譲渡人に帰属する部分を決定した後、その実現額と基準価格を算定して、個々の資産の損益を（その資産の性質に従って）決定するような、完全な集合アプローチは採用されていないのである。これは、譲渡人側に完全な集合アプローチを採用した場合の、執行上の負担が相当なものであることを示しているといえよう[55]。次に、譲受人側である。754条選択が行われていれば、743条(b)により基準価格調整が行われうる。すなわち、個々の資産の時価と基準価格のうち、譲受人に帰属する部分を参照しながら基準価格調整が行われていくのであり、この基準価格調整のみ見た場合には、完全な集合アプローチに近い。しかし、第一に、基準価格調整は納税者の選択であり、選択しなければ完全な実体アプローチが採用され、持分の譲渡によりパートナーシップの個々の資産の基準価格が影響を受けることはない。第二に、選択をしたとしても、基準価格の上方調整は値上がり資産にしか配賦されない（あるいは基準価格の下方調整は値下がり資産にしか配賦されない）という純額ルールにより、完全な集合アプローチが採用された場合とは異なった課税結果が生ずる。

---

[55] 後述するALIの1982年研究は完全な集合アプローチを提唱しているが、完全な集合アプローチによる価格評価の難しさと、その適用上の複雑さを認めている。*ALI 1984 Study, supra* note 34, at 24.

4　持分譲渡の取り扱いに対する様々な見解

以上が、持分譲渡の場合の譲渡人と譲受人の1999年改正前の取り扱いである。そこでは一般に、持分を一つの資産と見る実体アプローチをベースとしつつも、譲渡人側では強制的に、譲受人側では選択的に、集合アプローチの要素を加味していることがわかる。言い換えれば、現行の歳入法典及び財務省規則は、実体アプローチあるいは集合アプローチのいずれかに完全に依拠することなく、その中間的なアプローチを採用しているのである。現在の持分譲渡の取り扱いについて、後に述べるように、704条(c)、732条及び751条(a)の相互作用による所得種類の転換という欠点から、果ては条文タイトルの誤りを指摘する意見[56]まで、さまざまな問題点が存在するが、以下では、持分譲渡を実体アプローチに沿った取り扱いを行うべきか、それとも集合アプローチを前面に押し出した取り扱いをすべきかについて、いくつかの見解を掲げ、最後に、1999年末に公表施行された現行改正財務省規則を取り上げて、アメリカにおける持分譲渡課税のあり方を探求してみることとする。

[1]　1954年ALI研究

まず、1954年歳入法典が制定される以前の1954年2月に、アメリカ法律協会（American Law Institute, ALI）が発表した草案を見てみることにしよう[57]。

草案はまず、譲渡人側の損益の性質を取り扱っている。その際、持分の売却交換からの損益をキャピタル・ゲイン／ロスと規定するものの（草案の条文ナ

---

[56]　755条の基準価格調整配賦ルールは、クラス間の配賦を定めた755条(b)と、資産間の配賦を定めた755条(a)に分けれられるが、755条(a)は"General Rule"、755条(b)は"Special Rule"とされている。しかし、基準価格調整配賦には755条(a)も755条(b)も、両方とも適用されるのであり、これを「一般」・「特別」とするのはおかしいと指摘されている。Weidner, *supra* note 36, at 90; Pennell, *supra* note 38, at 8-26.

[57]　*1954 ALI Study, supra* note 7. このうち、法律の草案が98頁から116頁に、その解説が388頁から409頁にある。この草案について、併せて *Proposed Revision, supra* note 7, 140-153を参照のこと。

ンバーは、X756(a)。以下同じ）、本章で先に述べた通常所得のキャピタル・ゲインへの転換を考慮して、非資本的資産（事業に使用されている減価償却資産及び不動産を除く）が大きく値上がりないし値下がり（significant increase or decrease in value）している場合には、通常損益と扱う（X760(a)）[58]。しかし、非資本的資産が大きく価格変動していない場合には、執行上の負担を考慮してこのような損益の分割（fragmentation）を排除するとしている[59]。通常損益の額は、全資産を時価で売却したときの通常損益あるいはキャピタル・ゲイン／ロスの分配割当額である（X760(b)(1)）[60]。

　一方、譲受人側については、本章の最初で述べた、一時的二重課税ないし二重控除を排除するべく、集合アプローチを原則として採用し、基準価格調整が行われる（X756(b), X760(c)）[61]。この基準価格調整については、譲渡人側の取り扱いによって根拠条文が異なる。非資本的資産が大きく価格変動していない場合には財務省規則に従って行われるとされているだけだが（X756(b)(2)）、非資本的資産が大きく価格変動している場合には、譲渡人側の損益を反映するように各資産の基準価格調整が行われる（X760(c)(1)）。ただし細部については財務省規則に任されている。X760(c)(2)[62]。この点で譲渡人側と譲受人側の取り扱いの一貫性が見られる。この基準価格調整はもっぱら譲受人にのみ帰属する

58 　*See Proposed Revision, supra* note 7, at 145-146. この大きく値上がりないし値下がりしているか否かのテストのところで、非資本的資産の20％値上がりと、その値上がり額がパートナーシップ純資産の10％以上を占めることを要求しており（*1954 ALI Study, supra* note 7, at 406. *See Proposed Revision, supra* note 7, at 145-146)、これは93年以前に歳入法典751条(d)において使用されていたいわゆる120％テストと10％テストを想起させる。

59 　*1954 ALI Study, supra* note 7, at 388-389. *See Proposed Revision, supra* note 7, at 146.

60 　なお、後述するように、この草案は現行法とは逆で、選択により持分売却・交換時のインサイド・ベイシス基準価格調整が排除できるようになっていた。したがって、インサイド・ベイシス割当額とアウトサイド・ベイシスがずれることが生じうるのであるが、この草案はこのずれをキャピタル・ゲイン／ロスと取り扱っている（X760(b)(2)）。この草案では、アウトサイド・ベイシスのことを、集合的パートナーシップ資産持分の基準価格（partner's basis of his interest in the aggregate partnership property）と呼んでいる。

61 　*1954 ALI Study, supra* note 7, at 389-390. *See Proposed Revision, supra* note 7, at 142.

(X756(b)(3), X760(c)(3))。そして、比較的多くの資産を有するパートナーシップや、あるいはしばしばパートナーが加入・脱退するような大パートナーシップでは、譲渡があったときに毎回全ての資産の基準価格を調整することは負担となるため、選択による基準価格調整の排除を認めている (X759(c)(2))[63]。

[２] 1959年アドバイザリー・グループ提案

次に取り上げるのは、1956年11月28日に、下院歳入委員会の内国歳入税小委員会 (Subcommittee on Internal Revenue Taxation) が任命したアドバイザリー・グループ (Arthur B. Willis 議長) の報告書を見てみることにしよう[64]。

[ａ] 譲渡人の取り扱い

第一に、アドバイザリー・グループは、751条資産を未実現未収金と相当に値上がりした棚卸資産と分類することをやめ、一般的なキャピタル・ゲイン／通常所得の分類を持ち込むことを勧告している[65]。これによると、751条資産とは、(1)売却又は交換されて利益が生じたときに、長期キャピタル・ゲインを生

---

62 なお、現行法のいわゆる純額方式がここで示唆されている。*1954 ALI Study, supra* note 7, at 390. *See Proposed Revision, supra* note 7, at 142-143.

63 *See Proposed Revision, supra* note 7, at 144.

64 アドバイザリー・グループの報告書のうち、Revised Report は1957年12月31日に、その Supplementary Report は翌年12月8日に提出されている。この報告書の勧告を含んだ H.R. 4460, 86th Cong., 1 st Sess (1959) が1959年2月12日に提出されているが、法案成立には至らなかった。さらに、1960年には、Trust and Partnership Income Tax Revision Act of 1960としてパートナーシップ条項の改正が提案されているが、これも実現しなかった (H.R. 9662, 86th Cong., 2 d Sess. (1960))。本章では、アドバイザリー・グループの報告書と、それを分析した Anderson & Coffee 論文に焦点を当ててみることにする。報告書は、*Advisory Group Recommendations on Subchapter C, J, and K of the Internal Revenue Code: Hearings Before the Committee on Ways and Means House of Representatives,* 86th Cong., 1 st Sess. (1959) に含まれている (*Revised Report on Partners and Partnerships Received by the Subcommittee on Internal Revenue Taxation and Transmitted to the Committee on Ways and Means House of Representatives from the Advisory Group on Subchapter K of Internal Revenue Code of 1954*) [hereinafter *Revised Report*] である。

65 751条に関する勧告について、*see Revised Report, supra* note 64, at 157-163.

むと考えられる資産、及び(2)パートナーシップの全1231条(b)資産の売却が純損失を帰結する場合における全1231条(b)資産、を除くその他のパートナーシップ全資産、を意味する。現行の751条の下では、実際にキャピタル・ゲイン／ロスを生むか、通常損益を生むかに関わらず、1231条(b)資産はキャピタル・ゲイン／ロスを生む資産（非751条資産）と取り扱われるのであるが、この提案によれば、パートナーシップレベルでその資産がキャピタル・ゲイン／ロスを生むか通常損益を生むかによって、751条資産か否かが分けられることになる[66]。

　第二に、アドバイザリー・グループは、当時の「相当な値上がり」テストに言及し、通常所得のキャピタル・ゲインへの転換が重大である場合のみ解散予定パートナーシップ条項を適用するという「相当な値上がり」テストの目的を認めて、テスト自体は残しながらも、租税回避の可能性を消滅させるべく、次のような勧告を行っている[67]。すなわち、751条資産に帰属する利益額が純実現額（実現額から負債額を引いたもの）の15％を越えている場合にのみ、751条資産からの利益が通常所得と取り扱われる、というものである[68]。

　第三に、譲渡人たるパートナーの751条資産に帰属する利益の分配割当額が、1000ドルを超えない限り、751条が適用されない、という少額適用排除条項の制定である[69]。

---

[66] さらに、資産保有期間擬制の規定をおいている（すべての資産を6ヶ月（1231条(b)(3)の livestock については12ヶ月）保有していると規定する）。これにより、長期／短期キャピタル・ゲインの区別が消滅するのであって、アドバイザリー・グループは保有期間に関わらずキャピタル・ゲイン取扱いが認められない資産を751条資産と取り扱っている。

[67] 租税回避の可能性が当時の「相当な値上がり」テスト（いわゆる120％テストと10％テスト）と比べてどのように減るかについては、see Anderson & Coffee, *supra* note 7, at 510 n.263. さらに Anderson & Coffee 論文は、結果的にこの15％テストを使用しても租税回避の可能性は残されているのであるが、それはこのようなメカニカルなテストのみで対処しようとするのが無益なだけであり、いわゆる脅迫的テスト（主観的テスト）を加えて問題に対処すべきである（不確定性は残るが）、と論じている（at 511-512）。

[68] 譲渡人に対する通常所得の額の大きさを決定することがこのテストの目的であるから、これは譲渡人の利益分配割当額のことであると解されている。Anderson & Coffee, *supra* note 7, at 509 n.262. 純実現額もパートナーの実現額から負債割当額を引いたものであろう。純実現額を使用するのは、借入れを使用して資産を水増しし（実現額も水増しされる）、テストを回避することを防止するためである。

第四に、現行751条(a)のように751条資産に帰属する実現額（と基準価格）を各パートナーに配賦するのではなく（この方法だと、一つの取引内で通常所得とキャピタル・ロス、あるいは通常損失とキャピタル・ゲインが生じうる）、利益のみを各パートナーに配賦する。したがって、持分売却・交換時の通常所得額は、その取引における全体的な利益額に限定される。

　最後に、現行751条(a)は751条資産に帰属する実現額部分の決定方式を定めていないが（本章３［２］［ｃ］参照）、アドバイザリー・グループによれば、751条資産に帰属する利益の額を、持分売却あるいは交換日にその資産を売却した場合に、パートナーシップが実現するであろう利益の、譲渡人の分配割当額としているため、持分譲渡時の通常所得の計算が容易になる。

［ｂ］　譲受人の取り扱い

　アドバイザリー・グループは、基本的には当時の（そして現在の）譲受人の取り扱いを受け入れつついくつか提案をなしているが[69]、そのうち本章に関係するものとして以下が挙げられる。

　第一に、基準価格調整に関することである。アドバイザリー・グループは、754条選択による734条(b)基準価格調整（分配に関する）と743条(b)基準価格調整（持分譲渡に関する）の両方の強制適用をやめ、それぞれ別々の選択に服するべきだとしている[71]。また、選択をなすか否かについて考慮の時間を与えるため、選択及び撤回は、それが適用される持分譲渡の生じたパートナーシップ申告書提出期限から３年後までなしうる、と提案している。

　第二に、755条適用上、資産をキャピタル・ゲイン資産と通常所得資産に分

69　さらに、譲り受け時に754条選択がなされておらず、かつ751条が適用される売却又は交換において、２年以内に持分を取得した者が、その持分を再譲渡する場合には、743条(b)を適用して持分譲渡の損益を計算できるという特別規定が存在する。

70　*See Revised Report, supra* note 64, at 155-157（743条に関して），168-169（754条に関して），169-172（755条に関して）．

71　Anderson & Coffee 論文は、この場合選択は持分譲受人にのみ影響を与えるから、選択をなし得るのはパートナーシップではなく譲受人である、と述べている。Anderson & Coffee, *supra* note 7, at 253.

けているが、これは分配に関してのみ重要な規定であるから、廃止する。

　第三に、有効な754条選択があっても、調整額が1000ドル未満であれば、743条調整をパートナーシップが無視することを認める、と提案する[72]。

［3］　1982年 ALI 研究

　三番目に、1982年に報告され、1984年に最終的に出版されたところの、ALI が行った提案を見ていくことにしよう。この提案の特徴は、William v. McGowan 事件（52 F.2d 570（2d Cir. 1945））に依拠した完全分割（full-fragmentation）アプローチを採用したことである。この事件では、二人パートナーシップの一方が死亡し、他方がこの死亡パートナーの持分を買い取った後、事業全体を売却した場合、事業売却が、それ自体資本的資産の売却に当たるか、それとも事業内の個々の資産の売却である（したがって個々の資産ごとに資本的資産か否かが吟味される）かが争われた。裁判所は、資本的資産の定義からすると、それは事業全体を含むとはされず、個々の資産が譲渡されたものと取り扱われると判示している[73]。

［a］　譲渡人の取り扱い

　ALI は、完全分割アプローチがパートナーシップ課税のパス・スルーアプローチと一貫したものであること、通常所得課税の回避の可能性、すでにその当時の規定でも資産の価格評価が一般に必要であったこと、通常損失認識の機会拡大を考えると、たとえ完全分割アプローチには資産の価格評価の複雑さや適用上の複雑さがあったとしても採用されるべきであるとして、具体的に以下のような提案をなしている[74]。

72　Anderson & Coffee 論文は、754条及び755条において提案された改正によって基準価格調整規定が十分に簡素化されているので、この少額適用排除条項は不要であると述べている（at 523）。

73　なお、この ALI 研究に対しては、Postlewaite, *supra* note 34, 570–581, 615–621が批評を加えている。この批評は以下の注において取り上げる。

74　*Id*, at 571–576, 580は、ALI の立場（完全分割アプローチ）が、持分譲渡を検討するには、もっとも良い分析的フレームワークである、と述べている。

188

①パートナーシップ持分の売却又は交換時に、譲渡人たるパートナーは、各パートナーシップ資産の自己の持分の処分に帰属する所得、利益あるいは損失を考慮しなければならない。

②パートナーシップ持分の購入価格は、その時価とそれに対する譲渡人たるパートナーの持分に従ってパートナーシップ資産に配賦される[75]。

③資産の性質及び保有期間は、その時にパートナーシップがその資産を売却したとして、持分の売却又は交換時に決定される。

④アウトサイド・ベイシスとインサイド・ベイシス割当額の差額は、全てのその資産がパートナーに分配され、各資産の基準価格が732条(c)の下で決定されたものとして配賦される[76]。

これらの規定によると、次のような利点が存在する、とALIは述べる。第一に、すべての通常所得資産に帰属する利益が通常所得として課税される。現

---

[75] Id, at 576-579, 581は、各パートナーシップ資産の評価における譲渡人と譲受人の立場を一貫させるために、譲渡人と譲受人は取引の30日以内に、各パートナーシップ資産の時価を述べた配賦契約を締結するべきである、と提案している。

[76] この譲渡人（譲受人でないことに注意）のアウトサイド・ベイシスとインサイド・ベイシス割当額の差額とは、例えば754条選択が行われていないときに含み益を抱えたパートナーシップの持分を売却したような場合に生ずる。754条選択がなされていれば、前述のように743条(b)基準価格調整が行われて、アウトサイド・ベイシスとインサイド・ベイシス割当額が等しくなるが、選択がなされないときにはこれはそのまま残る。ALIの配賦方式は1999年改正前の財務省規則の取り扱いと等しい（See Treas.Reg.§1.751-1(a)(2)(1956)）。ALIは差額配賦方式として、(1)現行の732条(c)を適用する、(2)資産の基準価格に比例して配賦する、(3)乖離の根元を追跡（tracing）する、(4)資産をパートナーシップが時価で売却したものとして乖離をキャピタルゲインまたはロスとする、という四方式を挙げ、資産分配をして売却が行われた場合と、持分を売却した場合の課税結果の乖離をなくすべく、現行の732条(c)を適用すると結論づけている。Postlewaite, supra note 34, at 579-580, 581は、後述のように（大規模パートナーシップを含め）持分譲渡時に譲受人の基準価格調整を強制すべきであるから、アウトサイド・ベイシスはインサイド・ベイシス割当額と等しいので、この提案は必要がない、と述べる。また、ALIが乖離の根元を追跡するという方法を検討しているところからすると、アウトサイド・ベイシスとインサイド・ベインス割当額の差額がある場合のみならず、差額がない場合にも、つまり各資産の譲受人のインサイド・ベイシス割当額を決定する一般方式として732条を使用することを示すものである。

行の取り扱いでは、1231条損益の特質(純利益が生じれば、キャピタルゲイン/ロス、純損失ならば通常損益)が失われているが、ALIの提案する完全分割アプローチならばそのようなことはない。第二に、未実現未収金を決定するときの複雑さや、「相当な値上がり」テストの回避可能性が消滅する。第三に、持分を売却した場合と、資産をパートナーシップが売却した後売却収入金額を分配する場合と、資産の按分分配を受けた後にパートナーシップがこの資産を直接売却する場合とで、課税結果の差異が消滅ないし縮小する。

以下は私見であるが、この完全分割アプローチには決定的な難点がある。例3を思い出されたい。

例3:対等DEFパートナーシップが次の貸借対照表を有している。

資産	調整基準価格	時価	資本	調整基準価格	時価
現金	4000	4000	D	10000	12000
棚卸資産	12000	18000	E	10000	12000
不動産	1000	10000	F	1000	12000
その他の資産	4000	4000			
	21000	36000		21000	36000

Fのパートナーシップ持分の基準価格が低いのは、Fが含み益のある不動産(基準価格1000ドル、時価10000ドル)を出資したためである[77]。

Fが自己の持分を12000ドルで売却したとしよう。この場合、完全分割アプローチを使用すると、D、E及びFはそれぞれ資産の3分の1ずつを有していることになる。各資産の持分の基準価格は732条により決定されることになるが、Fのアウトサイド・ベイシスは1000ドルしかないから、Fの現金の持分1333.33ドルに対して基準価格が1000ドルしかつかないのである。

---

77 WILLIS, *supra* note 5, ¶12.02[8][b]の例より。

［b］　譲受人の取り扱い

さらに ALI は、譲受人の取り扱いについて、次のような提案をしている。

①パートナーシップ持分が、売却交換、またはパートナーの死亡時に譲渡されたときに、譲受人たるパートナーのパートナーシップ資産按分割当分の基準価格が調整される場合、パートナーシップ持分の基準価格は、時価に応じてパートナーシップ資産に配賦される。

②持分譲渡時の基準価格調整は、譲受人たるパートナーの連邦所得税申告書上考慮される。

③大規模パートナーシップについては、現行の選択的基準価格調整が行われる。

これらの規定を順に説明していくと、まず①は現在のように選択的な基準価格調整ではなく、強制的に基準価格調整を行わせるものである。強制的に基準価格調整を行う理由として、まず現在の選択的基準価格調整が国庫の不利にバイアスがかかっていること（納税者は自己に有利なときしか選択をしない）、納税者の不注意により適切な時期に選択がなされないことが多い、少数パートナーや新規加入パートナーは自己のために選択をなすように他のパートナーを説得できない、インサイド・ベイシス割当額を資産持分の時価割当額に等しくする方が納税者の理解を得やすい、が挙げられている[78]。さらに、①の提案は、現在のいわゆる基準価格調整配賦の純額ルールを廃止し、値上がり資産と値下がり資産の両方を同時に調整できるようにしている。強制的基準価格調整と、譲渡人側の完全分割アプローチの採用により、譲渡人と譲受人の利害が対立するから、資産の過大評価や過小評価による濫用の可能性は少なくなる、というのがその理由である[79]。

②は、パートナーシップの執行上の負担を緩和するため、持分の譲渡時の基準価格調整を譲受人個人の申告書上においてなすことを提案している。この場

78　Postlewaite, *supra* note 34, at 618-619, 621は、パートナーシップ資産の時価について、譲渡人と譲受人の間の配賦契約の締結を強制し（譲渡日より30日以内に締結）、強制的基準価格調整の執行上の負担を減らしつつ、過大あるいは過小評価を抑止する、と述べる。

合、パートナーシップには譲受人に対する、譲受人はパートナーシップに対する情報提供義務が課される。

③は、基準価格調整の負担が特に大規模パートナーシップの場合には過大になることを考慮して、このような大規模パートナーシップについては基準価格調整を選択としている[80]。

[4] 1999年改正財務省規則

最後に、1999年12月15日に施行された改正財務省規則（T.D. 8847, 1999-2 C.B. 701）を見ていくことにしよう[81]。説明の便宜上、743条(b)基準価格調整に関する規則を見てから、751条(a)の下の財務省規則を見ていくことにする。

---

79 強制的に基準価格調整を行わせるのは納税者にとって負担となるところから、基準価格調整配賦のための簡明なルールを検討している。まず、基準価格の切り上げ調整（納税者有利）は選択であるが切り下げ調整（納税者不利）を強制にして、国庫に対する不利なバイアスをなくす、というアプローチを検討している。しかし、選択をしたくても他のパートナーの賛同が得られない、シンメトリーを有しておらず複雑さを増すだけ、不注意により適切な時期に調整をなしえないことがある、租税回避を招きやすい、という観点から、このアプローチを斥けている。次に ALI は、あるカテゴリー内の基準価格調整の配賦を、時価に基づかずに基準価格に基づいて行うという簡明なアプローチを検討し（これだと個々の具体的資産の個別評価を行う必要がない）、このアプローチを規定する財務省規則の発行権限を認めている。

80 ALI は、大規模パートナーシップか否かをパートナーの人数によって決定することを念頭に置いている。Postlewaite, *supra* note 34, at 618, 621は、大規模グループがパートナーシップ形式で働くことを選択した場合、同時に課税上パス・スルーアプローチを選択したのであるから、パス・スルーアプローチが課す強制的基準価格調整を免れるべき内在的理由はなく、また現在でも大規模パートナーシップは複雑な記録・計算に取り組んでいるのであり、コンピューターの使用も考えると、強制的基準価格調整が大規模パートナーシップに対して耐え難いほどの負担を課すものではないから、大規模パートナーシップにも強制的基準価格調整を課すべきである、とする。

81 なお、1998年1月29日に財務省規則案が公表されており（63 Fed. Reg. 4408 (1998)）、この規則案に対するコメントを取り入れながら、今回の改正が行われた。

［a］ 選択的基準価格調整条項

(1) 調整額の決定方法

決定方法自体は、制定法通り、譲受人の持分の基準価格（アウトサイド・ベイシス）から、譲受人のパートナーシップ資産のパートナーシップに対する調整基準価格割当額（transferee's share of the adjusted basis to the partnership of partnership property、インサイド・ベイシス割当額）を引いた額が、基準価格調整の総額となる。改正財務省規則にて明らかにされたのは、インサイド・ベイシス割当額の決定方法である（Treas.Reg. § 1.743-1(d)(as amended in 1999)）。

それによると、インサイド・ベイシス割当額は「パートナーシップの課税済資本のパートナーとしての譲受人の持分と、譲受人のパートナーシップ負債割当額の合計額（the sum of the transferee's interest as a partner in the partnership's previously taxed capital, plus the transferee's share of partnership liabilities)」である。このうち、「パートナーシップの課税済資本のパートナーとしての譲受人の持分」は次の額と等しい。

①「仮定上の取引（hypothetical transaction）」後のパートナーシップの清算時に譲受人が受け取るであろう現金額に、

②仮定上の取引から譲受人に配賦されるであろう課税損失の額を足し、

③仮定上の取引から譲受人に配賦されるであろう課税利益の額を引いた額、である（Treas.Reg. § 1.743-1(d)(1)(as amended in 1999)）。負債割当額はインサイド・ベイシス割当額とアウトサイド・ベイシスの両方に同額が算入されるから、以下では説明の便宜上、パートナーシップに負債がない（＝パートナーに負債割当額がない）ものとして考えてみよう。

「仮定上の取引」とは、持分譲渡直後に、パートナーシップの全資産を、その資産の時価と等しい現金と引き替えに、課税取引において処分することを意味する（Treas.Reg. § 1.743-1(d)(2)(as amended in 1999)）[82]。これを算式に直すと、基準価格調整額＝譲受人のアウトサイド・ベイシス－（譲受人の持分の時価－譲受人の含み損益割当額）である。通常、譲受人の持分の時価とは仮定上の取

引直後の資本勘定残高であり、譲受人のアウトサイド・ベイシスであるから、この算式を解くと、基準価格調整額＝譲受人の含み損益割当額であるということである[83]。基準価格調整は、含み損益の（一時的）二重課税・二重控除を防止するためのものと考えると、結局この規定は当たり前のことを述べているにすぎない[84]。

(2) 調整額の配賦

調整額の配賦方式は、改正前の財務省規則では743条(b)基準価格調整と734条(b)基準価格調整の両方とも同じ方式を使用しなければならなかったが、改正後の財務省規則ではこれを別々に分けた。

一般に、クラス間の基準価格調整配賦及びクラス内の資産間の基準価格調整配賦は、「仮定上の取引」を行った場合のその資産の含み損益の額を参照して行われる（Treas.Reg.§1.755-1(b)(1)(ii)(as amended in 1999)）。したがって、いわゆる純額ルールが廃止され、現行財務省規則の下ではなしえなかった一方クラスの基準価格上方調整＋他方クラスの基準価格下方調整がなされるようになる（Treas.Reg.§1.755-1(b)(1)(i)(as amended in 1999)）。極端にいえば、743条(b)の下での基準価格調整の総額がゼロでも、個々の資産に含み損益（含み損益の合計はこの場合ゼロとなる）があれば基準価格調整をなしうることになる。

---

[82] したがって、仮定上の取引後のパートナーシップ清算時に譲受人が受け取るであろう現金額とは、取引終了後の資本勘定残高（Treas.Reg.§1.704-1(b)(2)(iv)）と等しい（Treas.Reg.§1.743-1(d)(3) Ex.1及びEx.2(as amended in 1999)参照）。

[83] ただし問題は、仮定上の取引直後の資本勘定残高と、譲受人のアウトサイド・ベイシス（売却の場合には譲受人のコスト）が食い違うときである。この食い違い額があるときには、譲受人の基準価格調整額＝譲受人の含み損益＋食い違い額となる。この食い違い額の配賦については、後述する。いわゆるのれんやゴーイング・コンサーン・バリューのようないわゆる197条資産についても、評価や調整が必要とされる。その方法については、Treas.Reg.§1.755-1(a)(2)(as amended by T.D. 9059, 2003-1 C.B. 1109)を参照。

[84] その他、特に704条(c)(1)(a)との連動（see Reg.§1.743-1(h)(as amended in 1999)）などは詳細に規定されていてきわめて興味深いが、説明の関係上省略する。また、743条(b)基準価格調整を行う際の申告については、see Treas.Reg.§1.743-1(k)(as amended in 1999)。

①まず最初に、クラス間の基準価格調整配賦を行う。通常所得資産の基準価格調整は、通常所得資産の仮定上の取引における含み損益の総額に等しい。キャピタルゲイン資産の基準価格調整は、基準価格調整総額から通常所得資産の基準価格調整を引いた額である（Treas. Reg.§1.755-1(b)(2)(i)(as amended in 1999)）[85]。

②次に、クラス間の基準価格調整配賦を行う。これも、個々の資産の含み損益に従って配賦される（Treas. Reg.§1.755-1(b)(3)(as amended in 1999)）[86]。

[b] 解散予定パートナーシップ条項

現行の方式では、751条資産に帰属する実現額から基準価格を引いて751条資産に帰属する損益（通常損益）を求めていたが、より直接に、751条資産の含み損益が通常損益であると規定されている（Treas.Reg.§1.751-1(a)(2)(as amend-

---

[85] 先にも述べたが、仮定上の取引直後の資本勘定残高と、譲受人のアウトサイド・ベイシス（売却の場合には譲受人のコスト）が食い違うとき、基準価格調整総額＝通常所得資産の含み損益＋キャピタルゲイン資産の含み損益という等式が成り立たない。基準価格調整総額＞通常所得資産の含み損益＋キャピタルゲイン資産の含み損益の場合には、キャピタルゲイン資産の基準価格調整配賦の算式が示すように、食い違い額（この場合は基準価格増加）を全額キャピタルゲイン資産に配賦することになる。一方、基準価格調整総額＜通常所得資産の含み損益＋キャピタルゲイン資産の含み損益の場合には、食い違い額（この場合には基準価格の減少）はまずキャピタルゲイン資産に配賦され、キャピタルゲイン資産の基準価格で足りなくなれば、通常所得資産に配賦されることになる。クラス内の食い違い額の配賦については次の注参照（Treas.Reg.§1.755-1(b)(2)(i)(as amended in 1999)）。

[86] 先の食い違い額の配賦は次のように行われる。基準価格調整総額＞通常所得資産の含み損益＋キャピタルゲイン資産の含み損益の場合（基準価格増加の場合）、食い違い額は全額キャピタルゲイン資産に、その時価に比例して配賦される（Treas.Reg.§1.755-1(b)(3)(ii)(B)(as amended in 1999)）。基準価格調整総額＜通常所得資産の含み損益＋キャピタルゲイン資産の含み損益の場合（基準価格減少の場合）、食い違い額はキャピタルゲイン資産の基準価格の範囲内で、そのキャピタルゲイン資産の時価に比例して配賦され（Treas.Reg.§1.755-1(b)(3)(ii)(B)(as amended in 1999)）、残額は通常所得資産に、その時価に比例して配賦される（Treas.Reg.§1.755-1(b)(3)(i)(B)(as amended in 1999)）。食い違い額配賦の具体例については、Treas.Reg.§1.755-1(b)(3)(iii) Ex. 2(as amended in 1999)（特に(iv)）。

ed in 1999）．参照、Treas.Reg.§1.751-1(g)Ex.1(ii)(as amended in 1999))。すなわち、持分譲渡直前の課税取引において資産をパートナーシップが全部売却した場合に、751条資産からそのパートナーに対して配賦される損益が、751条資産に帰属する損益であると規定されているのである[87]。

[5] 小括

以上、持分譲渡の取り扱いに対する様々な見解を見てきたが、以下の点が指摘される。

第一に、現行の歳入法典及び1999年改正前後の財務省規則も含むすべての見解が、完全な実体アプローチを採用していない。

第二に、完全な集合アプローチを取ることは著しく困難であり、かつ無益である。もっとも集合アプローチに近いのは、1982年ALI研究の完全分割アプローチである。この完全分割アプローチは、持分を売却した際に、譲渡人が個々のパートナーシップ資産の自己の持分を売却したものと考えて、個々の資産の自己の持分に基準価格と実現額を配賦して損益の額を決定し、かつ個々の資産ごとに損益の性質を決定するというものである。これに対応して、大規模パートナーシップの場合を除き、譲受人は各パートナーシップ資産の自己の持分について、基準価格調整を選択ではなく強制的に行うことになる[88]。完全分割アプローチは、譲渡人の各パートナーシップ資産の持分を決定し、それに対して実現額及び基準価格を配賦しなければならないのであるが、パートナーシップへの出資やパートナーシップからの分配、新規パートナーの加入あるいは既存パートナーの脱退が頻繁である場合や、損益割当額が出資額と異なり複雑な損益配賦契約が締結されている場合には、資産ごとの各パートナーの持分がめまぐるしく変動して各パートナーの持分自体が定かではない上に、各資産持分に帰属する実現額と基準価格を決定することが著しく困難である。完全分割アプ

---

87 申告義務について、*see* Treas.Reg.§1.751-1(a)(3)(as amended in 1999)。

88 Postlewaite, *supra* note 34, at 618, 621は、1982年ALI研究よりもさらに集合アプローチを徹底しており、大規模パートナーシップにおける譲受人側の基準価格調整排除選択をなくしている。

ローチのところで決定的な欠陥だと指摘した基準価格の配賦がそれを指摘している。また、譲受人が基準価格調整を行う際にも、各資産の自己の持分を決定し、それに対して時価と基準価格を配賦することは、同じように難しい。したがって、譲渡人が各パートナーシップ資産における自己の持分を譲渡し、譲受人がそれを受け取ったと考える純粋な集合アプローチを取ることは、不可能でないにしろ著しく困難である。この点について、1999年改正財務省規則は、各パートナーシップ資産の含み損益のうち、譲渡人あるいは譲受人に帰属する部分（分配割当額）のみに焦点を当て、譲渡人側の所得種類の転換や、譲受人側の二重課税の排除の問題を解決しつつ、完全分割アプローチを取った場合の実現額や基準価格の配賦の問題を完全に解決している[89]。したがって、集合アプローチは、譲渡人あるいは譲受人が個々の資産の含み損益についてどれだけ分配割当額を有しているかのレベルまで適用されれば十分であり、譲渡人あるいは譲受人が個々の資産をどれだけ有しているかのレベルまで適用されることは無益であるばかりか、かえって問題が生ずることになる[90]。

　第三に、ではどの程度まで集合アプローチと実体アプローチを折衷させたらよいのか。第一及び第二の点からすると、実体アプローチを取りつつ、個々のパートナーシップ資産の含み損益に関してのみ集合アプローチを取ることがまず基準となる。これ以上、集合アプローチを取り入れると、前述のような問題が生ずる。一方、もっと実体アプローチの要素を残すか否かは、譲渡人と譲受人の間、あるいは個人事業主とパートナー間の税負担の公平と、執行上の負担を勘案して決定されることになる。この点について各論者はまちまちである。例えば、譲渡人について、各資産ごとの損益種類をいちいち決定することを要求する1982年ALI研究と、大まかにキャピタルゲインを生む資産と通常所得

---

[89] 実現額と基準価格の配賦は、現行の歳入法典・財務省規則と1959年アドバイザリー・グループ提案においても求められているから、1982年ALI研究の完全分割アプローチと同じ配賦の問題が生ずる。一方、1954年ALI研究は、資産ごとの実現額と基準価格を求めるのではなく、1999年改正財務省規則と同じく資産ごとの含み損益の分配割当額に着目している。

[90] 正確にいえば、譲渡人（譲受人）の個々の資産持分を決定するのが難しいのではなく、個々の資産持分に配賦される実現額（時価）と基準価格の決定が難しいのである。

を生む資産に分けるだけのその他の見解がある。また、通常所得を認識するために「相当な値上がり」テストを課している1954年ALI研究や1959年アドバイザリー・グループ提案と、これを課していない1982年ALI研究がある。譲受人についても、基準価格調整を選択とする現行法と、基準価格調整をしないことを選択とする1954年ALI研究、調整額が一定額未満ならば基準価格調整選択の排除をさらに「選択」できる1959年アドバイザリー・グループ提案、大規模パートナーシップを除き基準価格調整が強制である1982年ALI研究など、様々な意見がある。いずれも、執行上の負担と税負担の公平を考慮して提案されている。

5　おわりに

　我が国の場合、組合員の地位が譲渡された場合の課税関係は、前述のように明らかでない。パートナーシップ課税制度を踏まえた場合、基本的には、個々の資産の含み損益のうち、譲渡人に帰属する（含み損益が組合により実現された場合に配賦される）部分が、組合員の地位譲渡時に実現したものとして課税を行うべきであろう。しかし、我が国の譲渡益算定は、収入金額又は収益から、取得費等又は譲渡原価を控除するというプロセスで行われる以上（所得税法33条3項、法人税法22条）、個々の資産譲渡についていくら収入金額等又は取得費等があるのかを特定しなければならないが、特に複雑な組合契約が締結されている場合には、これを特定することができない（この原因の一つには、組合の債務が誰に帰属するのか、いわゆる負債割当額の決定が、不明確であることがあげられる）。また、同じく組合員の地位の譲受人が、その後の組合活動に関する課税において、どのように取り扱われるべきかもはっきりしていない。解釈だけでは問題が解決できず、何らかの立法的手当が必要であるものと考えられる。

　立法的手当を考えるにあたり、パートナーシップ課税制度を踏まえた場合には、三点指摘される。

　第一に、組合員たる地位としての持分を税務上一つの資産と見て、それを譲

渡したと考える完全な実体アプローチは取るべきではない[91]。これはアメリカのパートナーシップ課税制度の検討からも把握できたように、譲渡人側では、重課されるべき所得が軽課される所得に転換されるといった所得種類の転換が生じ、一方、譲受人側では二重課税あるいは二重控除の問題が生じうるためである[92]。

　第二に、組合員たる地位の譲渡を、個々の組合資産の譲渡人持分が譲渡されたと考える完全な集合アプローチも取るべきではない。完全な集合論をとると、個々の組合資産のうち譲渡人の持分を決定しなければならず、これがきわめて困難であることは、前述した通りである[93]。譲渡人側の所得種類の転換、ある

91　そもそも組合員たる地位としての持分を、譲渡のみならずその他の税務上の側面においても一つの資産と見るべきか否かの問題があるが、これは組合を課税上どう見るのか、また問題となる取引、例えば出資、分配、所得あるいは損失の配賦の課税結果などを十分に吟味して検討されねばならない。本章ではこれ以上検討しないが、パートナーシップ課税に関して一点指摘しておくと、持分を資産として扱うことを前提にした持分の基準価格の概念は、パートナーの課税済投資額を（一応）示したものである。この概念を利用すると、不均衡な追加出資や不均衡な分配などにより資本持分が変動した時点において、パートナーシップ資産の含み損益を認識しなくても、持分清算時や持分売却時点で、持分の基準価格を使用して最終的に投資の損益を計算することができる。これは、パートナーシップ課税制度を柔軟にし、課税関係を簡素化する。逆からいうと、持分の基準価格を導入しなければ、資本持分が変動する（例えば、不均衡な追加出資時や分配時の他、新規パートナー加入時やパートナー脱退時）ごとに常に資産の含み損益を認識しなければならず（そうでなければ含み損益が課税されないまま移転することになる）、課税関係が極めて複雑になる。

92　なお、完全な実体アプローチを取った場合、譲渡人の側で重課されるべき所得が軽課された場合に、譲受人側で重課されるべき所得の二重課税が生じうる。したがって、譲渡人側で国庫が失った歳入は、譲受人側で取り戻せるから、歳入の点からすると国庫は何も失っておらず、完全な実体アプローチを取ったとしても問題はないとの主張が考えられる。しかし譲渡人が負うべき税を、譲受人に負わせることは公平の観点からすると妥当ではない。つまり完全な実体アプローチは、歳入面のみならず譲渡人と譲受人の税負担の公平の観点からも採用するべきではないと考えられる。

93　正確にいえば、個々の組合資産のうち、譲渡人あるいは譲受人がどれだけ持分を有しているかを決定するのが難しいのではなく、その持分を譲渡したときに、どれだけの収入金額と帳簿価額が譲渡人（譲受人）の持分に配賦されるかを決定するのが非常に困難なのである。

いは譲受人側の二重課税の問題は、個々の組合資産の含み損益のうち、譲渡人あるいは譲受人に帰属する部分が原因である。つまり、それらの問題は、個々の組合資産自体を譲渡人あるいは譲受人がどれだけ有しているかには関係がないのである。したがって、組合員の地位が譲渡されたときには、個々の組合資産の含み損益のうち、どれだけ譲渡人（あるいは譲受人）に帰属するかのみ検討し（帰属の決定の仕方は1999年改正財務省規則が参考になる）、その部分で集合アプローチを取れば十分であり、かつそれ以上集合アプローチを取るべきではない[94]。

　第三に、どの程度集合アプローチと実体アプローチを折衷させればよいかである。第一及び第二の点から考えて、実体アプローチを取りつつ、個々のパートナーシップ資産の含み損益に関してのみ集合アプローチを取ることがまず基準となる。具体的にいうと、組合員の地位を一つの資産とみて、それが譲渡されたと取り扱うが、その際に認識された損益は、各組合資産の含み損益のうち譲渡人に配賦されるべき部分が認識された、と考えるのである。譲受人の側からみると、各組合資産の含み損益のうち譲渡人に課税された部分について、基準価格の調整を受け取ることになる（この調整はもちろん譲受人にのみ帰属し、他のパートナーには帰属しない）。第二の点から考えると、これ以上集合アプローチの要素を取り入れるべきではない。一方、もっと実体アプローチの要素を残すか否かであるが、ここで考慮されるべき最も重要な要素は、執行上の負担である。すなわち、この執行上の負担と、譲渡人たる組合員と譲受人たる組合員の間の、あるいは組合員と個人事業主の間の公平を比較して決定されるべきことになる。この場合、一番問題になるのは、譲受人に取得価額調整の選択を認めるかどうかである[95]。譲受人の取得価額調整は、前述のように組合資産

94　組合員の地位の譲渡について、植松氏は次のような懸念を述べている。「包括的な持分の譲渡価額が一体として定められるときは、その個々の財産への配分がむづかしい場合が考えられ、また前述の組合員の脱退等に伴う資産の払戻しの場合と同様に、組合債務があるときは、これをどのように個々の資産に対応させるか問題があると思われる」（植松・前掲注4・65頁）。これはまさに完全な集合アプローチを取った場合の難点を指摘するものである。したがって、植松氏や須田氏の主張されるような取り扱いが現実に行われた場合、完全な集合アプローチの欠点が露呈する可能性がある。

の含み損益の二重課税を避けるために必要である。この取得価額調整は、アメリカのパートナーシップ税制におけるものと同様、譲受人にのみ帰属する。個々の資産に帰属する調整額の算定は、組合資産の含み損益のうち、譲受人に帰属する金額であるから、（価格評価の問題は別にして）その時点ではさして執行上問題はないであろう。しかし譲受人の場合、調整が行われた資産が最終的に処分されるまで、調整を記録し続けなければならず、また減価償却資産に対して調整が行われた場合には、毎年の減価償却費の算定の際に、その調整を考慮しなければならないため、執行上相当な負担がかかるのである。税負担の外形的な公平にのみ目を奪われて、譲受人に過大な執行上の負担を課せば、譲受人がかえって不利に取り扱われ、逆に公平を害することになろう。したがって、譲受人の場合、資産の取得価額に対する調整は、譲受人による選択とするべきである。そして、このような選択制度が認められれば、（選択をしない場合には）譲受人側の取り扱いはさらに実体アプローチに近づくのである[96]。なお、譲渡人の場合には個々の組合資産の損益の性質に応じて強制的に課税されても、（資

---

95 ここでは一応「譲受人に」選択を認めるかどうかと述べたが、そもそも選択を「パートナーシップ」が行うのか、「譲受人」が行うのかという問題がある。これは実際に誰が基準価格調整の記録や計算を行うのかによる。基準価格調整は譲受人にのみ帰属するから、譲受人が基準価格調整の記録や計算をなすと考えれば、譲受人が選択をなすことになろう。また、アメリカの754条選択のように（アメリカでは反対意見もあるが）、持分譲渡時の基準価格調整と分配時の基準価格調整の両方の調整を必然的になさしめるような選択もあり得る。

96 なお、選択制度としては、「基準価格調整を行う」ことを選択とするものと、「基準価格調整を行わない」ことを選択とするものの二種類が考えられる。これも執行上の負担をどの程度重要視するかによって決定されるのであり、執行上の負担をより重要視すれば前者が、あまり重要視しなければ後者が妥当ということになろう。また、アメリカにおいては、Caso & Epstein, *supra* note 53, at 237-238が示すように、基準価格調整を行わなくても、所得等の特別配賦によって基準価格調整と同じ効果が得られる。したがって、基準価格調整を行わず、二重課税排除のためには所得等の特別配賦を使用しつつ二重控除排除のための特別配賦を行わないことにより、納税者は自己に有利な部分のみを選ぶことができる。日本において同じように特別配賦が認められるとすると、これと同じような問題が生じうる。さらなる考察が必要な問題ではあるが、取得価額調整を原則として納税者に強制し、純粋に執行上の負担のみが理由である場合に、選択により取得価額調整の排除をなし得る、という方法でも対処できよう。

産の価格評価の問題はあるものの）譲受人のように長期間にわたる調整の記録や計算が不要であるから、さして負担にならない。

　以上、組合員の地位が譲渡される場合の課税について、立法論の見地から意見を述べた。しかし、もちろんこれは大まかな指針に過ぎない。細部の指針についても、アメリカのパートナーシップ課税制度が参考になると考えられる。例えば、譲渡人のパートナーシップに対する通告義務や、パートナーシップの譲渡人・譲受人に対する情報申告義務、課税庁への申告義務などは、組合員たる地位の譲渡の際にも参考になる議論である。これらの細部にわたる議論は、後の課題としたい。

第五章　パートナーシップからの分配と所得課税

1　はじめに

　組合が事業や投資を行った際、その利益や資本が事業の途中に組合員に対して払い戻されることがある。また、事業や投資を最終的に清算する場合にも、同じく利益や資本が、残余財産という形で払い戻されるであろう。組合から利益や資本が払い戻されることを分配（distribution）という場合[1]、このような資産や現金の分配を、所得課税上どのように取り扱ったらよいのかが問題になる。
　具体的には、次のような例を考えてみよう。

　　例1：AとBが投資事業組合を結成して、各自現金100ずつを出資した。持分は対等である。組合は、X株二株を50（一株25）で、Y株二株を150（一株75）で購入した。数年後、X株二株が150に値上がり

---

[1]　なお、これに対して、共同事業において得た利益を各構成員に「計算上」割り当てることを「配賦（allocation）」という。配賦と分配の区別については、本書第一章3［1］［a］参照。我が国の民法においては、「分配」という言葉には、財産の移転を伴うもの（allocationとdistributionが同時に起こる）と伴わないもの（allocationのみが起こる）とがあり、その意味で「配賦（allocation）」と「分配（distribution）」の概念が分離していない。拙稿「民法上の組合の稼得した所得の課税に関する基礎的考察　―課税時期、所得種類、帰属を中心に」税法学543号102頁以下（2000）（以下、拙稿「基礎的考察」と引用）参照。本稿の検討対象は、allocationではなくdistributionであるので、これを厳密に区別して取り扱い、以下では、前者を「配賦」、後者を「分配」と呼ぶことにする。

したときに（Y株は価格変動なし）、組合は清算し、AとBはX株とY株の清算分配を受けた。

　AとBがそれぞれX株一株とY株一株の分配を受けた場合、AとBにはどのような課税が行われるべきなのだろうか？X株の含み益には課税がなされるべきなのか？課税される場合、それはどのように計算したらよいのだろうか？

　一方、AがX株二株を、BがY株二株の分配を受けた場合はどうなのであろうか？同じくX株の含み益には課税がなされるべきなのか？課税される場合、それはどのように計算したらよいのだろうか？課税されないとすると、Xが多額の純損失や繰越欠損金を抱えている等の理由で非課税であり、一方Bは高税率適用納税者である場合、それは租税回避ではないのだろうか？

　このように、組合からの現金や資産の分配には、多くの課税上の問題が生じるように思われるが、我が国の所得税法・法人税法には、このような組合からの分配の課税結果を取り扱う特別の条項がなく、あくまでも一般原則規定の下で取扱いが行われねばならない。そのため、その課税結果は必ずしも明らかではないであろうし、様々な課税上の問題を内包し、またしうるであろう。

　本章は、我が国における組合からの分配とそれに関する課税上の問題を検討し、さらに解決策を提示することを目的とする。また、組合課税に対比される比較法的対象として、もっとも規定が整備され、かつ研究も盛んなアメリカ内国歳入法典のパートナーシップ課税を取り上げて、その制度と問題点、それに対する研究等を詳細に考察しつつ、我が国組合課税の問題を考えることにする。

　以下では、パートナーシップからの分配と課税上の現行取扱いを検討する（本章2）。ここでは、特に一般原則としての分配時損益不認識（課税繰延べ）と、その例外となる751条(b)の解散予定パートナーシップ条項、そして734条(b)の選択的基準価格調整制度を概観してその問題点を確認する。次に、分配時損益不認識原則や751条(b)、734条(b)の抱える問題に対してどのような研究がなされ、提言が行われているかを見ることにしよう（本章3）。さらに、我が国の組合からの分配とその課税結果を考察し、問題点を確認しつつ、2および3で得ら

れたパートナーシップ課税からの示唆の当てはめを行うことにしよう（本章4）。最後に、本章のまとめを行う（本章5）[2]。

2　パートナーシップからの分配とその課税上の取扱い

[1]　一般原則

[a]　序説

　内国歳入法典上、パートナーシップはそれ自体課税を受けるものではなく（内国歳入法典（以下、I.R.C.と表示）§701）、パートナーシップが稼得した所得は、それが分配されているか否かに関わらず、各パートナーに対して課税される（I.R.C.§702）。したがって、パートナーシップからパートナーに対してなされる現金その他資産の分配は、一般的には課税済の資本か利益であるから、受け取ったパートナーに対して再び課税されることは、原則的にない。

　ここで分配とは、パートナーシップに出資した資本やそれが稼得した利益の払戻しとして、パートナーシップからパートナーに対して現金その他資産の移転のことをいう。もっとも、このような資産の移転がなくても分配が生じる場合もある。パートナーシップが負債を有している場合、その負債は各パートナーに配賦され、各パートナーはその負債を割り当てられたものと取り扱われている。このように各パートナーに割り当てられた負債を、そのパートナーの負債割当額（a partner's share of the liabilities of a partnership. 本書第二章3［b］参照）というが、各パートナーの負債割当額の増加は、そのパートナーからパートナーシップに同額の現金出資があったものとみなされ（I.R.C.§752(a)）、逆

---

[2] ある組合員／パートナーが、組合／パートナーシップから脱退して自己の持分を清算し、組合・パートナーシップはその他の組合員／パートナーによって存続する場合、そのような清算は、脱退組合員／パートナーの持分を、その他のパートナーが購入するのと、経済的には同じである。したがって、組合やパートナーシップからの分配をどのように課税するかは、持分譲渡時の課税と密接に関係する。持分譲渡時の課税については、本書第四章で検討したが、そこでの分析は本章と密接に関係するので、第四章も参照されたい。

に負債割当額の減少は、パートナーシップからそのパートナーに対して同額の現金分配があったものとみなされている (I.R.C. §752(b))。したがって、パートナーシップがその負債を債権者に返済した場合には、各パートナーの負債割当額が減少するから、みなし現金分配が生じることに注意する必要がある。

また、当事者がある取引を分配としていても、そのような性格づけがそのまま認められるものではない[3]。例えば、パートナーからパートナーシップに対する資産の出資は、原則として出資パートナーもパートナーシップも課税されず (I.R.C. §721(a))、また前述のようにパートナーシップからパートナーへの分配も課税を引き起こすものではないから、売買や交換等、通常は課税を引き起こす取引を、出資・分配と性格づけることにより、租税回避が生じる可能性がある。この場合、707条(a)(2)は、問題となる出資・分配を「偽装売買 (disguised sale)」と性格づけし直し、租税回避を防止している。また逆に、貸付等の取引が、分配と性格づけし直される場合もある。

さらに、分配は「清算分配 (liquidating distribution)」とそれ以外の分配 (財務省規則 (以下、Treas.Reg. と表示) §1.761-1(d)は「現在分配 (current distribution)」と呼んでいるが、非清算分配 (nonliquidating distribution) とも呼ばれる) に分けられる。これは、それぞれの分配について、適用される規定が若干異なるからである。

パートナーの持分の清算 (liquidation of a partner's interest) は、「パートナーシップからパートナーに対する一つの分配又は一連の分配により、そのパートナーの持分全てが終了すること」と定義されており (I.R.C. §761(d); Treas.Reg.

---

[3] See Falkoff v. Comm'r, 62 T.C. 200, 205-207 (1974) (Issue 1. パートナーシップ利益から返済される貸付が分配ではないと判示された事例). See also Treas.Regs. §§1.731-1(c)(2)(パートナーがパートナーシップから金銭その他の資産を受領した場合、パートナーが返済義務を負っていれば貸付であるが、当該義務が免除された場合には、そのときに分配が行ったものとみなされる), (c)(3)(資産交換とされる分配について). 分配の定義や分配としての性格づけについて、詳しくは、see WILLIAM S. MCKEE, WILLIAM F. NELSON & ROBERT L. WHITMIRE, FEDERAL TAXATION OF PARTNERSHIPS AND PARTNERS ¶19.02 (4th ed. 2007 & Supp. 2007) [hereinafter FEDERAL TAXATION]; ARTHUR B. WILLIS, JOHN S. PENNELL & PHILIP F. POSTLEWAITE, PARTNERSHIP TAXATION ¶13.02 (6th ed. 1997 & Supp. 2007) [hereinafter WILLIS].

§1.761-1(d)(1)(第一文))、この際に行われる分配が清算分配である。この場合の一連の分配は、一年以上に及びうるものであり、最後の分配が行われるまで、そのパートナーの持分は清算されたものと取り扱われない（Treas.Reg.§1.761-1(d)(1)(第二文及び第三文)）。清算分配でない全ての分配が現在分配であり、これには持分の一部清算や当該パートナーの損益の分配割当額（distributive share. 配賦された損益のことであり、いわゆる「分配」とは関係がない）が含まれる（Treas.Reg.§1.761-1(d)(1)(第五文及び第六文)）。

　パートナーシップからの分配の課税結果を決定する際に、二つ重要な指標が存在する。一つは各パートナーの資本勘定（capital account、本書第一章3［2］［b］(1)参照）であり、もう一つはパートナーのパートナーシップ持分の（調整）基準価格（adjusted basis of a partner's interest in a partnership. 本書第二章3［1］参照）である。前者は、要するにパートナーシップ資本に占めるそのパートナーの投資額（資本の金額）であり、各パートナーの出資額（時価）又は各パートナーに配賦された利益の額だけ減少し、逆にパートナーシップからの分配額（時価）又は各パートナーに配賦された損失の額だけ減少する、という財務会計的なルールに則り計算される（Treas.Reg.§1.704-1(b)(2)(iv)）。原則として、各パートナーに対する損益の配賦が税務上認められるためには、清算時に資本勘定残高に従って分配が行われねばならない（Treas.Regs.§§1.704-1(b)(2)(ii)(b)(2), 1.704-1(b)(2)(ii)(d)(1). 逆に負の資本勘定残高は、この分だけパートナーが出資しなければならない。Treas.Reg.§1.704-1(b)(2)(ii)(b)(3))。

　後者は、俗にアウトサイド・ベイシス（outside basis）と呼ばれ、法人株式につけられた基準価格（税務上の帳簿価格）と同様、パートナーシップ持分につけられた基準価格のことであり、パートナーシップに対してなされた「課税済」投下資本（プラス負債割当額）を示す。パートナーシップのアウトサイド・ベイシスが法人株式の基準価格と異なるのは、二重課税や控除を防ぐため、パートナーに配賦されたパートナーシップ損益によって、アウトサイド・ベイシスが変動する点にある（I.R.C.§705; Treas.Reg.§1.705-1. 本書第二章3［1］［a］(2)）。後述するように、分配時に損益が認識されるにあたり[4]、アウトサイド・ベイシスは極めて重要な役割を負っている。なお、パートナーシップが保有す

る資産についてつけられた調整基準価格のことを俗にインサイド・ベイシスと呼び、一般に全パートナーのアウトサイド・ベイシス合計額は、パートナーシップ全資産のインサイド・ベイシス合計額と等しい。

［ｂ］　損益認識

　パートナーシップからの金銭その他の資産の分配時には、パートナーシップ及び分配受領パートナーは共に、原則として損益を認識しない（I.R.C. § 731(a)、(b)）[5]。前述のように、パートナーシップからパートナーに対してなされる現金

4　なお、736条によると、パートナーシップ持分の清算時に、パートナーシップからパートナーになされる支払は、①分配割当額・ギャランティード・ペイメントの支払と、②清算分配に分けられる。本章では、このうちもっぱら②のみを取り扱い、①は取り上げないものとする。736条について、詳しくは、see FEDERAL TAXATION, supra note 3, ch. 22; WILLIS, supra note 3, ch. 15; BORIS I. BITTKER & LAWRENCE LOKKEN, FEDERAL TAXATION OF INCOME, ESTATES AND GIFTS ¶ 88.3 (3d ed. 2003 & Supp. 2005) [hereinafter BITTKER].

5　現行制度は1954年内国歳入法典（Internal Revenue Code of 1954, Pub.L. No. 83-591, 68A Stat. 1 (1954)）にてほぼ形作られたが、同法典制定前にも、分配現金額が分配受領者のアウトサイド・ベイシスを超過したり、清算分配時に現金のみが分配されてそれがアウトサイド・ベイシスを超過しない場合を除き、資産分配時に損益は認識されなかったようである（ちなみに、54年法典の前の法典である1939年内国歳入法典 Internal Revenue Code of 1939, Pub. L. No. 76-1, 53 Stat. 1 (1939) には分配に関する条項はなかった）。See Gen. Couns. Mem. 10092, XI-1 C.B. 114, 115 (1932); Crawford v. Comm'r, 39 B.T.A. 521 (1939) (39年歳入法典以前の事件。分配によってパートナーは新たな資産を取得するのではなく、もともと共同で有していた資産を分けるだけであるから、分配時に損失は認識されないと判示された事例）。But see Woodruff v. Comm'r, 38 B.T.A. 739 (1938) (特別パートナー（一種のリミテッド・パートナー）の持分はジェネラル・パートナーの持分とは著しく異なるため、分配時に損失が認識される、と判示）。分配資産が分配受領者の手元でどのような基準価格を取るかについて、39年歳入法典113条(a)(15) (53 Stat. at 43) は、アウトサイド・ベイシスのうち、分配資産に「適正に配賦されうる（properly allocable）」部分が、分配資産の基準価格となる旨定めていた。歳入庁は、分配資産について、アウトサイド・ベイシスに、分配資産の時価が分配直前の全パートナーシップ資産に占める割合を乗じて計算した額を、分配受領者の手元における基準価格とする旨示していたが（Gen. Couns. Mem. 20251, 1938-2 C.B. 169, 169-170 (ただしこれは1936年歳入法の下でのものである)）、このような基準価格算定方式により、非常に値上がりした資産が課税を受けることなく高い基準価格をつけることになったため、批判が多かった。J. Paul Jackson, Mark H. Johnson, Stanley S. Surrey,

その他資産の分配は、一般的には課税済の資本か利益であるから、受け取ったパートナーに対して再び課税されることは、原則的にはない（二重課税の防止）[6]。

もっとも、資産が分配されたときには、分配された資産が有する含み損益や分配受領パートナーその他のパートナーの有する含み損益に対する課税が問題となる。これら含み損益についてはいまだ課税が行われていないため、先の二重課税防止の理由が妥当しないからである。しかし、この場合も、原則として含み損益は認識されず、課税が繰り延べられる。このような不認識（nonrecognition）の理由としては、資産分配時に含み損益に課税することによりパートナーシップからパートナーへの資産の流れが阻害されてしまうので、このような課税による阻害を排除することが挙げられている[7]。

Carolyn K. Tenen & William C. Warren, *The Internal Revenue Code of 1954: Partnerships*, 54 COLUM. L. REV. 1183, 1212-1213, 1232 n.94 (1954) [hereinafter *I.R.C. of 1954*]; Donald C. Alexander, *Collapsible Partnerships*, 19 INST. ON FED. TAX'N 257, 268 (1961)（通常所得のキャピタルゲインへの転換を示唆）; Jacob Rabkin & Mark P. Johnson, *The Partnership under the Federal Tax Laws*, 55 HARV. L. REV. 909, 923 (1942); Mark H. Johnson, *Property Distributions by Partnerships*, 4 TAX L. REV. 118, 119 (1948). 1954年歳入法典制定以前のパートナーシップ分配の課税状況について、他に引用したものの他、本章で参照したのは、Paul Little, *Partnership Distributions Under the Internal Revenue Code of 1954 (First Installment)*, 10 TAX L. REV. 161 (1954) [hereinafter Little, *First Installment*]; AMERICAN LAW INSTITUTE, FEDERAL INCOME TAX STATUTE 383-385, 392-395 (1954) [hereinafter *1954 ALI Draft*]; Christopher H. Hanna, *Partnership Distributions: Whatever Happened to Nonrecognition?*, 82 KY. L.J. 465, 473 n.20 & n.21 (1994); Karen C. Burke, *Partnership Distributions: Options for Reform*, 3 FLA. TAX REV. 677, 687 (1998) [hereinafter Burke, *Distribution*]等である。

6 *See e.g.*, Mark P. Gergen, *Reforming Subchapter K: Contributions and Distributions*, 47 TAX L. REV. 173, 199 (1991); *I.R.C. of 1954, supra* note 5, at 1211 (1954).

7 S. REP. NO. 83-1622, at 96 (1954). *See* Little *First Installment, supra* note 5, 165 & n.23; Gergen, *supra* note 6, at 199. なお、出資時の含み損益が認識されない理由づけとして、パートナーシップがパートナーとは区別された税務上の実体ではなく、パートナーシップに対する資産出資が含み損益認識を引き起こすほどの大きな投資の変動ではないことが挙げられているが（本書第三章2参照）、分配時にも同じ理由で含み損益認識が引き起こされない、と説明しうるであろう。*See* Karen C. Burke, *The Uncertain Future of Limited Liability Companies*, 12 AM. J. TAX POL'Y 13, 27 (1995).

このような一般的な損益不認識の例外として、次の二つの場合には、分配受領パートナーは損益を認識する。ただしパートナーシップは、（後述する751条(b)が適用される場合を除いて）いかなる場合においても損益を認識することはない（I.R.C.§731(b); Treas.Reg.§1.731-1(b)）。

　①分配された現金額が、分配直前のアウトサイド・ベイシスを超過している場合、当該超過額について利益（キャピタル・ゲイン）が認識される（I.R.C.§731(a)(1); Treas.Reg.§1.731-1(a)(1)）。
　例えば、分配直前のアウトサイド・ベイシスが10000ドルのパートナーが80000ドルの現金と時価3000ドルの資産を受け取ったとしても、利益は認識されないけれども、この分配で現金を11000ドル受け取っている場合には、利益が1000ドル認識される（これはその他資産の有無に関わらない）[8]。
　このようなアウトサイド・ベイシスを超過する現金分配時の利益認識は、現金はその時価と異なる基準価格をつけることができず、またアウトサイド・ベイシスはゼロより下まで下がらない（I.R.C.§705(a)(2)かっこ書き参照）ので、課税を繰り延べることができないため、利益認識をせざるを得ない[9]のである[10]。

8　Treas.Reg.§1.731-1(a)(1)の例示より。なお、Treas.Reg.§1.731-1(a)(1)(ii)は、パートナーの所得の分配割当額が、金銭ないし資産により、前払い又は引き出された場合、その前払い又は引き出しは即時の分配とは取り扱われないが、パートナーシップ課税年度の最終日に行われた現在分配とみなされると規定している。所得の分配割当額はアウトサイド・ベイシスを増加させるから（I.R.C.§705(a)(1)）、この規定により特に年度途中の現金分配に課税される可能性は低くなる。

9　William D. Andrews, *Inside Basis Adjustments and Hot Asset Exchanges in Partnership Distributions*, 47 TAX L. REV. 3, 59 n.197 (1991)は、分配受領者が負の資本勘定を補填する責任を有している場合には、基準価格を超過する分配がなぜ課税されるべきか完全に明らかというわけではない、と述べる。

10　Hanna, *supra* note 5, at 521-523は、731条(a)(1)による利益認識を、負のアウトサイド・ベイシスを防止し、無利息貸付の問題（金銭の時間的価値の問題）を回避するために必要である、と主張する。このような主張は誤ったものではないが、若干補足する必要があろう。負のアウトサイド・ベイシスが生じる場合は二種類に分けられ、それは資本勘定がマイナスになる場合とそうでない場合であり、Hanna論文は後者のみを念頭に議論

を行っているようである。

　まず、Hanna論文が念頭においている資本勘定がマイナスにならない場合を考えてみよう。A、B、Cの三人が現金50ずつ出資してパートナーシップを結成した。パートナーシップは現金50を使用して土地を購入した。土地が200まで値上がりしたときに、Aに対して現金95を分配した。分配直前のA、B、Cの資本勘定はそれぞれ100であり（Treas. Reg. §1.704-1(b)(2)(iv)(f)(5)(ii)参照）、一方アウトサイド・ベイシスはそれぞれ50である。現行法によると、この分配時にAは45の利益（分配現金額95マイナス分配直前のアウトサイド・ベイシス50）を認識することになる。この場合、負のアウトサイド・ベイシスを認めることは、後述するパートナー間の無利息貸付の問題ではなく、純粋な課税繰り延べの問題として捉えることができる（これは見方を変えれば、Aと連邦政府間の無利息貸付と同じことである）。Hanna論文は、負のアウトサイド・ベイシスの問題を、納税者と連邦政府間の無利息貸付の問題と捉えているが、それはこのように資本勘定がマイナスではない場合を念頭に置いているものと考えられる。同論文によれば、無利息貸付の問題を回避するために、45の利益認識が必要である、ということになる。

　次に、Hanna論文が念頭においていない資本勘定がマイナスになる場合を考えてみよう。1年目期末、AとBが現金100ずつを出資してパートナーシップを結成し、後にBがパートナーシップから現金200の分配を受けた。2年目期末、パートナーシップは清算しBは現金100を追加出資したとする。現行法によると、分配によってBが受け取った現金額が200で、その分配直前のアウトサイド・ベイシスが100であるから、分配時に100の利益（キャピタルゲイン）を認識する。一方、分配直後のBの資本勘定はマイナス100（Aの資本勘定は100）である。資本勘定残高はパートナーシップが清算するときに各パートナーが分配を受けあるいは払込をしなければならない額であるから、要するに、資本勘定を通じてAからBが100を借り入れているのと同じことであり、Bは一連の取引で100の利益を受け取っているわけではない。2年目期末にパートナーシップが清算し、Bが負の資本勘定100と同額の追加出資を行えば、その時点でBはキャピタル・ロス100を認識する。しかし、資本勘定を通じたAからBへの貸付は利子がついていないから、このまま税務上この取引を認めると、AとB間で無利息貸付が生じてしまう。そこでBの受け取った100について、利益を認識し、無利息貸付を防止しようということになろう。

　もっとも、正確にいえば、このような資本勘定とパートナーシップからの分配を通じたAからBへの無利息貸付の課税上の取扱いと、内国歳入法典上の一般的な無利息貸付の取扱いは同じではない。例えば、A、Bともに適用税率が40％であり、市場利子率が10％（適用連邦利率も同じ）だとする。AがBに対して直接無利息貸付100をなし、それが7872条(b)の貸付に該当する場合、この取引は、(1)AからBへの年利10％での90.9の貸付と、(2)AからBへの9.1の支払（AとBとの関係で報酬支払いだったり出資だったりする）と取り扱われる。(2)の支払が受け取ったBの側で所得税の対象となり、かつ(1)の利子と(2)の支払が所得税において控除の対象にならないとすると、国庫は1年目

211

分配されたものが現金であれば利益認識が行われるが、その他資産であれば利益認識が行われないという制度は、別々の現在分配において現金（アウトサイド・ベイシス以下の額）と資産を受け取る場合の、その順序を重要なものとする。つまり、現金分配後に資産を分配すれば利益認識は行われないが、資産分配後に現金を分配した場合には、利益が認識される可能性が生じうるのである。

　②分配が清算分配であって、分配された資産が、現金、未実現未収金（unrealized receivables, I.R.C. § 751(c)）及び棚卸資産（inventory, I.R.C. § 751(d). 棚卸資産項目（inventory items）とも呼ばれる）のみであり、かつ分配現金額と、未実現未収金・棚卸資産の調整基準価格が、分配直前のアウトサイド・ベイシスを下回るときには、その下回る額について損失（キャピタル・ロス）が認識される（I.R.C. § 731(a)(2); Treas.Reg. § 1.731-1(a)(2)）[11]。

期末に B から3.64（9.1×40％）の税を、2年目期末にも A が受け取った利子について A から3.64（9.1×40％）の税を受け取ることになる。国庫が受け取った税を年利10％で投資できるものとすれば、2年目期末に国庫の手元にあるのは、7.644ということになる。
　一方、先の例のように、資本勘定を通じて A から B へ無利息貸付を行うとすると、1年目期末に B は100の利益を認識し、2年目期末に100の損失を認識する。国庫は1年目期末において40（100×40％）を B から受け取り、2年目期末に40を還付したことになるが、これは要するに国庫が B から40の無利息貸付を受けているのと同じである。国庫が受け取った税を年利10％で投資できるものとすると、2年目期末に国庫の手元にあるのは、4（40×10％）である。
　この例によれば、A から B に直接無利息貸付を行うより、資本勘定を通じて無利息貸付を行った方が国庫にとっては不利（納税者にとっては有利）である。また、納税を行う者が A か B かという違いもある。A から B への支払や利子に控除が認められるかどうか、通常所得とキャピタル・ゲインの税率が同じかどうか、A と B の税率が同じであるかどうかによって、直接の無利息貸付が有利かそれとも資本勘定を通じた無利息貸付が有利かは変化するものと思われるが、現行分配時の利益認識により、無利息貸付の問題が完全に解決されているわけではないことには注意されるべきである。
11　清算分配時におけるキャピタル・ロス認識を避けたければ、少額の751条資産以外の資産を分配すればよい。*See* Arthur B. Willis, *Distributions of Partnership Property and Payments to a Retiring or Decreased Partner*, 1955 So. Calf. Tax Inst. 229, 234. ただし、あまりにその資産が少額だと、これは無視されるべきであるとの意見もある。*see I.R.C. of 1954, supra* note 5, at 1228 n.87.

未実現未収金と棚卸資産項目をまとめて、一般には751条資産と呼ばれる（Treas.Reg.§1.751-1(e)）。詳細は後述するが、751条資産は、分配受領パートナーの手元において、パートナーシップでの調整基準価格以上の調整基準価格を取ることができず（I.R.C.§732(c)(1)(A). 通常所得のキャピタル・ゲインへの転換を防止するためである）、また現金は額面と同じ調整基準価格しか取ることができないから、清算分配時に現金と751条資産のみしか受け取らなければ、それ以上損失を繰り延べることができない。したがって、清算分配時に、かつ現金と751条資産のみを受け取った場合に損失を認識するのである。

例えば、分配直前のアウトサイド・ベイシスが10000ドルのパートナーが、自己の持分の清算分配時に、現金5000ドルと調整基準価格3000ドルの棚卸資産を受け取った場合、2000ドルの損失が認識される。一方、同じく分配直前のアウトサイド・ベイシスが10000ドルのパートナーが、自己の持分清算時に、現金4000ドルと調整基準価格3000ドルの棚卸資産、そしてパートナーシップにおける調整基準価格が2000ドルの事業用不動産の分配を受けた場合、現金と751条資産以外の資産を受け取っているので、損失は認識されない。この場合には事業用不動産が、分配を受けたパートナーの手元で3000ドルの調整基準価格を取ることになる[12]。

なお、①②により認識された損益は、キャピタル・ゲイン／ロスと取り扱われる（I.R.C.§§731(a), 741; Treas.Reg.§1.731-1(a)(3)）。また、繰り返しになるが、分配された現金額には、負債割当額の減少（みなし現金分配、I.R.C.§752(b)）が含まれることに注意する必要がある。

［c］ 分配資産の基準価格

分配された現金以外の資産は、分配受領パートナーの手元で基準価格をつけることになる。これは次のように算定される。

12　これらの例は、Treas.Reg.§1.731-1(a)(2) Ex.1及び Ex.2を簡素化したものである。

① 現在分配

分配された資産は、分配受領パートナーの手元で基準価格をつけることになるが、これはその資産のパートナーシップ調整基準価格が原則として引き継がれる（一般に、引継基準価格、carryover-basis と呼ばれる。I.R.C.§732(a)(1)；Treas.Reg.§1.732-1(a)）。ただし、分配資産のパートナーシップ調整基準価格が、分配直前のアウトサイド・ベイシス（から分配された現金額を引いた額）を超過する場合、分配資産の基準価格はそのアウトサイド・ベイシスを上限とする（つまり、アウトサイド・ベイシスが分配資産の基準価格に付け替えられるのである。これを代替基準価格、substituted-basis という。I.R.C.§732(a)(2)）[13]。

例えば、アウトサイド・ベイシス15000ドルのパートナーが、分配直前の調整基準価格10000ドルの資産と2000ドルの現金の分配を受け取った場合、分配を受け取ったパートナーの手元におけるその資産の基準価格は10000ドルのままである（損益は認識されない）。一方、同じくアウトサイド・ベイシス10000ドルのパートナーが、分配直前の調整基準価格8000ドルの資産と、4000ドルの現金の分配を受け取った場合、分配を受け取ったパートナーの手元におけるその資産の基準価格は、6000ドル（アウトサイド・ベイシス10000ドルマイナス分配現金額4000ドル）になる（この場合も損益は認識されない）[14]。

② 清算分配

分配された資産の基準価格は、分配直前のアウトサイド・ベイシス（から分配された現金額を引いた額）が付け替えられる（代替基準価格。I.R.C.§732(b)；

13　なお、この引継基準価格、代替基準価格の呼び方は、法令上のものではなく、一般的にいわれているものである。See CURTIS J. BERGER & PETER J. WIEDENBECK, CASES AND MATERIALS ON PARTNERSHIP TAXATION 481-487(1989); PHILIP F. POSTLEWAITE & JOHN H. BIRKELAND, PROBLEMS AND MATERIALS ON THE TAXATION OF SMALL BUSINESS ENTERPRISE: INDIVIDUAL, PARTNERSHIP AND CORPORATION 297-298(1997). 歳入法典上は、引継基準価格は移転基準価格（transferred basis）と（I.R.C.§7701(b)(43)）、代替基準価格は交換基準価格（exchanged basis）と呼ばれ（I.R.C.§7701(b)(44)）、移転基準価格と交換基準価格の両方を併せて代替基準価格と呼ばれる（I.R.C.§7701(b)(42)）。本章では、歳入法典上の呼び方ではなく、一般的な呼び方に依拠する。

14　これらの例は、Treas.Reg.§1.732-1(a) Ex.1及びEx.2を簡素化したものである。

Treas. Reg. §1.732-1(b))。例えば、アウトサイド・ベイシスが12000ドルのパートナーが、分配直前の調整基準価格6000ドルの資産と、2000ドルの現金を受け取った場合、その資産の基準価格は10000ドル（アウトサイド・ベイシス12000ドルマイナス分配現金額4000ドル）である（損益は認識されない）[15]。

③　分配資産間の基準価格の配賦

①と②において、分配資産が代替基準価格を取る場合、分配された資産が複数であるときには、分配資産に代替基準価格を配賦しなければならない。これは次のように配賦される。

(1)　分配直前のアウトサイド・ベイシス（から分配された現金額を引いた額）を分配資産に配賦する場合、まず未実現未収金と棚卸資産項目に、それら資産の分配直前のパートナーシップ調整基準価格まで、配賦が行われる（I.R.C.§732(c)(1)(A); Treas.Reg.§1.732-1(c)(1)(i)）。未実現未収金と棚卸資産項目のパートナーシップ調整基準価格に、配賦される基準価格（アウトサイド・ベイシス）が足りない場合、その「不足額」を、それら資産の未実現値下がり損（含み損）に比例して、かつその含み損の範囲で配賦するように、基準価格を配賦する（したがって、それら資産の含み損が按分的に減少し、最終的になくなるまで、基準価格が配賦されることになる。I.R.C.§732(c)(3)(A); Treas.Reg.§1.732-1(c)(2)(i)(第一文)）。配賦される基準価格の不足額が、未実現値下がり損を消滅させてもなお残っている場合には、その時点でのそれら資産の相対的調整基準価格に従って、それら不足額が配賦されるように、基準価格が配賦される（I.R.C.§732(c)(3)(B); Treas.Reg.§1.732-1(c)(2)(i)(第二文)）[16]。

例えば、アウトサイド・ベイシス9000ドルのパートナーが、分配直前の調整基準価格が5000ドルで時価2000ドルの棚卸資産Xと、分配直前の調整基準価

---

[15]　この例は、Treas.Reg.§1.732-1(b) Ex. を簡素化したものである。
[16]　なお、これは前述したことであるが、清算分配時に現金と751条資産のみが分配され、アウトサイド・ベイシスが現金額とパートナーシップにおける751条資産の調整基準価格を超過している場合、当該超過額はキャピタルロスとして認識されることには注意すべきである。See Treas.Regs.§§1.732-1(c)(3), 1.732-1(c)(4) Ex.4.

格が10000ドルで時価4000ドルの棚卸資産Yの分配を受けた場合を考えてみよう。まず、アウトサイド・ベイシス9000ドルは、XとYの分配直前の調整基準価格（合計で15000ドル）まで配賦しなければならないが、これには足りないので、それぞれの資産の含み損に従ってその「不足額」を配賦する。「不足額」は6000ドル、Xの含み損が3000ドルで、Yの含み損が6000ドルなので、不足額はXに2000ドル、Yに4000ドル配賦される。したがって、分配後のXの基準価格は3000ドル（分配直前の調整基準価格5000ドルマイナス不足額2000ドル）、Yは6000ドル（分配直前の調整基準価格10000ドルマイナス不足額4000ドル）ということになる。またこの例において、XとYの時価がそれぞれ4000ドル、9000ドルだとすると、Xの含み損は1000ドル、Yの含み損も1000ドルになるから、「不足額」6000ドルは、Xに1000ドル、Yに1000ドル配賦される（この時点で、Xの基準価格は4000ドル、Yのそれは9000ドルになる）。さらに、「不足額」は4000ドル余るので、これはその時点でのXとYの基準価格（X：4000ドル、Y：9000ドル）に比例して配賦される（Xに1231ドル、Yに2769ドル）。したがって、分配後のXの基準価格は2769ドル、Yは6231ドルとなる。

(2) 分配直前のアウトサイド・ベイシス（から分配された現金額を引いた額）を、未実現未収金と棚卸資産項目に配賦し終わって、また残余の基準価格（アウトサイド・ベイシス）がある場合、それはその他の資産に対して、それら資産の分配直前のパートナーシップ調整基準価格まで、配賦が行われる（I.R.C.§732(c)(1)(B)；Treas.Reg.§1.732-1(c)(1)(ii)）。その他の資産のパートナーシップ調整基準価格を、配賦される基準価格（アウトサイド・ベイシス）が超過する場合、その超過額は、それら資産の未実現値上がり益（含み益）に比例して、かつその含み益の範囲で配賦する（I.R.C.§732(c)(2)(A)；Treas.Reg.§1.732-1(c)(2)(ii)（第一文））。さらに超過額が残る場合、各資産の時価に比例して配賦される（I.R.C.§732(c)(2)(B)；Treas.Reg.§1.732-1(c)(2)(ii)（第二文））。逆に、その他の資産のパートナーシップ調整基準価格に、配賦される基準価格（アウトサイド・ベイシス）が足りない場合、その「不足額」を、それら資産の未実現値下がり損（含み損）に比例して、かつその含み損の範囲で配賦するように、基準価格を配賦する（I.R.C.§732(c)(3)(A)；Treas.Reg.§1.732-1(c)(2)(i)（第一文））。

配賦される基準価格の不足額が、未実現値下がり損を消滅させてもなお残っている場合には、その時点でのそれら資産の相対的調整基準価格に従って、それら不足額が配賦されるように、基準価格が配賦される（I.R.C.§732(c)(3)(B)；Treas.Reg.§1.732-1(c)(2)(i)(第二文)）。

例えば、アウトサイド・ベイシスが5500ドルのパートナーが、分配直前の調整基準価格が500ドルで時価4000ドルの資産Xと、分配直前の調整基準価格と時価ともに1000ドルの資産Yの分配を受けた場合を考えてみよう[17]。XとYは共に751条資産ではないとする。まず、アウトサイド・ベイシス5500ドルは、XとYの分配直前の調整基準価格まで配賦される（この時点でXに500ドル、Yに1000ドル）。さらに配賦される基準価格が余っているので、まずXとYの含み益に従い各資産に配賦される。Xの含み益は3500ドル、Yはゼロなので、残余の基準価格4000ドルのうち、Xに3500ドル（Yはゼロ）配賦される。残りの500ドルは、XとYの相対的時価に従って配賦されるから、Xに400ドル（500×4000／（4000＋1000））、Yに100ドル（500×1000／（4000＋1000））が配賦される。結局、分配後のXの基準価格は4400ドル、Yは1100ドルということになる。

なお、分配資産間での基準価格の配賦を取り扱っている732条(c)は、1997年納税者救済法1061条（Tax Relief Act of 1997, Pub. L. No. 105-34, §1061, 111 Stat. 788, 945-946（1997））により、先に述べた制度に修正された。この制度は1997年8月6日以降の分配に適用される[18]。

17　この例は、Treas.Reg.§1.732-1(c)(4)Ex.1を修正したものである。

18　改正前の732条(c)は、751条資産に対する基準価格の配賦も、その他資産に対する基準価格の配賦も、（分配資産の時価には関係なく）全て相対的な調整基準価格に応じて配賦するものであった。この方式によると、早期に損失や減価償却控除を生み出す資産に基準価格を配賦することにより、タックス・プランニングが可能であった（*See* Louis S. Freeman & Thomas M. Stephens, *Using a Partnership When a Corporation Won't Do: The Strategic Use and Effects of Partnerships to Conduct Joint Ventures and Other Major Corporate Business Activities*, 68 TAXES 962, 994 (1990). 一般に、「基準価格はがし（basis strip）」と呼ばれる行為である）。例えば、あるパートナーは、16000ドルのアウトサイド・ベイシスを有していたが、パートナーシップ調整基準価格3000ドルで時価2000ドルの資産Xと、パートナーシップ調整基準価格1000ドルで時価10000ドルのYからなる清算分

［d］　分配受領パートナーのアウトサイド・ベイシス

分配受領パートナーのアウトサイド・ベイシスは、分配された現金の額と、分配資産の分配後の基準価格だけ減少する（マイナスにはならない。I.R.C.§733; Treas.Reg.§1.733-1)。清算分配が行われた場合、その分配を受け取った場合の持分はなくなるから、清算分配後のアウトサイド・ベイシスもなくなる。

［e］　分配されなかったパートナーシップ資産の基準価格

分配されなかったパートナーシップ資産の基準価格は、分配によって変動することはない（I.R.C.§734(a); Treas.Reg.§1.734-1(a))。ただし、後述する754条選択による734条(b)基準価格調整が認められている[19]。

配を受け取った。アウトサイド・ベイシス16000ドルがXとYに配賦され、Xは12000ドルの基準価格を取り（16000ドルの4分の3）、Yは4000ドルの基準価格を取る（16000ドルの4分の1）。Xが減価償却資産である場合や、すぐに売却する予定の資産であれば、多額の減価償却控除や損失を人為的に生み出すことが可能である（このパートナーの場合、アウトサイド・ベイシスマイナス分配資産の時価で測定されるいわば課税上の真の損失が4000ドルしかないのに、分配後のXには10000ドルの含み損があり、Yには6000ドルの含み益があることに注意）。これを防止するために、現行法のように時価を考慮するような改正が行われたのである。See S.Rep. 105-33, at 189-192(1997); Staff of Joint Comm. on Tax'n, 105th Cong. 1st Sess., General Explanation of Tax Legislation Enacted in 1997 255-258 (Comm. Print 1997); Federal Taxation, *supra* note 3, ¶19.06; William B. Brannan, *The Subchapter K Reform Act of 1997*, 75 Tax Notes 121, 134-135 (1997). なお、Treas.Reg.§1.701-2(d) Ex.11は732条(c)改正前の事例であり、現行法の下では妥当しないことに注意。

19　このような取扱いを指して、パートナーシップからの分配の原則的取扱いは、パートナーシップをパートナーの単なる集合と見る集合論ではなく、パートナーシップをパートナーとは独立した一つの実体と見る実体論に基づいている、といわれている。See American Bar Association Section of Taxation Committee on S Corporations Subcommittee on the Comparison of S Corporations and Partnerships, *Report on the Comparison of S Corporations and Partnership (Part Ⅱ)*, 44 Tax Law. 813, 857(1991)[hereinafter *ABA Part Ⅱ*]; Susan F. Klein, *Optional Adjustments to Basis of Partnership Properties - Special Problem*, 38 Inst. on Fed. Tax'n §10.01, §10.01 at 10-2, §10.03 at 10-18 (1980).

［ f ］　分配資産の分配後の処分時の損益

　分配された資産が未実現未収金である場合、分配受領パートナーが後にその未実現未収金を処分し、損益を生じた場合、その損益の性質は常に通常所得あるいは通常損失である（I.R.C.§735(a)(1); Treas.Reg.§1.735-1(a)）。また分配された資産が棚卸資産項目である場合、分配受領パートナーが後にそれを分配日から５年以内に売却又は交換したときの損益は、通常所得あるいは通常損失である（I.R.C.§735(a)(2); Treas.Reg.§1.735-1(b)）。詳細は後述するが、751条資産は要するに、売却・交換時に通常所得を生み出す資産といえる。

　大雑把にいって、アメリカ連邦所得税において、所得は通常所得（損失）とキャピタル・ゲイン（ロス）に分類される。個人の場合、通常所得は最高税率35％で課税されるが、長期キャピタル・ゲインは最高税率15％で課税される（§1）。法人の場合は通常所得もキャピタル・ゲインも最高税率35％で課税される（I.R.C.§§11(b), 1201(a)）。また、キャピタル・ロスはキャピタル・ゲインの範囲でしか控除できない（個人の場合には最低3000ドルの控除が認められている。I.R.C.§1211）。このような取扱いの下、納税者は一般に通常所得（キャピタル・ロス）よりはキャピタル・ゲイン（通常損失）の方を好むため、通常所得（キャピタル・ロス）をキャピタル・ゲイン（通常損失）に転換（conversion）しようとするインセンティブが働く。ある利益がキャピタル・ゲインか通常所得かは、その利益が資本的資産（capital asset）の売却又は交換から生じたかどうかに依拠するが、ある資産が資本的資産か否かは、その資産を納税者がどのように取り扱っているかにかかっている（I.R.C.§1221）。一方、パートナーシップは納税者ではないが（I.R.C.§701）、所得計算上は納税者と同様に取り扱われる（I.R.C.§703(a)）ため、パートナーシップが得た所得がキャピタル・ゲインか否か、あるいはパートナーシップの有する資産が資本的資産かどうかは、パートナーシップがどのようにその資産を取り扱っていたかどうかにかかる。したがって、パートナーシップにおいては資本的資産ではないとされていた資産が分配された場合、分配受領パートナーの手元でその資産が資本的資産となる可能性がある。このような状況を踏まえて、パートナーシップにおける通常所得を、パートナーへの資産分配を通じてキャピタル・ゲインに転換しよ

うとするインセンティブが働くが、パートナーシップにおける通常所得の性質をそのままパートナーにおいても引き継がせることにより、このインセンティブを除去しようというのが、このような取扱いの目的である[20]。なお、735条(a)の適用対象となる資産が不認識取引によって処分（他の資産と交換）された場合、当該他の資産（代替基準価格資産）もまた735条(a)の適用対象となる（I.R.C.§735(c)(2)(A)。ただし351条取引において受け取ったC法人株式には適用されない。I.R.C.§735(c)(2)(B))。

また、分配受領者の手元における、分配された資産の保有期間を決定するにあたり、パートナーシップの保有期間も算入される（I.R.C.§735(b))。

[g] 小括

以上の取扱いをまとめておこう。

第一に、分配時の損益は可能な限り繰り延べられ、繰り延べられない場合（あるいは繰り延べが不適当だと考えられる場合）にのみ、損益が認識される、ということである[21]。

20　S. REP. No. 83-1622, at 394 (1954); H.R. REP. No. 83-1337, at A229 (1954). キャピタル・ロスの通常所得への転換は問題になっていないことに注意。

21　出資時・分配時に原則として損益不認識である現行制度については、これを肯定するもの、否定するもの、様々な立場がありうるであろう。例えば、David R. Keyser, *A Theory of Nonrecognition Under an Income Tax: The Case of Partnership Formation*, 5 AM. J. TAX POL'Y 269 (1986) は、売買も、パートナーシップへの出資も、資産のリスクとリターンの交換を帰結するから、両者を区別して取り扱う必要はなく、パートナーシップへの出資も売買と同様に課税機会と取扱い、損益を認識すべきである、とする。また、Curtis J. Berger, *W(h)ither Partnership Taxation*, 47 TAX L. REV. 105, 154-155 & n.202-203 (1991) は、共同事業の創立及び成長を促進するために出資時の損益不認識は必要であるが、事業が進行した後、事業資産を分配する場合にまで不認識を継続する必要はない（要するにそれを認めても共同事業は促進されない）、と論ずる。

他方、Daniel N. Shaviro, *An Efficiency Analysis of Realization and Recognition Rules Under the Federal Income Tax*, 48 TAX L. REV. 1, 49-50 (1992) は、パートナー＝パートナーシップ間の出資・分配時の課税が、リースや貸付のような代替的契約により簡単に回避でき、通常の売買と比べて非常に租税に対して弾力的である、と分析する。さらに、Rebecca S. Rudnick, *Enforcing the Fundamental Premises Partnership Taxation*, 22 HOFSTRA L. REV. 229. 355-372 (1993) も、現行分配制度は柔軟であり、それによりシステマ

第二に、繰り延べられる損失の総額は、持分の時価マイナスアウトサイド・ベイシス、つまり各パートナーのパートナーシップ持分の含み損益である、ということである。この場合、分配前にパートナーシップ資産を全て売却したとして各パートナーに配賦されるであろう含み損益（パートナーシップ資産の含み損益に対する各パートナーの割当額）は、パートナーシップ持分の含み損益という総枠を逸脱しない限り、分配時に各パートナーに引き継がれる。各パートナーのパートナーシップ持分の含み損益は、一般にパートナーシップ資産含み損益割当額と等しいと考えられるが、持分を譲渡した場合や分配時（資産が分配された場合、分配資産以外のパートナーシップ資産の基準価格には調整がないことに注意）に、パートナーシップ資産の基準価格に対して適切な調整が強制的に行われるものではないため、パートナーシップ持分の基準価格をベースに含み損益の繰り延べを計算しないと、損益の二重課税や二重控除が生じてしまう（これについては本章2［3］の選択的基準価格調整条項において詳述する）。これを防止するための「総枠」設定である。ここから、パートナーシップ資産の基準価格調整が適切であれば、少なくともパートナーシップ分配に関してはアウトサイド・ベイシスの概念は不要になることが導かれる。

　第三に、通常所得のキャピタル・ゲインへの転換ができる限り防止されていることである。分配資産は、分配受領パートナーの手元では、パートナーシップの基準価格よりも高い基準価格をつけることができない（つまり通常所得含み益を減らしたり通常損失含み損を拡大したりすることはできない）し、751条資産は分配受領パートナーの手元でも、その性質を引き継ぐことがその証左である。もちろん通常所得のキャピタル・ゲインへの転換はこれで完全というわけではなく、後述する751条(b)がさらに転換を防止している。なお、キャピタル・ゲインの通常所得への転換については、全く手当がされていないことに

ティックな効率性を帰結するから、現行法の核心部分は変えるべきではない、とする。また、分配時の時価測定が難しいから、分配時に課税すべきではない、という意見（Mark H. Johnson, *Property Distributions by Partnerships*, 4 Tax L. Rev. 118, 122 & n.9 (1948)）もある。もっとも、資本勘定算定において資産の時価評価が必要である（*see* Treas. Reg. §§1.704-1(b)(2)(iv)(e)(1), 1.704-1(b)(2)(iv)(f)）以上、一番最後の意見はその根拠を失っている。

も注意すべきであろう[22]。

　第四に、パートナーシップ持分の含み損益の「総枠」と、通常所得のキャピタル・ゲインの転換の防止という枠の中では、（特に分配資産間の）基準価格の付け替えがかなり自由に生じうる、ということである[23]。これはつまり、各パートナーシップ資産の含み損益付け替え（特に資本的資産間での付け替え）が、相当自由にできるということを意味する。一般に、1031条の同種交換のような場合を除き、ある資産の含み損益は、当該資産が他の者に移転する（売却や交換等）ときに課税を受けることになり、含み損益の付け替えはできないのが原則である。パートナーシップ分配の取扱いは、このような原則を逸脱し、租税回避の生じる可能性を内在していることになろう。このような租税回避に対応するためには、さらなる法的手当が必要であり、後述する704条(c)(1)(B)や737条、また本書では取り扱わないが707条(a)(2)(B)が、立法的手当を施している。

22　例えば、パートナーシップが、7000ドルの現金、調整基準価格と時価が共に5000ドルの棚卸資産、調整基準価格6000ドルで時価15000ドルの資本的資産を有していると考えよう。パートナーは、A、BそしてCの三名であり、対等パートナーである（アウトサイド・ベイシスは各自6000ドル、持分の時価は9000ドル）。各パートナーがパートナーシップ資産の含み益として有するのは、資本的資産のキャピタルゲイン3000ドルのみである（通常所得は有さない）。Cが脱退を望み、4000ドルの現金と5000ドルの棚卸資産を清算分配として受け取った場合、その分配でCは損益を認識しないものの、棚卸資産の基準価格は2000ドルになる（時価は5000ドル）。したがって、Cは分配後に、通常所得3000ドルの含み益を有することになる。これはつまり、清算分配前のCの含み益キャピタルゲイン3000ドルが、同額の通常所得に転換してしまったことを意味する。

23　もっとも問題になりうるのは、非減価償却資産から減価償却資産への含み益の付け替え（減価償却資産の基準価格増加）である。前者はキャピタルロスしか生まないが、後者は減価償却控除を生み、通常所得を減額する可能性があるため、一種の所得種類の転換が問題となりうる。本章3では、幾人かの論者がこの問題に触れていることが示される。なお、租税回避的事例ではないものとして、Treas.Reg.§1.701-2(d)Ex.10が挙げられている。

［2］ 解散予定パートナーシップ条項：751条(b)

［a］ 問題の所在

751条(b)は、分配受領パートナーが、①パートナーシップの保有する751条資産に対する自己の持分の一部又は全部と引き替えに、パートナーシップが保有する751条資産以外の資産（金銭含む。以下、「非751条資産」という）の分配を受け取った場合、②パートナーシップの保有する非751条資産に対する自己の持分の一部又は全部と引き替えに、パートナーシップが保有する751条資産を受け取った場合、当該取引を分配受領パートナーと、パートナーシップ間での売却又は交換と取り扱う、と規定している。

前述のように、パートナーシップから分配が行われ、その課税結果が決定されるにあたり、通常所得のキャピタルゲインへの転換を防止する規定が適用される（I.R.C.§§732(c), 735(a)）。しかし、これら規定だけでは、この目的が達成されない。次の例を見てみよう。

例2：ABCパートナーシップは、次の貸借対照表を有している。

資産	調整基準価格	時価[24]	資本	調整基準価格	時価
現金	260	260	A	100	130
棚卸資産	40	130	B	100	130
			C	100	130
	300	390		300	390

A、B及びCは、対等のパートナーである。Aはパートナーシップから脱退し、清算分配として棚卸資産を受け取った。

---

24 この例で時価とは、資本勘定評価上のそれをいう。したがって、資本の時価は資産の時価再評価をした後の資本勘定残高である。また資本の基準価格は、アウトサイド・ベイシスから負債割当額を引いた金額のことであるが、本章では、設例を簡単にするため、可能な限りパートナーシップは負債を有していないものと考え、アウトサイド・ベイシス＝資本の基準価格と考える。

この場合に、751条(b)の適用がないとする。一般原則の下、Aは受け取った棚卸資産について40ドルの基準価格を取り（I.R.C.§§732(b), 732(c)）、かつ60ドルのキャピタル・ロスを認識する（I.R.C.§731(a)(2)）。パートナーシップは損益を認識せず、残存資産である現金も、当然基準価格に変動はない。この分配の後、パートナーシップに残ったBとCがパートナーシップを清算して分配を受けたとすると、BとCは各自130ドルの現金分配を受け、かつ30ドルのキャピタル・ゲインを認識する（I.R.C.§731(a)(1)）。また、分配時に棚卸資産を受け取ったAが、分配直後にその資産を売却したとすると、通常所得90ドルを認識する（I.R.C.§735(a)）。

　分配前、ABCは通常所得の含み益90ドルを有しており、これはA、B及びCに各30ドルずつ帰属していた。したがって、Aらは各自30ドルの通常所得を有していたのである。一方、分配が行われると、一連の取引でAは通常所得90ドルとキャピタル・ロス60ドル、BとCはそれぞれキャピタル・ゲイン30ドルを有している。これはつまり、分配を通じて、Aはキャピタル・ロス60ドルと通常所得60ドルを追加的に認識することになり、またBとCは通常所得30ドルを同額のキャピタル・ゲインに「転換」していることになる。これをまとめてみると、要するにBとCの通常所得合計60ドルが、分配によってAに「移転」していることになる。

　751条(b)[25]の目的は、このようなパートナー間での通常所得の移転を防止することにある（個々のパートナーについてみれば、通常所得のキャピタル・ゲインへの転換が防止されていることになる）[26]。すなわち、751条(b)は、この分配を、

25　751条(b)は、同(a)と併せて、「解散予定パートナーシップ（collapsible partnership）」条項と呼ばれるが、この言葉については、第四章3［2］・注14参照。

26　*E.g., I.R.C. of 1954, supra* note 5, at 1235; Little, *First Installment, supra* note 5, at 185; Paul Little, *Partnership Distributions Under the Internal Revenue Code of 1954 (Second Installment)*, 10 TAX L. REV. 335, 349 (1955) [hereinafter Little, *Second Installment*]; Brannan, *supra* note 18, 134-135; James E. Tierney, *Reassessing Sales and Liquidations of Partnership Interests after the Omnibus Budget Reconciliation Act of 1993*, 1 FLA. TAX REV. 681, 698 (1994); Benjamin B. Levin, *Partnership Contributions and Distributions (During Partnership)*, 13 INST. ON FED. TAX'N 859, 864 (1955).

①Aが現金の3分の1（86.67ドル）の分配を受けて、これをパートナーシップが有する棚卸資産3分の2（調整基準価格26.67ドル・時価86.67ドル）と引き替えにパートナーシップに譲渡したものと取り扱うのである（つまり、Aは棚卸資産3分の2を購入したことになる。パートナーシップからみれば、棚卸資産3分の2をAに売却したことになる）。さらに、②Aはパートナーシップから残りの棚卸資産3分の1（調整基準価格13.33ドル・時価43.33ドル）の分配を受けたものと取り扱われ、こちらは一般原則の下で課税結果が決定される[27]。

①の取引において、Aは現金86.67ドルの分配を受けているから、アウトサイド・ベイシスは13.33ドルまで切り下げられる（I.R.C. § 705(a)(2)）。Aは損益を認識しない。一方、パートナーシップ（BとC）は、棚卸資産3分の2を売却し、60ドルの通常所得を認識する。これはBとCに平等に配賦される。またBとCのアウトサイド・ベイシスはそれぞれ130ドルまで切り上がる（I.R.C. § 705(a)(1)）。

②の取引において、Aは棚卸資産3分の1の分配を受け、その調整基準価格は13.33ドルである（I.R.C. §§ 732(b), 732(c)）。アウトサイド・ベイシスと分配資産の基準価格が同じであるから、損益は認識されない。結局、Aは棚卸資産全部（時価130ドル）について、基準価格100ドル（購入分86.67ドル＋分配分13.33ドル）を取る。②の取引においてパートナーシップは何らの損益も認識しない。

この分配の直後に、Aが棚卸資産を売却すれば30ドルの通常所得が認識され、一方BとCがパートナーシップを清算しても損益は認識されない（分配された現金額がアウトサイド・ベイシスと同じ）。

751条(b)が適用された場合、最終的にAが認識した利益は通常所得30ドルで

---

[27] なお、751条(b)のさらなる機能としては、利益認識の前倒しという側面もある。KAREN C. BURKE, FEDERAL INCOME TAXATION OF PARTNERS AND PARTNERSHIPS 352 (3d ed. 2005); Burke, *Distribution, supra* note 5, at 683 (1998); Andrews, *supra* note 9, at 46; Noël B. Cunningham, *Needed Reform: Tending the Sick Rose*, 47 TAX L. REV. 77, 89-90 (1991); Paul R. Erickson, *An Appeal for Repeal of Section 751*, 65 TAXES 365, 366-367 (1987); Russell Aycock, *Sec. 751 Revisited*, 20 TAX ADVISER 630, 631-632 (1989).

あり、BもCも同じく通常所得30ドルずつである。これは分配直前のAらの通常所得含み益と全く同じである。結局、751条(b)の適用により、通常所得のパートナー間での移転（通常所得のキャピタル・ゲインへの転換）が防止される。これは言い換えれば、通常所得が含み益の形で発生したときに、その含み益を有する資産の持分を有する者に対して、通常所得課税を行う、というものである[28]。

一つ注意すべきなのは、751条(b)がなくとも、パートナーシップ資産全体に含まれる通常所得は、分配により「総額」が減少することはない、ということである（これは732条(c)や735条(a)の規定があるためである）。したがって、751条(b)が、あくまでパートナー間での通常所得の移転を防止しているだけであることには、注意すべきであろう。

751条(b)の目的は比較的明確であるが、その最大の難点は、適用が極端に難しいことである[29]。例2はもっとも単純な例であるが、それでもかなり適用が

28　WILLIS, *supra* note 3, ¶14.01[2].

29　*E.g.*, Donald McDonald, *Income Taxation of Partnerships- A Critique*, 44 VA. L. REV. 903, 915, 916-917(1958); James S. Eustice, *Subchapter S Corporations and Partnerships: A Search for the Pass Through Paradigm (Some Preliminary Proposals)*, 39 TAX L. REV. 346, 383(1984)(751条(b)をサブチャプターKのアキレス腱と評している); Berger, *supra* note 21, at 147; Alexander, *supra* note 5, at 268; Edward J. Schnee, *The Future of Partnership Taxation*, 50 WASH. & LEE L. REV. 517, 535(1993); Hanna, *supra* note 5, at 492 & 524; Irving I. Axelrad, *Collapsible Corporations and Collapsible Partnerships*, 12 MAJOR TAX PLAN. 269, 415(1960); Michel S. Applebaum, *Collapsible-Partnership Danger Increases with Use of Partnerships as Tax Shelters*, 42 J. TAX' N 272, 272(1975); STEPHEN A. LIND, STEPHEN SCHWARZ, DANIEL J. LATHROPE & JOSHUA D. ROSENBERG, FUNDAMENTALS OF PARTNERSHIP TAXATION 315 (7th ed. 2005)（実際のコンプライアンスは稀であると広く信じられている、と述べる）; LAURA E. CUNNINGHAM & NOËL B. CUNNINGHAM, THE LOGIC OF SUBCHAPTER K 205 (3rd ed. 2006) [hereinafter LOGIC]（751条(b)があまりに難しいため、税務の専門家はこれを意識的に無視してきたが、これは節税のためではなく手に負えないほど複雑なためである）; Meyer Drucker & Mark A. Segal, *Problems and Opportunities in Working with Collapsible Partnerships*, 61 TAXES 110, 118, 121-122(1983)（751条は削除するのではなく改善すべきであると述べる。またかつての解散予定法人ルール（旧 I.R.C. §341）のような主観的基準は採用するべきではないとする）. しかし、Andrews, *supra* note 9, at 41は、751条(b)の複雑さが、おそらくもっとも難しい事例について焦点を当てているために過大評価されてきた、と述べている。

難しいのであるから、資産やパートナーの数が多くなり、パートナーシップ契約における損益配賦が複雑になれば、その適用の困難さがいかなるものかは想像できよう（ある実務家は、コンプライアンス率がわずか2.5％であると述べている[30]）。また、パートナーシップ＝分配受領パートナー間の資産の売却・交換という概念を用いているため、後述するように、その目的が完全に果たされているとはいえない。これらの理由から、幾度となく当該条項の廃止が提案されてきている[31]。

［b］ 751条資産と「相当な値上がり」基準

751条資産の定義については、本書第四章3［2］［b］で検討しているので、ここではその確認と、751条(b)に特有な「相当な値上がり（substantial appreciation)」基準について触れることにしよう。

751条資産は、未実現未収金（unrealized receivables）と棚卸資産項目（inventory items）からなる。要するに、通常所得を生じる資産の総称である。未実現未収金とは、パートナーシップが使用する会計方法により、以前に総所得に算入されていないもので、次のものに対する（契約上その他の）支払（受領）権である（I.R.C.§751(c); Treas.Reg.§1.751-1(c)(1)）。

①引き渡されまたは引き渡されるべき物品で、そこからの収入金額が、非資

---

30 ISSUES RELATING TO PASSTHROUGH ENTITIES: HEARINGS BEFORE THE SUBCOMM. ON SELECT REVENUE MEASURES OF THE HOUSE WAYS AND MEANS COMM., 99th Cong., 2d Sess. 56 (1986) (Statement of Joel Rabinovitz). Rabinovitz氏はロサンジェルスの法律事務所に勤める弁護士であったが、彼曰く、751条(b)の適用される事件のうち90％は見落とされ、5％はコンプライアンスコストがかかりすぎて無視され、残りの2.5％は内国歳入庁職員も含めて誤って適用している。

31 本章で後に取り上げるものの他、Hanna, *supra* note 5, at 524-528; Eustice, *supra* note 29, at 383-384, 408（S法人とパートナーシップ制度を検討しつつパス・スルー課税モデルを探求する論文である); Brannan, *supra* note 18, at 135-136; Erickson, *supra* note 27 (1986年租税改革法により通常所得とキャピタルゲインの税率差がなくなったことを受けて廃止を勧告). なお、John J. Costello, *Problems Under Section 751 Upon Current and Liquidating Distributions and Sales of Partnership Interests*, 15 INST. ON FED. TAX'N 131, 147-148 (1957)は、考えられているより751条(b)の適用は多くはないと述べている。

本的資産の売却・交換によると取り扱われるもの、または、

②提供されまたは提供されるべきサービス。

また、③として、いわゆる取り戻し（recapture）項目、つまり資産売却時に通常所得を生む部分も含まれる。

一方、棚卸資産項目には、次の三つが含まれる（I.R.C.§751(d)；Treas.Reg.§1.751-1(d)(2)）。

①在庫品（stock-in-trade）、棚卸資産、主としてパートナーシップ取引・事業の通常の過程において顧客に売却されるために保有されている資産

②売却又は交換時に、資本的資産ではなくかつ1231条資産ではない資産

③もし売却または分配受領パートナーに保有されていれば、①及び②に規定されているタイプの資産と考えられる資産[32]

また、751条(b)の適用対象となる棚卸資産項目は、「相当に値上がり」していることが必要となる。この「相当な値上がり」テストにより、少額の値上がりしかない棚卸資産項目は751条(b)の適用対象とならない（したがって、その範囲で通常所得のキャピタルゲインへの転換が可能である）[33]。

パートナーシップの棚卸資産項目（全ての棚卸資産項目を合計したもの）は、その時価がパートナーシップ調整基準価格の120％を超過している場合に、相当に値上がりしているものとされる（いわゆる120％テスト。I.R.C.§751(b)(3)(A)）。このテストを回避するために、分配をする直前に棚卸資産項目を購入し、いわばその含み益を薄めて、120％テストを回避することが懸念される。これに対処するため、ある棚卸資産項目の取得した「主たる目的（principal purpose）」が751条(b)の適用を回避する（つまり120％テストを回避する）ことで

---

[32] 趣旨については、本書第四章3［2］［b］(2)を参照。その批判について、see Axelrad, *supra* note 29, at 411, 423.

[33] 1997年に改正が行われるまで、751条資産であるために、棚卸資産項目は相当に値上がりしている必要があった。しかし、751条(a)の適用時に「相当な値上がり」テストを廃止し、一方751条(b)においてはそのテストを存続させるため、751条資産としての棚卸資産の定義（751条(d)）から「相当な値上がり」テストを排除すると同時に、それを751条(b)(3)に移した。「相当な値上がり」テストに対する批判や改正法等の詳細は、本書第四章3［2］［b］参照。

ある場合、その資産は棚卸資産項目から除外される（I.R.C.§751(b)(3)(B)）[34]。

相当に値上がりした棚卸資産と未実現未収金を、俗に「ホット・アセット（hot asset)」といい、それ以外の資産は「コールド・アセット（cold asset)」といわれている[35]。

[c] 751条(b)の適用：7段階分析

(1) 序説

751条(b)は、未実現未収金ないし実質的に値上がりした棚卸資産を有するパートナーシップによる分配にしか適用されない。分配は現金からなる場合も、資産からなる場合も、その両方からなる場合もある。注意する必要があるのは、負債割当額[36]の減少によるみなし現金分配にも751条(b)が適用されうることである。したがって、既存のパートナーシップに新規にパートナーが加入してきた場合、新規パートナーが新たに負債割当額を有し、相対的に既存のパートナーの負債割当額が減少しうるから、実際に現金その他の分配が既存のパートナーに対して行われていなくても、それらパートナーに対して現金分配がなされたものと取り扱われて、751条(b)の適用を引き起こしうる（Rev.Rul. 84-102, 1984-2 C.B. 119）とされている（しかし、この取扱いには疑問の余地がある[37]）。

751条(b)は、751条資産を有するパートナーシップの分配全てに適用されるわけではない。それは、分配受領パートナーの751条資産に対する持分が増加（減少）し、非751条資産に対する持分が減少（増加）した場合に適用される。したがって、全てのパートナーに対して751条資産（非751条資産）が按分的に分配された場合には、751条(b)の適用はない。

また、分配受領者が出資した資産を再び分配受領者に分配した場合や、736

---

[34] なお、751条資産項目に含まれない通常所得を生み出す資産について、*see* Brannan, *supra* note 24, at 135-136.
[35] WILLIS, *supra* note 3, ¶14.02（この文献では章の題名などにも使用されている）, Andrews, *supra* note 9, at 4 n.9.
[36] 負債割当額は、損益に対する持分によって決定される。本書第二章3［1］[b]参照。

条(a)が適用される支払（これは清算分配ではない）にも、751条(b)は適用されない（I.R.C.§751(b)(2); Treas.Reg.§1.751-1(b)(4)）。さらに、751条(b)は、パートナーの分配割当額からの現在の引き出し又は前払い、事実上、贈与、若しくはサービス又は資本の使用に対する支払である分配には適用されない、と規定している（Treas.Reg.§1.751-1(b)(1)(ii)）[38]。

以下では、751条(b)の具体的適用について説明を行うが、当該条項の文言に直接基づきながら独自に説明を加えることは、その規定の難しさ故に、筆者の能力を超える。そこで、パートナーシップ課税についてもっとも権威のある書籍である WILLIAM S. MCKEE, WILLIAM F. NELSON & ROBERT L. WHITMIRE, FEDERAL

---

[37] 新規加入パートナーが加入する直前に、Treas.Reg.§1.704-1(b)(2)(4)(f)(5)(i)に従って資本勘定再評価を行った場合、通常所得含み益はいわゆる逆704条(c)配賦の対象となり、新規加入パートナー以外のパートナーに配賦されねばならない（Treas.Reg.§1.704-1(b)(4)(i)。本書第三章3［1］[b]参照）。したがって、新規パートナーの加入により、通常所得含み益のパートナー間の移転は生じないから、少なくともこの場合には751条(b)の適用はないものと考えられる。また、資本勘定再評価がなくとも、少なくとも未実現未収金は706条(d)(2)(B)の「配賦可能現金主義項目（Allocable cash basis item）」であるから、それが経済的に発生したパートナー（つまり新規加入パートナー以外のパートナー）に配賦されねばならない（本書第七章3［3］[b](1)の1参照）。したがって、Rev.Rul. 84-102の妥当性には疑問が生じるのである。*See* William T. Carman, *Revenue Ruling 84-102- An Erroneous Conclusion?*, 2 J. PARTNERSHIP TAX'N 371（1986）; ALAN GUNN AND JAMES R. REPETTI, PARTNERSHIP INCOME 182（4th ed. 2005）. *See also* Francis J. Emmons & S. Richard Fine, *Coping with IRS's Ruling Which Applies Sec. 751 on the Admission of New Partners*, 62 J. TAX'N 160（1985）（この論文は、Rev.Rul. 84-102を検討し、新規パートナー加入時の751条(b)適用を避けるために、①（パートナーシップ）契約で、新規パートナーはパートナーシップの未実現未収金あるいは棚卸資産のいずれについても持分を取得しないことを定めるか、②新規パートナーが、加入前に存在するパートナーシップ負債について、責任を負わないことを定めることにより、それが可能であると述べる）; M. Jill Martin & Jarell Jones, *Tax Consequences of a Disproportionate Partnership Distribution*, 20 TAX ADVISER 112, 118（1989）（新規パートナー加入時にパートナーシップ契約を修正し、全ての通常所得を既存のパートナーに配賦することにすれば、751条(b)の適用はないと述べる）; Leon M. Nad, *Dispositions of Partnership Interest and Partnership Property*, 43 INST. ON FED. TAX'N ch. 29, §29.03, at 29-8 n. 31（1985）（同上）。

[38] この規定の妥当性と問題点について、*see* FEDERAL TAXATION, *supra* note 3, ¶21.02[3][c]。この見解とは異なる規定の位置づけをするものとして、Alexander, *supra* note 5, at 269-270がある。

TAXATION OF PARTNERSHIPS AND PARTNERS ¶ 21.03（4th ed. 2007 & Supp. 2007）（以下、本文内では McKEE et al. と引用）の「7段階分析（seven-step analysis）」に基づきながら、その適用を探っていくことにしよう。7段階分析とは、Step 1：パートナーシップ資産を分類する、Step 2：分配受領者が、分配前と分配後に持っている資産の時価総額を決定する、Step 3：パートナーシップ交換表（exchange table）の作成、Step 4：いずれの資産が751条(b)交換に関連しているかを決定する、Step 5：751条(b)交換において分配受領者が放棄した（譲渡した）資産の基準価格を決定する、Step 6：751条(b)交換の結果を決定する、Step 7：751条(b)交換に関係ない分配部分の取扱いを決定する、の7つの段階を踏みながら、751条(b)の適用される分配の課税結果を決定するものである。なお、事例は可能な限り簡単なものを取り上げる。

(2) 7段階分析の清算分配への適用

例3[39]：パートナー A は ABC パートナーシップから脱退したが、その際に自己の持分と引き替えに200ドルの現金支払いを受け取った。各パートナーの持分は対等である。A の脱退前、ABC の貸借対照表は次の通りである。

資産	調整基準価格	時価	資本	調整基準価格	時価
現金	300	300	A	150	200
棚卸資産	150	300	B	150	200
			C	150	200
	450	600		450	600

Step 1：パートナーシップ資産を分類する。

ここでは、パートナーシップの保有する資産を、751条資産と非751条資産の二つのクラスに分類する。この例では、棚卸資産は相当に値上がりしており（時価が調整基準価格の200％）、したがって751条資産である。現金は非751条資産

39　この例は、FEDERAL TAXATION, *supra* note 3, ¶ 21.04 [1] Ex.21-11による。

である。

　Step 2：分配受領者が、分配前と分配後に持っている資産の時価総額を決定する。

　分配前に、Aはパートナーシップ損益及び資本について3分の1持分を有していた。したがって、分配前、パートナーシップが保有する現金300ドルに対するAの持分は100ドルである。同じく分配前、棚卸資産に対するAの持分（時価による）は、100ドルである。分配によってAの持分は完全に清算されるから、Aは分配後、パートナーシップが保有する資産について持分を有さない[40]。

　Step 3：パートナーシップ交換表（exchange table）の作成
　交換表は次のように作成される。これは、751条資産と非751条資産の交換を決定するために必要である。

	(1)分配受領者の分配後持分時価	+ (2)分配資産時価	− (3)分配受領者の分配前時価	= (4)分配受領者の持分増減
現金	0	200	100	100
非751条資産合計	0	200	100	100
棚卸資産	0	0	100	(100)
751条資産合計	0	0	100	(100)

　この表により、Aが、非751条資産100ドルと引き替えに、時価100ドルの751条資産を放棄したことが示される。

40　この例においては、分配前と分配後に、分配受領パートナーが有する資産の持分の時価を決定するには、各資産の時価にそのパートナーの持分割合をかけただけで済む。これは、利益持分と資本持分が一致しているからである。利益持分と資本持分が一致していない場合や、利益と損失・費用の配賦割合が異なる場合等には、分配受領パートナーの有する資産持分の時価を決定するのは難しくなる。そのような場合、分配受領パートナーの資産持分は、資産の帳簿価格に資本持分割合をかけたもの（この場合の帳簿価格とは、704条(b)における資本勘定算定上のものをさす。またこの場合の帳簿価格は、Treas.Reg.§1.704-1(b)(2)(iv)(f)の資産再評価前のものであろう）、プラスその資産の未実現の値上がり益の割当額（利益持分に従って決定）、またはマイナスその資産の未実現値下がり損の割当額（損失持分に従って決定）である、といわれている。

Step 4：いずれの資産が751条(b)交換に関連しているかを決定する。

ここでは、分配受領パートナーがどの資産をパートナーシップに「放棄」し、それと引き替えにどの資産を受け取ったかを決定する。この例では、棚卸資産を譲渡して引き替えに100ドルの現金を受け取ったことになる。さらに、分配受領パートナーは、放棄した資産（この例では棚卸資産100ドル）の分配を受けた後（仮定上の分配）、これをパートナーシップに譲渡し、引き替えに資産（現金100ドル）を受け取った（751条(b)交換といわれる）ものと取り扱われる[41]。

Step 5：751条(b)交換において分配受領者が放棄した資産の基準価格を決定する。

ここでは、仮定上の分配で分配受領パートナーが分配を受けた資産の基準価格を決定する（Treas.Regs.§§1.751-1(b)(2)(iii), 1.751-1(b)(3)(iii)）。この例における仮定上の分配において、Aは棚卸資産持分100ドルの現在分配を受け取ったものと取り扱われる。732条(a)(1)により、棚卸資産の基準価格は引継基準価格、つまり50ドルである（これに対応してAのアウトサイド・ベイシスは50ドル減少して100となる）。

Step 6：751条(b)交換の結果を決定する。

ここでは、751条(b)交換による課税結果を決定する。751条(b)交換は、分配受領パートナーとパートナーシップとの間で起こる交換であり、1001条の下で損益が認識されるものであるから（Treas.Regs.§§1.751-1(b)(2)(ii), 1.751-1(e)(3)(iii)）、両者の課税結果を決定する必要がある。

この例における751条(b)交換は、Aが基準価格50ドル、時価100ドルの棚卸資産を、100ドルの現金と引き替えに「売却」したというものである。売却側の

41　なお、「放棄」した資産と受け取った資産をパートナー間の合意で指定できるかが問題となる。Treas.Reg.§1.751-1(g) Ex.(3)(c)は、交換された非751条資産の指定が当事者の契約でなしうる旨明らかにしており、また Ex.(4)(c), Ex.(5)(c)もその可能性を示唆している。See Federal Taxation, *supra* note 3, ¶21.03[4][c]; Willis, *supra* note 3, ¶14.02[5].

Aは50ドルの通常所得を実現し、購入側のパートナーシップは、損益を実現しないが、購入した時価100ドルの棚卸資産について、100ドルの取得基準価格をつける（I.R.C.§1012）。したがってパートナーシップの保有する棚卸資産の調整基準価格は150から200に増加することになる。

Step 7：751条(b)交換に関係ない分配部分の取扱いを決定する。

実際になされた分配のうち、751条(b)交換に関係のない部分の取扱いを決定する。この例において、Aが清算分配時に受け取った現金200ドルのうち、100ドルは751条(b)交換により受け取ったものであるが、残りの100ドルは一般的な清算分配によって受け取ったものとされる。分配時のAのアウトサイド・ベイシスは100ドルで、751条(b)交換以外で受け取った現金も100ドルであるから、損益は認識されない（I.R.C.§731(a)）。

以上の7段階分析によると、この例において生じた課税結果は、Aが通常所得50ドルを認識すること、パートナーシップの保有する棚卸資産の調整基準価格が50ドル切り上げられて200ドルになること、の二つである。分配前、A、B及びCは通常所得割当額をそれぞれ50ドルずつ有していた。分配後、Aは50ドルの通常所得を認識し、またBとCは分配前同様に50ドルの通常所得割当額を有している。結局、通常所得がA、BおよびC間で移転することはなく、通常所得のキャピタル・ゲインへの転換も生じない[42]。

(3) 7段階分析の現在分配への適用

例4[43]：パートナーシップDEFは次のような貸借対照表を有してい

---

42 なお、二人パートナーシップの清算分配に対する751条(b)の適用について、 see Rev. Rul. 77-412, 1977-2 C.B. 223（分配受領パートナーと、残りのパートナー一人によって構成されるパートナーシップ間での交換が生じたものとみなされる）. See also WILLIS, *supra* note 3, ¶14.02[2]; Alexander, *supra* note 5, at 278-280; Little, *First Installment*, *supra* note 5, at 187 & n.107.

43 この例は、FEDERAL TAXATION, *supra* note 3, ¶21.04[2]Ex.21-12による。

る。各パートナーの持分は対等である。

資産	調整基準価格	時価[44]	資本	調整基準価格	時価
現金	600	600	D	250	300
棚卸資産	150	300	E	250	300
			F	250	300
総額	750	900		750	900

　Dは、現金60ドルと、時価90ドルの棚卸資産を、現在分配において受け取る。分配前、Dの持分は3分の1であったが、分配後、Dの持分は5分の1に減少する。

Step 1：パートナーシップ資産を分類する。
パートナーシップの保有する棚卸資産は751条資産であり、現金は非751条資産である。

Step 2：分配受領者が、分配前と分配後に持っている資産の時価総額を決定する。

　分配前に、Dは751条資産（棚卸資産）に対して100ドルの持分と、非751条資産（現金）に対して200ドル持分を有する3分の1パートナーであった。Dに対する60ドルの現金と90ドルの棚卸資産が分配され、その持分が5分の1に減少すると、分配後のDの棚卸資産に対する持分は42ドル（分配後の棚卸資産210ドルの5分の1）、同じく現金に対する持分は108ドル（分配後の現金540ドルの5分の1）である[45]。

44　なお、この例では、分配直前に、Reg.§1.704-1(b)(2)(iv)(f)による資産再評価を行っている。したがって、各資産の時価および各パートナーの資本勘定は、資産再評価後の帳簿価格である。
45　分配後の各資産に対するDの持分の決定は、いわゆる「未分割持分（undivided interest）」アプローチを使用している。このアプローチはTreas.Reg.§1.751-1(g) Ex.(5)が使用するものである。

Step 3：パートナーシップ交換表の作成
交換表は次の通り。

	(1)分配受領者の分配後持分時価	+ (2)分配資産時価	− (3)分配受領者の分配前時価	= (4)分配受領者の持分増減
現金	108	60	200	(32)
非751条資産合計	108	60	200	(32)
棚卸資産	42	90	100	32
751条資産合計	42	90	100	32

この表によると、Dが32ドルの751条資産と引き替えに、非751条資産32ドル持分を放棄したことがわかる。

Step 4：いずれの資産が751条(b)交換に関連しているかを決定する。
パートナーシップが棚卸資産と現金のみを保有しているから、Dは32ドルの棚卸資産と引き替えに32ドルの現金を放棄したことは明らかである。この現金は、751条(b)交換直前にDに分配され、その後751条(b)交換において、32ドルの棚卸資産と引き替えにDがパートナーシップに支払ったものと取り扱われる。

Step 5：751条(b)交換において分配受領者が放棄した資産の基準価格を決定する。
Dは、751条(b)交換直前に32ドルの現金を受け取ったものとされるが、この場合Dは損益を認識せず、またDのアウトサイド・ベイシスは250ドルから218ドルに減少する。

Step 6：751条(b)交換の結果を決定する。
751条(b)交換において、Dは時価32ドルで調整基準価格16ドルの棚卸資産を受け取り、32ドルの現金をパートナーシップに支払った。Dはこの交換においてなんらの損益も認識せず、取得した棚卸資産の基準価格は32ドルである。パー

トナーシップは、棚卸資産をＤに「売却」したことになるから、16ドル（32ドルマイナス16ドル）の通常所得を認識し、これはＥとＦにのみ配賦される（Ｄは分配後もパートナーであるが、この通常所得が配賦されないことに注意）。

Step 7：751条(b)交換に関係ない分配部分の取扱いを決定する。

実際になされた分配（現金60ドルと時価90ドルの棚卸資産）のうち、751条(b)交換に関係のない部分は、現金60ドルと時価58ドル（調整基準価格29ドル）の棚卸資産である。この部分が現在分配されたとすると、Ｄのアウトサイド・ベイシスは、218ドル（Step 5 参照）から89ドル下がるので、129ドルである。棚卸資産のうち、751条(b)交換に関係のない部分は、Ｄの下で引継基準価格を取り、29ドルとなる。したがって、Ｄは、90ドルの時価を有する棚卸資産について総額61ドルの基準価格（32ドルプラス29ドル）を取る。

分配後のパートナーシップの貸借対照表は、次の通り。

資産	調整基準価格	時価	資本	調整基準価格	時価
現金	540	540	Ｄ	129	150
棚卸資産	105	210	Ｅ	258	300
			Ｆ	258	300
総額	645	750		645	750

仮に、分配直後に、パートナーシップが資産を売却して清算した場合、通常所得が105ドル認識され、これはＤに21ドル（5分の1）、ＥとＦに42ドル（5分の2）ずつ配賦されることになる。したがって、分配前と分配後では、Ｄ、Ｅ、Ｆはそれぞれ通常所得30ドルを有することになり、分配によりパートナー間で通常所得が移転することはなく、751条(b)はその目的を達成している。

しかし、751条(b)がその目的を達成しない場合もある。次の例を見てみよう。

例5[46]：GHIパートナーシップは次のような貸借対照表を有していた。各パートナーの持分は対等である。

46　この例は、FEDERAL TAXATION, *supra* note 3, ¶21.04[2]Ex.21-13による。

資産	調整基準価格	時価[47]	資本	調整基準価格	時価
現金	300	300	G	250	300
棚卸資産X	150	300	H	250	300
棚卸資産Y	300	300	I	250	300
総額	750	900		750	900

Gは、棚卸資産Xの半分（時価150ドル）を、現在分配において受け取る。分配前、Gの持分は3分の1であったが、分配後、Dの持分は5分の1に減少する。

Step 1：パートナーシップ資産を分類する。

パートナーシップの有する棚卸資産は751条資産である。現金は、非751条資産である。

Step 2：分配受領者が、分配前と分配後に持っている資産の時価総額を決定する。

分配以前に、Gは751条資産（棚卸資産）に対して200ドルの持分と、非751条資産（現金）に対して100ドルの持分を有する3分の1パートナーであった。Gに対しての棚卸資産Xの150ドル分が分配され、その持分が5分の1に減少すると、分配後のDの棚卸資産に対する持分は90ドル（分配後の棚卸資産450ドルの5分の1）で、同じく現金に対する持分は60ドル（分配後の現金300ドルの5分の1）である[48]。

Step 3：パートナーシップ交換表の作成

交換表は次の通り。

---

[47] この例でも、分配直前に、Treas.Reg.§1.704-1(b)(2)(iv)(f)による資産再評価を行っている。したがって、各資産の時価および各パートナーの資本勘定は、資産再評価後の帳簿価格である。

[48] この例も、例4同様、「未分割持分」アプローチを使用している。

	(1)分配受領者の分配後持分時価	+ (2)分配資産時価	− (3)分配受領者の分配前時価	= (4)分配受領者の持分増減
現金	60	0	100	(40)
非751条資産合計	60	0	100	(40)
棚卸資産	90	150	200	40
751条資産合計	90	150	200	40

この表によると、Gが40ドルの751条資産と引き替えに、非751条資産40ドル持分を放棄したことが分かる。

Step 4：いずれの資産が751条(b)交換に関連しているかを決定する。

パートナーシップが棚卸資産と現金のみを保有しているから、Gは40ドルの棚卸資産と引き替えに40ドルの現金を放棄したことは明らかである。この現金は、751条(b)交換直前にGに分配され、その後751条(b)交換において、40ドルの棚卸資産と引き替えにGがパートナーシップに支払ったものと取り扱われる。

Step 5：751条(b)交換において分配受領者が放棄した資産の基準価格を決定する。

Gは、751条(b)交換直前に40ドルの現金を受け取ったものとされるが、この場合Gは損益を認識せず、またGのアウトサイド・ベイシスは250ドルから210ドルに減少する。

Step 6：751条(b)交換の結果を決定する。

751条(b)交換において、Gは時価40ドルで調整基準価格20ドルの棚卸資産を受け取り、40ドルの現金をパートナーシップに支払った。Gはこの交換においてなんらの損益も認識せず、取得した棚卸資産の基準価格は40ドルである。パートナーシップは、棚卸資産をGに「売却」したことになるから、20ドル（40ドルマイナス20ドル）の通常所得を認識し、これはHとIにのみ配賦される（HとIのアウトサイド・ベイシスはそれぞれ260ドルに増加する）。

Step 7：751条(b)交換に関係ない分配部分の取扱いを決定する。

実際になされた分配（時価150ドルの棚卸資産）のうち、751条(b)交換に関係のない部分は、時価110ドル（調整基準価格55ドル）の棚卸資産である。この部分が現在分配されたとすると、Gのアウトサイド・ベイシスは、210ドル（参照 Step 5）から55ドル下がるので、155ドルである。棚卸資産のうち、751条(b)交換に関係ない部分は、Gの下で引継基準価格を取り、55ドルとなる。したがって、Gは、150ドルの時価を有する棚卸資産について総額95ドルの基準価格（40ドルプラス55ドル）を取る。

分配後のパートナーシップの貸借対照表は、次の通り。

資産	調整基準価格	時価	資本	調整基準価格	時価
現金	300	300	G	155	150
棚卸資産X	75	150	H	260	300
棚卸資産Y	300	300	I	260	300
総額	675	750		675	750

仮に、分配直後に、パートナーシップが資産を売却して清算した場合、通常所得が75ドル認識される。McKEE et al. ¶21.04[3]at 21-43は、ここで704条(c)で示されているようなビルトイン・ゲインの配賦の法理が適用されるとする。分配前に資本勘定が再評価された場合、棚卸資産Xについて、（資本勘定維持上の）帳簿価格と調整基準価格の乖離（これはビルトイン・ゲイン＝含み益を表象する）が生じるが、ビルトイン・ゲイン配賦の法理は、この含み益を可能な限り、それが発生した各パートナーに配賦されねばならないという法理である（Treas.Reg.§§1.704-1(b)(2)(iv)(f)(4), 1.704-1(b)(4)(i)）[49]。この法理によると、分配直前の棚卸資産含み益をHとIはそれぞれ50ドル有しており、そのうち10ドルは751条(b)交換で認識しているから、パートナーシップが残りの棚卸資産を売却した場合に認識された通常所得含み益は、各パートナーに40ドルずつ（合計80ドル）配賦されねばならない。しかし、分配直後にパートナーシップ

---

[49] 含み益（ビルトイン・ゲイン）の配賦について、本書第三章3参照。この例でFEDERAL TAXATION, *supra* note 3, ¶21.04[3]at 21-43の要求する配賦は、いわゆる「逆 (reverse)」704条(c)配賦であり、704条(c)が直接適用されるわけではない。

が棚卸資産を売却した場合に認識される通常所得は75ドルでしかないから、HとIに37.5ドルずつ配賦されることになる。

　各パートナーが分配前後で、どれだけ（認識された又は認識されていない）通常所得を有しているかを検討してみよう。まずGは、分配前には通常所得50ドル（含み益）を有しており、一方分配後には55ドル（分配された棚卸資産Xについて含み益55ドル）である。HとIは、それぞれ分配前には通常所得50ドル（含み益）を有しており、分配後には47.5ドル（751条(b)交換で認識した10ドル、プラス分配されていない棚卸資産Xの含み益75ドルの半分）である。結局、分配により、HとIの通常所得合計5ドルが、Gに移転していることになる[50]。

　以上のように、現在の751条(b)は、それが適切に機能せず、パートナー間での通常所得の移転の防止というその目的を果たさないことがある[51]。

[d]　小括

　以上、751条(b)の目的とその適用を見てきたが、その問題点をまとめておこう。

　第一に、例5で見たように、それは適切に働かない可能性がある。751条(b)が適切に働かず、その目的を達成しないのは、それがパートナーシップ資産に含まれている通常所得含み益の移転に焦点を当てず、時価の移転を基準にして

50　なお、704条(c)のビルトイン・ゲイン配賦の法理を適用しない場合、事態は更に悪化する。分配されなかった棚卸資産Xの含み益75ドルが、単純に持分割合に従ってGに15ドル（5分の1）、HとIに30ドル（5分の2）ずつ配賦されるとしよう。その場合、各パートナーが分配前後で通常所得を有しているかを検討すると、Gは、分配前は通常所得50ドル（含み益）を有しており、分配後には70ドル（分配された棚卸資産について含み益55ドル、プラス分配されていない棚卸資産について含み益15ドル）、HとIは、それぞれ分配前には通常所得50ドル（含み益）を有しており、分配後には40ドル（751条(b)交換で認識した10ドル、プラス分配されていない棚卸資産Xについて含み益30ドル）である。結局、分配により、HとIの通常所得合計20ドルが、Gに移転していることになる。

51　*See* Applebaum, *supra* note 29, 275-276. なお、現在分配にあたって、利益持分が分配前後で変動しない場合に問題点を指摘したものとして、Costello, *supra* note 31, at 141-143がある。

いるからである[52]。これは次のような例でもわかる。

例 6 ：JKL パートナーシップは次のような貸借対照表を有している。各パートナーの持分は対等である。

資産	調整基準価格	時価	資本	調整基準価格	時価
棚卸資産 X	300	300	J	110	150
棚卸資産 Y	30	150	K	110	150
			L	110	150
その他総額	330	450		330	450

パートナーJはパートナーシップを脱退し、清算分配で棚卸資産Yを受け取った。この場合、後述する754条選択を行っておらず、したがって734条(b)基準価格調整が行われないものと仮定する。

この例の場合、751条(b)は適用されない。パートナーシップは非751資産を有していないし、分配前後を通じて各パートナーの751条資産に対する持分（それぞれ時価で150ドル）が変わらないからである。分配により、棚卸資産Yはパートナーシップの調整基準価格を引き継いで、Jの手元でも30の基準価格を取る。Jのアウトサイド・ベイシスとYの基準価格の差額80はキャピタル・ロスとして認識される。分配前、各パートナーは40ドルの通常所得含み益を有していた。しかし分配後、通常所得含み益は、Yの含み益120ドルとしてすべてJに移転している。

このように、751条(b)は資産の時価を基準にその適用が判断されるため、みすみす通常所得の移転を見逃すことがある[53]。

第二に、先に示した例は、資産やパートナーの数も少なく、持分も簡単で、また負債も含まれていない等、極端に簡単なものであったが、それでも 7 段階

52　AMERICAN LAW INSTITUTE, FEDERAL INCOME TAX PROJECT: TAXATION OF PRIVATE BUSINESS ENTERPRISES 295, 296 & n.466（1999）[hereinafter *1999 ALI Study*]；FEDERAL TAXATION, *supra* note 3, ¶ 21.04[2] at 21-44; Aycock, *supra* note 27, at 631.

53　また、「相当な値上がり」テストにより、通常所得の移転が生じることもある、ただ、これは751条(b)の構造的欠陥というより、連邦議会が意図的に設けた少額不追求規定の結果であるから、問題点として挙げるには不適当であろう。

分析を行いつつ課税結果を確認することは相当に手数がかかる。実際の事例はもちろんこれだけ単純ではないから、実務上751条(b)を適用することが非常に複雑であろうことは容易に想像できよう。その原因は、通常所得の移転を測定するのに、資産の交換という概念を持ち込んでいるからである。

　第三に、751条(b)の適用上、パートナーシップの有する全資産の時価評価が要求されることである[54]。これも実務上かなりの負担を生じさせるものである。もっとも、704条(b)の下で資本勘定を維持するにあたっても全資産の時価評価が事実上要求される[55]から、この問題点は751条(b)固有のものとはいいがたい。

[３]　選択的基準価格調整条項：734条(b)・754条・755条

[ａ]　問題の所在

　前述のように、分配に関する一般原則によれば、パートナーシップから資産が分配された場合、パートナーシップ資産の調整基準価格は調整されない。

　しかし、次の例を考えてみよう。

　　例７[56]：ABCパートナーシップは、次のような貸借対照表を有している。各パートナーの持分は対等である。

資産	調整基準価格	時価	資本	調整基準価格	時価
現金	11000	11000	A	10000	11000
その他資産	19000	22000	B	10000	11000
			C	10000	11000
総額	30000	33000		30000	33000

　なお、その他資産は751条資産ではない。パートナーAはパートナーシップを脱退し、清算分配で現金11000ドルを受け取った。

54　Little, *Second Installment, supra* note 26, at 337-338.
55　本書第三章２・注８参照。
56　この例は、Treas.Reg. §1.734-1(b)(1) Ex.(1)を一部改変したものである。

一般原則によると、清算分配時にAは1000ドルのキャピタル・ゲインを認識し（I.R.C.§731(a)(1)）、パートナーシップ資産の調整基準価格は変動しない（I.R.C.§734(a)）。分配後、パートナーシップは次のような貸借対照表を有することになろう。

資産	調整基準価格	時価	資本	調整基準価格	時価
その他資産	19000	22000	B	10000	11000
			C	10000	11000
総額	19000	22000		20000	22000

この後、パートナーシップがその他資産を売却した場合、パートナーシップは3000ドルの利益を認識し、BとCに各自1500ドルずつ配賦される。しかし、分配前のBとCの資産含み益は、各自1000ドルに過ぎず、その他資産売却時に1500ドルの利益が認識されるのは過大である。よく見てみると、Aがパートナーシップから脱退したときに1000ドルを認識しているが、これは要するに分配前の資産含み益3000ドルの3分の1、つまり1000ドルが、分配現金額とアウトサイド・ベイシスの差額という形で、分配時に認識されているのである。しかし、それにも関わらず、パートナーシップが有するその他資産の調整基準価格が調整されることはないため、分配前のAの含み益だったものが、BとCに再び課税されているのである。

このような、同一の利益が別個の納税者に重複して課税されるという意味での二重課税は、一時的なものである[57]。先の例で、パートナーシップが資産を売却した後、BとCのアウトサイド・ベイシスは各自11500ドルになろう（当初の基準価格10000ドルプラス資産売却時に配賦された利益1500ドル）。この後、パートナーシップが清算されたとすると、BとCに現金が11000ドルずつ分配

---

[57] もっとも、持分の譲渡の場合と同様、Estate of Dupree v. United States事件（391 F. 2 d 753 (5th Cir. 1968)）のように、相続の際に受け取った資産について基準価格は故人死亡時時価になるから（§1014(a)）、その場合には二重課税は永久的なものとなりうる。本書第四章3［3］［a］・注36参照。同事件について、see FEDERAL TAXATION, supra note 3, ¶24.01[3].

され、アウトサイド・ベイシスと分配現金額の差額500ドルがキャピタル・ロスとして認識される（I.R.C. §731(a)(2)）。分配が開始されてから、パートナーシップが完全に清算されるまで、BとCは各自、1500ドルのキャピタル・ゲイン（資産売却時）マイナス500ドルのキャピタル・ロス（パートナーシップ清算時）を認識し、結局、純額1000ドルのキャピタル・ゲインが帰結されることになる。したがって、BとCに対する二重課税はあくまで一時的なものであり、一連の取引で課税された利益の純額は、分配以前の含み益と全く変わらない。しかし、BとCについては資産売却時に500ドルだけ過大に課税が行われ、それが後に同額の損失を生むことになるから、一種の課税の前倒しが起きているのである（また所得種類の転換も起こりうる[58]）。

---

58 キャピタル・ゲイン優遇税率が適用されるのは「純キャピタル・ゲイン（net capital gain）」についてであるが（see §1(h)）、純キャピタル・ゲインとは、純長期キャピタル・ゲイン（net long-term capital gain）が純短期キャピタル・ロス（net short-term capital loss）を超過する額、と定義され（I.R.C. §1222(11)）、純長期キャピタル・ゲインとは、長期キャピタル・ゲインが長期キャピタル・ロスを超過する額（I.R.C. §1222(7). ロスがゲインを上回っている場合には、純長期キャピタル・ロスという。I.R.C. §1222(8)）、純短期キャピタル・ロスとは、短期キャピタル・ロスが短期キャピタル・ゲインを超過する額（I.R.C. §1222(6). ゲインがロスを上回っている場合には純短期キャピタル・ゲインという。I.R.C. §1222(5)）と定義されている。ここに長期キャピタル・ゲイン（ロス）とは、保有期間1年超の資本的資産の売却・交換からの利益（損失）であり（I.R.C. §1222(3), (4)）、短期キャピタル・ゲイン（ロス）とは、保有期間1年以下の資本的資産の売却・交換からの利益（損失）である（I.R.C. §1222(1), (2)）。かなり複雑な定義規定であるが、要するに、短期キャピタル・ゲインは、短期キャピタル・ロスの相殺を通じた長期キャピタル・ロスの減少に影響を与える以外に、純キャピタル・ゲインの計算には関わらない、つまり優遇税率の適用がない、ということである。例えば、ある納税者のある年度のキャピタル・ゲイン／ロスが、短期キャピタル・ゲイン1000ドルと長期キャピタル・ゲイン1000ドルしかないとすると、優遇税率の適用対象となる純キャピタル・ゲインは1000ドルしかない。その意味で、あるキャピタル・ゲイン／ロスが長期であるか短期であるかは重要な問題であるが、例7における一時的な二重課税は、この問題に大きな影響を及ぼしうる。例えば、BとCの持分の保有期間が1年超であり、パートナーシップの資産の保有期間が1年以下であるとすると、資産売却時のキャピタル・ゲインは短期キャピタル・ゲインであり、持分譲渡時(持分清算時)のキャピタル・ロスは長期キャピタル・ロスである。Aに対する清算分配前、BとCのパートナーシップ資産に対する含み益は各自短期キャピタル・ゲイン1000ドルであったが、分配後に一連の取引が終了

Aによる持分の清算は、経済的に見ればBとCが、それぞれ現金5500ドルの分配を受けた後、Aの持分を購入したのと同じである。したがって、743条(b)が対処している問題[59]と全く同質であるといってよい。なお、分配前は現金と資産の調整基準価格（インサイド・ベイシス）は、各パートナーのアウトサイド・ベイシス合計額と等価であったのに、分配後には等価でなくなっている点にも注目されよう。

　さらに、次の例を考えてみよう。

　　例8[60]：DEFパートナーシップは、次のような貸借対照表を有している。各パートナーの持分は対等である。

資産	調整基準価格	時価	資本	調整基準価格	時価
現金	4000	4000	D	10000	11000
資産X	11000	11000	E	10000	11000
資産Y	15000	18000	F	10000	11000
総額	30000	33000		30000	33000

　　なお、資産は751条資産ではない。パートナーDはパートナーシップを脱退し、清算分配で資産Xを受け取った。

　一般原則によると、清算分配時にDは損益を認識せず（I.R.C.§731(a)(1)）、分配されたXについて、Aは分配直前のアウトサイド・ベイシス10000ドルと

した後は、各自短期キャピタル・ゲイン1500ドルと長期キャピタル・ロス500ドルを得ることになる。仮に、BとCにそれぞれ別源泉から2000ドルの長期キャピタル・ゲインがあるとすると、問題となるAへの清算分配前にパートナーシップが資産を売却して短期キャピタル・ロスをBとCに配賦しておけば、この年度における純キャピタル・ゲインは2000ドル（長期キャピタル・ゲイン額2000ドルがそのまま）である。しかし、Aへの清算分配、資産売却、パートナーシップ清算という一連の取引を経過した場合、純キャピタル・ゲインは1500ドル（長期キャピタル・ゲイン2000ドルマイナス長期キャピタル・ロス500ドル）となり、後者の方がBとCに不利である。このように、例7の二重課税は、課税の前倒しのみならず、所得種類の転換にも関わりうる。

59　本書第四章3［3］［a］参照。
60　この例は、Treas.Reg.§1.734-1(b)(1)Ex.(2)による。

同じ基準価格を取る（I.R.C.§732(b)）。また、パートナーシップ資産の調整基準価格は変動しない（I.R.C.§734(a)）。分配後、パートナーシップは次のような貸借対照表を有することになろう。

資産	調整基準価格	時価	資本	調整基準価格	時価
現金	4000	4000	E	10000	11000
資産Y	15000	18000	F	10000	11000
総額	19000	22000		20000	22000

この後、パートナーシップが資産を売却した場合、パートナーシップは3000ドルの利益を認識し、EとFに各自1500ドルずつ配賦される。しかし、分配前のEとFの資産含み益は、各自1000ドルに過ぎず、資産売却時に1500ドルの利益が認識されるのは過大である。よく見てみると、Dがパートナーシップから脱退したときに、Dが資産Yに有していた含み益を代替基準価格によって資産Xに引き継いでいる。しかし、それにも関わらず、パートナーシップ資産の調整基準価格が調整されることはないため、分配前に資産YにDが有していた含み益が、またもやEとFに移転して課税されることになったのである。仮に、Dが分配直後に資産Yを売却していれば、やはり「二重課税」が生じたものといえよう。例7同様、このような二重課税は一時的なものであるが、やはり課税の前倒しあるいは所得種類の転換の問題が同時に生じうる。例7同様、分配前は現金と資産の調整基準価格（インサイド・ベイシス）は、各パートナーのアウトサイド・ベイシス合計額と等価であったのに、分配後には等価でなくなっている点にも注目されるが、しかし例7は例6とは異なり持分の譲渡の場合との類似性は有さない。

このような二重課税や所得種類の転換を防ぐため、734条(b)は、754条の選択を行っている場合[61]（及び相当な基準価格の減額が行われる場合。I.R.C.§734(d). 本章2［3］［d］参照）に、分配後にパートナーシップに残っている資産の

---

[61] 754条選択については、本書第四章3［3］［d］で詳述しているので、本章では取り扱わない。なお、754条選択を行った場合、734条(b)基準価格調整と、743条(b)基準価格調整の両方を行わねばならないことには注意すべきである。

調整基準価格を調整することを認めている（734条(b)基準価格調整）。734条(b)基準価格調整が発生するのは、分配時に認識された損益をパートナーシップ残存資産に反映させる（例7）の場合と、分配資産について代替基準価格が取られた場合にそれをパートナーシップ残存資産に反映させる（例8）の場合の二種類がありうるが、分配前後において、「残存パートナー」の、パートナーシップ資産に対する含み損益を維持する、という側面から見れば、734条(b)基準価格調整は、単一の目的を達成していることになる[62]。

またこの734条(b)基準価格調整の目的は、残存パートナーのパートナーシップ持分に内在する含み損益（持分時価マイナスアウトサイド・ベイシス）を、当該パートナーに配賦されるであろうパートナーシップ資産に内在する含み損益（各パートナーシップ資産時価マイナス各資産のインサイド・ベイシス）と一致させると言い換えることもできるから、結局、734条(b)基準価格調整は、アウトサイド・ベイシス総額とインサイド・ベイシス総額を一致させるシステムである、ともいえよう[63]。

---

62 Andrews, *supra* note 9, at 15. 本章における734条(b)基準価格調整の趣旨説明は、多く同論文によっている。*See* J. Paul Jackson, Mark P. Johnson, Stanley S. Surrey & William C. Warren, *A Proposed Revision of The Federal Income Tax Treatment of Partnerships and Partners –American Law Institute Draft*, 9 TAX L. REV. 109, 163-164 (1954) [hereinafter *Proposed Revision*]; *See also* FEDERAL TAXATION, *supra* note 3, ¶ 25.01 [2], at 25-5 n. 7. なお、同 at 25-5, n. 6 は、743条(b)基準価格調整の場合と異なり、734条(b)基準価格調整は、実体論と集合論の見地から単純に見ることはできない、と述べる。しかし、分配前後において、「残存パートナー」の、パートナーシップ資産に対する含み損益を維持する、という本文で述べたような側面から見た場合、分配に関する原則的取扱い（I.R.C. § 734(a)）が実体論的なものであると考えると（本章2 [1] [e]・注19参照）、734条(b)基準価格調整により、少なくとも含み損益については集合論的修正が加えられていると考えられよう。

63 WILLIS, *supra* note 3, ¶ 13.05 [1]. なお、734条立法時の上院財政委員会報告書（S. REP. No. 83-1622, at 94-96, 393-394（1954））及び下院歳入委員会報告書（H.R. REP. 83-1337, at 68-69, A229（1954））からは、必ずしもその立法趣旨が明らかというわけではない。Dale E. Anderson & Melvin A. Coffee, *Proposed Revision of Partner and Partnership Taxation: Analysis of the Report of the Advisory Group on Subchapter K (First Installment)*, 15 TAX L. REV. 285, 324 (1960) [hereinafter Anderson & Coffee, *First*] は、アウトサイド・ベイシス総額とインサイド・ベイシス同額を等価に保つことが734条(b)基準価格調整から得られる結果である、と述べる。

ここで、二点指摘しておこう。

第一に、743条(b)基準価格調整同様（本書第四章3［3］［a］参照）、734条(b)基準価格調整は、納税者の有利でなく不利に働く場合がありうる[64]。例えば、資産に含み損がある場合がそうである。

第二に、734条(b)基準価格調整は、パートナーシップの調整基準価格（各パートナーに共通の調整基準価格）を直接調整するものであり、譲受人たるパートナーにのみ調整が行われる743条(b)基準価格調整とは異なる。

以下では、具体的な734条(b)基準価格調整の適用を見ていくことにする。

［b］ 調整額の決定：734条(b)

734条(b)によると、資産のパートナーに対する分配があった場合、754条選択をなしているパートナーシップは、

① 731条(a)(1)により、分配に関して分配受領パートナーが利益を認識した場合のその額、及び

② 732条(a)(2)あるいは732条(b)が適用される分配資産（つまり、代替基準価格を取る資産）の場合、分配直前にパートナーシップが当該資産について取っている調整基準価格が、732条の下で分配受領者が当該資産について取った調整基準価格[65]を超過する額

だけ、パートナーシップ資産の調整基準価格を増加し、または、

③ 731条(a)(2)により、分配に関して分配受領パートナーが損失を認識した場合のその額、及び

④ 732条(b)が適用される分配資産の場合、732条の下で分配受領者が当該資産について取った調整基準価格が、分配直前にパートナーシップが当該資産についてパートナーシップが当該資産について取っていた調整基準価格[66]を超過する額

---

64 Klein, *supra* note 19, §10.05[1]at 10-26. なお、同論文 §10.06 at 10-28 to 10-29は、注意深くプランニングした上での734条(b)基準価格調整の利用を勧めている（Harry Janin, *Current and Liquidating Distributions and Partnership Elections Under Section 754*, 15 INST. ON FED. TAX'N 95, 114 (1957) も同趣旨）。

65 これは732条(d)による調整済の額である。732条(d)については本章2［4］［b］参照。

だけ、パートナーシップ資産の調整基準価格を減少させねばならない[67]。

したがって、例7では、Aが認識した1000ドルの利益だけ資産の基準価格が増加し、また例8では、Dが受け取った資産Xの分配前のパートナーシップ調整基準価格11000ドルが分配後にDがXについて取った基準価格1000ドルを超過する額だけ、パートナーシップの保有する資産Yの調整基準価格が増加することになる。

前述したように、734条(b)基準価格調整によってアウトサイド・ベイシス総額とインサイド・ベイシス総額の等価が保たれることになるが、しかし分配直前にこの等価が保たれていない場合には、734条(b)基準価格調整はこれを修正することはできない（不等価のままである）。例えば、例7を少し修正して、次のような例を考えてみよう。

例9：ABCパートナーシップは、次のような貸借対照表を有している。各パートナーの持分は対等である。

資産	調整基準価格	時価	資本	調整基準価格	時価
現金	11000	11000	A	10500	11000
その他資産	19000	22000	B	10000	11000
			C	10000	11000
総額	30000	33000		30500	33000

なお、その他資産は751条資産ではない。パートナーAはパートナーシップを脱退し、清算分配で現金11000ドルを受け取った。

66　これも732条(d)による調整済の額である。
67　なお、751条(b)が適用される分配について、どのように734条(b)基準価格調整が適用されるかについては多少議論がある。751条(b)交換に関係ない分配（7段階分析ではStep 7）について734条(b)基準価格調整が行われることについては異論がないようであるが、751条(b)交換における仮定上の分配（Step 5）において、これを適用する見解（FEDERAL TAXATION, *supra* note 3, ¶25.03; Klein, *supra* note 19, §10.03 at 10-19 n. 55）と、これを適用しないする見解（WILLIS, *supra* note 3, ¶13.05 [3]; John S. Pennell, *Problems Involving the Optional Adjustment to Basis of Partnership Assets*, 34 MAJOR TAX PLAN. ch. 8, ¶802.5 (1982)）がある。

パートナーシップが754条選択を行っており、734条(b)基準価格調整が要求されるとしよう。清算分配時にAは500ドルのキャピタルゲインを認識し（I.R.C.§731(a)(1)）、この分だけパートナーシップ資産の調整基準価格が増加する（I.R.C.§734条(b)）。分配後、パートナーシップは次のような貸借対照表を有することになろう。

資産	調整基準価格	時価	資本	調整基準価格	時価
その他資産	19500	22000	B	10000	11000
			C	10000	11000
総額	19500	22000		20000	22000

734条(b)基準価格調整後も、アウトサイド・ベイシス総額（20000ドル）とインサイド・ベイシス総額（19500ドル）の不等価はそのままである。これはいいかえれば、Aについて課税されたはずの利益について、再びBとCについて課税される可能性があることを示している。結局、アウトサイド・ベイシス総額とインサイド・ベイシス総額が不等価の場合、734条(b)はその目的を達成し得ない[68]。

734条(b)は、持分の含み損益（持分の時価マイナスアウトサイド・ベイシス）がどれだけ実現し、また分配後に保存されたかによって、パートナーシップの保有する各資産の含み損益に対する残存パートナーの含み損益を調整しようというものである。したがって、持分の含み損益額と、そのパートナーに配賦されうるパートナーシップ資産の含み損益額が異なれば、これが機能しないのは当然である。むしろ、734条(b)の目的を正確に達成するには、持分の含み損益

---

68 See FEDERAL TAXATION, *supra* note 3, ¶25.01[3]; WILLIS, *supra* note 3, ¶13.05[6]; Pennell, *supra* note 67, ¶802.3 at 8-47 to 8-48; William H. Lawson, *Partnership Optional Adjustment Basis Rules*, 62 A.B.A. J. 1356, 1358 (1976). なお、分配前に不等価が生じた原因が743条(b)調整をしないことである場合、本来二重課税や所得種類の転換の問題は持分譲受人にのみ関係することであった。本書第四章［3］［a］参照。しかし、例9によれば、このような所得課税上の歪みが、分配を通じて持分譲受人以外のパートナーに拡散されうること、しかもそれを734条(b)基準価格調整が阻止し得ないことが示されよう。このことは、J. Littleton Daniel, *Watch Out for Trouble Area in Code Provisions on Partnership Taxation*, 8 J. TAX'N 32, 36 (1958) の最終例でも指摘されている。

を参照することなく、あるパートナーに配賦されうるパートナーシップ資産の含み損益が、分配前後で異ならないように調整すべきであることになろう。これは、734条(b)基準価格調整を行う場合には、本来、アウトサイド・ベイシスよりもインサイド・ベイシスを重視すべきであることを示している。本章3では、様々な論者が表現は異なるもののこの点を指摘している。

なお、734条(b)によって基準価格調整の総額が決定されるが、パートナーシップの資産が複数の場合、これをどのように各資産に配賦するかが問題となる。このような配賦は755条が規制しているので、次にこれを見ていくことにしよう。

[c] 調整額の配賦：755条

734条(b)基準価格調整額は、次のように各資産に配賦される。

第一に、パートナーシップの保有する資産を、二つのクラスに分ける（I.R.C.§755(b); Treas.Reg.§1.755-1(a)）。つまり、(1)資本的資産[69]及び1231条(b)資産[70]（財務省規則では、キャピタル・ゲイン資産（capital gain asset）と呼ばれている）と、(2)その他の資産（財務省規則では、通常所得資産（ordinary income asset）と呼ばれている）である。

第二に、734条(b)基準価格調整が、当該調整を生じた分配資産と同クラスの残存パートナーシップ資産に配賦される（I.R.C.§755(b); Treas.Regs.§§1.755-1(a), 1.755-1(c)(1)）。例えば、分配された資産がキャピタル・ゲイン資産であり、

---

[69] この場合の資本的資産には、のれん（goodwill）が含まれる。したがって専門職サービスパートナーシップも、他の資本的資産はなくとものれんがあることがほとんどであるため、資本的資産を有することになる。Robert Ricketts & John Masselli, *Tax Consequences of Partnership Breakups*, 79 TAXES 39, 44 (2001).

[70] 1231条(b)資産とは、主として「取引又は事業において使用されている資産」であり、かつ1年超保有されている減価償却資産又は不動産のことであり（I.R.C.§1231(b)(1)）、棚卸資産等は除かれている。1231条(b)資産の売却又は交換から生じた損益は、1231条利益（section 1231 gain）又は損失（section 1231 loss）と呼ばれるが、ある課税年度の1231条利益が1231条損失を上回る場合には、当該損益は全額長期キャピタル・ゲイン／ロスと取り扱われ、逆に1231条損失が1231条利益を上回る場合には、当該損益は全額通常損益と取り扱われる（I.R.C.§1231(a)）。

分配直前のパートナーシップ調整基準価格が、分配後にその資産が分配受領者の手元において取る基準価格を超過している場合には、パートナーシップに残存するキャピタル・ゲイン資産の基準価格を増加させることになる。また、分配された資産が通常所得資産であり、分配直前のパートナーシップ調整基準価格が、分配後にその資産が分配受領者の手元において取る基準価格を超過している場合には、パートナーシップに残存する通常資産の基準価格を増加させることになる（Treas.Reg.§1.755-1(c)(1)(i)）。一方、731条(a)(1)あるいは731条(a)(2)の下で、分配時に分配受領者がキャピタル・ゲイン/ロスを認識した場合の734条(b)基準価格調整は、もっぱらキャピタル・ゲイン資産に配賦される（Treas.Reg.§1.755-1(c)(1)(ii)）。分配時に分配受領者が認識したキャピタル・ゲイン/ロスは、パートナーシップの残存資産に含まれている未実現のキャピタル・ゲイン/ロスを表象しているから（通常所得は751条(b)によって認識される）、もっぱらキャピタル・ゲイン資産にのみ配賦されることになるのである。

　第三に、各クラスに配賦された734条(b)基準価格調整のうち、上方調整は、まず未実現の含み益を有する資産に対して、その含み益に比例しかつその含み益を限度として配賦される。残った上方調整額については、時価に比例して同クラス内の資産に配賦される（Treas.Reg.§1.755-1(c)(2)(i)）。逆に、下方調整は、まず未実現の含み損を有する資産に対して、その含み損に比例しかつその含み損を限度として配賦される。残った下方調整額は、調整基準価格に比例して同クラス内の資産に配賦される（Treas.Reg.§1.755-1(c)(2)(ii)）。ただし調整基準価格はゼロまでしか下がらない（Treas.Reg.§1.755-1(c)(3)）。

　なお、適切なクラスの資産がない場合や、パートナーシップの保有する同一クラス内の資産の基準価格が下方調整によって全部ゼロまで下がってしまった場合、残っている調整額の配賦は、後にパートナーシップが適切なクラスの資産を受け取るまで中断される（Treas.Reg.§1.755-1(c)(4)）。

　以上の規定について、例を見てみることにしよう。

　例10[71]：ABCパートナーシップは、次のような貸借対照表を有している。各パートナーの持分は対等である。

資産	調整基準価格	時価	資本	調整基準価格	時価
キャピタル・ゲイン資産U	80	160	A	200	300
キャピタル・ゲイン資産V	110	160	B	200	300
キャピタル・ゲイン資産W	140	160	C	200	300
通常所得資産X	80	140			
通常所得資産Y	140	140			
通常所得資産Z	50	140			
総額	600	900		600	900

パートナーシップは754条選択を行っている。パートナーAはパートナーシップを脱退し、清算分配でキャピタル・ゲイン資産Uと、資本的資産Xを受け取った[72]。

Aは、受け取ったUとXについて、それぞれ120ドル、80ドルの基準価格を取る（I.R.C.§§732(b), 732(c)）。したがって、Uの基準価格は分配前と比較して40ドル増加した（80ドルから120ドル）ので、734条(b)の下、パートナーシップの残存キャピタル・ゲイン資産VとWに対して、40ドルの下方基準価格調整が行われる。VとWはそれぞれ含み損を持たないから、各資産の調整基準価格（Vが110、Wが140）に比例して配賦されることになろう。したがって、Vの調整基準価格は17.6ドル下がって92.4ドル、Wのそれは22.4ドル下がって117.6ドルということになる[73]。

以上述べた取扱いは、755条に関する現行財務省規則（T.D. 8847, 1999-2 C. B. 701 (as amended by 65 Fed. Reg. 9220 (2000)))によるものであるが、この1999年末の改正が行われるまでの財務省規則（T.D. 6175, 1956-1 C.B. 210, 303-307(1956)）には、大きな問題があった。

改正前の財務省規則§1.755-1(a)(1)(ii)及び(iii)は、各クラスに配賦された734条

---

71 この例は、FEDERAL TAXATION, *supra* note 3, ¶25.02[1][b]at 25-24 Ex.25-14によった。

72 この例では、704条(c)(1)(B)及び737条の両方が適用されないと仮定している。また、分配前後でAの通常所得資産に対する持分は変動しないので、751条(b)は適用されないことに注意。

73 FEDERAL TAXATION, *supra* note 3, ¶25.02[1][b].

(b)基準価格調整のうち、上方調整はパートナーシップ資産の含み益を減ずるように、また下方調整は含み損を減ずるように配賦されねばならず、含み損益を拡大するような基準価格の調整は禁止されていた。このようなスキームは、分配時に損益が認識される場合（例7の場合）の734条(b)基準価格調整については問題がない。というのも、認識された損益は、パートナーシップの資産の含み損益の認識を表象しており、分配時に基準価格調整により含み損益を減少することはそれに対応したものだからである。しかし、分配資産が代替基準価格を取った場合（例8の場合）の734条(b)基準価格調整は、含み損益を分配前後に保持するための、言い換えれば含み損益の付け替えのためのものであるから、本質的にパートナーシップ残存資産の含み損益の減少とは無関係のものである。したがって、後者の場合において、755条による734条(b)基準価格調整の配賦が行いえない場合が生じうる[74]。例えば、例10において、改正前の財務省規則によれば、VとWの下方基準価格調整は含み益を増大させるためになしえない。このような批判を受けて、同財務省規則は改正されたのである。後述する3「分配の課税上の取扱いに対する様々な議論」において、この点を指摘する見解を見て取ることができる。

　なお、法人株式から減価償却資産への含み益付け替えを防止するため、パートナーである法人あるいはその関連法人株式をパートナーシップが有している場合、734条(b)による下方基準価格調整は、当該株式に対しては行われない（I.R.C. § 755(c)）[75]。

---

[74] この問題については、WILLIS, *supra* note 3, ¶ 12.04[2]; Pennell, *supra* note 67, ¶ 802.4, at 8-52 to 8-53.

[75] 巨額の不正経理などが問題となり2001年末に破綻したエンロン（Enron）は、それが関与した様々な租税回避でも有名であり、連邦議会の租税共同委員会でも問題になった（STAFF OF JOINT COMM. ON TAX'N, REPORT OF INVESTIGATION OF ENRON CORPORATION AND RELATED ENTITIES REGARDING FEDERAL TAX AND COMPENSATION ISSUES, AND POLICY RECOMMENDATIONS (Comm. Print 2003) [hereinafter ENRON REPORT]. このなかにはパートナーシップを使用した一連の租税回避スキームも含まれていた（ENRON REPORT, Vol. I, 29-30, 181-241）。そのうち Project Condor とよばれるものをかなり簡素化した例を見てみよう。

　　例：A、B及びCは関連当事者であり、連結申告を行っている。AとBはパート

[d] 小括

以上、選択的基準価格条項の目的とその適用を見てきたが、その問題点を指摘しておこう。

ナーシップ X を結成することにした。A は多額の含み益を抱えた（つまり基準価格が低い）天然ガス貯蓄装置その他関連施設（減価償却資産）を X に出資し、B と C は現金を出資し、現金で B の株式を購入した。

X は、704条(c)ルールに従い、減価償却資産の減価償却費については B に特別配賦し、それが生み出す所得については A に配賦することにした。そのため、B のパートナーシップ持分の基準価格（アウトサイド・ベイシス）は減額され、A のパートナーシップ持分の基準価格（アウトサイド・ベイシス）は増額される（I.R.C. § 705(a)）。

その後、A はパートナーシップ持分を清算し、X は減価償却資産を A に分配し戻した。もともと低い基準価格しか有していない減価償却資産の基準価格は、増額された B のアウトサイド・ベイシスと置き換わり、高い基準価格をつけることになる（I.R.C. § 732(b)）。他方、X は754条選択を行い、減価償却資産分配時に増額された基準価格と同額だけ、X が保有する資産（この場合は B 株式）の基準価格を切り下げる（I.R.C. § 734(b)(2)(B)）。

この例からわかるように、①特別配賦を使用してアウトサイド・ベイシスをふくらませ、②清算分配時にアウトサイド・ベイシスが分配資産の基準価格になることを利用して減価償却資産を分配してその基準価格を切り上げ、③754条選択を利用して法人株式の基準価格を切り下げたのである。①は独立当事者間では起こりにくい特別配賦であり、本件では連結申告をしている関連当事者間だからこそ生じた特別配賦である。したがって704条(b)や(c)では対処しにくく、資産性所得の特別配賦をかなり広く認める704条(e)の対処も考えにくい（ENRON REPORT, at 29は関連当事者間で行われる704条(c)配賦につき、濫用防止ルールの強化を提言している）。②及び③は734条(b)基準価格調整が減価償却資産と非減価償却資産を同じクラスにまとめ、その間での基準価格調整を認めている、つまり含み損益の融通を認めているからこそ生じたものであった。

このうち③の側面について、2004年に755条(c)が設けられ、パートナーである法人（及びその関連法人）の株式についての下方基準価格調整が認められない（つまり含み益をその株式に付け替えることができない）こととされ、一定の対処がなされた。American Jobs Creation Act of 2004, Pub. L. No. 108-357, § 834, 118 Stat. 1418, 1592-1593 (2004)（立法理由につき、STAFF OF JOINT COMM. ON TAX'N, GENERAL EXPLANATION OF TAX LEGISLATION ENACTED IN THE 108th CONG., 390-392 (Comm. Print 2005)）。もちろんこのような株式以外は対象外であるから、減価償却資産と非減価償却資産の間でのものを含む、パートナーシップ分配時の含み損益付け替えについては制限がなく、同種の問題が生じる可能性は常に存在する。

256

第一に、734条(b)基準価格調整は、アウトサイド・ベイシス総額とインサイド・ベイシス総額が等しいときには満足すべき結果をもたらすが、等しくない場合にはその目的を達成し得ない。この場合でも、その目的を達成するには、あるパートナーに配賦されうるパートナーシップ資産の含み損益が、分配前後で異ならないように調整する方法を採るべきである。

　第二に、751条(b)同様、この条項を適用するにあたって、パートナーシップの有する全資産の時価評価が要求され、実務上かなりな負担を生じさせうる。

　第三に、734条(b)基準価格調整は納税者に不利にも有利にも働き、また当該条項が選択的なものであるため、納税者が意図的に754条選択をせずに、734条(b)基準価格調整を回避して、租税回避を行う可能性がある[76]。特にパートナーシップ資産が含み損、特に人為的に含み損を生み出しうる場合には、納税者が租税回避を行いやすい[77]。次の例を見てみよう。

　　例11[78]：Aは90ドル、Bは9ドル、Cは1ドルの現金を出資してパートナーシップを結成した。パートナーシップはその100ドルで証券を購入し、直ちに第三者に割賦基準で転売し、1年目90ドル、3年目10ドルにロンドン銀行間利率（LIBOR）をかけたものを受け取る。453条財務省規則（Treas. Reg. §15A .453-1(c)(3)(i)）により、割賦販売に

76　See Richard G. Cohen & Lori S. Hoberman, *Partnership Taxation: Change for the '90s*, 71 Taxes 882, 886 (1993)；Ronald G. Caso & Stephen J. Epstein, *An Analysis of the Optional-Basis-Adjustment Rules for Partners and Partnerships*, 42 J. Tax'n 234, 237(1973); Freeman & Stephens, *supra* note 18, at 995, 997-998.

77　財務省規則 Reg. §1.701-2(d)の分配に関する租税回避的事例として Ex.8が、租税回避ではない事例として Ex.9がある。本章・注75も参照のこと。

78　この例は、Gergen, *supra* note 6, at180の例5、及び Lee A. Sheppard, *Tax Shelter Partnerships For the Big Boys*, 45 Tax Notes 1087, 1087 （1990）の事例を簡略化している。このような事例は実際に、ACM Partnership v. Comm'r, 73 T.C.M. 2189 (1997), *aff'd on this issue*, 157 F.3d 231 (3 d Cir. 1998), *cert.denied*, 526 U.S. 1017 (1999) で争われた。ACM Partnership事件について、*see* Lee A. Sheppard, *"Hero of the Day" is a Thankless Job*, 74 Tax Notes 1382(1997); Lee A. Sheppard, *New Analysis: Colgate's Corporate Tax Shelter Showdown*, 71 Tax Notes 1284 (1996).

よる未収金は3年間均等に回収されるものとする（LIBORに関する部分を無視すると、パートナーシップは1年目期末に57ドル（受領現金額90ドル－基準価格33ドル）の利益、2年目期末に33の損失（受領現金額0ドル－基準価格33ドル）、3年目期末に23ドル（受領現金額10ドル－基準価格33ドル）の損失を得るので、結局パートナーシップは割賦販売から利益を得ない）。Aは多額の純事業損失（Net Operating Loss, NOL）を抱えている。パートナーシップは754条選択をしていない。

1年目期末、パートナーシップは57ドルの所得を生じ、そのA、B、Cにそれぞれ51ドル、5ドル、1ドルが配賦される（NOLによりAは課税を受けない）。所得の配賦により、A、B、Cのアウトサイド・ベイシスはそれぞれ141、14、2となる。2年目期首、Aはパートナーシップを脱退する。脱退直前の貸借対照表は次の通りである。Treas.Reg.§1.704-1(b)(2)(iv)(f)に従い、分配直前に資本勘定再評価を行っているため、パートナー各自の資本勘定は時価と等しい。

資産	調整基準価格	時価	資本	調整基準価格	時価
現金	90	90	A	141	90
未収金	67	10	B	14	9
			C	2	1
総額	157	100		157	100

（なお、本例は事実の簡略化のため、小数点以下の数字を四捨五入している）

2年目期首、Aがパートナーシップから脱退し、現金90ドルの清算分配を受ける。この時点でAは51ドルの損失を認識する。パートナーシップ残存資産の基準価格調整は行われない。

2年目期末、BとCは、それぞれ30ドル、3ドルの損失の配賦を受け、3年目期末には同じく21ドル、2ドルの損失配賦を受ける。このパートナーシップが十分な借入れを行っており、したがってBとCが十分なアウトサイド・ベイシスを有しているとすると、配賦された損失をBとCは控除することができる。

相当期間過ぎた後、パートナーシップが解散すると、ＢとＣはそれぞれ９ドル、１ドルの現金分配を受け、それぞれ46ドル、４ドルの利益を認識する[79]。

一連の取引の結果を見てみよう。Ａは90ドルを出資し、51ドルの所得の配賦を受け、51ドルの損失を分配時に認識し、最後に90ドルの清算分配を受けているので、経済的損益もなく、また最終的課税所得もない。Ｂは、９ドルを出資し、５ドルの所得の配賦を受け、30ドルの損失と21ドルの損失の配賦を受け、分配時に46ドルの利益を認識して、最後に９ドルの清算分配を受けているので、こちらも経済的損益もなく、最終的課税所得もない。Ｃも、１ドルを出資し、１ドルの所得の配賦を受け、３ドルの損失と２ドルの損失の配賦を受け、分配時に４ドルの利益を認識して、最後に１ドルの清算分配を受ける。やはり経済的損益もなく、最終的課税所得もない。

しかし、この取引を見た場合、２年目と３年目にＢとＣが巨額の損失の配賦を受け取り、後の所得の配賦と分配時の利益認識で相殺されていることが分かる。これは人為的に損失を生み出し、それによって特にＢが課税の繰延べを行おうとする租税回避取引である（Ｃがパートナーシップに加入しているのは、Ａ脱退時にパートナーシップを解散させないようにするためのもの）。パートナーシップの清算を意図的に遅らせれば遅らせるほど、課税繰延べによる租税回避効果は大きくなる。

このような租税回避は、①割賦販売のルールにより含み損が人為的に作り出せることと、②734条(b)基準価格調整がなかったことの二つの要件が組み合わさって生じたものである。したがって、734条(b)基準価格調整が適用されてい

---

79 アウトサイド・ベイシスは本来マイナスになることはないが、ここでは計算の簡便性のため、それがマイナスになると仮定してみよう。１年目期末基準価格14ドル－２年目期末配賦損失30ドル－３年目期末配賦損失21ドルで、清算直前のアウトサイド・ベイシスは－37ドルである。清算分配により９ドルの現金分配があるので、９ドル－（－37ドル）で、46ドルの利益を認識する。なお、アウトサイド・ベイシスをマイナスにしないためには、パートナーシップが負債を負えばよいので、例11においては、704条(d)の問題はないものと考えてよい。本書第二章３［１］参照。

同じく、１年目期末基準価格２ドル－２年目期末配賦損失３ドル－３年目期末配賦損失２ドルで、清算直前のアウトサイド・ベイシスは－３ドルである。清算分配により１ドルの現金分配があるので、１ドル－（－３ドル）で、４ドルの利益を認識する。

れば、この租税回避は防げる。例11でいえば、A脱退時に損失51ドルが認識されているから、734条(b)基準価格調整により未収金の基準価格を51ドル切り下げて16ドルにすれば、2年目期末と3年目期末でパートナーシップに損失は生じず、したがってBとCの課税繰延効果は防止できる[80]。

　以上のように、734条(b)基準価格調整をしないことによる租税回避にどのように対処するかが問題となったが[81]、2004年、734条(d)が設けられた[82]。これは、①分配時に認識された損失額と、②分配された資産の分配後の基準価格が分配直前の基準価格を超過する額が25万ドルを超える場合には、強制的に下方基準価格調整させる規定である。なお、734条(b)基準価格調整を行うことによる租税回避もあり、それへの対処として755条(c)が、調整額が配賦される資産につき一定の規制をかけていることは前述の通りである（本章2［3］［c］及び注77参照）。

80　Gergen, *supra* note 6, at 201-202; *1999 ALI Study, supra* note 52, 374-376.

81　Treas.Reg. § 1.701-2(d) Ex.7(ii)は、Treas.Reg. § 1.704-1(b)(2)の実質的な経済的効果ルールまたはパートナーシップ持分ルールの下でこの所得配賦を否認しており、またACM Partnership事件における歳入庁側の主張や、John P. Steins, Jr., *Commentary: Unneeded Reform*, 47 Tax L. Rev. 239, 241-242（1991）にも同じ主張が見られたが、これは正しくないものと思われる。実質的な経済的効果ルールは資本勘定に現れた所得配賦を規制するものであるが、例11で示されるように、A脱退時に資本勘定が再評価された後、2年目期末及び3年目期末の損失配賦、さらにパートナーシップが解散したときの清算分配に至るまで、資本勘定は変動していないからである。むしろ2年目期末及び3年目期末の損失配賦の本質は、ビルトイン・ゲイン／ロスの配賦の問題である。なお、ACM Partnership事件において、租税裁判所自身は、例11における証券購入及び販売が経済的実質を欠くとしてこれを無視しており、所得配賦の有効性自体に触れてはいない。

82　American Jobs Creation Act of 2004, Pub. L. No. 108-357, § 833(c), 118 Stat. 1418, 1591-1592(2004). 同法では、同時にビルトイン・ロスを出資パートナーにのみ配賦し、持分譲渡や清算が行われたときには当該ビルトイン・ロスをなかったものとみなす704条(c)(1)(C)（本書第三章3［1］［c］参照）、そして持分譲渡につき734条(d)と同じ機能を果たす743条(d)（本書第四章3［3］［d］参照）が制定された。いずれも損失の移転を防止するための規定である。立法理由につき、Staff of Joint Comm. on Tax'n, General Explanation of Tax Legislation Enacted in the 108th Cong., 384-390 (Comm. Print 2005).

[4] その他の条項

[a] 731条(c)

731条(c)は、731条(a)(1)及び737条の下、市場流通性のある証券（marketable securities）を現金と取り扱う、という規定である[83]。731条(a)(1)の下、分配された現金額がアウトサイド・ベイシスを超過した場合、その超過額について利益が認識される。しかし、分配されたものが資産である場合、その資産の時価がいくらアウトサイド・ベイシスを超過していても、利益は認識されず、課税は繰り延べられる。したがって、現金同様に時価評価が容易でかつ流動性のある市場流通性のある証券を分配した場合、経済的にこの取引が現金売却に近いとしても、利益が認識されない。そこで、市場流通性のある証券を現金と取り扱うことにより、課税繰延べ取扱いに制限を加えようというのが、この規定の目的である[84]。

注意すべきなのは、この規定は市場流通性のある証券を現金と取扱うだけで、その含み益に強制的に課税しようとするものではないこと[85]、また731条（a）(2)にはこの規定は適用がなく、損失認識時には市場流通性のある証券は現金と取り扱われないこと[86]である[87]。

---

83 この規定は、Urguay Round Agreements Act, Pub. L. No. 103-465, §741, 108 Stat. 4809, 5006 (1994) によって設けられた。立法趣旨について、see S.Rep. No. 103-412, at 154-155 (1994); H.R. Rep. No.103-826, at 187-188 (1994).

84 また、市場流通性のある証券を分配し、かつ754条選択をなすことにより、パートナーシップの保有する他の資産の調整基準価格が切り上げられてしまうことも指摘されている。Chester W. Grudzinski, *Recent Changes Will Have Burdensome Impact on Securities Partnerships*, 82 J. Tax'n 368, 374 (1995); Freeman & Stephens, *supra* note 18, at 996-997.

85 Grudzinski, *supra* note 84, at 374.

86 J. D. Dell, Michael G. Frankel & Roger F. Pillow, *731(c) Prop. Regs. on Distributions of Marketable Securities Provide a Measure of Clarity*, 84 J. Tax'n 332, 332 (1996); Michael G. Frankel, Roger F. Pillow & John G. Schmalz, *Distributions of Marketable Securities Treated as Distributions of Money-Final.Regs.*, 86 J. Tax'n 268, 268 (1997).

［b］ 732条(d)

732条(d)は、パートナーシップ持分が譲渡され、その際に754条選択が行われておらず、743条(b)基準価格調整が行われていない場合、当該持分譲渡後に持分の譲受人に対して資産の分配が行われたときは、選択又は強制的に、当該資産分配について743条(b)基準価格調整が行われたものとして、分配資産の基準価格を取り扱う、という規定である。納税者（持分の譲受人たるパートナー）の選択による場合には、持分譲渡後2年以内に分配が行われることが必要となる（Treas.Reg.§1.732-1(d)(1). 選択を行う時期や選択手続について、Treas.Reg. §1.732-1(d)(2) and (3))。

値上がり資産を有するパートナーシップの持分が売却され、かつそのときに754条選択をしていない場合、持分の譲受人たるパートナーは、一時的ではあるにせよ、値上がり資産について二重課税を受けることになる。このような一時的二重課税を回避するため、譲受人たるパートナーは、732条(d)の下での選択を行い、値上がり資産を分配してもらって、743条(b)基準価格調整（本書第四章3［3］［b］）を含めた引継基準価格を取りつつ、当該資産を売却することにより、この不利益を回避することができる。

また、この規定は、①金銭を除く全てのパートナーシップ資産の時価がその調整基準価格の110％を超えており、②732条(c)の下での基準価格配賦により、減価償却資産でない資産から減価償却資産への基準価格の移転が生じ、かつ③743条(b)の下での基準価格調整が実際に分配された資産についての持分譲受人たるパートナーの基準価格に変動を与える場合、持分譲渡後2年以内に分配が生じたか否かに関わらず、強制的に適用される（Treas.Reg.§1.732-1(d)(4))。これは、743条(b)基準価格調整を行わずに納税者に分配が行われ、そのため納

---

87 この条項について、他に引用したものの他、詳しくは、 see FEDERAL TAXATION, *supra* note 3, ¶ 19.09; Roger F. Pillow & Robert J. Crnkovich, *Distributions of Marketable Securities to Partners Carry High Potential for Being Taxed*, 83 J. TAX'N 4(1995); Wm. Lesse Castleberry & M. Jeanne Nelson, *Partnership Distributions: Retirement of Partners Under the 1993 and 1994 Amendments to Subchapter K*, 54 INST. ON FED. TAX'N §9.01, §9.03 (1996). Joel G. Shapiro, *Distributions of Marketable Securities May Be Taxed Under GATT*, 12 J. PARTNERSHIP TAX'N 155 (1995). 財務省規則は、Treas.Reg.§1.731-2である。

税者に有利な結果が生じた場合（減価償却資産以外の資産の基準価格を減価償却資産に移転する）に、これを否認する規定である[88]。しかし、実際には、ほとんど適用されておらず、また前述した732条(c)の改正により、この規定が適用される余地はあまりなくなったようである[89]。

［c］ 732条(f)

パートナーシップからの資産分配が行われた場合、先の一般原則によれば、分配資産はパートナーシップ所有時のそれを引き継ぐか、アウトサイド・ベイシスが分配資産に付け替えられることになる。このような制度により、パートナーがパートナーシップに対してなした投資についての含み益（時価マイナスアウトサイド・ベイシスで測定される）が分配前後に保たれることになる。

一方、法人課税において、ある法人（親会社）が、80％以上の持分を有する子会社の完全清算時に資産を受け取った場合、その分配時には損益は認識されず（I.R.C.§332）、また分配資産について、親会社は子会社の当該資産の基準価格を引き継ぐ（I.R.C.§334(b)(1)）。この場合、親会社が子会社株式についてつけている基準価格（アウトサイド・ベイシス）は放棄され、親会社が子会社に対してなした投資についての含み益は分配によって消滅してしまうことになる。

このような法人税制とパートナーシップ税制の差異を利用して、法人パートナーが別法人の株式のパートナーシップ分配を受け、その後に当該別法人の清算を行うことにより、法人パートナーがパートナーシップになしている投資の含み益を消滅させることができる。例えば、Ａ法人が、アウトサイド・ベイシス100ドルで時価200ドルのパートナーシップ持分を有しているとしよう。パートナーシップはＡ法人のパートナーシップ持分の完全清算時に、時価200ドルのＢ法人株式（時価・調整基準価格ともに200ドルの資産を有する）の分配を行う。Ａ法人が分配によって受け取ったＢ法人株式の基準価格は、100ドルの

---

[88] WILLIS, *supra* note 3, ¶13.03[6][f].
[89] FEDERAL TAXATION, *supra* note 3, ¶26.03. 現在は強制適用の例示が削除されていることに注意。

代替基準価格を取る (I.R.C.§732(b))。この後、A法人の子会社となったB法人の清算が行われ、A法人はB法人資産の清算分配を受けるが、受け取った資産の基準価格は200ドルであり (I.R.C.§334(b)(1))、かつ損益は認識されない (I.R.C.§332)。一連の取引を見てみると、取引前にA法人がパートナーシップ持分について有していた含み益100について課税を受けることなく、A法人は含み益を消滅させることができる。

　このような取引を防止するため、732条(f)は、法人株式がパートナーシップによって分配された場合、分配法人の資産の基準価格を切り下げることを要求する[90]。先の例で、B法人の株式がパートナーシップ分配によりA法人に分配された場合、B法人資産の基準価格もあわせて100ドルまで切り下げられ、その後B法人の清算時にも、A法人は、受け取ったB法人資産について100ドルの基準価格を取ることになる。A法人が取引前にパートナーシップ持分について有していた含み益は、そのまま取引後にも保たれたままである。

　732条(f)の取り扱う問題は、パートナーシップ税制固有の問題というより、法人清算税制におけるアウトサイド・ベイシスとインサイド・ベイシスの衝突[91]（子会社清算時のアウトサイド・ベイシス放棄）が、パートナーシップ税制を通じて吹き出してきたものである、と捉えることができる。

[d]　704条(c)(1)(B)・737条など

　721条(a)によると、パートナーシップに出資された資産の含み損益（ビルトイン・ゲイン／ロス）は出資時には課税されず、後にその資産をパートナーシップが売却した場合に、704条(c)(1)(A)により、そのビルトイン・ゲイン／ロスを出資パートナーに課税することになっている[92]。しかし、出資資産が他のパー

90　732条(f)は、1999年租税救済拡大法538条 (Tax Relief Extension Act of 1999, Pub. L. No. 106-170, 113 Stat. 1860, 1939-1940 (1990)) により制定された。立法趣旨について、see S. REP. NO. 201, 106th Cong., 1 st Sess. 49-52 (1999). 規定の詳細について、see FEDERAL TAXATION, *supra* note 3, ¶19.10.

91　この問題について、岡村忠生「法人清算・取得課税におけるインサイド・ベイシスとアウトサイド・ベイシス」法学論叢148巻5・6号223頁以下（2001）参照。

92　704条(c)(1)(A)について、詳しくは本書第三章3参照。

トナーに分配された場合、出資資産は出資前のビルトイン・ゲイン／ロスを認識せずに他のパートナーに分配されてしまい、そのビルトイン・ゲイン／ロスについてその時点では課税ができない。もちろん、ビルトイン・ゲイン／ロスは出資パートナーのアウトサイド・ベイシスに表象されているから、最終的にはビルトイン・ゲイン／ロスについて間接的に課税されることになるが、その場合でも著しく課税が遅れて、704条(c)(1)(A)の趣旨が損なわれる可能性がある。

そのため、704条(c)(1)(A)のバックストップ規定として、1989年に704条(c)(1)(B)が制定された[93]。同条（及び財務省規則1.704-4(a)(1)）は、パートナーシップに出資されたビルトイン・ゲイン／ロスを有する資産が、出資パートナー以外のパートナーに出資後7年[94]以内に分配された場合、出資パートナーは、その分配時に、その時価で分配資産が分配受領パートナーに売却されたとしたときに、704条(c)(1)(A)により出資パートナーに配賦される額と同額・同性質の損益を出資パートナーが認識することを要求している。

一方、704条(c)(1)(B)は、出資前のビルトイン・ゲインを有する資産が分配された場合に、出資パートナーがパートナーシップから資産分配を受けてパートナーシップから脱退している場合には働かないことになる（現金分配の場合には、ビルトイン・ゲインはアウトサイド・ベイシスに表象されているから、分配時の利益としてビルトイン・ゲインが認識されている）。このような704条(c)(1)(B)の回避を防止するため、1992年に737条が制定された[95]。

737条は、ビルトイン・ゲインを有する資産を出資した後7年[96]以内に、(1)分配された資産の時価が分配受領パートナー(出資パートナー)のアウトサイド・ベイシス（マイナス分配現金額）を超過する額、または(2)出資資産に残存する

93　Omnibus Budget Reconciliation Act of 1989, Pub. L. No. 101-239, §7642(a), 103 Stat. 2106, 2379-2381(1989).

94　Tax Relief Act of 1997, Pub. L. No. 105-34, §1063, 111 Stat. 788, 947 (1997) により改正されるまでは5年であった。

95　Energy Policy Act of 1992, Pub. L. No. 102-486, §1937, 106 Stat. 2776, 3032-3033. 立法趣旨について、see H.R. REP. NO. 102-1018, at 428-429 (1992) (Conf. Rep).

96　この数字もやはり、Tax Relief Act of 1997, Pub. L. No. 105-34, §1063, 111 Stat. 788, 947 (1997)により改正されるまでは5年であった。

ビルトイン・ゲインのいずれか少ない額と同額の利益を、分配受領パートナー（出資パートナー）が認識しなければならない、と規定している（ビルトイン・ロスは認識されないことに注意）。

さらに2004年、持分譲渡・清算時に、出資パートナー以外の者にビルトイン・ロス（ビルトイン・ゲインは対象外であることに注意）が移転することを防ぐため、704条(c)(1)(C)が制定されている（本書第三章3［1］［c］参照）。

［5］　まとめ

以上、パートナーシップからの分配に関する現行法上の取扱いを見てきた。ここではその取扱いと問題点をごく簡単にまとめておくことにしよう。

第一に、パートナーシップからの分配は可能な限り損益認識が繰り延べられているが、特に本章2［4］で述べたその他の条項はこのような課税繰延制度の濫用防止の規定であることに注意すべきである。したがって、課税繰延べという制度を放棄しさえすれば、これら条項は不必要となり、制度の簡素化が図られる。

第二に、751条(b)はパートナー間での通常所得の移転防止のための規定であり、立法目的自体正当であると思われるが、目的とそれを達成するためにとられた手段が必ずしも整合的ではなく、目的を達成し得なかったり、著しい複雑さを招いたりしている。特に、751条(b)の前提にある、資産分配時の分配資産とパートナーシップに残存する資産の持分の交換という概念は、既に破綻していると言い切って差し支えないであろう。

第三に、734条(b)基準価格調整は、一時的二重課税の防止や分配前後での含み損益の保存のための規定である。この規定も立法目的自体は正当であると思われるが、やはり目的とそれを達成するためにとられた手段が必ずしも整合的ではないため、目的を達成し得ない場合がある。ただ、近年の755条財務省規則の改正によって、かなり問題点は改善されてはいる。なお、751条(b)と734条(b)基準価格調整は、両者とも分配前後の各パートナーの含み損益の保存という共通の目的を目指したものであろうが、必ずしも制度自体が整合的に組み立てられているわけではない。

第四に、第一の点とも関連するが、751条(b)等の規定に抵触しない限り、現行制度上、各パートナーシップ資産の含み損益付け替え（特にキャピタル・ゲイン資産間での付け替え）が、相当自由にできるということに、注意すべきである[97]。一般に、1031条の同種交換のような場合を除き、ある資産の含み損益は、当該資産が他の者に移転する（売却や交換等）ときに課税を受けることになり、含み損益の付け替えはできないのが原則である。パートナーシップ分配の取扱いは、このような原則を逸脱し、租税回避の生じる可能性を内在しているのであり、このような制度のあり方が本質的に妥当かどうかについては十分な吟味が必要である。

　最後に、従来より、パートナーシップ課税においてパートナーシップをどのように取り扱うかについては、集合アプローチ（aggregate approach）と実体アプローチ（entity approach）という二つの対照的なアプローチが存在した。前者は、パートナーシップを独立した実体とは見ずに、単なる個人の集合と見るものであり、後者はパートナーシップをパートナーとは独立した実体と取り扱うものである。パートナーシップ分配においては、パートナーシップ持分に一つの基準価格、つまりアウトサイド・ベイシスがつけられ（I.R.C.§705）、分配された現金とアウトサイド・ベイシスの差額を利益として認識する等、基本的には実体アプローチに基づいた取扱い、つまりパートナーが個々の資産を共有するのではなくパートナーシップ持分という個々の資産を超越したものを有するという考えに基づいた取扱いを受けている[98]。もっとも、751条(b)や734条(b)基準価格調整はこれに対して、通常所得の移転防止や一時的二重課税防止の目的で、集合アプローチ的修正を加えているともいえる[99]。いずれのアプローチをとるべきかについては、次に述べる本章3「分配の課税上の取扱いに対する様々な議論」を見てから検討することにしよう[100]。

97　*1999 ALI Study, supra* note 52, at 298-299.
98　*See* Klein, *supra* note 19, §10.01 at 10-2, §10.03 at 10-18.
99　*See* Pennell, *supra* note 67, ¶802.3 at 8-43; Burke, *Distribution, supra* note 5, at 689.

3 分配の課税上の取扱いに対する様々な議論

　以上が、パートナーシップからの分配が行われた場合の、現行法上の取扱いである。そこでは、可能な限り損益認識を繰り延べながらも、通常所得のキャピタル・ゲインへの転換を防ぎ、また一時的二重課税・二重控除や所得種類の転換を防止するためのパートナーシップ資産の基準価格調整を行うものとされていた。しかしその目的が妥当なものとしても、それは必ずしも達成されているわけではないし、さらにパートナーシップ分配に関する制度設計において、考慮されるべき利益や目的が現行法上見落とされている可能性もある。そこで以下では、現行法上の分配時課税に対する様々な意見や批判を見ながら、現行法上の問題点とその解決法を探っていくことにしよう[101]。

[1] 1954年 ALI 草案

　現行歳入法典上のパートナーシップ分配に関する制度は、主として1954年内国歳入法典（Internal Revenue Code of 1954, Pub. L. No. 83-591, 68A Stat. 1 (1954)）において形作られたが、その直前の1954年2月に、アメリカ法律協会（American Law Institute, ALI）がパートナーシップ所得課税規定について草案

100　なお、Freeman & Stephens, *supra* note 18, at 973-975にて論じられているように、パートナーシップ課税は、実体アプローチと集合アプローチの混じったものといわれているものの、本当のところ集合アプローチとは、単なる導管アプローチを示すに過ぎないとされている（同論文は、集合アプローチとは、パートナーシップが透明的（transparent）であることを意味するものではなく、それを通じて特定の課税結果がパートナーに対してしみ出てくるところの半透過的なもの（translucent）に過ぎないと述べている）。確かに明示的な規定なくして純粋な集合アプローチがとられていないところからすると、この指摘は正しいと思われるが、本章ではアメリカの通説的見解に従って、実体アプローチと集合アプローチの対立の図式を使用することにする。

101　なお、本章では1954年歳入法典以降の議論を見ていくことにするが、同法典制定までも様々な議論があったようである。Hanna, *supra* note 5, at 469-485は、同法典制定時におけるアメリカ法律家協会（American Bar Association, ABA）と ALI の意見、下院歳入委員会法案、上院財政委員会法案、そして最終的に制定された同法典までのパートナーシップ分配時課税に関する議論を集約したものである。

を発表している[102]。厳密にいえば、この草案は、現行法に対する批判ではないが、後にALIが二種類の研究成果を公表していることとの対比において、また現行法の問題点に対してそれが示唆を与えうる点を考慮して、ここで取り上げておこう。

草案はまず、現在分配と、パートナーシップ清算・パートナーの脱退及び持分減少を生じる分配（いわゆる清算分配）に分けて課税結果を規定している[103]。

まず現在分配の場合、確実性（certainty）と簡明性（simplicity）のために、分配時にパートナーシップもパートナーも損益を認識せず（草案の条文ナンバーは、X754(a). 以下同じ）、また分配受領者の手元における分配資産の基準価格は、分配前のパートナーシップ基準価格を引き継ぐ（X754(b)）。なお、同草案はパートナーシップ持分の基準価格（アウトサイド・ベイシス）のことを「総パートナーシップ資産に対するパートナーの持分の基準価格（basis of a partner's interest in the aggregate partnership property）」（以下、持分の総基準価格という）と呼び、これを、全パートナーシップ資産の合計基準価格のうち、そのパートナーがパートナーシップ清算時に受け取ることの認められる部分（に帰属するもの）、と定義している（X752(a)）。現行法のアウトサイド・ベイシスと異なり、持分の総基準価格はそのパートナーがパートナーシップに対してなした課税済投下資本を表象していないので、この草案の方式だと、パー

---

102 AMERICAN LAW INSTITUTE, FEDERAL INCOME TAX STATUTE (1954) [hereinafter *1954 ALI Draft*]. このうち、パートナーシップ分配に関する規定が97頁から118頁に、その解説が383頁から411頁にある。なお、この草案については、*see Proposed Revision, supra* note 62 at 133-136, 153-168; Stanley S. Surrey & William C. Warren, *The Income Tax Project of the American Law Institute: Partnerships, Corporations, Sale of a Corporate Business, Trusts and Estates, Foreign Income and Foreign Taxpayers*. 66 HARV. L. REV. 1161, 1170-1176 (1953).

103 なお、この現在分配と清算分配の分け方は現行法と異なる。この場合の現在分配は、持分を減少させない分配のことであり（*see 1954 ALI Draft, supra* note 102, at 101（section X757); *Proposed Revision, supra* note 62, at 133)、したがって全てのパートナーに対して同一額の現金あるいは同一時価の資産を分配するという按分分配のことである。それ以外の分配は清算分配になる。

269

トナー間の損益移転が生じることになる[104]。例えば、AとBの二人からなるパートナーシップ（持分対等）が、時価100ドルで基準価格50ドルの資産Xと、時価100ドルで基準価格150ドルの資産Y、その他の資産（基準価格500ドル）を有していたとしよう。現在分配でAにXを、BにYを受け取った場合、XとYの基準価格はそのままAとBに引き継がれ、かつ分配後の各自の持分総基準価格は250ドル（その他の資産500ドルの2分の1）である。分配により、含み益はAに、含み損はBに移転してしまったことになろう。この移転について、起草者は、納税者間の調整に委ねるとの見解を示している[105]（これは事実上、タックス・ベネフィットの売買を認めたことになろう）。

　一方、清算分配の場合、原則として、分配現金額が持分の総基準価格を超過する場合にキャピタル・ゲインを認識し（X757(a)(1). 資産のみの分配時には利益を認識しない）、また分配時の損失が、（現金以外の）分配資産の時価の2倍を超過する場合には、キャピタル・ロスを認識する（X757(a)(2)）。損失についてこの制度が取られたのは、時価に比して非常に大きな含み損を資産に引き継がせてこの実現を納税者の選択に委ねるのは妥当ではない、との考察による[106]。また分配資産は現行法同様、代替基準価格を取る。分配後のパートナーシップ残存資産については、損益認識と含み損益保持のため、基準価格調整が行われる（これは強制である。X757(c)）。なお、下方基準価格調整額が、パートナーシップ残存資産の基準価格総額を超過する範囲で利益が認識され、一方、金銭以外の資産をパートナーシップが有さない場合には、上方基準価格調整額だけ損失を認識する（X757(c)(3)）。これは、現行法の734条(b)基準価格調整が、調整をするに適切な資産がない場合に、その調整を一時停止する（Treas.Reg. §1.755-1(c)(4)）ことと対照的である。資産の現金売却のように、含み損益を

104　1954年 ALI 草案における出資側の損益移転について、本書第三章3［2］［a］参照。なお、X759条は、このような持分の総基準価格に代わって、現行法のアウトサイド・ベイシスに近い概念を、納税者の選択により導入することができる、とする。これによると、負の基準価格を防ぐため、現行法同様、現在分配の場合でも持分の総基準価格を超過する現金分配は利益を認識することになる（X759(e)(1)）。

105　*Proposed Revision, supra* note 62, at 136.

106　*1954 ALI Draft, supra* note 102, at 393.

繰り延べることができない場合には、非課税規定がない限りそれは認識されるのが一般的である（例として731条(a)がそうである）ところからすれば、現行法より1954年ALI草案の方が妥当であろう[107]。なお、草案における基準価格調整が、現行法の734条(b)基準価格調整と大きく異なる点が一つあり、それは選択によって、パートナーシップ残存資産の基準価格ではなく、持分の総基準価格の方を調整できる、ということである（X759(b)）。ただしこの制度は一時的二重課税や二重控除を完全に消滅させるものではなく、制度として妥当なのかは疑問である。

さらに清算分配時に、非資本的資産が相当に値上がりまたは値下がりし、その分配が不均衡（disproportionate）で、かつ分配受領者がパートナーシップ全資産に対して10％以上の持分を有する場合、通常損益が認識される（X761(a)）。この場合の不均衡とは、問題となる分配前に資産を売却した場合の通常損益が、分配後に資産（分配資産とパートナーシップ残存資産）を売却した場合の通常損益と異なる場合のことである。この規定は現行法の751条(b)に対応し、通常所得のキャピタル・ゲインへの転換を防止するためのものである[108]が、その適用要件として、分配による通常損益の移転を明確に打ちだしている点で、仮定上の交換概念を用いる現行法よりも、より直截的手法をとる点は興味深い。ただし、実際の損益認識計算や基準価格調整等は、それほど簡単ではない上に、キャピタル・ゲイン／ロスも認識される（X761(b)-(d)）。

以上が、1954年ALI草案の概要である。なお、本章で取り上げることはできなかったが、この草案の起草者は、パートナーシップ分配に関する集合論的取扱いと実体論的取扱いの比較をかなり詳細に行っており、興味深い。その検討の結果について一言述べれば、集合論的取扱い、すなわち分配を、分配受領者の受け取った分配資産に対する残存パートナー持分と、残存パートナーシップ資産に対する分配受領者持分の交換と取り扱うことは非常に複雑であり、とくに損益不認識（課税繰延べ）と組み合わせると極端に複雑になるため、実際的ではないように思われる[109]。

107　*See* Andrews, *supra* note 9, at 31-32, 34-35.
108　*1954 ALI Draft, supra* note 102, at 409; *Proposed Revision, supra* note 62, at 136.

271

［2］ 1959年アドバイザリー・グループ提案

次に、下院歳入委員会の内国歳入税小委員会（Subcommittee on Internal Revenue Taxation）が任命したアドバイザリー・グループ（Arthur B. Willis 議長）が、1957年及び翌年にかけて提出した報告書[110]を見てみることにしよう。

報告書の勧告は、主として二点である。つまり、第一に734条(b)基準価格調整条項の改正、第二に751条(b)の削除（755条・735条の改正）である。ここでは、説明の都合上、751条(b)の削除から取り上げよう。

［a］ 751条(b)の削除

まず、アドバイザリー・グループは、時価評価や計算方法の難しさのため（まさにこのためだけに）、751条(b)の削除を勧告している[111]。そして751条(b)の削除によるパートナー間での通常所得の移転に対処するため、第一に、755条に

---

109 *Proposed Revision, supra* note 62, at 134-136, 155-166; Surrey & Warren, *supra* note 102, 1170-1176.

110 アドバイザリー・グループの報告書のうち、Revised Report は1957年12月31日に、その Supplementary Report は翌年12月8日に提出されている（本章に関係するのは Revised Report の方である）。この報告書の勧告を含んだ H.R. 4460, 86th Cong., 1 st Sess (1959) が1959年2月12日に提出されているが、法案成立にはいたらなかった。さらに、1960年には、Trust and Partnership Income Tax Revision Act of 1960としてパートナーシップ条項の改正が提案されているが、これも実現しなかった（H.R. 9662, 86th Cong., 2 d Sess. (1960)）。本章では、アドバイザリー・グループの報告書と、それを分析した Anderson & Coffee 論文に焦点を当ててみることにする。報告書は、ADVISORY GROUP RECOMMENDATIONS ON SUBCHAPTER C, J, AND K OF THE INTERNAL REVENUE CODE: HEARINGS BEFORE THE COMMITTEE ON WAYS AND MEANS HOUSE OF REPRESENTATIVES, 86th Cong., 1 st Sess. (1959) に含まれている（REVISED REPORT ON PARTNERS AND PARTNERSHIPS RECEIVED BY THE SUBCOMMITTEE ON INTERNAL REVENUE TAXATION AND TRANSMITTED TO THE COMMITTEE ON WAYS AND MEANS HOUSE OF REPRESENTATIVES FROM THE ADVISORY GROUP ON SUBCHAPTER K OF INTERNAL REVENUE CODE OF 1954). [hereinafter REVISED REPORT] である。この報告書に対する連邦議会の対応について、*see* Alexander, *supra* note 5, at 283-284. なお、734条(b)及び743条(b)基準価格調整と751条の廃止について、アドバイザリー・グループ報告書と Anderson & Coffee 論文の両方を踏まえて検討したものとして、E. George Rudolph, *Collapsible partnerships and Optional Basis Adjustments*, 28 TAX L. REV. 211 (1973)がある。

111 REVISED REPORT, *supra* note 110, at 158. 755条の改正については、同169-172頁、735条の改正については同146-148頁参照。

おける734条(b)基準価格調整の配賦システムを改正して、734条(b)基準価格調整をもっぱら非751条資産にのみ配賦する、第二に、735条(a)(2)を改正し、現行法上、分配された棚卸資産の分配受領者の手元における５年間の性質引き継ぎを、永久的な性質引き継ぎに改める（つまり５年しばりをやめて永久的なしばりに変える）、としている。

　これに対してAnderson & Coffee[112]は、735条(a)(2)の５年しばりを永久的なものにしても、そもそも５年も棚卸資産を有し続けるものは稀だし、そもそも同条を改正しても分配時の通常所得の移転を防止するのに実効性はない、と735条(a)(2)の改正については批判的である。しかし、Anderson & Coffee は、751条(b)の削除自体には賛成し、かつ不明確さはあっても、脅迫的条項（terrarium clause, 一般的濫用防止条項のこと）を設けて、これに対処するべきである、と述べている。

　複雑さのみを理由としてある条項を削除しかつ一般的濫用防止規定で対処しよう、との提案が、制定後わずか３年程度で行われることは、いかに751条(b)の適用が複雑であるかを示す一証左となろう。なお、734条(b)基準価格調整をもっぱら非751条資産にのみ配賦するというアドバイザリー・グループ提案であるが、これは通常所得の二重課税を生じるだけであって、通常所得の移転の問題を全く解決しないものと思われる。

［ｂ］　734条(b)基準価格調整条項の改正

　次に、アドバイザリー・グループの提案する734条(b)の改正を見てみることにしよう[113]。これは①754条選択を持分譲渡の場合（§743(b)）と分配の場合（§734(b)）で分離すること、②基準価格調整額の算定方法の改正、②少額適用

112　Anderson & Coffee, *Proposed Revision of Partner and Partnership Taxation: Analysis of the Report of the Advisory Group on Subchapter K (Second Installment)*, 15 TAX L. REV. 497, 539 (1960)[hereinafter Anderson & Coffee, *Second*]. アドバイザリー・グループも同じく脅迫的条項の採用を前提にしているようである。*Id.* Anderson & Coffee は、脅迫的条項として、具体的には法人（あるいは法人資産）取得について濫用防止規定的性格を有する269条を念頭に置いている。

113　REVISED REPORT, *supra* note 110, at 145-146、156, 168-169.

除外規定の採用からなる。

　まず、アドバイザリー・グループは、持分譲渡の場合には選択を望むが分配の場合にはそれを望まないパートナーシップがしばしばあり、また持分譲渡時の基準価格調整は持分譲受人の問題であるが、分配時のそれはパートナーシップ全体の問題であるところから、754条選択の分離をすべきである、と述べている。

　次に、本章2［3］［b］で述べたように、現行734条(b)基準価格調整は、問題となる分配前にアウトサイド・ベイシス総額とインサイド・ベイシス総額が等しい場合には適切に働くが、等しくない場合にはこれは適切に働かない。この点を指摘して、アドバイザリー・グループは、734条(b)基準価格調整の算定方法を次のように改めるべきである、とする。

　つまり、資産のパートナーに対する分配があったとき、754条選択をなしているパートナーシップは、

　①　分配資産のパートナーシップに対する調整基準価格が、分配の結果、分配受領者のパートナーシップ資産の調整基準価格の按分割当額（distributee partner's proportionate share of the adjusted basis of the partnership property. 以下、インサイド・ベイシス割当額という）の減少額を超過している場合の、当該超過額だけ、パートナーシップ資産の調整基準価格が増加し、

　②　分配の結果、分配受領者のインサイド・ベイシス割当額の減少額が、分配資産のパートナーシップに対する調整基準価格を超過する場合の、当該超過額だけ、パートナーシップ資産の調整基準価格が減少する、

　ということである。どのようにこの提案が働くかを見てみるために、例9を再考してみよう。

　　例9：ABCパートナーシップは、次のような貸借対照表を有している。各パートナーの持分は対等である。

資産	調整基準価格	時価	資本	調整基準価格	時価
現金	11000	11000	A	10500	11000
その他資産	19000	22000	B	10000	11000
			C	10000	11000
総額	30000	33000		30500	33000

なお、その他資産は751条資産ではない。パートナーAはパートナーシップを脱退し、清算分配で現金11000ドルを受け取った。

アドバイザリー・グループ提案は、インサイド・ベイシス割当額の計算方法を示していないが、おそらくインサイド・ベイシスの合計額（例９ならば30000ドル）にそのパートナーの持分割合（Aは３分の１パートナーである）をかけることによって求められる（例９では10000ドル）。なお、例９の場合のように、持分が単純ではない場合（利益持分と資本持分が異なっている等）には、パートナーシップ資産を全額時価で売却した場合の各パートナーの資本勘定（例９だと11000ドル）から、その売却でそのパートナーに配賦される利益（例９だと1000ドル）を引いたもの（損失なら足したもの）であろう（例９の場合、10000ドル）。

問題となる分配は清算分配であるから、分配後のAのインサイド・ベイシス割当額は０であり、したがってこの分配でのインサイド・ベイシス割当額の減少額は10000ドルである。分配資産のインサイド・ベイシス割当額は11000ドルであるから、734条(b)基準価格調整の額は1000ドルである。この額だけパートナーシップに残存する資産の基準価格は増加するので、分配後は次のような貸借対照表となろう。

資産	調整基準価格	時価	資本	調整基準価格	時価
その他資産	20000	22000	B	10000	11000
			C	10000	11000
総額	20000	22000		20000	22000

アドバイザリー・グループ提案によれば、分配後にはアウトサイド・ベイシス総額とインサイド・ベイシス総額が等しくなり、現行法の問題点である一時

的二重課税や所得種類の転換の問題は生じない。

　734条(b)基準価格調整の目的は、要するに分配受領パートナー以外のパートナーのパートナーシップ資産に対する含み損益が、分配前後で変動しないようにするということである。このことを踏まえて、アドバイザリー・グループ提案の考え方を清算分配の場合で説明すると、次のようになろう。

　分配直前、パートナーシップ資産の含み益総額は各パートナーに配賦される含み益の総額と等しい。分配受領者は資産分配により資産を受け取るが、その資産の分配直前の含み益はパートナーシップから消滅する。また、分配受領者がパートナーシップから脱退するので、分配直前にパートナーシップの全資産を売却したときに分配受領者に配賦されるべき含み益も消滅する。本来ならば前者と後者は等しくあるべきだが、例9のように前者（分配されたのは現金だから0ドル）が後者（1000ドル）と食い違う場合が生じることがあり、これは本来ならば分配受領者に課税される含み益が他のパートナーに移転していることを示す。そこで、含み益が移転しないように、消滅する含み益の食い違いをなくすかたちで、基準価格を調整する[114]。

　アドバイザリー・グループ提案は理論的には正しいであろう。しかし分配前後での含み益の保存を行うために、一度含み益を計算してインサイド・ベイシス割当額を計算し、そこから調整を行っているのは、あたかも目的地を通り過ぎてまたそこに戻ってくるような方法であるから、迂遠な方法である[115]。

114　以下のようにも説明できる。分配資産の含み益は、分配資産時価−分配直前の基準価格であり、分配直前にパートナーシップの全資産を売却したときに分配受領者に配賦されるべき含み益は、分配資産時価−インサイド・ベイシス割当額である（なお、分配直前のパートナーシップ資産時価に対する分配受領パートナーの持分は、分配直前にパートナーシップ資産を全部売却して清算すると仮定した場合の、資本勘定残高である。一般に、清算時には、資本勘定残高に従った分配がなされなければならないから（Treas. Regs. §§1.704-1(b)(2)(ii)(b)(2), 1.704-1(b)(2)(ii)(d)(1))、分配資産時価＝資本勘定残高が成り立つ）。したがって分配資産の含み益＝分配直前にパートナーシップの全資産を売却したときに分配受領者に配賦されるべき含み益の等式が成り立つためには、分配直前の分配資産の基準価格＝インサイド・ベイシス割当額でなければならない。この等式が成り立たない場合には、すなわち分配受領者に配賦されるべき含み益が別のパートナーに配賦されることになるから、その分だけ調整をしなければならない。

最後に、アドバイザリー・グループは、734条(b)基準価格調整額が1000ドル未満の場合には当該調整を行わなくてもよいとする、（選択的な）少額適用除外ルールを設けている。これに対し Anderson & Coffee は、このような選択的少額適用例外規定を設けると、納税者は自己に有利な調整のみ行い、不利な調整は行わないことになるため、結局、重要でない基準価格調整を消滅させる（そして簡素化を達成する）という少額適用例外規定の目的を果たさなくなるから、これをむしろ強制にすべきである、と述べている[116]。

［３］ 1982年 ALI 研究

ここでは、1982年に提案がなされ、1984年に最終的に出版されたところの ALI の提案[117]と、それに対する Postlewaite, Dutton & Magette の批判[118]を見ていくことにしよう。

1982年 ALI 研究の提案は、分配時に認識された損益についての完全分割アプローチ（full-fragmentation approach）の適用と751条(b)削除提案（Proposal A 2 及び Proposal B）と、分配時の基準価格調整の改正提案（Proposal J2-5）に分けられる。

［ａ］ 完全分割アプローチ適用と751条(b)の削除

まず、分配時に認識された損益についての完全分割アプローチについて見てみることにしよう。完全分割アプローチはもともと、持分譲渡時に認識される

---

115 なお、Anderson & Coffee, *First, supra* note 63, at 323-328は、アドバイザリー・グループ提案を検討して不適当な結果を生む、と結論づけているが、これはむしろ Anderson & Coffee の分析が誤っているものと思われる。なお、アドバイザリー・グループ提案と同様の提案をするものとして、American Bar Association, *Tax Section Recommendation No. 1974-9*, 27 Tax Law. 869, 869-872（1974）でも行われている。

116 Anderson & Coffee, *First, supra* note 63, at 328.

117 American Law Institute, Federal Income Tax Project: Subchapter K (1984) [hereinafter *1982 ALI Study*].

118 Philip F. Postlewaite, Thomas E. Dutton & Kurt R. Magette, *A Critique of the ALI's Federal Income Tax Project-Subchapter K: Proposals on the Taxation of Partners*, 75 Geo. L.J. 423（1986）[hereinafter *Postlewaite et al.*].

損益を、あたかもその譲渡が譲渡パートナーの個々の資産に対する持分を譲渡したかのように取り扱う、純粋な集合論的アプローチである[119]。

1982年 ALI 研究は、現行の731条及び732条を前提としつつ、この完全分割アプローチを分配時に損益が認識される場合にも拡大して、キャピタル・ゲイン／ロスと通常損益を認識するようにしつつ、分配時に損益が認識されない場合にはそれを拡大せず、かつ751条(b)を削除する、と提案する。

例12[120]：ABC パートナーシップは、次のような資産を有している。各パートナーの持分は対等である。

資産	調整基準価格	時価	利益（損失）
現金	3000	3000	0
未実現未収金	0	900	900
棚卸資産	1050	1200	150
機械	1200	600	(600)
投資資産	1500	3300	1800
総額	6750	9000	2250

パートナーシップはＡの持分を清算し、3000ドルをＡに分配した。Ａのパートナーシップ持分の基準価格は2250ドルであり、それゆえＡの利益は750ドルである。

各資産についてのＡの基準価格、時価、及び損益の按分割当額は次の通りである。

資産	調整基準価格	時価	損益
現金	1000	1000	0
未実現未収金	0	300	300
棚卸資産	350	400	50
機械	400	200	(200)
投資資産	500	1100	600
総額	2250	3000	750

119　完全分割アプローチについては、本書第四章4［3］参照。
120　この例は *1982 ALI Study, supra* note 117, at 30, Ex.(3)である。

1982年 ALI 研究（Proposal A 2 ）によると、A は各パートナーシップ資産の自己の按分割当額（proportionate share）をパートナーシップに譲渡したものと取り扱われる。したがって、A は、未実現未収金と棚卸資産に帰属する通常所得350ドル、機械に帰属する通常損失200ドル、そして投資資産の処分時に600ドルのキャピタル・ゲインを有することになる（Proposal A 2 A）[121]。

　以上は、持分が完全清算された場合の事例であるが、部分清算の場合にも利益が認識される場合がある。この利益はパートナーシップ持分の時価－アウトサイド・ベイシスで表象される含み益の一部であるが、この場合には、通常所得資産に帰属する未実現値上がり益に対する分配受領者の持分が減少した範囲で、認識された利益は通常所得とされ、残額はキャピタル・ゲインとされる（Proposal A 2 B 2 ）。

　また、このようにパートナーシップ分配時に損益が認識される場合を除いて、完全分割アプローチは適用されない。また、完全分割アプローチの採用に伴い、751条(b)は削除される（Proposal B）。したがって、現金が分配されても損益が認識されない場合や現金以外の資産分配の場合等の場合には、パートナー間での通常所得の移転が生じることになる。これについて1982年 ALI 研究は、第一に当該条項が非常に複雑で遵守されておらず、納税者の法に対する尊敬の念をくじくこと、第二に751条(b)が適用された場合、分配時に即時の課税が引き起こされるが、これは分配時課税繰延べという政策とそぐわないこと、第三に、通常所得税率（当時30％）とキャピタル・ゲイン税率（当時20％）の差は小さくなっており、また通常所得の移転によりすぐ納税者の税率が（累進税率構造により）上昇するから、通常所得の移転の可能性は限定されたものであること、という理由から、これを容認している[122]。

　このような1982年 ALI 研究に対して、Postlewaite, Dutton & Magette は、現金分配であろうが資産分配であろうが、分配受領者は旧投資を終了して新たな投資を始めたのであるからその時点で課税が行われるべきである、と批判した

121　これは完全分割アプローチの下で、A の持分を B と C が購入した場合の課税結果と等しい。本書第四章 4 ［3］参照。

122　*1982 ALI Study, supra* note 117, at 51-52.

上で、(1)いかなる資産が分配されるかに関わらず、完全分割アプローチが適用されるべきこと、(2)このような分配時における課税の執行を容易にするため、当事者（パートナーシップ）は、分配後30日以内に、すべてのパートナーシップ資産の時価を特定した配賦契約と、「売却」された持分とその「売却」価格を特定した売却契約を作成しなければならないこと、(3)現金や、含み損益のない資産の現在分配（パートナーシップ収益又は資本の按分分配）は、分配額が分配受領者のパートナーシップ持分の基準価格を超過しない限り、非課税とし、それに伴って基準価格調整を行うこと、(4)値上がり又は値下がり資産の現在分配はパートナーシップレベルで課税すること、そして最後に(5)按分分配かどうかはある年度の分配を全体で見て決定すること、をさらに提案している[123]。

---

123 Postlewaite et al., *supra* note 118, at 594-611. 正確にいうと、Postlewaite, Dutton & Magette の提案は、純粋な完全分割アプローチではなく、後に述べる1999 ALI 提案に近いものといえる。次の例を見てみよう（*Id* at 599, Ex.(13)より）。

例：パートナーシップは次のような貸借対照表を有している。各パートナーの持分は対等である。

資産	調整基準価格	時価	資本	調整基準価格	時価
現金	7000	7000	A	7000	14000
未実現未収金	0	9000	B	7000	14000
棚卸資産	8000	9500	C	7000	14000
投資資産1	2000	9500			
投資資産2	4000	7000			
総額	21000	42000		21000	42000

C が投資資産2を受け取り、その持分の半分を清算した。Postlewaite, Dutton & Magette の提案によると、まず投資資産2があたかもCに対して売却されたかのように取り扱われ、それゆえパートナーシップはキャピタル・ゲイン3000ドルを認識し、これは、A、B、C にそれぞれ1000ドルずつ配賦される（各自のアウトサイド・ベイシスは1000ドル増加し、8000ドルになる）。また、Cは、残存パートナーシップ資産の6分の1をパートナーシップに売却したものとされ、通常所得1750ドル（未実現未収金から1500ドル、棚卸資産から250ドル）、キャピタル・ゲイン1250ドル（投資資産1より）を認識し、各パートナーシップ資産は認識された利益額だけ基準価格が増加する。分配された投資資産2は7000ドルのコスト基準価格を取る。分配終了時のCの持分の基準価格は4000ド

第五章　パートナーシップからの分配と所得課税

　1982年ALI研究もPostlewaite, Dutton & Magetteの提案も、完全分割アプローチを適用するにあたり、個々の資産に対する分配受領者の持分の基準価格と時価を決定し、認識される損益を決定しようとしている。しかし、含み損益がどのように配賦されうるかを見て個々の資産に対する分配受領者の含み損益を決定し、それを使用して基準価格や時価を決定しているのであるから、これは1959年アドバイザリー・グループ提案同様に、非常に迂遠な方法であろう。結局、個々の資産の持分を各パートナーが所有するという集合論的取扱い、つまり完全分割アプローチは取るべきではないものと考えられる[124]。

ルである（分配前の基準価格7000ドル＋投資資産2からの利益1000ドル＋残存パートナーシップ資産の6分の1売却益3000ドル－投資資産2の基準価格7000ドル）。したがって分配後の貸借対照表は次の通り。

資産	調整基準価格	時価	資本	調整基準価格	時価
現金	7000	7000	A	8000	14000
未実現未収金	1500	9000	B	8000	14000
棚卸資産	8250	9500	C	4000	7000
投資資産1	3250	9500			
総額	20000	35000		20000	35000

　純粋な完全分割アプローチならば、Cに分配された投資資産2のうち、Cの持分に帰属する部分は売却されないものと取り扱われるであろうが、この提案ではそのように取り扱われていない。おそらくこのような純粋な完全分割アプローチを取らなかった理由は、投資資産1に対するAとBの持分と、残存パートナーシップ資産に対するCの持分の2分の1交換と考えることによる、現行751条(b)と同様の計算の複雑さを避けるためであると思われる。

[124]　ただし、前述のように、1982年ALI研究 Proposal A 2 B 2 は、部分清算の場合に認識された利益を、「通常所得資産に帰属する未実現値上がり益に対する分配受領者の持分が減少した範囲」で、認識された利益は通常所得とする旨明らかにしているが、この考え方は完全に純粋な完全分割アプローチをとっているとはいえない。純粋な完全分割アプローチをとる場合には、「通常所得資産に対する分配受領者の持分が減少した範囲」で通常所得を認識するはずだからである。ALIは、純粋な完全分割アプローチをとることがいかに困難でかつ迂遠かを知っていたのかもしれない。

[b]　分配時の734条(b)基準価格調整の改正

　分配時の734条(b)基準価格調整について、ALIは基本的には現行法を踏襲しつつ、完全分割アプローチとの調和をはかっている[125]。まず持分を完全に清算する現金分配が行われた場合には、パートナーシップ資産に対する分配受領パートナーの按分割当額のパートナーシップ基準価格（the basis to the partnership of the distributee partner's proportionate share of partnership assets）は、当該部分についての分配時の時価を反映するように調整される（Proposal J 2 A）。これは前述の完全分割アプローチをそのまま反映させたものである。持分の一部を清算する現金分配が行われた場合にも、同様のアプローチがとられる（Proposal J 2 B. 基準価格調整額の配賦は755条による）。現金以外のパートナーシップ資産が分配された場合には、現行の734条(b)(1)(B)と755条による（Proposal J 2 C）。この場合、分配後に残存パートナーシップ資産に734条(b)基準価格調整を配賦するとき、適当な性質の資産がない場合のみならず、時価と基準価格の乖離を大きくする（含み損益が増加する）場合にも、基準価格調整の一時停止が認められる（Proposal J 3）。この取扱いは1954年 ALI 草案の取扱いと対照的であり、資産の現金売却のように含み損益を繰り延べることができない場合には、非課税規定がない限りそれは認識されるのが一般原則であるとすると、このような取扱いの妥当性には疑問が生じよう。おそらく1982年ALI 研究は、734条(b)基準価格調整が、分配時の認識利益をパートナーシップ残存資産に反映させるという側面と、含み損益を保存するという側面があることの差異を考慮していないのではないかと思われる。また、734条(b)基準価格調整は強制的なものであるが、大規模パートナーシップについて、それは選択となる（Proposal J 5）。なお、1982年 ALI 研究は、持分譲渡時に完全分割アプローチをとり、また734条(b)基準価格調整が強制なので、アウトサイド・ベイシス総額がインサイド・ベイシス総額と異なる可能性はないが、大規模パートナーシップの場合には、743条(b)及び734条(b)基準価格調整が選択なので、これが異なる可能性がある。この場合、本章2［3］［b］で述べたように、現行の

　125　分配時の734条(b)基準価格調整に関して、1982年 ALI 研究は帳簿保存要件を課している。*1982 ALI Study, supra* note 117, at 210-211, 214-215.

734条(b)基準価格調整が適当に働かない。そのため、1982年 ALI 研究は、1959年アドバイザリー・グループ提案を取り上げてこの問題を検討している[126]。あまり明確ではないが、1982年 ALI 研究は、自己の提案がこの問題を適切に取り扱っていると考えているようである。しかし、1982年 ALI 研究は特に大規模パートナーシップからの資産分配については現行法と同じであるから、1959年アドバイザリー・グループ提案とは異なり、問題を完全に解決していないものと思われる。

このような1982年 ALI 研究の立場に対して、 Postlewaite, Dutton & Magette は、完全分割アプローチの適用を主張している（大規模パートナーシップを含めて適用される）[127]。これによれば、パートナーシップ残存資産は、（持分の一部または全部の）清算分配時に、分配受領者がパートナーシップに「売却」した部分について、取得基準価格を取るように調整されることになろう[128]。

1982年 ALI 研究も Postlewaite, Dutton & Magette の提案も、分配後の残存パートナーシップ資産の基準価格調整を行うにあたり、個々の資産に対する分配受領者の持分の基準価格と時価を決定し、認識される損益を決定しようとしている。先にも述べたが、これは非常に迂遠な方法であると考えられる。

[4] Andrews 提案

1991年、ハーバード大学の William D. Andrews 教授は、Inside Basis Adjustments and Hot Asset Exchanges in Partnership Distributions と題するパートナーシップ分配についてのかなり長い論文を公表した。この論文は特に、751条(b)から「交換」概念を取り除き、分配前後の各パートナーの含み損益の保存を直接的に規制すること、分配課税の基礎となっていた751条資産（ホット・アセット）と非751条資産（クール・アセット）の二分アプローチを三分アプロー

---

126 *1982 ALI Study, supra* note 117, at 207-209. なお、1982年 ALI 研究は、1959年アドバイザリー・グループ提案の734条(b)基準価格調整条項の改正が適当であることを確認している。

127 Postlewaite et al., *supra* note 118, at 615-621.

128 本章前掲注123の例参照。

チに改め、751条資産、減価償却にかかる非751条資産（warm asset. ホット・アセットとクール・アセットの中間の「温かい」資産の意）、それ以外の非751条資産に分類したこと、現在分配の課税結果を決定するにあたり、分配受領パートナーの持分を完全に清算される部分と存続する部分とに二分して考察を行うこと等、非常に有益な示唆を与えるものであり、その後の立法や研究に多大な影響を及ぼした。ここでは、Andrews論文及びこれに対してコメントを行っているCunningham論文[129]を取り上げてみよう。Andrews論文の提案は、734条(b)基準価格調整の算定方法の改正、755条による基準価格調整配賦方法の改正、751条(b)の改正、現在分配の取扱い、の四つの構成要素に分けることができるので、これを順次見ていくことにしよう。

［a］ 734条(b)基準価格調整の算定方法の改正

まず、Andrews論文は、734条(b)基準価格調整の現行の算定方法を改め、(1)分配資産の分配直前のインサイド・ベイシスと、(2)分配受領者のインサイド・ベイシス割当額のうちその分配により減少した額の差額だけ、分配後にパートナーシップに残存する資産の調整基準価格を増減させる、とする[130]。これは1959年アドバイザリー・グループ提案による734条(b)基準価格調整条項の改正と同じものである。結果的には正しいが、迂遠な方法であるという批判も当てはまりうると思われる。

次に、Andrews論文は、現行では選択である734条(b)基準価格調整を、強制にするようにのべている（ただし743条(b)基準価格調整は選択である）[131]。このように強制にする理由は、要するに選択にしておけば濫用が生じる可能性があるし、また743条(b)基準価格調整の場合には、パートナーシップ資産の共通基準価格に対する調整ではなく、譲受人に対してのみ調整が維持される必要があ

---

129 Cunningham, *supra* note 27. なお、Andrews論文に対する批判として、Gergen, *supra* note 6, 201-202がある。

130 Andrews, *supra* note 9, at 22-23. Cunningham論文はこの点について異論を述べていない。Cunningham, *supra* note 27, at 77-81.

131 Andrews, *supra* note 9, at 23-24. Cunningham論文はこの点についても異論を述べていない。Cunningham, *supra* note 27, at 81-83.

るために会計上の負担が大きいが、734条(b)基準価格調整はパートナーシップ資産の共通基準価格に対する調整であるから会計上の負担は重くない、ということである（濫用的な事例として、本章の例11を掲げている）。

確かに、734条(b)基準価格調整を強制しても、743条(b)基準価格調整ほどには負担は重くないものと思われる。ただ、Andrews論文の提案によって濫用的事例がかなり減少するかというと、おそらくそうではないであろう。つまり持分譲渡時の743条(b)基準価格調整は選択であり、また持分清算と他のパートナーへの持分譲渡は経済的に同じと見ることができるから、清算分配をせずに、他のパートナーへ持分譲渡をし、かつ743条(b)基準価格調整を選択しなければ、これまでと同じ濫用を行うことができるのである（例えば、例11において、Aが持分を清算せずに、BとCがあらかじめ現金分配を受けておいてから、AからBとCへ持分を売却したとしても同じ結果が達成できる）[132]。

[b]　755条による基準価格調整配賦方法の改正

続いて、Andrews論文は、755条による734条(a)基準価格調整の配賦方式について、主として三点の改正を提案している[133]。第一に配賦方法の改正、第二に配賦できなかった調整について即時の認識を行う、第三に新たな資産クラスとしての減価償却資産の創設、である。

第一に、前述の通り、734条(b)基準価格調整は、分配時に認識された損益をパートナーシップ残存資産に反映させることの他、分配前後に分配資産とパートナーシップ残存資産の含み損益を保存する機能があるが、後者の場合は要するに含み損益の付け替えであるから、本質的にパートナーシップ残存資産の含み損益の減少とは無関係である。しかし、1999年末に財務省規則が改正されるまで、734条(b)基準価格調整はパートナーシップ残存資産の含み損益を減少するようにしか配賦され得なかったため、それが配賦されない可能性があった。この点を踏まえて、Andrews論文は、734条(b)基準価格調整は含み損益を減少するように配賦されるが、含み損益が消滅した場合、上方調整は時価に比例して

132　*See 1999 ALI Study, supra* note 52, at 376.
133　Andrews, *supra* note 9, at 25-40.

配賦し、下方調整は調整基準価格に比例して配賦する、としている。これは現行制度と全く同じである[134]。

　第二に、現行法上、755条により配賦される734条(b)基準価格調整は、適当な性質の資産を有さずに配賦ができない場合、それが一時停止されることになっている（Treas.Reg.§1.755-1(b)(5)(iii)(D)）。これに対してAndrews論文は、このような一時停止を認めずにその分だけ損益の認識をすることを原則とし、ただし、例えば減価償却にかからない非751条資産に対する下方734条(b)基準価格調整ができない場合に、より「温かい」性質の資産の基準価格を減少させる等、一般に納税者に不利な資産に対する基準価格調整を選択で認めている（この方法だと、キャピタル・ゲインの通常所得への転換等が生じうる）。

　第三に、現行755条（及び732条(c)）においては、資産は751条資産と非751条資産に二分されているが、これだと非751条資産内での基準価格の移転、特に非減価償却資産から減価償却資産へのそれが生じる。次の例を見てみよう。

　　例13[135]：ABCパートナーシップは、次のような資産を有している。
Aの持分は50％、その他のパートナーの持分は各25％である。

資産	調整基準価格	時価	資本	調整基準価格	時価
証券	1100	100	A	600	100
減価償却資産	100	100	B	300	50
			C	300	50
	1200	200		1200	200

　パートナーシップが754条選択をなしているとする。Aの持分の清算時にAに対して証券が分配された。

134　なお、本章2［1］［c］で述べたように、732条(c)の分配資産間の基準価格配賦ルールも、1997年に改正されるまでは、751条資産に対する基準価格の配賦も、その他資産に対する基準価格の配賦も、（分配資産の時価には関係なく）全て相対的な調整基準価格に応じて配賦するものであり、租税回避が可能なものであった。これについてもAndrews教授は、上記のように改正された755条のルールを適用して、その欠点を修正している。Andrews, *supra* note 9, at 30-31, 40. これも現行732条(c)とほぼ同じである。
135　*Id*, at 36 n.125の例によっている。

分配された証券はＡの手元で600ドルの基準価格を取り（I.R.C.§732(b)）、一方734条(b)基準価格調整により、パートナーシップに残存している減価償却資産の基準価格は500ドル増加して600ドルになる。これは非減価償却資産たる証券の基準価格が、減価償却資産に移転していることを示す。言い換えれば、証券の含みキャピタル・ロスが、減価償却資産に付け替えられて1231条損失（あるいは減価償却を通じた通常損失）に転換されることになる（なお、同じように減価償却資産の基準価格を増加させるには、減価償却資産をＡに分配すればよい）。

　Andrews論文はこのような基準価格を移転を防止するべく、ホット・アセット（751条資産）とクール・アセット（減価償却にかからない非751条資産）の中間である第三のクラス、ウォーム・アセット（減価償却資産）を設定し、これらのカテゴリー内での基準価格の付け替えのみ認めている。

　Cunningham論文は、このような資産クラスの分け方は結局は政策問題であり、二つのクラスを三つにすることにより複雑さが増す、として三つのクラス分けには反対している[136]。もともと資産を二クラスに分けてその資産間での基準価格の移転を認めることは、全く同じ資産でない限り資産交換時には利益を認識する（つまり同じ資産でない場合には含み損益の付け替えを認めない）という課税の一般原則からそもそも逸脱しており、「どこまで」逸脱するかは政策問題である、と考えられる[137]。

［ｃ］　751条(b)の改正

　続いて、Andrews論文は751条(b)の改正を提案している[138]が、その最大の特徴は分配時における751条資産と非751条資産の交換概念を廃止し、分配前後の

136　Cunningham, *supra* note 27, at 92（Cunningham論文は751条(b)の文脈でこの意見を述べている）.

137　*See* George K. Yin, *The Future Taxation of Private Business Firms*, 4 FLA. TAX REV. 141, 219(1999)（1997年以降、各資産売却時の取扱いがますます異なってきたため、現行の751条資産・非751条資産という二分アプローチは劇的に不適当になったと述べる）.

138　Andrews, *supra* note 9, at 40-55. その他に同論文は、「相当な値上がり」テストの廃止及び、第三のクラスとして減価償却資産を位置づけることを提案している。

通常所得含み損益が、各パートナーについて同じになるように基準価格を調整し、調整し得ない場合（含み損益を付け替えることができない場合）にのみ、損益を認識することにした点である。次の例を見てみよう。

例14[139]：ABC パートナーシップは、次のような資産を有している。各パートナーの持分は対等である。

資産	基準価格	時価	値上がり益
現金	100	100	0
棚卸資産	300	600	300
証券	350	500	150
減価償却資産	150	300	150
	900	1500	600

Aの持分の完全清算時において、パートナーシップは証券 X を A に分配した。Aのアウトサイド・ベイシスは300ドルである。

Andrews 教授は、非751条資産を、減価償却資産とその他資産の二つに分け、それらクラス間での基準価格の移転を認めていない。したがって資産クラスは751条資産、減価償却資産、その他非751条資産の三つである。

(1)まず、分配資産がパートナーシップの基準価格を引き継ぐとすると、分配前後の含み損益は次の通りである。

	分配前	分配後	含み損益増減
脱退パートナー A			
751条資産	100	0	(100)
減価償却資産	50	0	(50)
その他非751条資産	50	150	100
パートナーシップ BC			
751条資産	200	300	100
減価償却資産	100	150	50
その他非751条資産	100	0	(100)

139　この例は、Cunningham, *supra* note 27, at 94-95の Illustration #1 を一部修正した。

(2)分配前後で、含み損益が同じくなるように基準価格を調整する。調整できない損益は認識する。

まず脱退パートナーAは、751条資産の含み益100ドル、減価償却資産の含み益50ドルについては、分配後に保存することができないのでこれを認識する（仮に減価償却資産の含み益が減価償却の取り戻しにかかるとすれば、合計で150ドルの通常所得が認識される）。その他非減価償却資産の含み益を保存するため、証券の基準価格が100ドル増加し、450ドルになる。

一方、パートナーシップは、751条資産と減価償却資産の含み益を保存するため、それらの基準価格がそれぞれ100ドル、50ドル増加する。分配後にパートナーシップは、その他非751条資産を有しておらず、その分配前の含み益を保存することはできないので、100ドルのキャピタル・ゲインを認識する（あるいは、先に述べた755条の改正により、減価償却資産の基準価格を100ドル減少させることが選択できる）[140]。パートナーシップが減価償却資産の基準価格を100ドル減少させることを選択した場合、分配後の貸借対照表は次の通りである。

	資産			資本	
	調整基準価格	時価		調整基準価格	時価
現金	100	100	B	300	500
棚卸資産	400	600	C	300	500
減価償却資産	100	300		—	—
	600	1000		600	1000

キャピタル・ゲインが通常所得（減価償却資産含み益）に転換された以外、各パートナーの含み損益の額と性質は分配前後で保存されている。

以上のようなAndrews論文のアプローチは、現行751条(b)の欠陥をなくしてその目的を正確に果たしつつ、交換概念が持ち込んだ複雑さを排除し、さらに734条(b)基準価格調整とも完全に調和的である点で画期的といえる[141]。

140　なお、各資産クラスに属する資産が複数の場合、755条に従って基準価格が調整される。Andrews, *supra* note 9, at 55.

［d］　現在分配の取扱い

現行751条(b)により、現在分配前後において、分配受領パートナーを含む各パートナーの有する通常所得含み益は、不完全ながらも同じ額に保たれる。しかし、現行法上、キャピタル・ゲインについて、各パートナーは現在分配前後に同じだけの含み益を有するよう取り扱われてはいない。したがって、現在分配を通じ、パートナー間でキャピタル・ゲインを（一時的に）移転することが認められている。次の例を見てみよう。

例15[142]：ABCパートナーシップは次のような貸借対照表を有している。Aの持分は50％、BとCの持分はそれぞれ25％である。

	資産			資本	
	調整基準価格	時価		調整基準価格	時価
土地1	150	200	A	300	400
土地2	100	200	B	150	200
土地3	50	200	C	150	200
土地4	300	200		___	___
	600	800		600	800

土地は全て非751条資産である。Aが土地2の分配を受けて、その持分を半分に減らした（つまり持分の2分の1を償還した）ものと仮定しよう。土地2は分配後もその基準価格を引き継ぎ、Aのアウトサイド・ベイシスは100ドル減少して200ドルとなる[143]。分配後の貸借対照表は次のようになる。

141　Cunningham論文も、三つのクラス分けには批判的であっても、このアプローチについては「極めてクレバーな方法」であると評している。Cunningham, *supra* note 27, at 93.

142　この例は、Andrews, *supra* note 9, at 61-63のEx.を一部修正したものである。

143　なお、この例では、Treas.Reg.§1.704-1(b)(2)(iv)(e)(1)に従って分配資産について時価再評価を行い資本勘定を修正しているが、Treas.Reg.§1.704-1(b)(2)(iv)(f)によるその他資産の時価評価を行っていないものとする。

	資産			資本	
	調整基準価格	時価		調整基準価格	時価
土地1	150	200	A	200	200
土地3	50	200	B	150	200
土地4	300	200	C	150	200
	500	600		500	600

　パートナーシップの保有する土地の含み益は合計100ドルであり、これが実現した場合にはA、B及びCに対して平等に配賦される（各自33ドル）。一方、Aが受け取った土地2についての含み益は100ドルである。結局、分配後にAの有する含み益は133ドルということになろう。これは分配前のAの有する含み益100ドルよりも多く、結局BとCの有する含み益がAに移転していることになる。もちろんこのような移転は一時的なものであり（持分清算時にAは33ドルのキャピタル・ロス、BとCはそれぞれ17ドルのキャピタル・ゲインを認識する）、また所得種類の転換はないが、課税の繰延べ（前倒し）の問題が生じる可能性がある。

　このような問題に対して、Andrews論文は、現在分配の課税結果を、清算される持分部分と存続する持分部分とに分けて考えることにより、これを解決しようとしている（いわゆる「部分清算（partial liquidations）」提案）[144]。つまり、例15では、Aが基準価格150ドルで時価200ドルの持分を二つ有しており、このうち一方が土地2の分配と共に清算されたと考えるのである。したがって、Andrews論文の提案に従うと、土地2は150ドルの基準価格を取り、先に述べた734条(b)基準価格調整により、パートナーシップ残存資産の基準価格は合計で50減少する（これはもっぱら含み損を抱える土地4に配賦される）。最終的には次のような貸借対照表になろう。

	資産			資本	
	調整基準価格	時価		調整基準価格	時価
土地1	150	200	A	150	200
土地3	50	200	B	150	200
土地4	250	200	C	150	200
	450	600		450	600

144　Andrews, *supra* note 9, at 55-75.

パートナーシップ内でAが有する含み益は50ドルであり、Aに分配された土地2は50ドルの含み益を有する。分配前後でAの有する含み益は変わっていない。

Andrews論文と、その提案を支持するCunningham論文[145]の両者とも、もっとも簡単な事例において問題を取り扱っているので、このように現在分配の課税結果決定時に持分を二つに分けることが、常に簡単にできるかどうかは疑問ではある（例えばパートナー間での損益配賦について複雑な定めをしている場合等）。しかし、Andrews論文の提案の本質は、分配前後での分配受領パートナーの含み損益の保存である。したがって、Andrews論文のように持分を二分するという概念を持ち込まず、まず分配後のパートナーシップ残存資産にパートナー間の損益配賦を考えつつ分配前の含み益を配賦し、その後残った分配前の含み益を分配資産に配賦する（さらに残ったら利益認識を行う）という、よりストレートな考え方もできると思われる[146]。例15でいうならば、分配後のABCの持分が対等であることと分配前後でのBとCの含み益の保存を考えて、土地4の基準価格を50ドル減少させ（これにより分配前のAの含み益100ドルのうち50ドルが残存パートナーシップ資産に配賦された）、残りの分配前の含み益50ドルを分配資産に配賦する（したがって土地2の基準価格は150ドルになる）と考えるのである。このように考えれば、持分を二分するという概念を持ち込まず、かついかなる複雑な持分に関しても対処可能と思われる[147]。

145　Cunningham, *supra* note 27, at 97-104.

146　このような考え方は、Andrews, *supra* note 9, at 71-75における利益持分変動のない不均衡資産分配や、利益持分と資本持分の変動が同じではない分配についての考察からも導かれよう。

147　例15において、分配直前にTreas.Reg.§1.704-1(b)(2)(iv)(f)による全パートナーシップ資産の時価評価（資本勘定再評価）を行っている場合には、次のような結果になろう。全パートナーシップ資産の時価評価により、パートナーシップに残存する土地1、3、4の損益についてはいずれもAに50％、BとCに25％ずつ配賦しなければならない（いわゆる逆704条(c)配賦。Treas.Reg.§1.704-1(b)(4)(i)）。このことと、分配前後でBとCの含み損益が保存されることを念頭に置くと、パートナーシップ残存資産の基準価格について100ドルの下方調整が行われねばならない（これはもっぱら土地4に配賦され、したがって土地4の基準価格は200になる）。この時点でのパートナーシップ残存資産の

［5］ 1999年ALI研究

1999年7月、ALIは、閉鎖事業体（private business firm, その持分が公開取引されていない全ての事業体のこと）の課税のあり方についての報告書を公表した[148]。この報告書は、閉鎖事業体と呼ばれる企業について、その私法上の性質を問わず、全て導管課税（conduit taxation, ある企業の稼得した所得について、その企業自体に課税を行わず、その企業の構成員に対して課税を行うこと）を

Aの含み益は100ドルとなり、これはAの分配前含み益と等しい。したがって、分配された土地2に配賦される含み益はなく、土地2の基準価格は200ドルとなる（なお、この例ではパートナーシップ残存資産に対する基準価格調整も、逆704条（c）配賦にかかるものと考えている）。Aのアウトサイド・ベイシスは、分配された土地2の新たな基準価格だけ減少する。分配後の貸借対照表は次の通り。

資産	調整基準価格	時価	資本	調整基準価格	時価
土地1	150	200	A	100	200
土地3	50	200	B	150	200
土地4	200	200	C	150	200
	400	600		400	600

逆704条(c)配賦により、土地1、3、4のこの時点での含み益はAに50％、BとCに各25％ずつ配賦される。その他の損益については平等に配賦される。

さらに、704条(c)の法理を用いて、別の課税結果を招くことができるであろう。Burke, *Distributions, supra* note 5, at 720-725（ただしBurke論文はこれを751条(b)適用のところで論じている）のように、含み益保存をするため次のように配賦することも考えられる。先の例でいえば、分配後の貸借対照表は次の通りになる。

資産	調整基準価格	時価	資本	調整基準価格	時価
土地1	150	200	A	200	200
土地3	50	200	B	150	200
土地4	300	200	C	150	200
	500	600		500	600

Aは、分配された土地2について、パートナーシップの時と同様100の基準価格を取る。一方、土地1、土地3、土地4の含み損益は、それが実現したとき、もっぱらBとCに配賦するのである。この方法でも分配前後の各パートナーの含み損益は保存される。

148　1999年ALI研究について、*see* Yin, *supra* note 137. 同論文は、1999年ALI研究の報告者の一人ヴァージニア大学のGeorge K. Yin教授が書いたものである。

行うことにし、かつその導管課税について二つの方式に分けた。一つは「簡素閉鎖事業体（Simple Private Business Firm, SPBF）」に対する課税と呼ばれるもの（Simplified Version of Conduit Taxation, 導管課税の簡素バージョン）であり、これは構成員間の法律関係が単純な事業体に対して、簡素な導管課税を行おうというものである。もう一つはそれ以外の全ての事業体に対する課税（Regular Version of Conduit Taxation, 導管課税の通常バージョン）と呼ばれるものであり、こちらは事業体の複雑な法律関係を反映した柔軟で複雑な導管課税を行おうというものである。前者はいわゆるS法人課税（内国歳入法典1361条以下）をより自由化したものであり、後者はパートナーシップ課税をより改善したものとなっているが、本章の目的上、後者すなわち導管課税の通常バージョンを見ていくことにしよう。

ALIは、まず分配時の課税について四つの目標[149]をうち立てている。

a. 損益額の保存と適正な配賦（分配により、当該分配直前に存在する損益の額あるいは配賦に影響を及ぼすべきではない）。

b. 所得及び損失の性質の保存と適正な配賦（分配により、当該分配直前に存在する損益の性質の額あるいは配賦を変化させるべきではない）。

c. 基準価格の移転の最小化（所得の額及び性質が適正に保存かつ配賦されると仮定しても、その分配は、ある資産から他の資産に対する基準価格移転を最小にすべきである）。

d. 不認識（課税繰延べ。上記の目的と両立する範囲で、その分配は実現した損益の不認識を帰結するべきである）。

これら四つの目標に沿った形で、次のような提案が行われている。

［a］ 分配時の課税上の取扱い（Proposal 5-1）
まず、分配をなした事業体は、資産の所有者への分配時に、当該資産が分配

---

149 なお、1999年ALI研究は、これらの目標を、事業体への出資及びそこからの分配の両方の目標としてうち立てている。*1999 ALI Study, supra* note 52, at 273-274.

受領者に時価で売却されたものとして、利益を認識する。事業体はまた、完全清算分配時に、損失を認識する。

一方、分配受領者は、持分を完全に清算する際（完全清算時）の分配時においては、分配額（分配された現金額及び資産の時価）と、分配直前のアウトサイド・ベイシスの差額と等しい損益を認識する。一方、完全清算時ではない分配時において、分配額が分配直前のアウトサイド・ベイシスを超過する範囲で、分配受領者は利益を認識する。分配された資産について、分配受領者は、分配時の時価と等しい基準価格を取る。また分配時に分配受領者が認識する損益は、持分処分により認識される損益と取り扱われる。例で示すと次のようになろう。

例15[150]：ABCパートナーシップは次のような貸借対照表を有している。各パートナーの持分は対等である。

ABCパートナーシップ

資産	調整基準価格	時価	資本	調整基準価格	時価
現金	1000	1000	A	700	1000
土地＃1	100	1000	B	700	1000
土地＃2	1000	1000	C	700	1000
総額	2100	3000		2100	3000

Aはその持分を清算して、土地＃1の分配を受けた。土地＃1分配時、パートナーシップは900ドルの利益を認識し、これは各パートナーに平等に配賦され、各パートナーのアウトサイド・ベイシスは1000ドルになる。土地＃1はAの手元において1000ドルの基準価格を有する。Aの清算直前（土地＃1の利益配賦後）のアウトサイド・ベイシスは1000ドルであり、分配された土地＃1の時価も1000ドルであるから、Aはさらなる損益を認識しない。

要するに、ALIは、S法人[151]の分配ルールを原則として採用したのであるが、

---

150 この例は、*Id*, at 307 Ex.18を一部改変したものである。
151 S法人課税について、本章で参照したのは、 BITTKER, *supra* note 4, ¶ 98.5; PAUL R. MCDANIEL, HUGH J. AULT, MARTIN J. MCMAHON, JR. & DANIEL L. SIMMONS, FEDERAL INCOME TAXATION OF BUSINESS ORGANIZATIONS ch. 19 (2d ed. 1997) である。

ALI の提案するルールとパートナーシップ分配ルールともっとも大きな違い は、資産分配時に、資産の含み益を認識するということであろう（I.R.C.§§311 (b)(1), 336(a)）。この点について、ALI は、次のように説明する[152]。資産分配は その資産含み益の課税機会であり、この時点で課税しないと課税繰延べや所得 種類の転換等に対処するための様々なルールが必要となり、課税関係が複雑化 する。そして、分配時の資産含み益課税は、時価評価が難しいし、流動性のあ る資産を納税者が受け取るわけではなく、さらに資産が事業体内部に留保され てしまういわゆるロック・イン効果が生じるからこれを行うべきではない、と いう反対論は、このような複雑化を正当化しない、と。つまり ALI は、課税 関係の簡素化と濫用防止を考えて、このようなルールを採用したのである。

 また、以上のような ALI の提案は、Andrews 論文の現在分配に関する提案、 いわゆる部分清算提案を採用しないことを示している。この点につき、ALI は、 まず持分を清算された部分と継続する部分に分けることが、特に損益の配賦に ついての定めが複雑であるときには困難になりうること、分配時に課税される 機会が多くなること、パートナーシップ持分を二つに分けることは、持分をパー トナー一人につき一つとする現行の取扱い[153]に反すること等から、これを採用 しない旨、明らかにしている[154]。

［b］　分配時の事業体残存資産の基準価格調整（Proposal 5-2）

 事業体が構成員に対して分配をした場合、現行734条(b)基準価格調整同様、 事業体に残存する資産の基準価格について調整が行われる。この調整は、現行

152　*1999 ALI Study, supra* note 52, at 301-306.

153　Rev.Rul. 84-52, 1984-1 C.B. 157（ジェネラル・パートナーシップ持分のリミテッド・パートナーシップ持分への転換は、負債割当額の変動等がない限り課税結果をもたらさない）; Rev.Rul. 84-53, 1984-1 C.B. 159（リミテッド・パートナーシップ持分とジェネラル・パートナーシップ持分の両方を有するパートナーの持分には基準価格が一つしかつかず、したがって704条(d)による損失控除制限も一つである）.

154　*1999 ALI Study, supra* note 52, at 306-312. 同時に、本章注147にて述べたような、分配時に資産評価（資本勘定再評価）を行い、704条(c)の法理を使用して強制的に含み損益を特別配賦するアプローチについても、それが複雑であるという理由で採用していない（*Id* at 312-313）。

法と異なり、選択ではなく強制である。この調整により、分配受領者が認識した利益の額だけ事業体の残存資産の基準価格が増加し、損失の額だけ基準価格が減少する[155]。

例16[156]：ABC パートナーシップは次のような貸借対照表を有している。各パートナーの持分は対等である。

ABC パートナーシップ

資産	調整基準価格	時価	資本	調整基準価格	時価
現金	1000	1000	A	700	1000
土地#1	100	1000	B	700	1000
土地#2	1000	1000	C	700	1000
総額	2100	3000		2100	3000

Aはその持分を清算して、現金1000ドルの分配を受けた。分配時、Aは300ドルの利益を認識し、これにより土地#1の基準価格は300ドル増加する。パートナーシップは損益を認識しない。分配後、パートナーシップの貸借対照表は次のようになる。

BC パートナーシップ

資産	調整基準価格	時価	資本	調整基準価格	時価
土地#1	400	1000	B	700	1000
土地#2	1000	1000	C	700	1000
総額	1400	2000		1400	2000

ALI の提案によれば、分配時に分配資産の含み損益が認識される。したがって、現行734条(b)基準価格調整とは異なり、ALI の提案においては、分配資産

---

[155] なお、代替的な調整額算定方法として、①清算分配時、事業体の資産基準価格は、分配額だけ増加し、かつ分配直前の事業体資産基準価格の分配受領者割当額だけ減少する。②非清算分配時、事業体の資産基準価格は、かかる分配に関して分配受領者が認識した利益の額だけ増加する、という方法が挙げられている。*1999 ALI Study, supra* note 52, 314. これはインサイド・ベイシス総額とアウトサイド・ベイシス総額が食い違う場合の調整額測定方法と位置づけられる。

[156] この例は、*Id*, at 316 Ex.19による。

の含み損益保存を考えた基準価格調整は必要がなくなる。なお、ALIの提案は別のところで現行743条(b)基準価格調整を強制にしている[157]から、インサイド・ベイシス総額＝アウトサイド・ベイシス総額という等式が崩れないので、調整額の算定は1959年アドバイザリー・グループ提案やAndrews提案よりも簡素化できる。

　［c］　基準価格配賦方法（Proposal 5-3）
　ALIの提案によると、事業体に残存する資産に対する基準価格調整は、各構成員が分配前に各資産に有する含み損益を可能な限り保存するように配賦される。この提案は、現行法と同様、資産を二つのクラス、つまり①資本的資産及び1231条資産（現行法の非751条資産。キャピタル・ゲイン資産）と、②その他の資産（751条資産。通常所得資産）に分けることを前提にしている。またALIの提案（Proposal 5-2）によれば、基準価格調整は損益認識時にしか要求されないから、結局含み損益を減らすような方法で、かつ含み損益に比例して配賦することが要求されることになる（本章2［3］［c］参照）。これは基本的には、現行755条の下での基準価格配賦と同じである。
　ALIの提案が、現行法と異なるのは、第一に、少額の含み損益のある資産（分配直前の時価がその基準価格の25％以下だけしか異ならない資産）については、含み損益に比例して基準価格調整を配賦する必要がなく、それら資産の分配直前に基準価格に比例して配賦することが認められること、第二に、（原価）回収資産（recovery property, 減価償却資産）に配賦される基準価格増加額は、分配時点で供用を開始した新規購入資産と取り扱う、という点である。
　なお、ALIの提案の利点の一つは、Proposal 5-1により分配資産の含み損益が分配時に完全に認識される以上、非減価償却資産から減価償却資産への基準価格の移転（これは含み損益の移転である）が完全に消滅した、という点であろう。Andrews提案のように資産クラスを三つに分けることなくして同じ効果を達成したことの意義は大きいものと思われる。また、ALIは、1982年ALI

　157　*Id*, at 383-384 (Proposal 5-6).

研究にて提案した完全分割アプローチを採用していない[158]ことにも注意する必要があろう。これは、若干の所得種類の転換（1231条利益をキャピタル・ゲインへ転換する等）を容認するということである。

[d]　通常損益の認識（Proposal 5-4）

最後にALIの提案によると、分配受領者は、分配直前の含み通常損益を減じないように、通常損益を認識しなければならない。この場合、Proposal 5-1の下で分配受領者が利益を認識し、その利益額を上回る通常所得を認識しなければならないときには、その通常所得額を認識した上で、それを相殺するキャピタル・ロスを認識することになる。なお、分配後の残存パートナーについては通常損益の認識は規定されていないが、これはProposal 5-1の下で、資産分配時に分配資産の含み損益が認識されるため、分配によって自己の含み通常損益の額に変動がないからである。

ALIはこの提案を751条(b)の廃止と751条(a)の分配への取扱いと位置づけている[159]。Proposal 5-1は要するに、分配と持分譲渡を同一視する取扱いであるから、このような位置づけは妥当なものであるが、本来751条(a)と751条(b)は同じ目的（通常損益のパートナー間での移転の防止）に資するものである以上、751条(b)の改良と位置づけることも可能であろう。なお、ALIは、通常所得資産とキャピタル・ゲイン資産という現在の二つの資産カテゴリーをさらに細分化すること、及び現在分配の時に通常所得資産以外の資産（つまりキャピタル・ゲイン資産）にProposal 5-4を拡大すること（これは要するにAndrews教授の部分清算提案の簡素化バージョンである）について、これらが制度の複雑化につながるとして、採用しなかった[160]。

[6]　2000年予算におけるクリントン政権提案

2000年度予算の一部として、クリントン大統領はパートナーシップ分配に関

158　*Id*, at 323 n.505.
159　*Id*, at 331-341.
160　*Id*, at 342-346.

する立法提案を行っている（以下、「クリントン政権提案」と呼ぶ）[161]。以下では、このクリントン政権提案[162]と、この提案に対する Ernst & Young LLP の批判[163]を見ていくことにしよう。

パートナーシップからの分配に関するクリントン政権提案は、次の五つである[164]。

第一に、パートナーシップ分配に関する734条(b)基準価格調整を強制にする。これは、734条(b)基準価格調整が選択であることを利用して、意図的にこれを選択しないことにより、租税回避をはかるという納税者による濫用（本章2［3］［d］参照）を防ぐためである。

第二に、現行法は資産を751条資産と非751条資産の二つのクラスに分けて、分配時の基準価格を配賦している（I.R.C.§§732 (c), 755. 本章2［1］［c］及び2［3］［c］参照）が、クリントン政権提案は、非751条資産を減価償却資産とそれ以外の資産に分けて、従来の751条資産とあわせて三つのクラスに分けることにした。現在の751条資産と非751条資産の二分アプローチに基づくと、732条(c)及び755条により非減価償却資産から減価償却資産に基準価格が移転する可能性があるが（本章2［1］［g］参照）、このような移転を防止するため、資産のクラスを三つに増やしたのである。

---

161 ANALYTICAL PERSPECTIVES: THE BUDGET OF THE UNITED STATES GOVERNMENT- FISCAL YEAR 2000 [hereinafter BUDGET PROPOSAL]. これはインターネットを通じてダウンロードできる（http://www.gpoaccess.gov/usbudget/fy00/browse.html）。

162 なお、クリントン政権提案には、財務省の説明（DEPARTMENT OF THE TREASURY, GENERAL EXPLANATIONS OF THE ADMINISTRATION'S REVENUE PROPOSALS (Feb. 1, 1999), 1999 W.T.D. 22-29, available in LEXIS, Tax Analysts Tax Publications file）と、租税共同委員会（THE JOINT COMMITTEE ON TAXATION）の解説（JOINT COMM. ON TAXATION, DESCRIPTION OF REVENUE PROVISIONS CONTAINED IN THE PRESIDENT'S FISCAL YEAR 2000 BUDGET PROPOSAL (Feb. 22, 1999) [hereinafter JCT DESCRIPTION]）がついている。後者はインターネットを通じてダウンロードできる（http://www.house.gov/jct/pubs99.html）が、前者について筆者はインターネット上のデータベースにおいてこれを取得したため、ページ数がなく正確な引用ができないことをお断りしておきたい。

163 Ernst & Young LLP, *Analysis of the Administration's Partnership Proposals*, 84 TAX NOTES 103 (1999).

164 BUDGET PROPOSAL, *supra* note 161, at 76-77; JCT DESCRIPTION, *supra* note 162, 231-239.

第三に、現行751条(b)により、現在分配前後において、分配受領パートナーを含む各パートナーの有する通常所得含み益は、不完全ながらも同額に保たれるが、キャピタル・ゲインについて、各パートナーは現在分配前後に同じだけの含み益を有するよう取り扱われてはいない。したがって、現在分配を通じ、パートナー間でキャピタル・ゲインを（一時的に）移転することが認められている（本章3［4］［d］参照）が、これを防止するため、現在分配の場合にパートナーの持分を、清算される部分と存続する部分の二つに分けて課税結果を決定する（部分清算提案）。

　第四に、751条(b)を廃止する。同条が複雑であり、かつ751条資産の基準価格は分配によって減少することはなく、総額からすればパートナーシップの通常所得がキャピタル・ゲインに転換されるものではないから、濫用の危険性が減少した、というのがその理由である。

　第五に、パートナーシップの保有する法人の株式が、法人パートナーに分配され、かつその法人パートナーが分配された株式を発行している法人の持分の80％以上を保有している場合には、分配された株式を発行している法人の資産の基準価格は、分配の結果、分配された株式の基準価格が減少した額だけ減少する。これは要するに現行732条(f)（本章2［4］［c］参照）と同じ提案である。

　以上の五つの提案を見ると、第四及び第五提案を除き、Andrews 提案と全く同じであることが分かる。同提案がクリントン政権提案に強い影響を与えたことが伺われる[165]。

　一方、Ernst & Young LLP は、パートナーシップ形態で営まれているジョイントベンチャーが、アメリカ経済において重要な役割を演じており、やむをえざる政策上の懸念（overriding policy concerns）なくして、複雑な立法的変更にさらされるべきではない（濫用抑止に必要最小限な改正にとどめるべきである）として、これらクリントン政権の包括的な改正提案について、第五の提案以外には反対あるいはさらなる検討が必要としている[166]。具体的には以下の通

---

[165] Ernst & Young LLP, *supra* note 163, at 113. したがって、クリントン政権提案については、Andrews 提案のところで述べた批判がそのまま当てはまる。

りである（第五提案以外）。

　第一の提案について：734条(b)基準価格調整を強制にすることにより、資産時価評価等執行上の負担が増大するうえ、小規模パートナーシップ適用除外規定を設けてもさらに規定の複雑さが増すだけである。しかも、現在の濫用は、Reg.§1.701-2の一般的濫用防止規定や、事業目的の法理・実質主義・ステップトランザクションの法理等の司法上の原理で十分に対処できるから、改正の必要はない[167]。

　第二の提案について：分配時に非減価償却資産から減価償却資産へ基準価格が移転するのは、非減価償却資産への投資を打ち切って減価償却資産への新たな投資を行うことと経済的には同じことであり、ただ異なるのは前者では損益認識がないのに対し、後者では損益認識があるということだけである。しかし前者で損益認識がないのはパートナーシップ分配課税において課税繰延べを最大限認めようとした連邦議会の意図に沿ったものであるからやむを得ない。前者と後者が経済的に同じであれば、同じように基準価格増額が認められるべきである。また、第二の提案によると、適当なクラスの資産がなくて基準価格調整ができない場合には損益が認識されることになるが、これは納税者に自分の好きな損益を好きな時期に認識する機会を与えるものであり、濫用の可能性を秘めている[168]。

　第三の提案について：部分清算提案は複雑であり、部分清算提案を制定することによってもたらされるコンプライアンスや執行上の負担等の負の側面は、その正の側面（課税繰延べ・前倒しの防止）を遙かに上回る[169]。

　第四の提案について：751条(b)を廃止することはパートナー間の通常所得の移転を招くことになるので廃止には反対であるが、751条(b)の簡素化は考慮されるべきである[170]。

166　クリントン政権の第五提案に関するコメントについて、see Id, at 135-136.
167　Id, at 118-125.
168　Id, at 126-130.
169　Id, at 131-135.
170　Id, at 135-136.

さらに、Ernst & Young LLP は、代替案として、①値上がり（値下がり）資産分配についてのみ734条(b)基準価格調整を強制にする、②部分清算提案（クリントン政権の第三提案）を採用しないことを前提にして、減価償却資産を第三のクラスとするクリントン政権の第二提案の採用を検討する（ただし同提案制定によって増大する複雑さをよく吟味する必要あり）、③部分清算提案を採用しないことによるキャピタル・ゲインの課税繰延べ・前倒しについては、704条(c)を利用して対処する。④連邦議会は、734条、743条及び755条の下で財務省が規則を発する権限を確認する、の四つの提案をなしている[171]。

④の提案は、内国歳入法典の条文を逸脱した財務省規則が出されている[172]（つまり内国歳入法典上規則制定権限を授権された財務長官がその授権範囲を逸脱している）との見解を反映しているものといえる。

なお、③の提案には多少の説明が必要であろう。次の例を見てみることにしよう。

例17[173]：ABC パートナーシップは次のような貸借対照表を有している。各パートナーの持分は対等である。

ABC パートナーシップ

資産	調整基準価格	時価	資本	調整基準価格	時価
証券W	1000	1000	A	700	1000
証券X	100	1000	B	700	1000
証券Y	1000	1000	C	700	1000
総額	2100	3000		2100	3000

Aの持分の半分を償還するために、パートナーシップはAに対して証券Xの半分を分配した。分配後の貸借対照表は次の通り。

---

171 *Id*, at 137-140.
172 財務長官は、内国歳入法典執行に必要な全ての規範及び規則（rules and regulations）を規定しなければならない。I.R.C.§7805.
173 この例は、Ernst & Young LLP, *supra* note 163, at 138の例を一部改変したものである。

ABC パートナーシップ

資産	調整基準価格	時価	資本	調整基準価格	時価
証券 W	1000	1000	A	650	500
証券 X	50	500	B	700	1000
証券 Y	1000	1000	C	700	1000
総額	2050	2500		2050	2500

Aの手元における証券Xは時価500ドルで、基準価格50ドルである。

分配前、各パートナーがパートナーシップ資産に有している含み益はそれぞれ300ドルであった（証券Xの含み益900ドルの3分の1）。しかし、分配後、Aが分配された証券Xの半分に有している含み益は450ドルであり、これは分配前のAの含み益より150ドル多い。そこで Ernst & Young LLP は、証券W証券Xの半分と証券Yをパートナーシップが売却したときに生じるキャピタル・ゲイン450ドルをBとCに配賦するだけではなく、「人為的に」キャピタル・ロス150ドルをAに配賦し、それと相殺する形でBとCにさらに150ドルのキャピタルゲインをBとCに配賦することを提案する。もちろんこの人為的に生み出されたキャピタル・ゲイン／ロス150ドルは、経済的実体のない、課税上つじつま合わせに生み出されているに過ぎないものである。これは、704条(c)財務省規則にいう、いわゆる救済的配賦（remedial allocation. 本書第三章3［3］［d］参照）の手法を使ったものであり、一つの考え方ではあろう。しかし、証券W、X、Yが別個に売却されたときにいつこの救済的配賦を行うかが明らかではない上に、計算が複雑なため、現実的な提案とはいえないものと思われる。

［7］ まとめ

以上、パートナーシップからの分配に関する現行法上の取扱いについて、様々な意見や批判を見てきた[174]。これらの意見や批判から次のことが導かれよう。

---

174 なお、パートナーシップ分配課税について提言を行っている論文で、本稿で詳細に取り上げることのできなかったものとしては、次のようなものがある。Jeffrey L. Kwall, *Taxing Private Enterprise in the New Millennium*, 51 TAX LAW. 229（1998）（閉鎖企業を二つのパススルーモデルで課税する。簡素モデルの方は、分配時にS法人同様の課税を

第一に、現行法上の課税繰延べを認めつつ、所得種類の転換や一時的二重課税の問題を解決するには、分配前及び分配後のパートナーシップ資産及び分配資産の含み損益の保存を念頭に置いて制度設計を行わなければならないことである[175]。逆にいえば、含み損益が保存できない範囲で、損益を認識しなければ

> 行い、複雑なモデルの方は、アウトサイド・ベイシスを使用せずに留保収益勘定（accumulated earnings account）により課税結果を決定するよう提案する）; Gergen, *supra* note 6（パートナーシップ収益を一度だけ課税し、かつ損益認識による事業上のディスインセンティブ除去のため、勘定依拠システム（accounts based system）と称するシステムを構築する。また資産分配時にその資産がパートナーシップにより売却されたものと取り扱っている）; Steins, *supra* note 81（Gergen 論文の批判。Gergen 提案は非常に複雑でまた濫用事例を完全になくしているかは疑問であるとする）; Burke, *Distributions, supra* note 5（パートナーシップ分配課税に関する様々な見解を検討する）; Berger, *supra* note 21（事業体を大規模のものと小規模のものに分け、前者は法人課税、後者はパススルー課税を受ける。後者のパス・スルー課税について様々な提言（損益の特別配賦の禁止等）を行うが、特に分配時課税として現行Ｓ法人課税を取り入れ、また持分の基準価格についても752条を廃止しＳ法人課税ルールを採用する）; Jerome Kurtz, *The Limited Liability Company and the Future of Business Taxation: A Comment on Professor Berger's Plan*, 47 TAX L. REV. 815 (1992)（Berger 論文批判。752条廃止や分配時の資産含み損益課税は現行法のままあるいはそれを改善することによって十分に問題が解決されるとする）; Eustice, *supra* note 29（パートナーシップ課税とＳ法人課税の調和を目指した提言を行う。751条(b)や754条選択の廃止等を検討する）; Lawrence Lokken, *Taxation of Private Business Firms: Imaging a Future Without Subchapter K*, 4 FLA TAX REV. 249 (1999)（パートナーシップ課税をサービス提供企業に限定し、その他のパス・スルー課税は全て現行のＳ法人課税を改良したものに服する。それ以外は法人課税を受けるが、法人課税は閉鎖法人と公開法人で分け、後者は伝統的二重課税に服するが、前者は利子控除のない所得について個人最高税率で課税を受け、その分配には所有者レベルで課税を行わないことを提案する）.
>
> Ｓ法人改革に関する提言等として、American Bar Association Section of Taxation Committee on S Corporations Subcommittee on the Comparison of S Corporations and Partnerships, *Report on the Comparison of S Corporations and Partnership (Part I)*, 44 TAX LAW. 483, 516-522 (1991)（パートナーシップとＳ法人の現在分配取扱いの比較）; *ABA Part II*, *supra* note 19, at 855-862（持分の償還や完全清算時の課税について比較検討。Ｓ法人改革に関連して751条の廃止をも提案している）がある。

175 LOGIC, *supra* note 29, at 194（Andrews 提案を評し、第一に751条(b)の焦点は資産の時価ではなく含み益にあてるべきこと、第二に利益認識は資産の交換概念ではなく含み益の減少額にあてることが重要である、と述べる）.

ならないこと、そして含み損益の認識は、実現額マイナス基準価格という実現を前提とした一般的損益計算システム（I.R.C. §§1001, 1011）では行いえないことを意味する。例えば、751条(b)の問題の原因は、分配前後の各パートナーの通常含み益を保存するという目的をたてつつも、実現額マイナス基準価格という実現を前提とした損益計算システムに載せるために、仮定上の交換という概念を持ち込んだことにある。分配の課税結果を決定するにあたって重要なことは、分配前後の含み損益がどれだけ保存できるか、ただその一点にある。

　第二に、1999年 ALI 研究から明らかなように、資産分配時に当該資産の含み損益に課税をするだけでは、所得種類の転換や二重課税は防止し得ないことに注意すべきであろう。つまり分配される資産だけでなく、パートナーシップに残存する資産の含み損益について何らかの対処が必要である。

　第三に、パートナーシップからの分配を阻害しないという「柔軟性」（具体的には課税繰延べ）、パートナー間あるいは個人事業者と比べたときの「公平性」（一時的二重課税や所得種類の転換の防止）、そして制度の「簡明性」が、パートナーシップ課税制度の設計目標であろう[176]が、三つ同時に完全に達成することはおそらく不可能であろう（ただし二つを同時に達成することは難しくない）。いずれの目標を優先させるかは立法府の判断によることになる。その意味で、先に示した様々な提案や意見はいずれも甲乙つけがたいものといえる。例えば、Andrews 提案と1999年 ALI 研究の提案は、所得計算の正確さ（一時的二重課税や所得種類の転換の防止）からくる公平性は同程度達成しているとしても、前者は複雑であり、後者は柔軟性に欠ける（課税繰延べの認められる余地が大幅に減少）、と評することができる。

　現行法は、分配時の課税繰延べを原則としつつ、一般濫用防止規定（Reg. §1.701-2）を含むその他様々な規定によって実際上その原則をほとんど崩している。したがって、分配時の課税繰延べをそれほど重視しなくてよいのならば、先の提案のうち、極めて大きな簡明性を達成している1999年 ALI 研究の

---

[176] 「一般にパートナーシップに適用される広範なパターンを構築するにあたり、その主たる目標とは、簡明性（simplicity）、柔軟性（flexibility）、そしてパートナー間での公平性（equity）である」。S. Rep. No. 83-1622, at 89 (1954).

提案は、パートナーシップ課税モデルとして非常に優れている。なお、前述のように、パートナーシップを課税上どのように取り扱うかについて、集合アプローチと実体アプローチが存在する。パートナーシップからの分配について、課税上集合アプローチと実体アプローチのいずれを採用するべきかは、いずれのアプローチもとるべきではなく、むしろその折衷アプローチをとるべきであるといえる。要するに個々の資産の含み損益に対してのみ各パートナーが持分を有するという限度でのみ、集合アプローチを採用するべきであるが、それ以上の集合アプローチを採用するべきではない。では、実体アプローチをどの程度取り入れるかは、これは政策問題であり、どの程度の所得種類の転換や課税繰延べを認めるかや、執行上の負担等を考慮して決定されることになろう。パートナーシップ課税では751条資産と非751条資産間の所得種類の転換（通常所得のキャピタル・ゲインへの転換）は防止されているが、先に見た議論のように、それ以上の所得種類の転換を認めるかどうかは各論者によって異なる。

4　日本における組合からの分配とその課税結果

［１］　序説

　我が国において、現金その他の資産が組合から組合員に分配された場合、どのように取り扱うべきかについて、税法上は規定が存在せず、もっぱら条文の解釈に委ねられている。問題になるのは、第一に、分配された金銭その他の資産自体が課税の対象になるのか（分配を受領する組合員の問題）、第二に、組合から現金以外の資産が分配された場合、資産の「譲渡」があったものとして譲渡所得課税を受けるのか、受けるとすればその課税はどのようにして行われるのか（分配をなした組合と分配を受領した組合員の問題）、ということであろう[177]。

　第一の問題は、比較的簡単であろう。現行法上、組合は人格のない社団等（所法２条１項８号、法法２条８号）に該当しないと一般に解されており（所基通2-5及び法基通1-1-1）、したがって所得税法・法人税法上の納税義務者とはなりえないから（所法４条及び５条、法法３条及び４条）、組合の稼得した所得は、

組合員に直接課税されることになる。このことは所得税基本通達36・37共-19及び法人税基本通達14-1-1においても確認されており、これによれば、組合の稼得した所得はそれが組合員に現実に分配されているか否かに関わらず、組合員に課税されることになる。つまり税法上は、組合の資本も利益も直接組合員に帰属する以上、個人事業者の場合と同様、それが自己の資本及び課税済み利益である限りにおいては、課税を受けないということになろう。以上の点については、あまり異論がないものと思われる[178]。

しかし難しいのは、第二の問題である。資産出資（本書第三章4［1］）でも述べたように、これには三つの考え方があると思われる。

第一に、組合の資産はもともと組合員のものである以上、資産の譲渡はありえず、課税がいかなる場合にもないというものである（以下ではこれを無譲渡説と呼ぶ）。第二に、組合の資産は組合員の共有（民法668条）であり、資産の分配とは共有物分割（民法256条）に他ならないから、共有持分権の交換があった範囲で、譲渡があったものとして課税が行われるということになろう（以下、一部譲渡説と呼ぶ）。第三に、組合における共有は、個々の組合資産の持分を処分することができず、また清算前に組合財産の分割を請求することができない（民法676条）等、通常の共有とは異なるいわゆる「合有」であり、そのよ

---

[177] なお、本章での考察は、組合員が個人であり、かつ分配時に受け取った資産の譲渡所得課税が問題になると考えて行う。所得税法上、資産の譲渡による所得は全て譲渡所得になるのではない。例えば、たな卸資産の譲渡は譲渡所得の範囲から除かれ（所法33条2項1号）、それらは事業所得等に該当する。したがって本来ならば、個別の所得種類毎に検討する必要があるが、基本的に資産譲渡時の値上がり益（含み益）に課税する場合、その所得種類がどうであれ、本章での考察が当てはまるものと考えられる。さらに法人税法の場合にも、22条の下で本章での考察があてはまると考えられる。

[178] この場合注意すべきは、自己の資本及び課税済み利益以外のもの（つまり他人の資本あるいは課税済み利益）を組合から受け取った場合には、何らかの課税結果が生じうる、ということである。組合の場合、自己が出資した資本と、自己に配賦された損益の区別は必ずしも明らかではないであろうが、仮にこれが区別しうるとして、他人の資本を得た場合には贈与等の問題が生じうると思われるし、他人の利益を得ている場合にはそもそも利益の配賦が誤っていると思われるから、各組合員の課税されるべき利益の再計算が行われる可能性があろう。もっとも、自己の資本と課税済み利益をどのように測定するか、つまり組合内部での会計処理自体がそもそも明らかではない点も問題である。

うな組合への出資又は分配は、共有持分権の交換ではなく、出資資産または分配資産の全体に物権変動が及ぶと考えられる[179]から、分配資産全体が譲渡されたものと考えられよう（以下、全部譲渡説と呼ぶ）。この場合、分配を受領した組合員は、その組合の包括的持分の一部または全部を、分配資産と引き替えに譲渡したものと考えられよう。

　しかしいずれの考え方も難点がある（本書第三章4［2］、［3］、［4］参照）。無譲渡説は、組合からの資産分配時に譲渡所得課税を行わないというものであるが、これは譲渡所得課税を崩壊させる可能性を秘めた考え方である。例えば組合が値上がり資産を保有し、その資産を取得したい者が現金を組合に出資して同時に値上がり資産の分配を受ければ、組合は譲渡所得課税を受けることなく、資産と現金を交換することができる。このような状況は、アメリカ・パートナーシップ分配課税において、課税繰延べを原則としながらも、様々な例外規定（704条(c)(1)(B)等）を設けてこのような偽装売買（disguised sale）を防止しようとしていることからも容易に見て取れる。

　一部譲渡説は、実務と学説の多く（本書第三章4［1］参照）が採用する立場である。その前提として個々の資産の共有持分権を各組合員が保有しているとの考え方があると思われるが、このような考え方自体、ごくプリミティブな形態のものを除き、組合に対する課税を不可能にさせる、あるいは組合自体の使用を不可能にさせるものであろう。つまり組合は出資や分配、組合員の加入脱退等で各資産の共有持分権が頻繁に変動すると思われるが、このような場合にいちいち譲渡所得課税を行うことは不可能であるし、実際に課税されたとしても納税者にとって組合の使い勝手があまりにも悪いものになろう。また、分配時にのみ共有持分権が交換されると考えたとしても、パートナーシップ課税でいう751条(b)と同じシステムを組合の分配時課税に持ち込むものであるから、これも実行不可能であろう。また、損益の配賦に関し組合契約が複雑である場合や組合が債務を負っている場合、資産のどの部分とどの部分が交換されたのかは必ずしも明らかとはいえない。

179　鈴木禄彌編『新版注釈民法(17)　債権(8)』（有斐閣、1993年）87頁［品川孝次執筆］。

全部譲渡説は、民法の物権変動を税務上の資産の譲渡とみなして課税を行うものである。しかしまず、分配と引き替えに交換される組合の包括的持分にどのような帳簿価額がつくのか不明である。また、パートナーシップ課税においては、パートナーシップ持分には基準価格（アウトサイド・ベイシス）がつけられているが、これはパートナーシップが稼得した所得に対する課税を受けて、（二重課税・二重控除を防止するため）増減するものの（本書第二章3［1］参照）、我が国にはそのような規定がないため、仮に包括的持分に帳簿価額がついたとしても、二重課税・二重控除が生じる可能性があろう。

　また、我が国では、物権変動が生じたとしても、必ずしも資産の譲渡が生じたとして課税が行われるわけではない。例えば、一筆の共有地の現物分割は、民法上は共有持分権の交換が生じていると思われるが、持分に応じた分割があれば、土地の譲渡がなかったものと取り扱われているし（所基通33-1の6）、民法上の組合である従業員持株会（いわゆる証券会社方式のもの）へ現物株式を組み入れた（出資）場合あるいは現物の引き出し（分配）があった場合[180]、同じく民法上の組合である投資事業組合が所有する株式を組合員に按分分配した場合[181]等には、資産の譲渡があったものとして課税が行われているものとは思われないのである[182]。物権変動イコール資産の譲渡と考えた場合には、このような取扱いを説明することは困難である。

　さらに、本章3［7］で検討したように、資産が分配されたときに、その分配された資産のみの譲渡があったものとして課税を行うだけでは、組合に残存

---

[180]　新谷勝『平成6年改正　自己株式の取得と従業員持株制度』（中央経済社・1994年）117頁、野村證券株式会社累積投資部編『持株会の設立と運営実務』（商事法務研究会・1995年）1頁、飯島眞弐郎編著・萩原英彦／稲垣隆一著『Q&A持株制度の運用と実務』（新日本法規出版・1998年）29頁。

[181]　森田松太郎「投資組合設立の実際とそのメリット・デメリット」税理29巻3号144頁（1986）、植松守雄「講座　所得税法の諸問題　第12回　第一　納税義務者・源泉徴収義務者（続11）」税経通信42巻9号40頁以下（1987）。ただし上記いずれの文献も、「中小企業等投資事業有限責任組合契約に関する法律」（平成10年6月3日法律第90号。現在は「投資事業有限責任組合契約に関する法律」）に基づいて設立された投資事業有限責任組合が認められる前の投資組合に関するものである。

[182]　植松・前掲注181・42頁、飯島他・前掲注180・119頁。

する資産の二重課税等の問題は防止し得ない。

以上のように、三つの考え方はいずれも難点があり、立法的解決が不可欠であろう。以下では、パートナーシップ分配課税に関する検討を踏まえつつ、あるべき分配課税の姿を考えていくことにしよう。

［2］　清算課税説と分配時の課税

［a］　清算課税説と課税機会

まず、資産譲渡時に課税が行われるのはなぜであろうか。所得税法における譲渡所得課税について、判例は、「譲渡所得に対する課税は、…資産の値上りによりその資産の所有者に帰属する増加益を所得として、その資産が所有者の支配を離れて他に移転するのを機会に、これを清算して課税する趣旨」(最判昭和43年10月31日訟月14巻12号1442頁。同旨、最判昭和50年5月27日民集29巻5号641頁) と述べている。つまり、課税の対象となる譲渡所得とは、資産の値上がり益（含み益）自体であり、所得は資産の値上がりとして発生しているが、純粋な包括的所得概念に基づいて発生した所得を年度ごとに算定・課税することは不可能であるから、「所有者の支配を離れて他に移転するのを機会」として値上がり益について清算課税をする、というのが譲渡所得課税の趣旨であり、通説も同じ立場である[183]。

次に、資産の「譲渡」とは、「有償無償を問わず資産を移転させるいつさいの行為をいうものと解すべき」(前掲最高裁昭和50年5月27日判決) であり、それには売買や交換、競売や現物出資等の所有権その他の権利の移転を広く含む概念である[184]、というのが判例・通説の立場であろう。

ただ、資産や権利の移転が生じたからといって、必ずしも譲渡所得課税が行

183　岡村忠生『所得税法講義』(成文堂、2007年) 196～197頁、金子宏『租税法（第12版）』(弘文堂、2007年) 193頁、水野忠恒『租税法（第3版）』(有斐閣、2007年) 186頁、北野弘久編『現代税法講義［四訂版］』(法律文化社・2005年) 145頁[小山廣和・中村芳昭執筆]等。

184　岡村・前掲注183・214頁、金子・前掲注183・194～195頁など。

われるわけではない。前述のように共有地の分割は、理論上は共有持分権の交換が生じていると考えられるにもかかわらず譲渡所得課税は行われていないし、また民法上の組合に対する現物出資も、同様に譲渡所得課税が行われていない場合がある（本書第三章4［5］）。

　譲渡所得課税の本質が清算課税であるとすれば、鍵となる概念は、権利の移転等ではなく、「所有者の支配を離れて他に移転する」というべきであろう。つまり譲渡所得課税は、資産の含み益に関し、その資産の所有者に対して課税できる最後の機会に課税するものである。とすれば、譲渡所得課税が行われるべきか否か、あるいはそれがどのように課税されるかについては、「その資産の含み益に関し、それが生じた所有者に対して課税する最後の機会かどうか」によって判断されるべきである。また、このような考え方に基づくと、譲渡所得課税が、特別の規定のない限り、その資産の含み益について最後の機会以外には課税しない趣旨であるとも解することができる（したがって含み益に対する最後の課税機会ではないのに課税することは、譲渡所得課税の本質からはずれる）[185]。

　このような考え方にたてば、共有地の分割で譲渡所得課税が行われないことが、譲渡所得課税の趣旨に合致したものであることが容易に理解できるであろう。つまり共有地分割は、共有持分権の交換が生じているが、共有者が共有資産の含み益を分割前後を通じて同じ額・同じ種類だけ有している場合には、共有物分割はその含み益に対する最終的な課税機会ではなく、資産の譲渡があったものとして課税する必要性はない。もちろん、例えばAとBが同時価の土

---

[185] この考え方は、譲渡担保が設定され、形式的に所有権が移転したときでも譲渡所得課税が行われず、担保設定者が取戻権を失ったときに譲渡所得課税が行われるという裁判例の立場（東京高判昭和51年5月24日税資88号841頁（第一審：東京地判昭和49年7月15日行裁例集25巻7号861頁）、東京地判昭和54年5月14日行裁例集30巻5号1010頁（ただし、控訴審である東京高判昭和55年5月29日行裁例集31巻5号1278頁は資産が譲渡された取引を代物弁済と認定し、譲渡があったものと判示している））とも整合的である。なお、法人税法の事例であるが、買戻特約付売買契約で土地を譲渡した場合には土地の譲渡収益が計上されず、買戻権を失ったときに譲渡収益が計上される旨判示したものとして、大阪高判昭和63年6月30日税資164号1055頁（上告審：最判平成元年2月21日税資169号321頁、第一審：大阪地判昭和62年1月27日税資157号246頁）がある。

地と建物を2分の1ずつ共有している場合、Aが土地を、Bが建物を取るような「分割」があった場合には、譲渡所得課税が行われるべきことになる（Aの有する建物含み益と、Bの有する土地含み益に対する課税機会はこれが最後である）[186]。

［ｂ］　組合からの分配と譲渡所得課税

以上のような譲渡所得課税における課税機会の捉え方からすれば、組合からの資産の分配も、資産含み益に対する最終的課税機会かどうかで判断すべきであろう。もちろん、譲渡所得課税の趣旨からすると、最終的課税機会でない資産含み益に対する課税は行うべきではない。

具体的には、パートナーシップ課税のように、各組合員が個々の資産に有する含み益が分配前後にそれだけ変動額したかによって課税すべきである。この場合、各組合員が有する含み益は、組合資産を時価で売却しその利益を組合契約に従って配賦したときに、各組合員が配賦される利益額のことである。パートナーシップ課税のところで検討したように、このような方法を採用すれば、譲渡所得課税の原則からの逸脱防止が完全に達成され（したがって租税回避が生じない）、かつ一部譲渡説（及びアメリカの751条(b)）のような「交換」概念を用いることによる信じがたい課税関係の複雑化を防止することができる。さらに組合契約により、複雑な損益配賦を行う場合にも、十分に対応することができる。例えば、次のような例を見てみよう。

　　例18：甲、乙、丙の三人はそれぞれ100を出資し、組合を結成した。
　　組合の貸借対照表は次の通りである。

186　参照、東京地判昭和48年3月22日税資69号1011頁（控訴審：東京高判昭和49年10月23日税資77号196頁）。

	甲乙丙組合				
資産	簿価	時価[187]	資本	簿価	時価
資産1	100	100	甲	100	150
資産2	50	100	乙	100	185
資産3	100	50	丙	100	115
資産4	50	200			
総額	300	450		300	450

なお、組合の損益配賦については複雑な定めがなされている。資産1に関する損益は、甲に80％、乙と丙にそれぞれ10％配賦し、資産2に関する損益は、乙に80％、甲と丙にそれぞれ10％配賦し、資産3に関する損益は、丙に80％、甲と乙にそれぞれ10％配賦する。それ以外の損益は、三人で均等に分ける。このとき、甲は資産1と資産3の清算分配を受け取り、組合を脱退した。

この場合、各組合員の課税結果は次のように決定する。

①まず、分配時に全く課税がなかったとした場合の、分配前後の各組合員の含み益（含み損）を測定する。

	甲		乙		丙	
	分配前	分配後	分配前	分配後	分配前	分配後
資産1	0	0	0	0	0	0
資産2	5	0	40	44	5	6
資産3[188]	−5	−50	−5	0	−40	0
資産4[189]	50	0	50	75	50	75

②この表で、分配後の含み益（含み損）が減少している者は、その減少額だけ含み益（含み損）を認識する。したがって、甲は資産2について5、資産4

---

187 なお、この場合の簿価は、各組合員の包括的持分に簿価がついていると考えるのではなく、各資産の簿価がそれだけ各組合員に配分されていると考えられるべきである。さらに、各組合員の持分の時価は、前組合資産を売却して、出資金勘定に従って現金を分配した場合の額である。*See* Burke, *Distribution, supra* note 5, at 723.
188 分配後は乙と丙で含み益を40：5で分けることにした。
189 分配後は乙と丙で含み益を折半することにした。

について50の含み益を認識する。一方、乙と丙は、資産3についてそれぞれ5と40の含み損を認識する

③含み益が認識された資産は簿価をその額だけ切り上げ、含み損が認識された資産は簿価をその額だけ切り下げる。したがって、資産2の簿価は5切り上がって55、資産4については50切り上がって100となる、一方、甲が分配を受けた資産3の簿価は45切り下がって55となる。分配後の貸借対照表は次の通り。

乙丙組合

資産	簿価	時価	資本	簿価[190]	時価
資産2	55	100	乙	95	185
資産4	100	200	丙	60	115
総額	155	300		155	300

分配前後の、各組合員の含み益と認識された利益の合計額は等しくなるであろう。また、譲渡所得課税は、各組合員につき、必要最低限に抑えられている（したがって資産のロック・イン効果も最小限である）。

以上のような譲渡所得課税における課税機会の捉え方と、そこから帰結される分配前後の含み益の変動により損益を認識する課税方法は、従業員持株会や投資事業組合における株式の現物分配に課税しない現在の取扱いが妥当であることを示す。例えば、従業員持株会の経理はいささか特殊であり、株式を個々の従業員が単独保有しているのと同じ損益の計算方式をとるが[191]、これは株式に対する含み益が分配によってもそのまま分配受領組合員に引き継がれることを意味する。したがって従業員持株会からの株式の現物分配はその株式含み益に対する最終的課税機会ではなく、課税を行うべきではないのである。

---

190 なお、この簿価は、乙と丙の持分時価から、乙に配賦される利益90、丙に配賦される利益55を引いて算出されるが、この額はまた、分配前に各組合員が有していた簿価に、認識した利益／損失（乙は認識した損失5、乙は認識した損失40）を加算／減算した金額と等しい。

191 野村證券株式会社累積投資部・前掲注180・18頁以下、飯島他・前掲注180・107頁以下。

［c］　現行法の問題点と立法提案

　分配前後の含み益の変動により損益を認識するという課税方法は、資産分配時に適切に課税するほとんど唯一の課税方法であると思われるが、現行法の解釈によりこのような考え方を取るのは難しいであろう。問題は、現行法上、譲渡所得が、総収入金額マイナス取得費・譲渡費用という公式の下で算定されているところにある。

　清算課税説を追求していけば、譲渡所得はむしろ資産取得時の時価マイナス取得費・譲渡費用という公式で算定されるべきであろう。ところが、現行法は収入金額（譲渡対価）と資産時価が等しいという一種の擬制の下でこれを譲渡所得を把握することになるので、収入金額を把握しがたい場合にはどうしても含み益の課税漏れが生じてしまう。このような間隙を埋めるものが所得税法59条の規定であり、清算課税説からすれば、同条は贈与等の際の収入金額擬制の規定と位置づけられることになる[192]。

　考え得る立法提案の一つには、組合の分配時にも同様の収入金額擬制規定を設けてこれに対処するということが考えられるが、分配前後の含み益の変動により損益を認識するという課税方法によって認識されるのはもともと譲渡所得そのものであって、収入金額を擬制したとしても総収入金額マイナス取得費・譲渡費用という一般的な譲渡所得課税の算定方法にはなじまない。また、特に損益配賦に関する組合契約が複雑な場合、取得費や譲渡費用をどのように算定するかという新たな問題を生じることになるであろう。むしろ、分配前後の含み益の変動により損益を認識するという課税方法によって損益を認識し、それを譲渡所得の金額に算入する、というよりストレートな立法の方が好ましいものと思われる[193]。

　また、分配前後の各組合員の含み益は、資産の含み益がどのように各組合員

---

[192]　財産分与に関する最判昭和50年5月27日民集29巻5号641頁は、（所得税）「法五九条一項…が譲渡所得の総収入金額の計算に関する特例規定であつて、所得のないところに課税譲渡所得の存在を擬制したものでないことは、その規定の位置及び文言に照らし、明らかである」と述べているが、これは59条1項を「譲渡があったものとみなす規定」ではなく、「無償譲渡の際の収入金額擬制の規定」と位置づけているものと考えられよう。参照、岡村・前掲注183・69頁。

に配賦されるかによって決定される。したがって、組合所得の配賦に関する課税ルールを抜きにして、組合からの分配課税を論ずることはできない。組合所得配賦ルールの整備、特に資本勘定ルールの整備は不可欠である。

さらに、清算課税説に則り、最終的課税機会にのみ資産含み益に課税すると考えた場合、組合に対する出資と、組合からの分配の取扱いが対称的ではないことも十分に考えられる。つまり出資の場合には、出資資産の出資時含み益を、後にその資産が処分された場合に出資組合員に特別に配賦することができるから、出資時の利益認識はしないが、分配の場合には、分配資産や分配されなかった残存資産の含み益に課税するのが最後になってしまう可能性が大きいので、分配時の利益認識は必然的なものとなろう。

また、パートナーシップ課税に関する検討のところから明らかなように、分配資産の含み益のみを分配時に認識しても、適切な課税が行われないことには注意が必要である。つまり資産分配時には、組合に残存する資産の含み益課税も必ず考慮しなければならない（例18がそうである）。

[d] 簡素化・課税繰延べに関する立法提案

前述のように、①分配前後の含み益の変動により損益を認識するという課税方法によって損益を認識し、それを譲渡所得の金額に算入する、②組合の所得配賦ルール、特に資本勘定ルールの整備を本章において提案したが、より簡素化をしたい、あるいはより課税を繰り延べたい場合には、次のような立法を行うことも考えられる。

(1) 簡素化を図る場合

パートナーシップ課税をめぐる議論においてもっとも簡素であると思われる

---

193 なお、収入金額を擬制しても組合の資産分配時課税には適切に対処し得ないということは、財産分与の際の譲渡所得課税のように、分配受領者の他の組合財産に対する権利の消滅、あるいは分配資産に対して分配受領者以外の組合員の権利の消滅自体を収入金額と捉えたとしても、組合の資産分配時課税には適切に対処し得ないということを意味する。したがって少なくとも現行法の下での判例や学説の理論に則った解釈論でこの問題を解決することは無理であると思われる。

のは、1999年ALI研究が行った提案であろう。この提案は、資産分配時に、当該資産の含み益を全額認識してしまうから、分配資産と残存資産間の基準価格の配賦（含み損益の付け替え）を考える必要がなく、もっぱら残存資産間での基準価格の調整のみを考えればよい点で簡素である（もちろん、現行法よりも利益の認識額が大きくなるという点では納税者に不利である）。

組合からの分配の課税上の取り扱いを検討するにあたり、簡素さを追求し、かつ課税機会が多くなることを容認した場合には、ALIの提案と類似するアプローチを採ることも考えられるべきである。具体的には、資産分配時にその分配資産の含み益全額を必ず認識する、ということになろう。ただしこの場合でも、分配されなかった組合資産の含み益のうち、分配受領組合員が分配前に有していた部分については、認識が必要となる。また、組合の包括的持分に基準価格をつけてパートナーシップ課税のようにこれを変動させるということも簡素化に役立っていると思われるので、この概念を導入することも検討されるべきである。

(2) 課税繰延べを図る場合

同種の資産が数多くある場合、分配時に利益を認識することなく、簿価（取得費）を増減させて（つまり利益を付け替えて）含み益を保存することにより、さらに課税機会を減らしつつ、かつ含み益の適正な課税を維持するという方法が考えられる。具体的には、次のような例が考えられるであろう。

例19：甲、乙、丙の三人はそれぞれ100を出資し、組合を結成した。損益や資本に対する持分は対等である。組合は出資された現金で株式を購入している。このときの貸借対照表は次の通りである。

甲乙丙組合

資産	簿価	時価	資本	簿価	時価
株式X（2株）	100	280	甲	100	150
株式Y（2株）	100	40	乙	100	150
株式Z（2株）	100	130	丙	100	150
総額	300	450		300	450

甲は組合から脱退し、株式Ｙを１株（時価20、簿価50）、株式Ｚを
２株（時価130、簿価100）を清算分配として受け取った。

先の提案によると、課税結果は次のように決定される。
①まず、分配時に全く課税がなかったとした場合の、分配前後の各組合員の含み益（含み損）を測定する。

	甲		乙		丙	
	分配前	分配後	分配前	分配後	分配前	分配後
株式Ｘ（２株）	60	0	60	90	60	90
株式Ｙ（２株）	−20	−30	−20	−15	−20	−15
株式Ｚ（２株）	10	30	10	0	10	0

②この表で、分配後の含み益（含み損）が減少している者は、その減少額だけ含み益（含み損）を認識する。したがって、甲は株式Ｘについて60の含み益を認識し、一方、乙と丙は、株式Ｙについてそれぞれ５の含み損、株式Ｚについてそれぞれ10の含み益を認識する。

③含み益が認識された資産は簿価をその額だけ切り上げ、含み損が認識された資産は簿価をその額だけ切り下げる。したがって、株式Ｘの簿価は60切り上がって160となる。一方、甲が分配を受けた株式Ｙの簿価は10切り下がって40、株式Ｚの簿価は20切り上がって120となる。分配後の貸借対照表は次の通り。

		乙丙組合			
資産	簿価	時価	資本	簿価[194]	時価
株式Ｘ（２株）	160	280	乙	105	150
株式Ｙ（１株）	50	20	丙	105	150
総額	210	300		210	300

しかし、株式Ｙは同銘柄の株式であり、その含み損は両株式ともに性質上同じであるから、これを付け替えても、課税上問題は生じないであろう。した

---

[194] なお、この簿価は、乙と丙の持分時価から、それぞれに配賦される利益45を引いて算出されるが、この額はまた、分配前に各組合員が有していた簿価に、認識した利益／損失（乙丙ともに認識した利益10と認識した損失５）を加算／減算した金額と等しい。

319

がって、分配時に乙と丙がそれぞれ株式Yについて5の損失を認識する代わりに、分配後に組合が保有する株式Yの簿価を10切り上げて60にすることが可能であろう。この場合貸借対照表は次の通りになる。

乙丙組合

資産	簿価	時価	資本	簿価[195]	時価
株式X（2株）	160	280	乙	110	150
株式Y（1株）	60	20	丙	110	150
総額	220	300		220	300

この方法によれば、分配前の含み損の性質や金額を変えることなく、課税繰り延べを行うことができるであろう。分配時の課税によるディスインセンティブを減少させたい場合には、このような立法を行うことが可能であると思われる。ただし、この方法は簿価の増減を行う必要があるので、複雑さが増すであろう[196]。したがって、損益認識と課税繰延べのいずれかを選択させるということも考えられよう。

［e］ 応用事例

本章で提案するところの分配前後の含み益の変動により損益を認識するという課税方法は組合課税以外の場合にも応用ができる。共同で資産を有しそれを分割したときに、どのような譲渡所得課税が行われるべきかを考える場合には、全て応用ができるものと考えられる。

例えば共有物の分割で、甲と乙が共有土地と建物を分割する場合、これまでならば土地と建物を両方とも折半する場合にのみ、譲渡所得課税が行われてこなかったものと考えられる。これに対して課税繰延べに関する本章の提案を応用すれば、例えば土地3分の1と建物3分の2を甲が、土地3分の2と建物3分の1を乙が受け取る形で分割をなしたとしても、土地や建物の簿価（取得費）

---

[195] なお、この簿価は、乙と丙の持分時価から、それぞれに配賦される利益40を引いて算出されるが、この額はまた、分配前に各組合員が有していた簿価に、認識した利益／損失（乙丙ともに認識した利益10）を加算／減算した金額と等しい。

[196] See Burke, *Distributions, supra* note 5, at 726.

を調整し、分割前の含み益を甲と乙が保存していれば、課税を行う必要はないであろう（もちろん簿価（取得費）の調整は税法上明文の根拠がないとできないものと思われるから、これは立法論である）。

　また、離婚の際の財産分与の場合にも、同様の考え方ができる。夫婦を組合と見立て、財産分与を行う前に、各資産の含み益が夫婦いずれに帰属するかを決定しておき（これは第三者に資産を売却したとき、その譲渡所得が誰に帰属するかによって決定される）、財産分与によって夫婦それぞれの含み益がどのように変動するかを考えて、譲渡所得課税を行えばよいのである。場合によっては資産の簿価を調整して、可能な限り課税繰延べを認める方法も採りうるものと考えられる。

5　おわりに

　本章では、アメリカのパートナーシップ課税を参考にしながら、組合からの分配に関する我が国の課税の問題とその立法的提案を行った。パートナーシップから現金や資産が分配された場合、各パートナーが有する含み損益が分配前後でどの程度保存されているかが重要である。組合から資産が分配された場合にも、やはり各組合員が各資産に有する含み損益がどの程度保存されているかによって、課税結果が決定されるべきであり、そのためには従来の総収入金額マイナス取得費・譲渡費用という譲渡所得課税の枠組みを超えた立法的手当が必要である。

　なお、分配時の課税結果を、分配前後の各パートナー／組合員の含み損益をみながら決定するこの課税方法は、パートナーシップ／組合持分譲渡時の課税結果算定方法と完全に首尾一貫することにも注目すべきであろう（本書第四章4［5］及び5）。持分譲渡時の課税結果も、各パートナー／組合員が各パートナーシップ／組合資産の含み損益をどれだけ有しているかをみながら決定されるのであり、やはりそこでもポイントは直接に含み損益を算定することであるからである。

　最後に、本章で提案した以上の課税関係の簡素化や課税繰延べを認めるため、

アメリカのように、資産をいくつかのグループに分け、そのグループ内での損益の付け替えを認めるアプローチも存在するが、それを採用するかどうかは難しい問題であろう。結局のところそれは政策問題であるが、ただアメリカの現在の状況をみる限り、さらなる課税関係の簡素化や課税繰延べを認めるための代償、濫用防止規定の必要性は、決して小さくはないことに注意すべきである。例えば課税繰延べを認めたため、内国歳入法典はその濫用防止を図るべく、704条(c)(1)(B)や707条(b)、737条等の様々な個別規定や、さらには財務省規則§1.701-2のような一般的濫用防止規定までも制定しているのであり、課税関係を決するための規定の複雑化は著しいものがある。また完全に濫用が防止できているかについても疑問が起こるところであろう。このようなパートナーシップ課税のアプローチが果たして妥当なのかどうか、慎重な吟味が必要とされるであろうが、この点については次の課題としたい。

第六章　ファミリー・パートナーシップと所得の配賦について

1　はじめに

　我が国において、特に民法上の組合（民法667条以下、以下単に「組合」という）形態での共同事業が行われる場合、組合の稼得した所得は、組合契約で定められた損益分配の割合に応じて、各組合員に帰属するものと考えられる（本書第一章2参照）[1]。もっとも、これに対して、通達（所基通36・37共-19注2、法基通14-1-1の2注1）や多くの学説は、基本的に、組合契約に応じた組合所得の組合員間での帰属を承認しつつ、これに一定の限定を加えている[2]。

　独立当事者間で締結された組合契約の場合、一般に各当事者は自己の税引後の手取額を最大にしようとするために利害が対立する。そのため、課税上の効

---

[1] 拙稿「民法上の組合の稼得した所得の課税に関する基礎的考察 —課税時期、所得種類、帰属を中心に—」税法学543号55頁、78頁以下（2000）（以下、拙稿「基礎的考察」と引用）。本章でも、資本の払戻しあるいは利益の支払として、現実に現金あるいは資産が組合ないしパートナーシップから組合員やパートナーに譲渡されることを、「分配（distribution）」といい、組合やパートナーシップの得た損益を各組合員ないし各パートナーに計算上割り当てることを、「配賦（allocation）」という。本書第一章2・注6参照。民法上でいうところの「損益分配」は、本稿の分配の概念とは異なり、損益の配賦（これには分配が伴う場合と伴わない場合の二つがありうる）のことを指す。参照、拙稿「基礎的考察」・前掲・102頁以下。

[2] 植松守雄「講座　所得税法の諸問題　第18回　第一　納税義務者・源泉徴収義務者（続17）」税経通信43巻3号60頁（1988）、平野嘉秋「パートナーシップ税制の法的構造に関する一考察 —日米比較を中心として—」税務大学校論叢23・235頁（1993）、須田徹『米国のパートナーシップ —事業形態と日米の課税問題—』（中央経済社・1994年）など。拙稿「基礎的考察」・前掲注1・102頁注71参照。

果を別に考えると、独立当事者間の組合契約の最終的な経済的結果は、学術的に厳密な意味ではないにしろ、ある程度合理性が認められるところであろう。その場合、課税上問題となるのは、合理的な経済的結果を達成しつつ、税のみを減少しようとすることであり、税法的には、課税の公平性を達成するべく、合理的な経済的結果そのものは問題にせず、ただ税額減少を防止することのみが問題になるものと考えられる（本書第一章参照）。

　これに対して、関連当事者間で締結された組合契約の場合、各当事者は利益相反せず、その最終的な経済的結果自体が経済的合理性を欠くことがありえる。例えば、ＡとＢの二人が組合を結成して同額の現金を出資し、その利益は７：３で配賦・分配する、と定めたとしよう。ＡとＢが独立当事者である場合、組合に対する二人の関わり合いや貢献が全く同じであるとすると、ＡがＢよりも多くの利益を得ることをＢは容認するとは思えないから、このような契約を締結するとは一般には考えられない。そしてこのような契約を締結した場合には、それは組合に対する貢献（例えば労務や信用の出資）または経済的諸状況（例えばＡに対するインセンティブを与えるため）を反映したものと考えられ、契約は経済的合理性を有するものと考えられよう。一方、ＡとＢが親子などの関連当事者である場合、たとえ組合に対する二人の関わり合いや貢献が同じであるとしても、先のような契約は締結されうるのであり、独立当事者間での契約のような経済的合理性は見られない。

　このことは、関連当事者間の組合契約が、独立当事者間のそれとは異なって経済的合理性を著しく欠くために、所得の帰属についてのルール（所法12条）が潜脱され、関連当事者間での所得分散とそれによる累進課税の形骸化のおそれがあることを示すものである。例えば、労務提供により得られた所得は、当該労務を提供した者（正確には労務提供の契約を締結した者）に課税されるのが所得帰属のルールであるが、親子で労務を提供する家族組合を結成し、親が多くの労務を出資し、子がほとんど労務を出資しないのに、組合の所得を折半する旨の契約を締結すれば、親の労務から得られた所得は、子供に移転してしまい、所得の帰属についてのルールが破られるであろう。同じことは、資産から所得が生ずる場合にも起こりうる[3]。

関連当事者間の組合契約による所得の帰属ルール潜脱の問題に対して、我が国の所得税法あるいは法人税法はこれに対処する規定がない。しかし、後述するように、我が国においても関連当事者間の共同事業の所得の帰属が問題となった事例がないわけではなく[4]、また国際化の進展による他国の多様な事業体の日本進出も考えられるところから[5]、何らかの対処をすべきであろう。その場合の対処は、租税法律主義からくる予見明確性・法的安定性の観点から、立法的なものであることが望ましい。

　以上のように、我が国における関連当事者間の組合契約ないし共同事業から生じた所得と、その組合員間の自由な配賦による所得の帰属ルール潜脱の問題に対する立法的対処法を考察することが現行法上必要であると思われるが、本章ではその目的のため、同様の問題（ファミリー・パートナーシップ問題[6]）に立法的・司法的に対処し、学術的な研究も盛んなアメリカのパートナーシップ税制、特に内国歳入法典704条(e)を検討して示唆を得ることにする[7]。また、本章で問題とする関連当事者は個人とし、親族間で結成される家族組合を念頭に置いて考察を進めることにしたい。

3　なお、関連当事者間の組合契約の問題点として、事業等所得者が親族に支払った対価を必要経費に算入しない制度（所法56条）が税法上設けられているが、ある個人事業に親族が従事している場合に、いわゆる家族組合を結成して、事実上この規定を回避することができる、ということが挙げられる。ただし、青色専従者控除（所法57条）や法人成りによる所法56条の回避からすれば、家族組合結成による所法56条回避可能性は、現在のところさほど重要ではない。

4　拙稿「基礎的考察」・前掲注1・83頁以下の裁判例参照。

5　国際課税の文脈における組合・パートナーシップ課税の問題につき、拙稿「パートナーシップと国際課税」フィナンシャル・レビュー84号84頁（2006）参照。

6　ファミリー・パートナーシップを利用する利点等について、Robert S. Schriebman, *Family Partnerships Can Blend Tax Savings with Fulfillment of Estate Planning Objectives*, 3 EST. PLAN. 164, 164-166 (1976)参照。

7　この問題についての先行業績としては、水野忠恒「アメリカにおける中小企業課税」日税研論集4巻133頁、206-213頁（1987）、佐藤英明「アメリカ連邦所得税における『パートナーシップ』の範囲に関する問題点」日税研論集44巻33頁、35-51頁（2000）がある。本章では、これら先行業績に詳細な記述のある判例等についての言及は必要最小限にとどめるので、これら先行業績を併せて参照されたい。

以下ではまず、内国歳入法典704条(e)を概観してその問題点等を検討した後（本章2）、まとめを行う（本章3）。

2　704条(e)：ファミリー・パートナーシップ条項

[1]　序説

パートナーシップの稼得する所得は、パートナーが出資した様々な資本やサービスにより生み出されるものである[8]。したがって、そのパートナーシップ所得は、それら資本やサービスを出資した者に課税されるべきということになろう。これは、本来、パートナーシップ所得がそのパートナーにいずれに帰属するかについては、いわゆる所得移転の法理（assignment-of-income doctrine）の下で吟味されるべきことを示している。

所得移転の法理は、要するに「所得はそれを稼得した者に課税されねばならない」(Commissioner v. Culbertson, 337 U.S. 733 (1949)) という原則[9]であるが、これはさらに次の三つの側面に分類される[10]。

①サービスの提供から生ずる所得の税負担は、サービスを提供した者に帰着する (Lucas v. Earl, 281 U.S. 111 (1930))。

8　財務省規則（以下、Treas.Reg. と表示）§ 1.704-1(e)(1)(i)は、次のように規定している。「パートナーシップによる所得生産は、パートナーの出資した資本又はサービス、若しくはその両方に帰属するものである。歳入法典の Chapter 1、サブチャプター K の条項は、61条との関係に照らして読まれねばならず、その条項は、特に、所得は、自己の労働及び技術と、自己の資本の利用を通じてそれを稼得した者に課税される、ということを要求するものである」。

9　所得移転の法理について、本章で一般的に参照したのは、BORIS I. BITTKER & LAWRENCE LOKKEN, FEDERAL TAXATION OF INCOME, ESTATES AND GIFTS ch. 75 (3d ed. 2003 & Supp. 2005) 及び WILLIAM G. ANDREWS, BASIC FEDERAL INCOME TAXATION ch. 16-17 (5th ed. 1999) である。

10　この分類については、WILLIAM S. MCKEE, WILLIAM F. NELSON & ROBERT L. WHITMIRE, FEDERAL TAXATION OF PARTNERSHIPS AND PARTNERS ¶ 14.01 at 3 (3d ed. 1997) [hereinafter FEDERAL TAXATION] に依拠した。ただし同書はすでに 4th edition (2007) とその補遺 (Supp. 2007) がでているので、特に断らない限り、後の引用は 4th edition 及びその補遺のものである。

②資本を使用して生ずる所得税負担は、資本の所有者が負担する（Helvering v. Horst, 311 U.S. 112（1940））。

③資本から生じた所得税負担は、その基礎となる資本の譲渡によって他の者に移転しうる。つまり、資本から来る所得の課税は、資本の所有権に従う（Blair v. Commissioner, 300 U.S. 5（1937））。

このような所得移転の法理とパートナーシップ所得課税を調和させることが、ファミリー・パートナーシップの課税問題を解決する鍵である。しかし、パートナーシップの稼得する所得は、様々な資本やサービスが合わさって生ずるものであるから、上記の法理をそのままファミリー・パートナーシップの文脈に当てはめることは実際には相当に困難であろう。

現行の内国歳入法典704条(e)（以下、I.R.C.と表示）は、ファミリー・パートナーシップの稼得した所得がいずれの者に帰属するかという問題を、二つのレベルで解決している。つまり、第一に、ある者が連邦税法上パートナーと認められるかどうか[11]、第二に、サービス又は資本に帰属する所得の強制的な配賦である。ただし、後述するように、704条(e)はセーフハーバー的な規定と位置づけられるのであり、その意味で、704条(e)による問題解決は部分的なものにとどまる。

---

[11] ある者が連邦税法上パートナーと位置づけられるかどうかが問題となる場合には、そもそも連邦税法上の「パートナーシップ」及び「パートナー」の定義が問題となる。761条(a)は、パートナーシップを、シンジケート、グループ、プール、ジョイント・ベンチャー、その他非法人組織（unincorporated organization）で、それを通じ又はそれにより、何らかの事業、財務活動（financial operation）又は投機（venture）を行い、かつ所得税［内国歳入法典］の意味における法人、信託又は遺産でないものを含む、と定義づけ、761条(b)は、パートナーをパートナーシップの構成員、と定義づけている（7701条(a)(2)もほぼ同じ）。非常に曖昧な定義であるが、いわゆるチェック・ザ・ボックス財務省規則の下、法人や信託などの他の団体や組織との区別は比較的容易である。他方、十分な共同性（jointness）を欠いた取り決め（使用者＝被用者関係、購入者＝売却者関係など）との区別がしばしば問題になるようである。*See* Federal Taxation, *supra* note 10, ¶ 3.05. チェック・ザ・ボックス財務省規則の下でのパートナーシップ及びパートナーの定義については、本書序言3を参照。

［２］704条(e)制定前の状況

［ａ］　Tower事件最高裁判決前

　ファミリー・パートナーシップに対する連邦税法上の取扱いの変遷は、大まかに、①Tower事件及びLusthaus事件最高裁判決以前、②Tower事件及びLusthaus事件最高裁判決以後、③Culburtson事件最高裁判決以後、④1951年改正以後、の四つの時代に区分される。以下では順を追ってこれを簡単に見ていくことにしよう[12]。

　1946年にTower事件最高裁判決（Commissioner v. Tower, 327 U.S. 280 (1946)）及びそれと同日の判決であるLusthaus事件最高裁判決（Lusthaus v. Commissioner, 327 U.S. 293 (1946)）が下されるまで、ファミリー・パートナーシップ問題に対する取扱いは、ほぼ所得移転の法理の取扱いに沿ったものであったようである[13]。

　一般に、パートナーシップ持分の家族への贈与があった場合、あるいは資産を家族へ贈与した後に贈与者と受贈者がパートナーシップを結成し、受贈者が受け取った資産をパートナーシップに出資した場合、当該受贈者がパートナー

12　ファミリー・パートナーシップに対する連邦税法上の取扱いの変遷をまとめるにあたって、他に引用したもののほか、ここで主として参照したのは、T. Carroll Sizer, *Federal Income tax Treatment of Family Partnerships Since the Tower and Lusthaus Cases*, 1947 WIS L. REV. 293; Stanley S. Surrey, *Assignments of Income and Related Devices: Choice of the Taxable Person*, 33 COLUM. L. REV. 791, 807-810 (1933); Gustave Simons, *Family Partnership - A Batting Average*, 23 TAXES 895 (1945)である。*E.g.*, Schroder v. Comm'r, 134 F.2d 346 (5th Cir. 1943)；Smith v. Comm'r, 3 T.C. 894 (1944)；McEachern v. Comm'r, 5 T.C. 23 (1945)；Simmons v. Comm'r, 4 T.C. 1012 (1945).

13　*E.g.*, Smith v. Comm'r, 3 T.C. 894 (1944); Robert K. Lifton, *The Family Partnership: Here We Go Again*, 7 Tax L. Rev. 461, 463 (1952). 1930年にLucas v. Earl事件最高裁判決が下されるまでは、原則的に州法上パートナーシップが認められれば税法上もそれが認められるような状況であった。Yale A. Barkan, *Family Partnerships under the Income Tax*, 44 MICH. L. REV. 179, 182-188 (1945). なお、Tower事件及びLusthaus事件最高裁判決が下されるまでの判例状況について、もっとも詳細なものとしては、Vernon J. Veron, *Taxation of the Income of Family Partnerships*, 59 HARV. L. REV. 209 (1945)がある。

となりうるかどうかは、まずパートナーシップの所得が人的サービスの提供によって生み出されるものかどうかを吟味して決定される。パートナーシップ所得が人的サービスの提供によって生み出されるものである場合、Lucas v. Earl 事件最高裁判決に従って、当該受贈者は、自ら人的サービスを出資しない限り、連邦税法上パートナーとは認められない。したがって、受贈者に対するパートナーシップ所得の配賦は税法上無視されることになる。他方、パートナーシップ所得が人的サービスの提供によって生み出されない場合（資本が重要な所得生産要素である場合）、持分（あるいは資産）の家族への贈与が、「完全（completeness）」であるかどうかによって、受贈者がパートナーと認められるかどうかが決まる。すなわち、贈与が完全なものであれば、受贈者は連邦税法上パートナーと認められるのである[14]。この完全性のテストは、妻のための5年間の信託を設定して当該信託を広範に管理している設定者たる受託者が当該信託財産を支配しているものとして、その信託所得について課税を受ける旨判示した Helvering v. Clifford 事件最高裁判決（309 U.S. 331（1940））や、債券の利子はその元本を有する者に課税される旨判示した Helvering v. Horst 事件最高裁判決（311 U.S. 112（1940））などが示すところの、所得源泉に対する支配性要件を念頭に置いているものと思われる。

以上のような枠組みの中で、一度持分の受贈者が連邦税法上パートナーと認められた場合には、当該パートナーは、パートナーシップ契約で定められた所得の配賦通りに課税を受け、所得の再配賦は行われなかったようである（後述するように再配賦を行った事例がないわけではない）。

---

14 ただ、この完全性のテストは、それを適用する判事や裁判所ごとに相当にまちまちであったようである。Lifton, *supra* note 13, at 464. 同論文は、テストを厳しく適用したものとして、Lowry v. Comm'r, 3 T.C. 396（1944）や Lorentz v. Comm'r, 3 T.C. 746（1944）, aff'd 148 F.2d 527（6 th Cir. 1945）などを、逆に緩く適用したものとして、Scherer, v. Comm'r, 3 T.C. 776（1944）; Johnston v. Comm'r, 3 T.C. 799（1944）などを、中間事例として Mead v. Comm'r, 131 F.2d 323 (5th Cr. 1943) を挙げている。また、Veron, *supra* note 13, at 242-245; Edward N. Polisher, *Family Partnership under Federal Income Taxation*, 23 TAXES 815（1945）も参照のこと。

[b]　Tower事件最高裁判決以後

　1946年、Tower事件（及びLusthaus事件）最高裁判決が下され、状況が変わる。Tower事件では、納税者がその所有する法人株式を妻に贈与した後、法人を清算し、法人事業をパートナーシップ形態で営んだ場合に、妻が連邦税法上パートナーであるかどうかが争われた事例である。第一審租税裁判所（3 T.C. 396(1994)）は、納税者がパートナーシップ結成後も事業を管理支配しており、問題となった贈与は完全なものではなく、真のパートナーシップは存在しないとして、妻に対するパートナーシップ所得の配賦を認めなかった。第六巡回区控訴裁判所は、株式贈与時点ではともかく、その後パートナーシップに法人資産が出資された時点で贈与は有効かつ完全になったとして原判決を覆している（148 F.2d 388 (6th Cir. 1945)）[15]。

　連邦最高裁は、本件の問題を「パートナーが、事業を営み、利益又は損失若しくはその両方を分けるために共同することを現実にかつ真に意図していたか否か」(at 280) という事実問題と捉えて、租税裁判所の事実認定を支持した。しかしその後続けて、連邦最高裁は、「彼女が、彼女に源を発する資本を投資するか、又は相当に事業の支配と管理に寄与しているか、又は不可欠な追加的サービスを行っているか、若しくはこれらのことを全て行っている場合（If she either invests capital originating with her or substantially contributes to the control and management of the business, or otherwise performs vital additional services, or does all of these things）」(at 290) に、夫婦が連邦税法上のパートナーになりうると言及している。

　この最高裁判決を受けて、下級裁判所[16]は、贈与が完全か否かという基準ではなく、「最初の資本（original capital）」あるいは「不可欠なサービス（vital services）」を家族が出資していない場合には、その家族をパートナーとして認めないようになった[17]。

　この「最初の資本」要件は、所得移転の法理からすると、特に問題視される

15　See Daniel W. Reddin, III, *Recent Decisions*, 47 MICH. L. REV. 595 (1949).
16　*E.g.*, Moore v. Comm'r, 170 F.2d 191 (4th Cir. 1948); Sandberg v. Comm'r, 8 T.C. 423 (1947); Hitchcock v. Comm'r, 12 T.C. 22 (1949) ; Ritter v. Comm'r, 11 T.C. 234 (1948).

ものであった。つまり、資本の使用から生み出された所得はその資本の所有に従い、実際に資本の贈与によって譲渡することができるという原則を無視していたからである。

[c] Culbertson 事件最高裁判決以後

1949年、連邦最高裁は、Culbertson 事件（Commissioner v. Culbertson, 337 U.S. 733（1949））において、Tower 事件に関する下級裁判所の「誤解」を解いた。納税者は訴外 A とパートナーシップにて牧牛業を営んでいたが、A が引退するにあたり、その持分を納税者の四人の息子に売却した。息子達は売却代金を主として納税者からの贈与とパートナーシップからの収益からまかなっている。息子のうち、一人は牧牛業に携わっていたが、一人は兵役についており、残りの二人は、夏は学校へ行き、冬に牧牛業を手伝っていた。納税者と息子達のパートナーシップが税務上認められるかどうかが争われたのがこの事件である。

租税裁判所は、息子達が最初の資本も不可欠なサービスも出資していないとして、税務上パートナーシップの存在を認めなかった（6 T.C.M. 692（1947））が、これに対して第五巡回区控訴裁判所は、息子達が将来に自己の時間とサービスを出資するであろうから、パートナーシップの存在は認められるとして、原判決を覆した（168 F.2d 979（5th Cir. 1948））。連邦最高裁は、将来資本やサービスを出資する意図では、自己の労働及び技術並びに自己の資本の利用を通じて所得を現在稼得した者が課税されるとの法の要求に合致し得ないと述べた。

17　この基準により、ファミリー・パートナーシップは節税手段として相当に魅力がなくなったようである。Robert E. Mannheimer & H. Telfer Mook, *A Taxwise Evaluation of Family Partnerships*, 32 IOWA L. REV. 436, 460（1947）. また、Gustave Simons, *Family Partnerships Since the Tower and Lusthaus Decisions*, 82 J. ACCOUNTANCY 130, 132-133（1946）に、Tower 事件以後の裁判例がまとめられている。なお、Floyd K. Haskell, *Capital Contributions and "Business Purpose" in family Partnerships*, 33 MINN. L. REV. 714（1949）や Comment, *Bona Fide Intent to Do Business Validates Family Partnership for Income Tax Purposes*, 1 STAN. L. REV. 354, 357-358（1949）は、事業目的（business purpose）を有効なファミリー・パートナーシップの必要条件と構成している。

しかし、さらに連邦最高裁は、不可欠なサービス又は最初の資本のいずれかの出資を、税務上パートナーと認められることの決定的な基準として使用するのは、「せいぜい強調するところを間違えている」と述べ、それが Tower 事件最高裁判決の誤読であるとした。そして、本質的な問題とは、「全ての事実 ―― 契約、その条項を執行する際の当事者の行為、彼らの言動（statement）、利害関係のない者の証言、当事者の関係、彼らの相対的能力及び資本出資、所得の実際の支配とそれが使われた目的、及び彼らの意図に光を投げかけるその他全ての事実 ―― を考慮して、誠実かつ事業目的を持って行動する当事者が事業を現在営むにあたり共同することを意図しているか否かである（the parties in good faith and acting with a business purpose intended to join together in the present conduct of the enterprise)」(at 740) と判示し、このような主観的意図を認定するよう、租税裁判所に差し戻した。なお、最高裁は、資産の受贈者が、それをパートナーシップに出資した場合でも、当該資産に対して統制及び支配（dominion and control）をし、そしてその支配を通じてパートナーシップの経営及びその所得の処分に影響を与えていれば、その受贈者が税務上真実のパートナーである、と述べて、明示的に「最初の資本」要件と所得移転の法理との軋轢を取り除いている。

Culbertson 事件最高裁判決以後の下級審の裁判例は、例えば Harmon v. Commissioner, 13 T.C. 373 (1949) や Harkness v. Commissioner, 193 F 2 d 655 (9th Cir. 1951) のように主観的意図により理由づけをしつつも Tower 事件判決の基準を適用しつづけるものもあり、混乱がみられた[18]。

[d] 1951年改正

1951年、連邦議会は、「いわゆるファミリー・パートナーシップの持分を規制するルールと、その他の資産・事業形態に適用されるルールとを調和させ、パートナーシップ持分の所有者がどのようにその持分を取得したかに関わらず、そ

---

18 詳しくは、see e.g., Note, *Taxation of Family Partnerships*, 50 COLUM. L. REV. 68 (1950)；Paul W. Bruton, *Family Partnerships and the Income Tax – The Culbertson Chapter*, 98 U. PA. L. REV. 143 (1949).

の者が真の所有者である場合には、その所得は当該所有者に課税される」[19]ために、1939年歳入法典を二点改正した。第一に、3797条を改正し、ある者がパートナーシップの資本持分を有し、そのパートナーシップにおいて資本が重要な所得生産要素である場合には、当該持分が、他の者から購入したものであるかあるいは贈与によるものかにかかわらず、パートナーと認められる、と規定した。これにより、資本が重要な所得生産要素（material income-producing factor）である場合には、「最初の資本」基準は制定法上廃止されたのである。第二に、191条を追加して、持分の贈与がなされた場合、パートナーシップ契約で定められた持分受贈者の分配割当額は、原則としてそのまま受贈者の総所得に算入されるが、ただしそのパートナーシップ契約が、贈与者がパートナーシップに提供したサービスの合理的対価を考慮していないとき、及び受贈者の受贈持分に帰属する分配割当額が贈与者の資本に帰属する贈与者の分配割当額よりも比例的に大きいときには、贈与者＝受贈者間での所得の再配賦が認められる、と規定した[20]。

要するに、第一の規定はある者がパートナーと認められる要件を規定したものであり、第二の規定は所得再配賦を認めた規定であるから、アメリカの内国歳入法典では、ファミリー・パートナーシップ問題に対して二段階の対処をしていることになる。これらの規定は、1954年に内国歳入法典が全面改正されたときにそれぞれ704条(e)(1)、704条(e)(2)及び(3)に規定されることになった。

以下では、それぞれの規定を見ていくことにしよう。

[3] 704条(e)(1)

[a] 序説

704条(e)(1)及びTreas.Reg. §1.704-1(e)(1)(ii)は、①資本がパートナーシップ事

---

19 S. REP. NO. 82-781, at 39 (1951); H.R. REP. NO. 82-586, at 32 (1951).
20 これに伴う財務省規則は、1953年8月13日に承認されており（T.D. 6037, 1953-2 C.B. 213. 詳細は、David Beck, *Use of the Family Partnership as Our Operating Device - The New Regulations*, 12 INST. ON FED. TAX'N 603 (1954) 参照）、これは現行財務省規則（T.D. 6175, 1956-1 C.B. 211）にほぼそのまま引き継がれている。

業において重要な所得生産要素であり、かつ②実際にその者がそのパートナーシップの資本持分を有している場合には、連邦所得税において、パートナーとして認められる、と規定する。これらの事実のいずれかを満たさないからといって、その者が絶対的にパートナーとならないわけではなく、その場合には Culbertson 事件最高裁判決の主観的意図テストを通った場合にパートナーと認められることになる[21]。したがって、704条(e)(1)は非排他的な「セーフハーバー」規定と位置づけられる[22]。

なお、704条(e)は、「ファミリー・パートナーシップ」という題がつけられているものの、家族間で設立されたパートナーシップ以外にも、一般的に適用される[23]。

［b］ 重要な所得生産要素としての資本

パートナーシップ事業において、資本が重要な所得生産要素であるか否かは、各事件のすべての事実を参照して決定される（Treas.Reg.§1.704-1(e)(1)(iv)）[24]。事業の総所得の相当な（substantial）部分が、そのパートナーシップが営んでいる事業の資本の使用に帰属する場合には、資本が実質的な所得生産要素である（*Id*）。パートナーシップの事業が、「相当な棚卸資産」や、「プラント、機械その他設備に対する相当な投資」を必要とする場合は、一般に、資本が重要な所得生産要素となる（*Id*）[25]。一方、パートナーシップ所得が主としてパートナーシップのメンバー又は被用者の提供する「手数料、その他人的サービスの対価」からなる場合、資本は一般に重要な所得生産要素ではない（*Id*）。しかし、人的サービスパートナーシップにおいても、例えばサービス提供後から代金回

21　*See e.g.*, Poggetto v. U.S., 306 F.2d 76, 79 (9th Cir. 1962).
22　FEDERAL TAXATION, *supra* note 10, ¶15.02 at 15-6, ¶15.03.
23　*See* Evans v. Comm'r, 447 F.2d 547 (7th Cir. 1971); Louis S. Freeman, *Combing the Use of Corporations, Partnerships and Trusts to Minimize the Income and Transfer Tax Impact on Family Businesses and Investments*, 57 TAXES 867, 868 (1979).
24　この問題についてもっとも詳しいのが、Sheldon I. Banoff, Douglas P. Long, Thomas H. Steele & Ricky G. Smith, *Family Partnerships: Capital as a Material Income-Producing Factor*, 37 TAX LAW. 275 (1984)〔hereinafter *Banoff, Family*〕である。

収までかなりの時間のすれがあり、そのために相当な資金が必要な場合[26]や、その所得がパートナーシップののれんに帰属する場合[27]、高価なX線設備を有する医療パートナーシップの場合[28]に、資本が実質的な所得生産要素であると認められる場合がある[29]。なお、借入金でほとんどの資金調達がなされた不動産開発パートナーシップにおいて、資本が重要な所得生産要素ではないと判示された事例[30]があるが、不動産開発事業は資本が重要な所得生産要素であり、その資本が自己資本であるか借入れによるかは問わないなどの批判が多い[31]。

[c] 資本持分の所有

(1) 資本持分

資本持分（capital interest in a partnership）とは、パートナーシップの資産に対する持分で、資本持分の所有者がパートナーシップから脱退する際、ある

---

25 *See e.g.*, Hartman v. Comm'r,43 T.C. 105（1964）（棚卸資産及び未収金の資金調達のために資本を使用することは重要である）；Woodbury v. Comm'r, 49 T.C. 180（1967）（農場パートナーシップにおいては資本が重要な所得生産要素である）；Garcia v. Comm'r, 48 T.C.M. 425（1984）（パートナーシップが雑貨店を有している場合に、資本が重要であると判示されている）。

26 Bennett v. Comm'r, 21 T.C.M. 903（1962）.

27 Bateman v. United States, 490 F.2d 549, 552-553（9th Cir. 1973）.

28 Nichols v. Comm'r, 32 T.C. 1322（1959）.

29 *See e.g.*, W. E. Seago, *Capital as a Material Income‐Producing Factor for Purposes of the Maximum Tax*, 3 TAX ADVISER 408, 410（1972）；William B. Landis, *The Utility and Effect of the partnership in Family Planning*, 24 INST. ON FED. TAX'N 339, 342-43（1966）.

30 Carriage Square, Inc. v. Comm'r, 69 T.C. 119（1977）.

31 *See e.g.*, Larry E. Blount, *Family Partnership: Who Must Recognize the taxable Income?*, 44 MO. L. REV. 217, 224-227（1979）; Owen G. Fiore, *Dual capital partnerships as an Estate Planning Device*, 39 INST. ON. FED. TAX'N §54.01, §54.04[1][b]（1981）；Paul E. Klein, *Family Partnership Rules Split Tax Court Tree Ways but Taxpayer Loses Under All Views*, 5 J. REAL EST. TAX'N 254（1978); Larry E. Blout, "*Carriage Square, Inc. v. Commissioner*"：*Family Partnerships, Section 704 (e) and Judicial Legislation*, 14 GA. ST. B.J. 179（1978); Marvin W. Weinstein, *Carriage Square ‐ Can a Real Estate venture Be Carried on in a Family Partnership?*, 7 REAL EST. L. J. 38（1978）.

いはパートナーシップが清算される際に、当該パートナーシップ資産がその資本持分の所有者に対して分配されうるものである（Treas.Reg.§1.704-1(e)(1)(v)）単にパートナーシップの収益及び利益に参加するだけの権利（利益持分）は、資本持分ではない（*Id*）。しかし、最初に利益持分しか有していない者についても、その他の条件を満たしていれば、収益や利益をパートナーシップが留保した場合に、ある時点で、税法上もパートナーと認められ、一度資本持分を有した者は、後に資本勘定が負になっても、資本持分を有しているものとされるべきであるといわれている[32]。

(2) 資本持分の所有

資本持分の受贈者が真にその資本持分を所有しているか否かは、その他資産の贈与に関する一般原則を適用して決定される[33]。したがって、パートナーシップ資本持分の贈与を受けた者や、後にパートナーシップに出資される資本の贈与を受けた者は、その贈与が租税回避又は脱税目的の単なる不真正（仮装，sham）なものである場合、若しくは譲渡人が所有権の徴表（incidents of ownership）を有していて、譲受人が譲渡持分につき完全に所有していない場合には、パートナーとは認められない（Treas.Reg.§1.704-1(e)(1)(iii)）。いずれの場合においても、受贈者がパートナーと認められるか否かは、すべての事実状況に照らして決められる。なお、各事実について、いずれが決定的な要素というものはなく、取引を全体的な見地から考慮して受贈者の持分所有の実体が決定される（Treas.Reg.§1.704-1(e)(2)(i)）。

1. 法的に有効な譲渡

資本持分の贈与が認められる必要条件として、まず、譲渡が法的に有効でなければならない[34]。ただし、「州法の下での、法的に十分かつ撤回不可能な贈与捺印証書その他の証書」の作成は、考慮されるべき要素の一つに過ぎず、受贈者の持分所有を排他的に決定するものではない（Treas.Reg.§1.704-1(e)(2)(i)）。

---

32 FEDERAL TAXATION, *supra* note 10, ¶ 15.02[2].
33 S. REP. NO. 82-781, at 40(1951); H.R. REP. NO. 82-586, at 33(1951).
34 Woodbury v. Comm'r, 49 T.C. 180, 191 (1967).

2. 贈与者による支配

贈与された持分を贈与者が支配し続けている場合には、贈与者が持分所有者であると取り扱われる（Treas.Reg.§1.704-1(e)(2)(ii))。ただし、受贈者の完全かつ自由な持分支配に対する全ての制限が、取引が不真正（sham）であることを示すものではなく、経営担当（業務運営）パートナーの任命などによる通常のパートナー間での契約上の制限により、譲渡人が相当な権限を保持することもあり、その場合、贈与が不真正となることはない[35]。贈与者による支配のうち、重要なものとして財務省規則に列挙されているものとしては、次のものがある。

まず、受贈者に対するパートナーシップ所得の分配を贈与者が支配していることは、資本持分の贈与の真正さの否定的要素となる（Treas.Reg.§1.704-1(e)(2)(ii)(a))。ただし、事業の合理的な必要上、受贈パートナーを含むパートナーの同意があって、パートナーシップ所得をパートナーシップ内に留保している場合には、否定的要素とはならない（*Id*）。また、経営担当パートナーについてパートナーシップ契約が規定している場合、合理的な事業上の必要性故にパートナーシップに所得が留保されている場合には、全パートナーの同意なくしても、その所得につきパートナーシップに留保することができる（*Id*）。

第二に、受贈者が任意に自己の持分を売却・清算できないことも、贈与の真正さに対する否定的要素となる（Treas. Reg.§1.704-1(e)(2)(ii)(b))。これは特に、受贈者がパートナーシップの経営に参加できない場合には重要となる（Treas.Reg.§1.704-1(e)(2)(ii)(d))。また、受贈者が贈与者から独立しておらず、未成年などであるために十分な判断ができない場合には、受贈者が持分を自由に売却・清算できるとはいえない（*Id*）。

第三に、事業にとって不可欠な資産を、贈与者が支配していること（例えばパートナーシップに賃貸されている資産を贈与者が保有しているようなこと）は、贈与の真正さの否定的要素となる（Treas.Reg.§1.704-1(e)(2)(ii)(c))。

第四に、通常のパートナー間の関係と矛盾するような経営権限を贈与者が保持していることは、贈与の真正さの否定的要素となる（Treas.Reg.§1.704-1(e)

---

[35] S. Rep. No. 82-781, at 40 (1951); H.R. Rep. No. 82-586, at 33 (1951).

(2)(ii)(d))。パートナーシップ事業の経営に受贈者が相当に参加すること(事業に影響を及ぼす主たる政策判断への参加も含む)は、受贈者たるパートナーが自己の持分を支配権を行使していることの強力な証拠となる(Treas.Reg. § 1.704-1(e)(2)(iv))。

なお、贈与者による贈与持分の支配には、別個の事業組織、遺産、信託、個人、又はその他のパートナーシップを通じた「間接的」なものも含まれる(Treas.Reg. § 1.704-1(e)(2)(iii))。

3. パートナーとして行動する受贈者

受贈者が事業の経営支配に相当に参加していること(事業の重要な政策決定を含む)場合、受贈者が実際に持分の支配権を行使しているという強力な証拠となる(Treas.Reg. § 1.704-1(e)(2)(iv))。

4. パートナーとしての受託者・未成年者

信託の受託者も、税法上パートナーと認められるうる(Treas.Reg. § 1.704-1(e)(2)(vii))。受託者が、譲与者と無関係かつ独立(unrelated to and independent of the grantor)しており、パートナーとしてパートナーシップに参加し、かつ信託に対して分配されうる所得の分配を受け取っている場合、譲与者が当該所有と矛盾する支配権を保持していない限り、通常はパートナーシップ持分の所有者と認められる(Id)。ただし、譲与者が受託者であったり、受託者が譲与者の任意で変更可能な場合には、受認者的資格での受託者(trustee in a fiduciary capacity)が真の所有者かどうかを決定するために、信託設定証書やパートナーシップ契約などが吟味される(Id)。その場合、高度の忠実義務(obligation of a fiduciary)に従って受益者の持分を積極的に表象しかつ保護しており、かつその持分が譲与者の持分よりも劣後しない場合にのみ、譲与者(あるいは譲与者の任意で変更可能な受託者)は、パートナーとして認められる(Id)。さらにこの場合に考慮されるべき要素として財務省規則が挙げるものとしては、①パートナーシップの顧客や債権者との事業取引において信託がパートナーと認められているか、②パートナーシップ所得が事業上の必要以上に留保されている場合には、当該留保額のうちの信託の割当額が信託に毎年分配されて受益者に支払われているか否か、あるいはもっぱら受益者のために再投資

されているか否か、がある。

　一方、未成年者（Minor）は、その持分を信託において保有していなくても、税法上パートナーとなりえないわけではない（Treas.Reg.§1.704-1(1)(2)(viii)）[36]。しかし、未成年者が、自己の資産の管理（manage）を行い、資産持分に従ってパートナーシップ活動に参加する能力があることを示さなければ、受認者（fiduciary）による資産管理がなされない限り、パートナーとはなりえない（*Id*）。一般に、未成年者は、パートナーシップに対して重要なサービスを供し、かつその経営に参加していなければ、パートナーとは認められないようであり、その他の場合にはすべて未成年者のための信託を設定して持分を受託者に譲渡すべきことが勧められている[37]。

5．その他

　リミテッド・パートナーシップ持分の受贈者も、税法上パートナーと認められる。リミテッド・パートナーシップ持分の受贈者の所有が真実（real）であり、かつそのパートナーシップが州法の要件に従って設立されていれば、受贈者がパートナーシップの経営に参加していないとか、贈与者がジェネラル・パートナーとしてパートナーシップ事業を支配し続けているとかは重要ではない（immaterial）（Treas.Reg.§1.704-1(e)(2)(ix)）。したがって、パートナーシップ持分の贈与者がパートナーシップ事業を運営支配し続けたければ、受贈者をリミテッド・パートナーとして迎え入れることを考慮すべきである、といわれている[38]。なお、持分譲渡・清算権に対し相当な制限がかけられていたり、通常の事業関係において行使されるべきリミテッド・パートナーの権利に相当な制限が課されていたりすることは、受贈者がリミテッド・パートナーではない強力な証拠となる（*Id*）。

　また、贈与者が、パートナーシップ持分をパートナーシップに実際に加入し

---

[36] *See also* Waldo G. Rothenberg, *Minors in Family Partnerships Since 1954*, 46 Taxes 17 (1968).

[37] Federal Taxation, *supra* note 10, ¶15.04[2], at 14-21. *See* Sheldon I. Banoff, *Reducing the Income Tax Burden of Professional Persons by Use of Corporations, Joint Ventures, Sub-partnerships and Trusts*, 58 Taxes 968, 991-992 (1980) [hereinafter *Banoff, Reducing*].

[38] Federal Taxation, *supra* note 10, ¶15.04[3].

ない関係者に譲渡することがある。当該譲渡により、受贈者が資本持分の一部に対して法的に執行可能な権利（legally enforceable right）を得ることになれば、受贈者は、州法上パートナーでなく、かつパートナーシップメンバーからもパートナーと認められていなくても、税法上はパートナーと認められる[39]。

　最後に、持分譲渡の真実性が十分に証明されている場合には、取引の動機は重要ではないが、ただし租税回避の意図は、持分譲渡の真実性を決定するにあたって考慮されるべき多くの要素のうちの一つとされている（Treas.Reg. §1.704-1(e)(2)(x)）。

［d］　その他のパートナー

　資本が重要な所得生産要素でないパートナーシップのパートナー（いわゆるサービスパートナーシップのパートナー）、あるいは資本持分を有していないパートナー（利益持分のみを有するパートナー）が、税法上パートナーと認められるかどうかについては、歳入法典や財務省規則には規定がなく、この場合には、Culbertson 事件最高裁判決の主観的意図テストが適用される[40]。そのような場合に、税法上パートナーと認められるためには、重要なサービスその他なんらかの価値のあるものをパートナーシップに出資しなければならないと考えられる。

　Culbertson 事件最高裁判決のところで前述したように、将来サービスを提供するとの約束は、現在パートナーとしての地位を認める上では何の助けにもならないが、ある者がパートナーの地位を認められてしまえば、主観的意図テストを満たす限り、サービスの提供が暫定的に中断しても、そのままパートナーであり続ける（704条(e)(2)の最終文は、あるパートナーが兵役のためにパートナーシップ活動に不参加であっても、そのパートナーの分配割当額は減じられないと規定している）。

39　E.g., Evans v. Comm'r, 447 F.2d 547, 550 (7th Cir. 1971).
40　*E.g.*, ARTHUR B. WILLIS, JOHN S. PENNELL & PHILIP F. POSTLEWAITE, PARTNERSHIP TAXATION ¶ 2.01 [3] (6th ed. 1997 & Supp. 2007) [hereinafter WILLIS].

[4] 704条(e)(2)

[a] 所得の再配賦

704条(e)(2)によれば、パートナーシップ契約で定められたパートナーシップ所得の（持分）受贈者の分配割当額は、その総所得に算入されるが、ただし①その割当額が「贈与者によってパートナーシップに供されたサービスの合理的な対価を認めることなく決定された」場合、あるいは②贈与された資本に帰属する割当額が、贈与者の資本持分に帰属するパートナーシップ所得の割当額に対して比例的に大きい場合は除かれる[41]。

この規定により、パートナーシップ所得の受贈者から贈与者に対する再配賦のみが義務づけられる。したがって、パートナーシップが、贈与者・受贈者以外のパートナーを含んでいる場合には、贈与者及び受贈者に対して配賦されるパートナーシップ所得の部分のみ（パートナーシップ所得全体ではなく）、再配賦されることになる。また、すでにパートナーでない贈与者に対してもパートナーシップ所得の配賦が認められる。なお、持分の贈与者には、直接的なもののみならず、間接的なもの（例えば、親が子供に財産を贈与し、子供がその財産を親子パートナーシップへ出資した場合）も含まれる（Treas.Reg.§1.704-1(e)(3)(ii)(a)）。

贈与者の提供したサービスに対する合理的対価を認めるにあたり、すべての事実及び状況を勘案しなければならない（Treas.Reg.§1.704-1(e)(3)(i)(c)）。考慮される要素の中には、パートナーがより大きな経営責任を有するかどうかや、持分を持たない第三者から同等のサービスを受けた場合の支払報酬額も考慮される（*Id*）。この場合、使用者から被用者へ合理的対価を支払ったかどうかについての162条(a)(1)の下での判例が、受贈者のサービスに対する合理的対価を決定する際の強力な先例的価値を持つとされている[42]。

法典には規定がないものの、財務省規則は、「受贈者」によって供されたサー

---

41 なお、持分の贈与があった場合には、706条(d)の持分変動時の分配割当額決定規定（本書第七章3[3]参照）が適用されることに注意。

42 FEDERAL TAXATION, *supra* note 10, ¶15.05[1][b].

ビスに対する合理的な報酬も支払われねばならないと規定している（Treas. Reg.§1.704-1(e)(3)(i)(b)）。贈与者と受贈者の持分に配賦された所得額のうち、贈与者及び受贈者に対するサービスの合理的報酬額を差し引いた残額は、パートナーシップ資本における相対的持分に従って、受贈者及び贈与者の間で分割される（Treas.Reg.§1.704-1(e)(3)(i)(b)）。

このようなスキームによると、たまたま贈与者の提供したサービスが、合理的報酬額よりも大きなパートナーシップ所得額を生み出した場合には、合理的報酬額を超えて贈与者のサービスが生み出した所得は、少なくともその一部について受贈者に移転しうる。逆に、合理的報酬額よりも小さいパートナーシップ所得しか生み出さなかった場合には、受贈者の資本あるいはサービスから生ずる所得が贈与者に移転することもありうる[43]。

現在はあまり議論がないようであるが、パートナーシップが稼得した所得をどのように再配賦するべきかは、理論的にかなり難しい問題である[44]。というのもパートナーシップが生み出した所得がいかなる要素から生じているかを決定するのは非常に困難であるからである。

一つの説得的な考え方としては、パートナーシップ所得が、大ざっぱに資本とサービス、それからリスク負担に帰属するものと考え、資本とサービスに対して合理的なリターン及び報酬を帰属させた後、残余利益（損失）は各パートナーのリスク負担、つまり損失の配賦割合に応じて帰属する、というものがある[45]。損失の配賦割合は一般に資本持分に比例していると考えれば、現行の配賦スキームはこの考え方の簡便形ともいえよう[46]。

ただ、リスク負担そのものが資本出資と同じ（つまり一種の保険である）と考えれば、この考え方は更に洗練される必要があろう。というのも、リスク負担には、保険料に相当するリターンを帰属させるべきだからである（なお、現

43　E.g., *Banoff, Reducing, supra* note 37, at 992. また、大きな問題として、パートナーシップ損失の特別配賦の取扱いがある。FEDERAL TAXATION, *supra* note 10, ¶15.05[1][c].

44　*Banoff, Family, supra* note 24, at 296; *Lifton, supra* note 13, at 468-469

45　William F. Robinson, *The Allocation Theory in Family Partnership Taxes*, 25 TAXES 963, 971 (1947). ファミリー・パートナーシップの所得配賦については、同論文が一番詳しい。

行財務省規則もリスクの考慮を要求している。Treas.Reg.§1.704-1(e)(3)(ii)(c))。究極的には、資本（リスク負担含む）とサービスに合理的なリターンと報酬を帰属させれば、残額はいうなれば賭による損益であるから、当事者の取り決め通り（パートナーシップ契約通り）に配賦することも、一つの方法ではないかと考えられる。なお、資本に対するリターンを決定するための利益率をどのように決定するのかも大きな問題であろう。

[b] 704条(e)(2)の適用を受けないパートナー間の所得再配賦

704条(e)(2)は、パートナー間で贈与者＝受贈者の関係が存在しない場合には適用されない。このような場合、704条(e)(1)あるいはCulbertson事件最高裁判決の主観的テストによってパートナーと認められたが、704条(e)(2)が適用されない関係者間のパートナーシップ所得再配賦を、歳入庁長官ができるか否かは不明である。704条(e)が制定される前ではあるが、裁判所は、一般に所得再配賦については消極的であった[46]。一般に、704条(e)(2)が適用されない場合のファミリー・パートナーは、無関係のパートナー間におけるパートナーシップ所得配賦の自由と同じ自由を有すべきである、といわれている[48]。

---

46 その他には、Gen. Couns. Mem. 9825, X-2 C.B. 146, 149-150 (1931) が採るように、各パートナーが出資したサービスと資本の時価に比例して損益を帰属させるという方法もある（これは佐藤英明「組合による投資と課税」税務事例研究50号47-50頁（1999）が採る方法である）。この問題について、詳しくは、see Comment, *Family Partnerships and the Revenue Act of 1951*, 61 YALE LJ. 541, 550-555 (1952).

47 704条(e)(2)制定前に、家族パートナー間の所得の再配賦を否定したものとして、Canfield v. Comm'r, 168 F.2d 907, 913 (6th Cir. 1948) などが、再配賦を認めたものとして、Wiess v. Johnson, 206 F.2d 350, 353-354 (2d Cir. 1953) などがある。同条制定前、歳入庁側は、資本が重要な所得生産要素である場合には再配賦に積極的であった。Mim. 6767, 1952-1 C.B. 111, 120. 詳細については、see Comment, *supra* note 46, at 550 n. 36; Lifton, *supra* note 13, at 473; Lloyd George Soll, *Intra-Family Assignments: Attribution and Realization of Income (First Installment)*, 6 TAX L. REV. 435, 466 n. 146 (1951).

48 FEDERAL TAXATION, *supra* note 10, ¶ 15.05[2]. ただし、明確に不合理な場合には再配賦の可能性は否定できないし、また要件に合致する場合には、482条も適用される、といわれている。

[5]　704条(e)(3)及び財務省規則§1.704-1(e)(4)

704条(e)(3)は、家族間でパートナーシップ持分の購入があった場合には、持分の贈与があったものと取り扱っている。これは要するに、家族間での持分売買についても、704条(e)(2)の下での吟味を行うための規定であろう。この場合の家族には、配偶者、直系尊属（ancestor）、直系卑属（lineal descendants）及び主としてこれらの者のための信託のみが含まれる。

なお、財務省規則は、パートナーシップ持分の購入を、それが家族から直接に買ったものでも、あるいは家族からの貸付金によって購入したものであっても、次の要件のいずれかを満たす場合にのみ、真正な売買と取り扱われる、と規定する（Treas.Reg.§1.704-1(e)(4)(i)）。①当該売買が、購入契約の条件などのすべての関連する要因を考慮して、独立当事者間取引の通常の性格を有することが示されうること、あるいは②独立当事者間取引という性格づけがない場合には、事業に購入者を参加させることによって、あるいは購入者の信用を他の参加者のそれに加えることによって、事業が成功するよう純粋に意図されたものであることが示されうること、である（Treas.Reg.§1.704-1(e)(4)(ii)）。いずれかの要件をクリアできなければ、問題となっている資本持分の売買は、704条(e)の下での贈与として取り扱われ、その売買が贈与によるパートナーシップ持分の譲渡に適用される要件をクリアした場合にのみ、持分の譲受人（購入者）はその資本持分の支配をしているとみなされる（Treas.Reg.§1.704-1(e)(4)(i)）。なお、購入代金がパートナーシップ収益から支払われる場合、財務省規則は、その取引が所得を繰り延べて享受される贈与とみて、当該取引は贈与あるいは真正な購入としての実体をいずれかを失っているものとされうる（*Id*）。

[6]　小括

以上、簡単ではあるが、アメリカのファミリー・パートナーシップ問題とそれに対する対応を見てきた。まとめると、次のようになろう。

第一に、資本により主として所得が生み出されるパートナーシップの資本持分を有する者は、パートナーとして認められる。

第二に、それ以外の者がパートナーと認められるかどうかは、Culburtson

事件最高裁判決の主観的意図テストによる。

　第三に、贈与（あるいは一定の場合の売買）により持分を取得した場合には、贈与者＝受贈者間だけで、所得の再配賦が行われる。この場合、サービスに対しての所得の配賦は合理的報酬額が考慮され、資本については相対的持分に応じて配賦が行われる。

　以上を見ると、ほぼ所得移転の法理に従った取扱いが行われていることが分かるが、問題が全くないわけではない。

　第一に、パートナーとなるかどうかという二者択一的テストは、それ自体所得移転を生ずる可能性がある[49]。例えば、サービスパートナーシップに対してわずかながらも資本を出資したが、要件を満たさないためにパートナーにならなかった者については、たとえ出資した資本が所得を（わずかに）生じていたとしても、その所得はその者には帰属しない。その意味でこのような二者択一的な取扱いは、納税者側に不利な形での所得移転を生ずる可能性がある。

　第二に、贈与者＝受贈者間での所得の配賦方法が、比較的大雑把なことである。前述のように、これも所得移転を生ずる可能性がある（ただし、納税者側に有利な場合と不利な場合の両方がありうる）

　とはいえ、これらの問題点には、擁護の余地はある。所得移転の法理を厳密に適用すれば、所得がどの要素から生じ、その要素を誰が提供したかを吟味して、所得の帰属を決定すべきであろう。しかし、これは理論的にも実務的にも問題が多く、実行は不可能である。そこで、ある者がパートナーとなるか否かという二者択一的なテストを使用して、いわばパートナーシップ所得の帰属者の最低限ラインを引き、さらにパートナーと認定された者の間で、特に所得移転の法理からすると問題になるところだけを選んで、実務上執行可能な所得の再配賦を行おう、というのが、ファミリー・パートナーシップ条項といえる。つまり、それは所得移転の法理と執行可能性を比較衡量した結果の産物なのである。

　また、パートナーと認められるに十分な資本持分の所有があるかどうかとい

49　*E.g.*, Frances M. Ryan, *Federal Tax Treatment of the Family*, 32 MARQ. L. REV. 244, 259 (1949).

うテストについて、財務省規則は完結的ではないながらも相当な要素を詳細に列挙し、納税者側からの予見可能性や法的安定性がそれなりに確保されていることも、評価できるものと思われる[50]。

3 おわりに

以上、アメリカにおけるファミリー・パートナーシップの課税上の取り扱いをみてきたが、前述のように、執行可能性・簡素さを確保しつつ、所得移転の法理回避を防止する手法について、我が国にとってかなり参考になるであろう。

もっとも、同国では、1948年歳入法301条以下による改正（Revenue Act of 1948, Pub. L. No. 80-471, 62 Stat. 110, 114-116 (1948)）以来、夫婦間での共同申告書提出が認められているから、夫婦パートナーシップによる所得移転の法理回避の問題は、すでに1951年改正以前に消滅しているので、その意味では我が国と状況が異なっていることも、念頭に置いておく必要がある。本質的に、ファミリー・パートナーシップ問題は、課税単位の問題と密接に関係しているのである。

さらに、法人課税のために顕在化しないが、法人でも本質的に同様の問題（特に法人役員が労務を法人に提供しておきながら報酬を受け取らない場合）に抱えうることには注意すべきである[51]。また、所得の帰属を変えた後、所得が帰属した者と実際に経済的利益を有する者との間の、いわゆる対応的調整が必要かどうかについても考慮する必要がある[52]。

---

50 実際にパートナーシップ契約を締結する際に考慮すべき要素は、Martin J. Nash, *Family Partnerships: A Viable Planning Alternative*, INST ON EST. PLAN. ¶ 1000, ¶ 1013 (1979) に詳しい。

51 *See* Maurice Alexandre, *The Corporate Counterpart of the Family partnership*, 2 TAX L. REV. 493, 504-507 (1947).

52 *See* WILLIS, *supra* note 10, ¶ 9.03[3].

第七章　パートナーシップ課税年度と持分変動時の所得配賦について

1　はじめに

　民法上の組合（民法667条以下。以下、単に組合という）が所得を稼得した場合、その所得に対する課税はその構成員たる各組合員に対してなされる（本書序言参照）。所得税基本通達36・37共-19の2及び法人税基本通達14-1-1の2によると、①組合の損益は、その組合による稼得時点で組合員が稼得したものとして組合員の所得計算に算入されるが、ただし②組合事業が一年に一回以上一定時期に計算を行い、かつ個々の損益の組合員への帰属が、組合レベルでの発生後1年以内である場合には、組合の計算期間を基に計算された組合の損益が、その計算期間末日に組合員に帰属したものとして組合員の所得計算を行う、と定めている。また、所得税基本通達36・37共-19及び法人税基本通達14-1-1の2によると、組合の稼得した所得がどのように各組合員に帰属するかについては、原則として各組合員間の契約による（本書第一章2参照）。

　組合の所得は、組合員が直接それを稼得したものとして課税されるから、組合の所得は、それを組合が稼得した時点で組合員に帰属すると考えられる（先の取り扱いでいえば①の取り扱いが正しい）。ところが現行の基本通達によれば、二つの問題が生じうる。第一に、前述の通達における②の取り扱いによると、組合の所得計算期間終了時点で組合員に所得が帰属するから、組合員と組合の所得計算期間（課税年度）がずれれば、課税繰延べが生じることになる（課税年度の問題）[1]。第二に、組合所得は各組合員間で自由に配賦[2]させうるから、例えば年度途中で新たに組合員が加入してきた場合には、新規加入組合員の加

入前の所得を、その新規加入組合員に配賦させることができる（持分変動時の所得配賦の問題）。したがって、自由な所得配賦により、本来組合員でない者に対して組合の所得が帰属する可能性がある。

　本章は、このような現行通達上の制度的な2つの問題点を検討し、立法的な示唆を与えようとするものである。検討にあたっては、本書序言で述べたように（またこれまでの各章でも行ってきたように）、アメリカ内国歳入法典におけるパートナーシップ課税制度（subchapter K）、特に706条の制度を検討する、という比較法的アプローチを取る[3]。これは、我が国の状況とは異なり、パートナーシップ課税では立法も整備され、実務上の経験も多く、また研究も盛んであるからである。以下では、まずパートナーシップ課税における課税年度の規制について検討しよう（本章2）。その後、同様にパートナーシップ課税における持分変動時の所得配賦規制を検討した後（本章3）、本章のまとめを行う（本章4）。

2　パートナーシップ課税年度[4]

[1]　序説

パートナーシップは納税者とはならないが（内国歳入法典（以下、I.R.C. と表

1　この点はすでに平野嘉秋「パートナーシップ税制の法的構造に関する一考察　―日米比較を中心として―」税務大学論叢23号232頁以下（1993）、同「ベンチャー・キャピタルと資産証券化のための税務会計(2)」税経通信53巻10号42頁以下（1998）、増井良啓「組合損益の出資者への帰属」税務事例研究49号56頁以下（1999）などで指摘されている。

2　配賦と分配という用語について、本書第一章1・注6参照。

3　本章の検討対象に関する先行業績ないし日本語文献として、別に引用したものの他、須田徹『米国のパートナーシップ　―事業形態と日米の課税問題』（中央経済社、1994年）58頁以下、136頁以下、平野嘉秋『パートナーシップの法務と税務』（税務研究会出版局、1994年）101頁がある。アメリカの一般的なケースブック（*E.g.*, STEPHEN A. LIND, STEPHEN SCHWARZ, DANIEL J. LATHROPE & JOSHUA D. ROSENBERG, FUNDAMENTALS OF PARTNERSHIP TAXATION (7th ed. 2005)）などでは、パートナーシップ課税年度と持分変動時の所得配賦は分けて論じられるが、本章でこれを一緒に論ずるのは、後者の前提として前者の知識が必要なことと、両者が706条という一つの条項においてまとめて規定されているからである。

示）701条)、それ自体の課税所得を計算する実体（entity）であり（I.R.C.§703(a))、そのパートナーとは別に会計方法等を選択することができる（I.R.C.§703(b))。

そのような実体として、パートナーシップはそのパートナーとは別個の課税年度を有し、各パートナーは、パートナーシップ課税年度終了時の属する自己の課税年度において、そのパートナーシップの課税年度におけるパートナーシップ所得（income）、利益（gain）、損失（loss）、控除（deduction）、及び税額控除（credit）の分配割当額（distributive share)[5]を申告しなければならない（I.R.C.§706(a); 財務省規則（以下、Treas.Reg. と表示) §1.706-1(a))。要するに、パートナーシップ課税年度終了日に、各パートナーに配賦された所得等は各パートナーに帰属することになる。

パートナーシップ所得課税においては、パートナーシップの稼得した所得はパートナーにそのまま帰属し、パートナー自身がその所得について納税義務を負うのが原則であるが、上記のような制度を採っている場合には、パートナーシップの稼得した所得が、その稼得時点でパートナーに帰属せず、より後の年度に帰属することがありうる。例えば、暦年を課税年度とするパートナーが、1月31日を年度末とする会計年度（fiscal year）を取るパートナーシップからの所得を申告する場合、パートナーシップが2007年2月1日から同年12月31日に得た所得は、そのパートナーの2008年度の所得として申告されることになる。パートナーシップが所得を稼得したときにその所得はパートナーに帰属するのが原則であると考えれば、これは11ヶ月分の所得の課税繰延べを招くであろう。

---

4 パートナーシップ課税年度に関する規制の変遷について、*see* ARTHUR B. WILLIS, JOHN S. PENNELL & PHILIP F. POSTLEWAITE, PARTNERSHIP TAXATION ¶ 6.05 [1] (6th ed. 1997 & Supp. 2007) [hereinafter WILLIS].

5 パートナーシップの稼得した利益や損失（あるいはそれらの項目）などを、計算上各パートナーに割り当てることを配賦（allocation）というが、そのように配賦された額のことを分配割当額という。なお、パートナーシップの資本や利益の払戻しとして現実に金銭その他の資産がパートナーシップからパートナーに譲渡されることを分配(distribution)というが（本章注2)、この分配と分配割当額の概念は関係がない。本書第一章3［1］［a］参照．

また、先の例でパートナーシップが2007年12月31日に解散して、パートナーシップ課税年度が終了してしまうとすると、そのパートナーは2006年2月1日から2007年12月31日までの、つまり23ヶ月分のパートナーシップ所得を申告しなければならない。このような所得の束が生じることを束ね効果（bunching effect）というが、累進所得税率構造を前提にすれば、このような所得の束ね効果は納税者に不利に働く（損失が生じれば納税者の有利に働く）。

　このような課税の繰延べと所得の束ね効果を防止するため、706条(b)は、パートナーシップの課税年度とパートナーのそれとを可能な限り一致させるべく、両者の課税年度について規制をしている[6]。以下では、パートナーシップ及びパートナーの課税年度について、この706条(b)の規制を見ていくことにしよう。なお、束ね効果の防止についてはパートナーシップの課税年度終了にも密接に関わってくるが、それは本章3［2］において検討する。

　［2］　パートナーシップの課税年度

　［a］　原則
　パートナーシップは、一般の納税者と同様に課税年度を有することになる（I.R.C.§706(b)(1)(A); Treas.Reg.§1.706-1(b)(1)(i)）。したがって441条以下の規制にかかることになり、基本的にはパートナーシップ課税年度は暦年か（I.R.C.§444(d)）、12月31日以外の各月末を期末とする会計年度（I.R.C.§444(e)）ということになる（I.R.C.§441(a), (b)(1)）。
　パートナーシップ課税年度は、パートナーのそれを参照しながら、次のように決定される[7]。
　第一：パートナーシップに多数持分（majority interest）を有している者が

6　H.R. Rep. No. 83-1337, at 66-67 (1954) ; S. Rep. No. 83-1622, at. 91 (1954).
7　なお、以下の規制は、新規設立パートナーシップのみならず、既存のパートナーシップについても適用される。1986年租税改革法806条(a)（the Tax Reform Act of 1986, Pub. L. No. 99-514, §806(a), 100 Stat. 2085, 2362-2363 (1986)）により、現行法のように706条(b)が改正されるまで、1954年以前設立のパートナーシップについてはこの規制が及ばず、課税繰延べが問題になっていた。See S. Rep. No. 99-313, at 164, 165 (1986).

いる場合には、「多数持分課税年度（majority interest taxable year）」を使用しなければならない（I.R.C.§706(b)(1)(B)(i)）。多数持分課税年度は、基準日（testing day）において、パートナーシップの利益及び資本の50％超の合計持分を（その日に）有する一人以上のパートナーの課税年度である課税年度のことである（I.R.C.§706(b)(4)(A)）。財務省規則に例外が規定されていない限り、基準日は、パートナーシップ課税年度の初日である（I.R.C.§706(b)(4)(A)(ii)(II). この場合のパートナーシップ課税年度は多数持分課税年度ではない課税年度のことである）。多数持分課税年度に課税年度を変更する必要のあるパートナーシップは、課税年度変更年度及びその後の二課税年度については、他の課税年度に変更することを要求されない。ただし、多数持分基準年度規定を回避することを防止するために、財務省規則が規定する場合は除かれる（I.R.C.§706(b)(4)(B)）。706条(b)、441条(i)、584条(h)、644条、あるいは1378条(a)によって要求されるところの他の者（パートナー）の課税年度の変更は、706条(b)をパートナーシップに適用するにあたって考慮される（I.R.C.§706(b)(5)）。

第二：パートナーシップについて多数持分課税年度がない場合、パートナーシップは、その主たるパートナー（principal partner）の全員についてと同じ課税年度を採用しなければならない（I.R.C.§706(b)(1)(B)(ii)）。主たるパートナーとは、パートナーシップ利益または資本について５％以上の持分を有するパートナーである（I.R.C.§706(b)(3)；Treas.Reg.§1.706-1(b)(3)）。

第三：課税年度が上記の基準のいずれも満たさなかった場合、パートナーシップは暦年、あるいは財務省規則の規定するその他の課税年度を採用しなければならない（I.R.C.§706(b)(1)(B)(iii)）[8]。

上記の規定の例外として、I.R.C.§706(b)(1)(C)は、パートナーシップがその課税年度について事業目的（business purpose）[9]を証明し、それについて財務長官が満足した場合には、上記の課税年度以外の課税年度を採用することができる、と規定する。

上記の制度を見て分かるとおり、706条(h)は、可能な限り持分の大きいパートナーの課税年度をパートナーシップ課税年度として採用しようとしていることがわかる。この場合、持分を測定するのに「利益及び資本」持分を参照して

いるが、パートナーシップ「所得」の繰延べや束ね効果の防止が目的である以上、資本持分を参照するのは目的とは無関係であり、むしろ利益持分にのみ焦点を当てるべきであろう。利益持分は現パートナーシップ課税年度のパートナーシップ所得に対する割合で決定される（Treas.Reg.§1.706-1(b)(4)(ii)(A)）。特別配賦がある場合には、その課税年度のパートナーシップ所得の額と性質について合理的な見積もりを行い、そのパートナーに配賦された利益の額／パートナーシップ利益額という割合で利益持分が決定される（Treas.Reg.§1.706-1(b)(4)(ii)(B)）[10]。

[b] 最小合計繰延額アプローチ

上記の原則によって課税年度が決定できない場合、Treas.Reg.§1.706-1(b)(3)

---

8 上記の課税年度に関する規制（必須課税年度）は継続的に適用される。したがって持分が変動すればパートナーシップの課税年度も変動する。例えば、A、B、C、Dの四人のパートナーがパートナーシップを結成しており、AとBの持分が各自26％で、6月30日に終了する課税年度を有し、一方CとDが各自24％で暦年課税年度を有していると仮定しよう。この場合、多数持分を有するAとBの課税年度をパートナーシップも課税年度（6月末課税年度）としなければならないが、Bが脱退した場合パートナーシップはCとDの課税年度（暦年）を使用しなければならない。もっとも、必須課税年度がいつから始まるかは必ずしも明らかではないようであるが、例えば先の例でBが3月15日に脱退したとするとその時点で課税年度が終了するようである（したがってパートナーシップの課税年度は7月1日から3月15日までと、3月16日から12月31日までになる）。WILLIS, *supra note* 4, ¶9.05[2].

9 両院協議会報告書が事業目的としないものとしては、(1)規則上あるいは財務会計目上の特定年度の使用、(2)特定事業の雇用パターン、(3)パートナーの加入や脱退等、執行上の目的で特定年度を使用すること、(4)ある特定の事業が毎年価格リストやモデル年度などを取り替えている事実、がある（H.R. REP. No. 99-841, at Ⅱ-320 (1986)）。その他、事業目的と認められるもの、認められないものについては、*see* Rev.Rul. 87-57, 1987-2 C.B. 117; Rev. Proc. 87-32, §3.01, 1987-2 C.B. 396. *See also* WILLIS, *supra note* 4, ¶9.05[3][a].

10 なお、例えば、多数持分を有するパートナーシップを決定するにあたっては、同一年度を採用している全てのパートナーの持分が合計されることになる。したがって、各自3％利益持分のみを有する17人のパートナーと、17％の資本持分のみ有する3人のパートナーが同じ課税年度を有していれば、これら20人のパートナーが全体として多数持分を有していることになる。WILLIS, *supra note* 4, ¶9.05[2][a].

の最小合計繰延額アプローチ (the least aggregate deferral approach) により、パートナーシップ課税年度が決定される (Treas.Reg.§1.706-1(b)(2)(i)(C))。これによると、パートナーシップはそのパートナーの一人以上が使用しており、かつパートナーに対する「所得の最小合計繰延額 (the least aggregate deferral of income)」を帰結する課税年度を使用しなければならない (Treas.Reg.§1.706-1(b)(3)(i))。ある年度における繰延べの合計額は、各パートナーの繰延月数に利益持分をかけ、すべてのパートナーについての結果を合計したものである[11]。

例1[12]：6月末を会計年度末とするパートナーAと、7月末を会計年度末とするパートナーBによってパートナーシップが結成されている。各パートナーの持分は対等である。パートナーシップが6月末と7月末のいずれかを年度末とする課税年度を、自己の課税年度にしなければならない。繰延合計額は次のようになる。

[6月末課税年度]

	年度末	パートナーシップ利益持分	×繰延月数	=各パートナーの繰延額
パートナーA	6/30	0.5	0	0
パートナーB	7/31	0.5	1	0.5
繰延合計額				0.5

[7月末課税年度]

	年度末	パートナーシップ利益持分	×繰延月数	=各パートナーの繰延額
パートナーA	6/30	0.5	11	5.5
パートナーB	7/31	0.5	0	0
繰延合計額				5.5

したがって、パートナーシップは6月末を年度末とする課税年度が要求される。

---

11 一定の非課税パートナーや外国パートナーについては無視される。Treas.Reg.§1.706-1(b)(5) & (6).
12 この例は、Treas.Reg.§1.706-1(b)(3)(iv) Ex.(1)によっている。

なお、現行の課税年度が、所得の最小合計繰延額を生む課税年度よりも合計繰延額が0.5未満しか多くない場合には、現行課税年度を変更する必要はない (Treas.Reg. § 1.706-1(b)(3)(iii))。

［3］　パートナーの課税年度

706条(b)(2)は、あるパートナーが主たるパートナーである場合、歳入庁長官に対して課税年度変更の事業目的を立証することなく、パートナーシップ課税年度以外の課税年度に、自己の課税年度を変更することを認めていない。また、パートナーが自己の課税年度を変更する場合、事前に歳入庁長官の同意が必要である (Treas.Reg. § 1.706-1(b)(8)(ii))。

［4］　706条(b)による必須課税年度以外のパートナーシップ課税年度の選択

以上のように、パートナーシップは706条(b)により、可能な限りパートナーと課税年度が一致するよう課税年度を選択せざるを得ない。このような必須課税年度ルールの採用により、特定の課税年度、特に暦年をパートナーシップが採用することが増加し、申告書の準備が特定短期間に集中してしまい、実務家が大きな負担を被ることになった[13]。このような状況を改善するため、連邦議会は1987年に444条及び7519条を制定した[14]。444条は、必須課税年度以外の課税年度の選択を認め、そして同条の選択をなしたものは、7519条によりパートナーシップレベルで一種の税の前払い的（歳入庁にとっては預り金的）な支払を行わねばならないことになっている。これによりパートナーシップとパートナーが異なった課税年度を選択しつつも、課税繰延べが防止される。これは例えば次のように働くことになる。

13　WILLIAM S.MCKEE,WILLIAM F. NELSON & ROBERT L. WHITMIRE, FEDERAL TAXATION OF PARTNERSHIPS AND PARTNERS, ¶ 9.04[3][a] (4th ed. 2007 & Sopp. 2007) [hereinafter FEDERAL TAXATION]. 444条選択及び7519条支払については、WILLIS, *supra note* 4, ¶ 9.05[4]も参照のこと。

14　Omnibus Budget Reconciliation Act of 1987, § 10206, 101 Stat. 1330, 1330-397 to 1330-401 (1987).

例2[15]：パートナーシップが2007年1月1日に結成され、毎月10000ドル稼得し始めた。パートナーシップは9月30日に終了する課税年度を採用したいと考えていたが、すべてのパートナーが暦年パートナーであった。パートナーシップが444条選択をなしていない場合、706条(b)により、暦年を課税年度としなければならない。

一方、パートナーシップが444条選択をなし、9月30日課税年度を採用した場合、パートナーの2007年申告書は、2007年9月30日に終了する年度のパートナーシップ所得のうち、90000ドルの分配割当額のみ反映している。2007年10月1日から2007年12月31日までの短期間のパートナーシップ所得は、当該パートナーの2008年申告書に繰り延べられる。7519条は、2008年4月15日までに「必須支払（required payment）」をなすことをパートナーシップに要求しており、これは2007年10月1日から12月31日までのパートナーシップ所得について、パートナーがさもなくば支払わねばならないであろう税額を見積もったものである。

[5] まとめ

以上、パートナーシップ課税年度及びパートナーの課税年度について内国歳入法典上の取扱いを見てきたが、まとめてみよう。

第一に、パートナーシップ所得に対する課税繰延べ（及び所得の束ね効果）を防止するため、パートナーシップ課税年度とパートナーの課税年度の一致がはかられ、また一致しない場合にも可能な限り課税繰延べの少ない課税年度が選択されることになっている。第二に、パートナーの課税年度もまた、歳入庁長官の承認を得ない限り、自由に変更ができない。第三に、特定時期への申告書準備事務の集中を防止するため、必須課税年度以外の課税年度を認めているが、その場合にも課税繰延べを防止するため、一種の税の前払い（歳入庁にとっては預り金）をすることになっている。

---

15 この例は、FEDERAL TAXATION, *supra note* 13, ¶9.04[3][e], at 9-144 Ex.9-12を一部改変したものである。

なお、「多数持分」や「主たるパートナー」を決定するにあたり、課税繰延べや所得の束ね効果防止の目的からは直接関係のない資本持分も参照される点は、現行制度の問題点として指摘され得るであろう。

3　持分変動時の所得配賦

[1]　序説

パートナーシップ持分が売買・交換・相続等により譲渡され、あるいは新規パートナーの加入やパートナーの脱退などにより、パートナーシップ持分[16]が変動することがある。

持分の変動にあたり、706条(c)は当該持分の変動が課税年度に与える影響について規定をし、また706条(d)は持分が変動したときのパートナーシップ所得の分配割当額を決定している。以下では、それら規定を見ていくことにしよう。

[2]　パートナーシップ課税年度の終了

[a]　全パートナーに関する課税年度の終了

706条(c)(1)は、パートナーシップが（708条(b)により）終了しない限り、または(c)(2)で規定されている場合を除き、パートナーの死亡、新規パートナーの加入、あるパートナーのパートナーシップ持分の清算、またはあるパートナーのパートナーシップ持分の売却若しくは交換により、パートナーシップの課税年度が終了するものではない、と規定している。

また、708条(a)は、既存のパートナーシップはそれが終了しない限りは存続すると定め、708条(b)は、①パートナーシップの事業、財務活動（financial operation）または投機（venture）が営まれなくなった場合（I.R.C. § 708(b)(1)(A)）と、②12ヶ月以内にパートナーシップ資本及び利益持分全体の50％以上が売却

---

[16] この場合のパートナーシップ持分とは、パートナーシップの利益と資本の配分に預かる利益を表象する一つの資産であり、会社の株式に相当するもののことである。本書第二章2［3］参照。

交換された場合（I.R.C.§708(b)(1)(B)）のみ、パートナーシップは終了する、と規定する[17]。

要するに、706条(c)(1)及び708条により、パートナーの死亡や破産などの州法上パートナーシップの解散の原因となる事由が、必ずしもパートナーシップを終了させないことになる（Treas.Reg.§1.706-1(c)(1)）。これはそれら州法上パートナーシップを解散させる事由によりパートナーシップが終了すると、パートナーシップとパートナーの課税年度が異なる場合に、所得が束になることがあるが、このような束ね効果を可能な限り防止するために設けられたものである[18]。

再びになるが簡単に説明すると、例えば、暦年を課税年度とするパートナーシップに、11月30日を末日とする課税年度を有するパートナーがいるとしよう。2007年の11月30日に他のパートナーが死亡してパートナーシップが解散した場合、もしパートナーシップ課税年度が終了してしまうとすると、当該パートナーは、2007年11月30日を末日とする課税年度において、当該パートナーシップの23ヶ月分の所得（2006年1月1日－2007年11月30日）を申告しなければならず、これは納税者にとって不利である。このような効果を防止するために、706条(c)(1)は、州法上のパートナーシップ解散事由を、税務上のパートナーシップ終了事由としなかったのである[19]。

---

17 なお、パートナーシップの合併（merger or consolidation）及び分割（division）の場合に特別規定がある。*See* I.R.C.§708(b)(2)。

18 H.R. Rep. No. 83-1337, at 67 (1954); S. Rep. No. 83-1622, at 91 (1954). なお、当該条項が設けられた1954年歳入法典制定前には、パートナーの死亡により税務上パートナーシップが終了するという事例（Guaranty Trust Co. v. Comm'r, 303 U.S. 493 (1938)）と、終了しないという事例（Walsh v. Comm'r, 7 T.C. 205 (1946). 夫婦共有財産制をとる州に住む納税者の夫がパートナーであったが、夫が死亡してパートナーシップが解散した場合、夫の課税年度はともかく、納税者に関するパートナーシップ課税年度は終了しない旨判示された）の両方があり、混乱していたものと思われる。Federal Taxation, *supra note* 13, ¶12.01 at 12-2 n.1は、706条(c)(1)が Guaranty Trust Co. v. Comm'r事件判決を覆すことを意図していたとしている。

19 なお、所得ではなく損失が生じていた場合、706条(c)(1)は納税者に不利益に働くことになる。*See* Estate of Hesse v. Comm'r, 74 T.C. 1307 (1980)。

さらに、パートナーの新たな加入や持分清算をパートナーシップ課税年度の終了事由としないのは、それら事由を意図的に引き起こすことにより、パートナーシップ課税年度を終了させて、新たな課税年度をはじめさせないためでもある[20]。708条(b)によるパートナーシップ終了時（特に708条(b)(1)(B)の場合）には、各パートナーは終了日までのパートナーシップ損益の分配割当額を、当該終了日を含む自己の課税年度の申告書上で、申告する。

　［ｂ］　個々のパートナーに関する課税年度の終了
　706条(c)(2)(A)は、パートナーシップの課税年度が、パートナーの死亡、清算あるいはその他に関わらず、全持分が終了したパートナーに関して終了する、と規定している[21]。

　あるパートナー個人について、パートナーシップ課税年度が通常の年度終了前に終了する場合、年度が終了するパートナーは、通常よりは短いパートナーシップ課税年度のパートナーシップ所得、利益、損失、控除あるいは税額控除の分配割当額を、当該終了が生じた課税年度の申告書において、申告しなけれ

20　H.R. REP. NO. 83-1337, at 67（1954）；S. REP. NO. 83-1622, at（1954）.

21　1997年納税者救済法1246条（Tax Relief Act of 1997, Pub. L. No. 105-34, §1246, 111 Stat. 788, 1030（1997））により、当該規定が改正されるまで、個々のパートナーのパートナーシップ課税年度終了事由としては、①当該持分の全持分の売却・交換、②持分清算（ただしパートナーの死亡による場合を除く）が挙げられていた。パートナーの死亡の際に、課税年度が終了しないのは、先にのべた所得の束ね効果を防止するためであったが、この規定により、あるパートナーが死亡したパートナーシップ課税年度の所得等は全額、故人ではなく故人の遺産あるいは持分相続人に課税されていた（Estate of Hesse v. Comm'r, 74 T.C. 1307（1980）. See Treas.Reg.§1.706-1(c)(3)（1997年改正前のもの））。しかし、パートナーシップ課税年度はできる限りパートナーの課税年度と一致させる努力がなされてきたため、束ね効果は減少してきた。そこで、パートナー死亡時に、当該パートナーの最終申告書上でパートナーシップ所得を申告させるべきである、として改正がなされたのである。S. REP. NO. 105-33, at 265（1997）. なお、改正前の様々な議論については、see e.g., AMERICAN LAW INSTITUTE, FEDERAL INCOME TAX PROJECT: SUBCHAPTER K 71-84（1984）；Dale E. Anderson & Melvin A. Coffee, *Proposed Revision of Partner and Partnership Taxation: Analysis of the Report of the Advisory Group on Subchapter K (First Installment)*, 15 TAX L. REV. 309-310（1960）；Donald McDonald, *Income Taxation of Partnerships –A Critique*, 44 VA. L. REV. 903, 908-909（1958）.

ばならない[22]。パートナーシップ課税年度がパートナーの課税年度と異なる場合、パートナーシップ課税年度の通常が通常よりもはやく終了することによって、持分の終了したパートナーにつき、束ね効果が生ずる可能性がある。しかし、先に見たとおり、パートナーシップ課税年度は可能な限りパートナーの課税年度と一致させる努力が行われてきたため、このような束ね効果の問題は一般的なものではない。なお、パートナーシップとパートナーがすべて同じ課税年度を使用している場合には、束ね効果は問題とならないことには注意すべきである。

なお、終了日は、持分の売却や交換の時にはその売却・交換日（Treas.Reg. §1.706-1(c)(2)(ii) Ex.）、パートナー死亡の場合には死亡日であろうが、パートナーシップ持分の清算の場合には、そのパートナーが清算分配を全部受け取るまで、税務上はパートナーであり続ける（Treas.Reg.§1.761-1(d)）。したがって、清算分配が終了するまでは、後述する706条(c)(2)(B)の下での持分変動時の所得配賦ルールが適用される[23]。

[3] 持分変動時の所得配賦

［a］ 序説

現行706条(d)(a)は、パートナーの持分の変動があった場合、当該年度におけるパートナーシップの各パートナーの所得、利益、損失、控除及び税額控除の項目の分配割当額は、変動持分（varying interest）を考慮して算定されるべきことを規定している。

もともと1954年歳入法典が制定された当時、706条(c)(2)が、ある年度にパートナーの持分変動が起こった場合に、その持分変動を考慮して、各パートナーの分配割当額を決定しなければならない、と規定していた（変動持分ルー

22　See Treas.Reg.§1.706-1(c)(2)(ii) Ex.（1997年改正前のもの）；FA Falconer v. Comm'r, 40 T.C. 1011, 1016-1017（1963）．
23　FEDERAL TAXATION, *supra note* 13, ¶12.02[4][b]．なお、あまりに少額の清算分配が繰り延べられている場合には、これが無視されるようである。

ル)[24]。1976年に若干の修正[25]があった後、1984年赤字減少法72条（Deficit Reduction Act of 1984, Pub. L. No. 98-369, 98 Stat. 494, 589-591 (1984)）は、歳入法典に706条(d)を追加して、706条(c)(2)の変動持分ルールを移した。この改正は、84年前の取扱いを変えるものではなく、現金主義及び階層パートナーシップによる濫用的配賦を取り扱うことを意図していた。したがって、1954年歳入法典制定以来、その考え方自体には大きな変動がないと考えられる[26]。

なお、財務省規則§1.706-1(c)(5)は、贈与により譲渡された持分に帰属する分配割当額については、変動持分ルールではなく、704条(e)(2)のファミリー・パートナーシップ条項（本書第六章2）により決定される旨、明らかにしている。

24　See e.g., Richardson v. Comm'r, 693 F.2d 1189, 1194-1195 (5th Cir. 1982), aff'g, 76 T.C. 512, 521-525 (1981)（新規パートナー加入前の損失のその加入パートナーへの配賦が認められなかった事例）; Lipke v. Comm'r, 81 T.C. 689 (1983)（新規加入パートナー・追加出資パートナーへの遡及的配賦は認めらなかったが、出資をしていないジェネラル・パートナーについての遡及的配賦は認められた事例）.

25　この改正について、see S. REP. NO. 94-938, at 96-98 (1976); H.R. REP. NO. 94-658 at 124 (1975).

26　H.R. REP. NO. 98-432, at 1213 (1984); 1 SENATE COMM. ON FINANCE, 98th Cong., 2d Sess., Deficit Reduction Act of 1984, S. PRT. NO. 169, at 219 (Comm. Print 1984) [hereinafter S. PRT. NO. 169]。したがって、変動持分ルールは、パートナー死亡の移転時には適用されるべきではなく、前述のように、パートナーが死亡した場合のその死亡年度のすべての分配割当額は、故人の持分の遺産・相続人に配賦されるべきであることになる (Treas.Reg.§1.706-1(c)(3)(ii))。See also BORIS I. BITTKER & LAWRENCE LOKKEN, FEDERAL TAXATION OF INCOME, ESTATES AND GIFTS ¶ 87.2.3, at 87-27 (3d ed. 2003) [hereinafter BITTKER].

［ｂ］　持分変動時の所得配賦

(1)　持分全体処分時の所得配賦

1　原則

あるパートナーの持分全体が処分され、そのパートナーについてパートナーシップ課税年度が終了した場合（I.R.C.§706(c)(2)(A)）、そのパートナーの当該課税年度の分配割当額を算定するにあたり、財務省規則は次の二つの方法を認めている。

①　パートナーシップ帳簿の途中閉鎖（interim closing of the partnership books）方式（Treas.Reg.§1.706-1(c)(1)）：持分を売却したあるいはパートナーシップから脱退したパートナーに関してパートナーシップ課税年度が終了する日に、パートナーシップの帳簿を途中閉鎖して、そのパートナーの分配割当額を計算する方式。

②　按分（proration）方式（Reg.§1.706-1(c)(2)(ii)）：売却・脱退パートナーが、本来のパートナーシップ課税年度期間にわたってもしパートナーとして残っていたら配賦されるであろう分配割当額を、そのパートナーとして在籍していた期間で按分して、そのパートナーの分配割当額を計算する方式。例えば、パートナーシップ課税年度が暦年であり、その年度のパートナーシップ所得が60000ドルである場合、3分の1持分を有するパートナーＡが、9月30日にＢに自己の持分を全部売却すると、Ａのパートナーシップ所得分配割当額は、15000ドル（パートナーシップ所得の3分の1たる20000ドル×9／12）ということになる。この場合、持分譲受人であるＢも按分方式を使用して、この年度の自己のパートナーシップ所得分配割当額を算定しなければならない。

途中閉鎖方式の使用については、その使用に必要な事実について納税者側がこれを証明しなければならず、証明できない場合には按分方式が適用される[27]。

按分方式は途中閉鎖方式の簡便法であると考えられているが、売却・脱退パートナーの課税申告書提出期限との関係で問題が生じ得るし[28]、さらに例え

ば754条選択をしているために持分譲渡時に743条(b)基準価格調整を行わねばならない場合[29]などには、途中閉鎖方式を使わざるを得ないと考えられている[30]。

さらに、財務省規則§1.706-1(c)(2)(ii)はその他の合理的な按分方式を認めているが、いかなる方式がそれに該当するかについては議論がある[31]。

まず、新規加入パートナーに対して加入前に発生した損失の配賦は認められない[32]。

次に、パートナーの加入日や脱退日、持分譲渡日などを、月の一定日（例えば1日や16日）に生じたものとするコンベンション（convention, 会計基準）が認められるかが問題となる。このようなコンベンションの採用は、特に持分譲渡や、新規パートナーの加入、既存パートナーの脱退が頻繁に行われるパー

---

27 See Moore v. Comm'r, 70 T.C. 1024 (1978); Johnsen v. Comm'r, 84 T.C. 344 (1985)（歳入庁長官は按分閉鎖方式が合理的である旨証明すれば足り、途中閉鎖方式を使用するに必要な事実の証明責任は納税者が負う旨判示）; Adams v. Comm'r, 82 T.C. 563 (1984)（按分方式は合理的であるが、途中閉鎖方式は正確性及び信頼性を共に欠く旨判示）. See also Cottle v. Comm'r, 89 T.C. 467 (1987)（コンドミニアム開発後でその売却前に、納税者たるパートナーが持分の一部を譲渡。納税者はパートナーシップ売却からの利益の分配割当額が算入されるのを防止するために、途中帳簿閉鎖方式を使用することが認められた）. もっとも、Treas.Reg.§1.706-1(c)(2)(ii)の第二文は、途中閉鎖方式を原則にしているようである。

28 FEDERAL TAXATION, supra note 13, ¶12.03[2][a]. 例えば、次のようなことが考えられる。暦年を課税年度とするパートナーが、11月30日を年度末とする課税年度を使用するパートナーシップの持分を、2007年12月31日に売却した場合、このパートナーは、2007年度の納税申告書上で、2007年12月1日から12月31日までのパートナーシップ所得分配割当額も申告しなければならない。もし按分方式を使用した場合、同期間の所得は少なくとも2008年11月30日まで不明であるが、2007年の納税申告書の申告期限は2008年4月15日（I.R.C.§6072(a)、法人の場合は3月15日。I.R.C.§6072(b)）にきてしまうのである。

29 754条選択と743条(b)基準価格調整については、本書第四章3［3］参照。

30 FEDERAL TAXATION, supra note 13, ¶12.03[2][a].

31 FEDERAL TAXATION, supra note 13, ¶12.03[2][a]は、経常損益については按分を行い、特別損益については途中閉鎖方式（発生時に帰属する）を使用するハイブリッドな方式が合理的方式と認められるべき、と述べている。

32 See H.R. REP. No. 94-658, at 122-125(1975); S. REP. No. 94-938, at 95-98(1976); H.R. REP. No. 98-432, at 1212-1213(1984); S. PRT. No. 169, supra note 26, at 219. See e.g., Marriott v. Comm'r, 73 T.C. 1129 (1980) ; Hawkins v. Comm'r, 713 F.2d 347 (8th Cir. 1983).

トナーシップにおいては重要である。立法経過はこのようなコンベンションを認める方向である[33]。

2 現金主義項目

706条(d)(2)は、持分変動前に生じていたが、その後に支払われ又は受け取られた現金主義項目について、発生主義的取扱いを行っている。

まず、パートナーシップは、「配賦可能現金主義項目（Allocable cash-basis items）」の適当な部分を、当該課税年度の各日に割り当てる（I.R.C. §706(d)(2)(A)(i)）。各日に割り当てられた部分は、当該日の終了時点におけるパートナーシップ持分に比例して、各パートナーに配賦される（I.R.C. §706(d)(2)(A)(ii)）。「配賦可能現金主義項目」とは、利子、租税、サービスに対する又は資産の使用に対する支払、その他財務省規則が規定する項目で、パートナーがその所得につき、重大な申告の誤り（significant misstatements）をおかさないように適当だと思われるものを含んでいる（I.R.C. §706(d)(2)(B)）。

現金主義項目が、それが支払われた年度より前の課税年度において生じている場合、当該項目は、それが支払われた年度の初日に割り当てられる（I.R.C. §706(d)(2)(c)(i)）。例えば、暦年を課税年度とするパートナーシップが、2007年分の賃料を2008年中に支払った場合、その賃料は2008年1月1日に支払われたものと考えられる。ただしこの場合、2008年1月1日の各パートナーの持分ではなく、控除が経済的に発生した期間（2007年中）の変動持分に従って、パートナーに配賦されねばならない（I.R.C. §706(d)(2)(D)(i)）。もっとも、例えば、

---

[33] S. Prt. No. 169, *supra* note 26, at 221; H.R. Rep. No. 98-861, at 858 (1984). ただし重大な租税回避が生じるような場合には、認められない。H.R. Rep. No. 98-861, at 858.

歳入庁は、途中閉鎖方式を使用しているパートナーシップについて、月の前半に加入したパートナーを1日に、後半に加入してきたパートナーを16日に加入したものと取り扱われうるが、按分方式を使用するパートナーシップはこれを利用できない、とするようである。Federal Taxation, *supra* note 13, ¶12.03[2][c] at 12-18は、このような按分方式における柔軟なコンベンション使用を認めないことは、過度に制限的になりうる、と述べる。

2007年分の賃料4000ドルを2008年1月1日に支払ったが、2007年12月31日にパートナーＡ（持分2分の1）がＸに持分を譲渡した場合、2008年1月1日に支払われた賃料のうちの2000ドルは、Ａに配賦されることになるが、そのとき既にＡはパートナーではないため、配賦することができない。このような場合、その控除可能現金主義項目は資産化されて、755条による配賦ルールに従い、各パートナーシップ資産に配賦される（I.R.C.§706(c)(2)(D)(ii)）。なお、755条の下での配賦ルールは、持分譲渡時（I.R.C.§743(b)の場合）に適用されるものと分配時（I.R.C.§734(b)の場合）に適用されるものと、二種類あるが、この配賦が含み損益消滅を目的としているものではないところから考えれば、おそらく後者が適用されることになるのであろう。

逆に、現金主義項目が、それが支払われた年度より後の年度において生じている場合（つまり前払いの場合）、当該項目は、それが支払われた年度の最終日に割り当てられる（I.R.C.§706(d)(2)(C)(ii)）。

現金主義パートナーシップについては、以上のような規定が設けられてはいるものの、適用が難しく、またパートナーシップとパートナーの課税年度が可能な限り一致するように取り扱われているところから、その規定の必要性には疑問がもたれている[34]。

3　階層パートナーシップ

706条(d)(3)は、階層パートナーシップ（tier partnerships、パートナーシップが別のパートナーシップのパートナーとなること）を使用して、以上のような持分変動時の所得配賦ルールを回避されないように設けられたものである。当該条項は、先の配賦可能現金主義項目について述べたルールを、上層パートナーシップ（親パートナーシップ）の持分変動があったときには下層パートナーシップ（子パートナーシップ）のすべての項目（配賦可能現金主義項目のみではない）に適用する、と規定している（I.R.C.§706(d)(3)）。

34　FEDERAL TAXATION, *supra note* 13, ¶12.03[3].

(2) 持分の一部が処分されたときの所得配賦

変動持分ルールは持分全体の処分時のみならず、持分の一部が処分されたりあるいは持分が減少・増加する場合にも適用されるであろう。しかし、704条(b)の実質的な経済的効果テストやパートナーシップ持分テスト[35]、704条(e)(2)のファミリー・パートナーシップルールに抵触しない限り、パートナー間での所得配賦は自由にパートナーシップ契約で定められ（I.R.C.§704(a)）、パートナーシップ契約はパートナーシップ申告書提出まで自由に締結されうるから、その意味での遡及的な所得配賦は認められている。

ただ、問題になるのは、含み損益がパートナーシップ資産に発生しそれが実現する前に、各パートナーの利益持分を変更することができるかどうかが問題となる。例えば、ABパートナーシップがあり、通常所得資産（基準価格50ドル、時価100ドル）と、資本的資産（基準価格50ドル、時価100ドル）を有しているとしよう。通常所得資産の売却・交換からは通常所得が生じ、資本的資産の売却・交換からはキャピタル・ゲインが生じるとし（I.R.C.§1222）、キャピタル・ゲインの方が通常所得よりも軽課されている（I.R.C.§1(h)）とする。AとBの持分は対等だが、Aは高税率適用納税者で、Bは他源泉からの巨額の通常損失があり、税を課せられる見込みがないとしよう。

含み益が発生する前、パートナーシップは損益を、その性質に関係なく折半することになっていたが、含み益が生じた後、パートナーシップ契約で利益持分を変更して、Aにはキャピタル・ゲインを全額配賦し、Bには通常所得を全額配賦することにした場合、このような未実現利益の再配賦は認められるのであろうか？

本質的に、このような含み損益に関する遡及的配賦を認めることは、所得が発生した者に対して課税を行うという原則（所得移転の法理）を脅かすものであろう[36]。

しかし、現行法の下では、このような再配賦は認められるようである[37]。ま

---

35 704条(b)の下での所得配賦規制について、本書第一章3［2］参照。
36 *See* Moore v. Comm'r, 70 T.C. 1024, 1032-1035 (1978). 所得移転の法理について、本書第六章2［1］を参照。

た再配賦を認めても、その損益がパートナーシップ内で実現していれば、おそらく704条(b)の実質的な経済的効果テストにより、そのような所得配賦が事実上否認されるから問題はないし、現行751条(b)（本書第五章2［2］参照）の規定の仕方によれば、パートナーシップを清算して資産を分配したとしても、751条(b)が適用される可能性は否定できない。したがって現行法の下ではあまり問題が生じてこないものと思われる。ただし、清算分配時の751条(b)の制度を修正し、特に分配前後の含み損益の保存を念頭をおいた制度にする場合（本書第五章3［7］、4［2］［c］参照）には、租税回避は生じうる。例えば、先の例で、ABパートナーシップが清算分配を行い、Aが資本的資産を、Bが通常所得資産を受け取っても、AとBは分配前のそれぞれの含み益（Aはキャピタル・ゲイン50ドル、Bは通常所得50ドル）と、分配後のそれはまったく変わりがないため、751条(b)が適用されず、結局AB間での所得移転が生じ得ることには注意すべきであろう。なお、このような場合には、資本勘定再評価に関する規定（Treas.Reg.§1.704-1(b)(2)(iv)(f)）を改正し、利益持分変動時には常に資本勘定再評価を要求することにより、この租税回避を阻止できる[38]。

(3) 特別配賦による遡及的配賦の効果

変動持分ルールの下、例えば、新規加入パートナーに対して加入前の損益を配賦することは禁じられているが、前述のように、704条(b)や704条(e)(2)に抵触しない限りは、自由に所得配賦をなし得ることになる。そのような制度の下、特別な所得配賦を行うことにより、事実上、遡及的配賦の結果を達成することができる[39]。次の例を見てみよう。

　　例3[40]：暦年を課税年度とするパートナーシップが毎月10000ドルの

37　See Priv. Ltr. Rul. 98-21-051 (Feb. 23, 1998); FEDERAL TAXATION, supra note 13, ¶12.04 [1]. See also WILLIS, supra note 4, ¶10.09[5].
38　資本勘定再評価が行われれば、いわゆる逆704条(c)配賦により、AとBにそれぞれキャピタルゲイン25ドル／通常所得25ドルが配賦されることになる。逆704条(c)配賦について、本書第三章3［1］［b］参照。ただし、FEDERAL TAXATION, supra note 13, ¶12.04[1].
39　控除や損失の特別配賦を使用した例について、see WILLIS, supra note 4, ¶10.09[5].

総所得を受け取り、かつその唯一の費用は、毎月11000ドルの減価償却費である。2007年、パートナーシップは、純課税損失12000ドルを実現した。新しいパートナーが2007年11月1日に25％パートナーとして加入した。706条(d)の下、新規パートナーは2007年についてパートナーシップ損失500ドル割当額（加入後の損失二ヶ月分2000ドルの4分の1）を受け取るのであって、当該年度の12000ドルの損失全額の4分の1、3000ドルの割当額を受け取るのではない。

パートナーシップ契約で、2007年の11月及び12月のパートナーシップ損失を全額、新規パートナーに対して配賦する旨規定され、かつこの加入後の損失の配賦が704条(b)の要件を満たしている場合には、これは706条(d)によって禁止されない。したがって、新規パートナーは2001年の損失の25％全額を配賦されることはないが、2007年の損失のうち、500ドルではなく2000ドルの配賦を受けることを受けることになる。

また、新規パートナーの2007年の損失割当額を3000ドルに増やすためには、11月及び12月の毎月の減価償却費4000ドルを、新規パートナーに配賦することが考えられる。それにより新規パートナーに配賦されたこの2ヶ月の減価償却費8000ドルは、2007年において新規パートナーに配賦された所得額（5000ドル）を3000ドル超過する。この結果、新規パートナーに対する損失3000ドル、つまり2007年の損失総額のうちの25％の配賦が行われることになる。

独立当事者間取引の下では、このような取引はあまり行われないであろう。というのも、損失の配賦を受けた新規加入パートナーは、当然自己の税引後手取額が減少するからであり、自ら進んで損失を負担することはあまり考えられないからである。また、新規加入パートナーが加入前の損失を負担した代わりに、加入後に特別多くの所得の配賦を受けた場合には、704条(b)の下でこれが

40　この例は、FEDERAL TAXATION, *supra note* 13, ¶12.04[2] Ex.12-4を改変したものである。

否認される可能性があろう。

　しかし、パートナーシップが家族などの関連当事者間で結成されている場合には、事情が異なる。特に、この所得配賦が704条(e)(2)のファミリー・パートナーシップ条項の適用を受けない場合には、パートナーシップに対して労務や資産などの所得生産要素（income-producting factor）を出資していないパートナーに対して所得が配賦され、所得移転の法理がおびやかされる可能性がある。したがって関係当事者間でのパートナーシップの場合に限り、特別配賦を使用した遡及的配賦を防止するため、何らかの措置を執るべきである。

　理論的には、個々のパートナーの出資した所得生産要素に所得を帰属させるべきであるが実務的には実行不可能であろう。そこで次善の策として、所得生産要素を労務と資本に絞ってそれぞれにおおまかに所得を帰属させるという、704条(e)(2)のファミリー・パートナーシップ条項類似の制度（本書第六章2［4］参照）をとることが望ましいのではないかと考えられる。

［4］　まとめ

　以上、持分変動時の所得配賦についてみてきたが、簡単にまとめてみよう。

　第一に、課税年度の終了が、税務上相当に制限されている。これは特にパートナーとパートナーシップの課税年度が異なるときに、所得の束ね効果を防止するために必要である。第二に、課税年度終了時または持分変動時のいわゆる変動持分ルールにより、遡及的な所得の配賦が規制されている。それには帳簿の途中閉鎖方式と按分方式があり、また簡素化のための会計基準が認められている。第三に、現金主義パートナーシップや階層パートナーシップについては特別な取扱いが設けられている。第四に、含み損益が発生した後、それが実現する前に利益持分を変動することは、現行法の下では認められているが、特に分配時にどのような課税を行うかにより、租税回避の可能性を有している。第五に、特別配賦により遡及的配賦の効果が生じ得る。これは独立当事者間パートナーシップでは問題は生じないであろうが、関係当事者間パートナーシップでは、所得移転の法理を直接脅かす可能性がある。

　なお前述のように、例えば新規パートナー加入前の損失を、その新規パート

ナーに遡及的に配賦することは706条(d)(1)により禁止されているが、このようなことは独立当事者間で結成されたパートナーシップにおいては、あまり考えられないであろう。まず、新規パートナーの加入前の損失を新規パートナーに加入パートナーに配賦することは、後に同額の利益を配賦することを前提にしていると思われるが、このような所得配賦は、704条(b)及びその下の財務省規則（Treas.Reg.§1.704-1(b)(2)(iii).「実質性」テスト。本書第一章3［2］［d］）により否認されるであろうからである（先に引用した判例はこれら条項、特に財務省規則が現行の形になる前のものである）。

たとえそうでないとしても、自らの利益を追求するであろう独立当事者間取引にて、自ら進んで損失を負担することは考えにくい。以上のことから、特に独立当事者間でのパートナーシップにおいての706条(d)(1)は、せいぜい704条(b)のバックストップとしての機能しかないであろう。

一方、関連当事者間でのパートナーシップにおいては、遡及的配賦はより生じやすい可能性があるから（特に704条(e)(2)の適用を受けない場合）、その存在意義は重要なものといえよう。

4　おわりに

最後に、以上の検討を踏まえながら、我が国の組合課税に対する立法的な示唆を行うことにしよう。

まず、課税年度について考えてみよう。所得税基本通達36・37共-19の2及び法人税基本通達14-1-1の2は組合の計算期間自体について何らの定めをおいていないから、基本的にその計算期間は自由に定めることができると考えられる。したがって、暦年を課税年度とする組合員で構成される組合の計算期間を、1月2日から翌年1月1日と定めてしまえば、事実上1年分の所得の課税繰延べをはかることができる。

また、組合の計算期間の終了についても定めがないので、例えば組合員の脱退毎に計算期間を終了せざるを得ないとすると、組合の計算期間と組合員の課税年度が食い違えば、脱退組合員以外の組合員について所得の束ね効果が生じ

てしまう可能性も否定できない。

　これらの問題点を解決するには、まず可能な限り組合の計算期間と組合員の課税年度を一致させるようにすること、また一致できない場合には、もっとも課税繰延べが小さくなるような計算期間を組合に強制することも必要である。この場合、課税繰延べは、アメリカのように利益持分と繰延月数の積によって求められるであろうが、損益に対する持分について複雑な定めがある場合には前年度の組合の所得とその配賦状況を見ながら、繰延べの程度を測定する手法が考えられる。また以上のような必須計算期間を組合が選択できないような場合には、課税繰延べを防止するため、組合自身に税の前払いを義務づけることも一方策である。

　また、所得の束ね効果を防止するためには、計算期間終了事由を課税上限定する必要もある。例えば、持分の払戻しの関係上、組合員の脱退毎に民法上は組合の所得計算期間を終了せざるを得ないであろうが、課税上は脱退組合員以外の計算期間は終了しないものとして取り扱うべきであろう。

　さらに、法人組合員の課税年度自体についても何らかの規制が必要である。現行所得税法上の課税年度は暦年のみであり（所法23条2項等）、一方法人の課税年度（法人税法上の事業年度）は法人の財産及び損益の計算の単位となる期間（会計期間）であり、基本的には法人が自由にそれを定めることができる（法法13条、14条、15条）。法人税法上、事業年度については何らの規制もなく、また事業年度の変更に課税庁の同意も不必要である（法法15条）ことから、そもそも法人税法自体が租税回避の余地を有している。例えば、暦年を事業年度とする法人が、12月に大きな所得を得るとの見込みをもって事業年度を12月1日から11月30日までの期間に変更すれば、当該所得について11ヶ月分の課税繰延べを得ることができる。組合自体の計算期間を規制しても、組合員自身にこのような租税回避の余地を残しておいては、組合自体の計算期間の規制を行う意味が半減であろう。組合員自身の課税年度についても、これを規制するべきである。

　次に、持分変動時の所得配賦について考えてみよう。

　理論的厳密さをいえば、所得発生時に組合員ではない者に対して組合所得を

配賦し課税を行うことは、所得が発生した者に対して課税を行うという所得課税の原則を逸脱するものであるから、すべての組合員に対して持分変動時の所得配賦規制をかけることが考えられる。ただ前述のように、アメリカの704条(b)及びその下の財務省規則のように、所得配賦そのものについて租税回避濫用防止措置を施しておけば、独立当事者間でのそのような持分変動時の所得配賦規制をかけることは、さほど重要ではない（せいぜいバックストップ的役割にとどまる）。問題は、関連当事者間での所得配賦の規制であり[41]、アメリカ法を参考にした規制が取り入れられるべきである。

---

41 なお、損益に対する持分について組合契約が（将来的に）変更された場合、組合資産の含み損益についてはこれを認識するか、その含み損益が実現した時点で変更前の損益持分に従って各組合員に配賦されることを義務づけるべきである。さもなくば、所得発生者に所得が帰属せず、租税回避の余地が生じよう。
　さらに、組合員が青色申告を提出する小規模事業者のみで構成され、かつ全員が所得税法67条・所得税法施行令196条により、所得計算を現金主義で行う場合、組合の所得計算も現金主義で行う余地があると思われるが、そうであるとすればアメリカ法のようにこの点についても何らかの対処をする必要がある。

第八章　組合課税　―「簡素・柔軟・公平」な組合課税の立法提案―

1　はじめに

　組合課税とは、一般に、ある団体が稼得した所得を、その団体自体ではなく団体の構成員に対し、あたかもその構成員自体が直接稼得したように課税する、いわゆるパス・スルー課税あるいは導管（conduit）課税の一形態である。組合課税の言葉の由来は、現行実務[1]において、民法667条以下の規定に基づく組合（民法上の組合、任意組合）が稼得した所得を、その組合自体ではなく、その所得が実際に分配されているか否かに関わらず、組合員に対して課税されるところからくるものと考えられる。

　今日、組合課税を論ずる意義は、二つあるものと思われる。第一に、組合課税を受ける現実に存在する共同事業や共同投資（以下、まとめて共同事業という）、例えば任意組合としての従業員持株会や建設共同企業体のようなものを巡る、現行税法適用上ないし解釈上の問題解決という意義である。最高裁平成13年7月13日判決（判時1763号195頁）は現行税法の適用が問題になった一例であり、このような問題点が実際にクローズアップされることはかつて少なかったものの、近年の税制改正ではにわかに注目を集めることになった[2]。取引の国際化と事業組織形態の多様化を受けて、法人課税を受けない外国非法人

---

[1] 所得税及び法人税において、人格のない社団等は法人とみなされるが（所法4条、法法3条）、人格のない社団等には民法上の組合は含まれず（所基通2-5、法基通1-1-1）、したがって民法上の組合の稼得した所得は組合員に課税される（所基通36・37共-19及び法基通14-1-1）。

組織が日本において事業や投資を行うことも考えられるため[3]、現行税法適用上の問題解決は今後必要不可欠であろう。

　第二に、「法人成り」という現象で捉えられる現行法人税及び所得税が制度的に内在する問題解決という意義である。我が国においては、共同事業を営むにあたり私法上いかなる組織形態を採用するかによって税負担が大きく異なりうるのであり、それは一般に「法人成り」という現象として捉えられるが、これは租税の公平性や中立性の観点からすると、必ずしも望ましいものではない。そこで、このような制度内在的問題の解決方法として、組合課税を論じる意義があろう[4]。

　本章は、以上の二つの意義のうち、前者の意義を主として念頭に置き、民法

2　かつて問題点がクローズアップされることが少なかった理由としては、問題自体が実際に明らかにされていないということもあろうが、共同事業の税務上の取扱いが極めて不明確なため、ごくプリミティブな形態のものを除き共同事業がほとんど使用されていないことも挙げられるであろう。

　近年、映画フィルムリース事件（最近のものとして、最判平成18年1月24日判決裁判所時報1404号14頁）、航空機リース事件（名古屋高判平成17年10月27日判例集未登載）や船舶リース事件（名古屋地判平成17年12月21日判例集未登載）のように、租税回避が問題になる取引において、しばしば任意組合等が用いられてきた。この場合の民法上の組合等は、租税回避の原因となる減価償却費や借入金利子、リース料などを納税者間で小口化する道具として使われていたが、このような租税回避や不当な損失・費用の控除に対処するため、平成17年度改正において任意組合等（匿名組合も含む）で生じた損失を組合員レベルで控除することにつき一定の制限（措法27条の2第1項、41条の4の2第1項、67条の12第1項など）が設けられると同時に、所得源泉や源泉徴収、計算書の提出などの規定（所法161条1号の2、225条1項8号、227条の2など）の整備も図られている。これらについては、拙稿「事業体課税論」岡村忠生編『新しい法人税法』（有斐閣、2007年）61頁、89頁以下参照。

3　例えばLLCが法人か否かが問題となった事例として、埼玉地判平成19年5月16日判例集未登載、国税不服審判所平成13年2月16日裁決事例集61巻102頁。

4　平成4年末を以て廃止されたみなし法人課税制度（平成4年改正以前の措置法25条の2）は、法人成り現象に対する一つの解決方法として導入されたが、この制度が学界や実務界を中心に批判を浴び、むしろ中小法人に対する組合課税制度の適用によりこれを解決すべきとの意見があった（武田昌輔「中小企業課税の問題点」租税法研究13号31頁（1985）、北野弘久「法人企業課税のあり方」旬刊商事法務1061号923頁（1980）、畠山武道「みなし法人課税」日税研論集4号114頁注32（1987）等）。

上の組合という現在法人課税が行われない共同事業に対する組合課税を、その現状を簡単に踏まえつつ、立法論的に論じ、望ましい立法を提案するものである[5]。ただし本章における提案は、前章までの検討を基礎としているから、本章で改めて現状の欠陥を詳細に検討してから立法提案をするのではなく、あるべき制度をいきなり論じた上で立法提案を行うことにしたい。またそのような手法を採ることにより、現状の欠陥が間接的に指摘されることになろう。また、以下では特に言及しない限り、組合とは任意組合を指す。

なお、紙面の関係上、本章では、検討対象を、組合の稼得した所得の各組合員への帰属、組合に対する現金その他の資産の出資と資本や利益の払戻としての資産分配、組合員たる地位としての持分の譲渡という、組合課税の根幹に関わる三つの分野に限定する。さらに本章では、検討及び提案をするにあたって、組合課税方式として、その規定の充実度や判例・実務の蓄積の豊富さ、そして複雑さで有名なアメリカのパートナーシップ課税制度とそれを巡る一連の研究を参照するが[6]、我が国の組合課税の検討や提案を行うことが主であることや、すでに前章まででパートナーシップ課税制度については詳述していることか

---

5 もっとも本章での検討や提案は、第二の意義を有しないわけではなく、いままで複雑であるという一言で十分に検討されて来なかった組合課税の問題点を見いだし、それが本当に執行不可能なほど複雑なのか、どの点を簡素化できるのかなどのさらなる検討の基礎となるものと思われる。

6 前世紀末から現在にかけて、アメリカでは小規模閉鎖企業に対し、その私法上の組織形態を問わず、組合課税を及ぼすべきであるという提案がいくつかなされている（*e.g.,* Jeffrey L Kwall, *Taxing Private Enterprise in the New Millennium*, 51 TAX LAW. 229 (1998); Lawrence Lokken, *Taxation of Private Business Firms: Imaging a Future Without Subchapter K*, 4 FLA. TAX REV. 249 (1999)）。特に、1999年にアメリカ法律協会（American Law Institute, ALI）がなした提案（AMERICAN LAW INSTITUTE, FEDERAL INCOME TAX PROJECT: TAXATION OF PRIVATE BUSINESS ENTERPRISES (1999)）は、私法上の組織形態と租税賦課とのリンクがチェック・ザ・ボックス財務省規則の採用によって破綻し、閉鎖事業体（持分が市場流通していない事業組織）課税において、サブチャプターC（法人課税）、サブチャプターS（S法人課税）、サブチャプターK（パートナーシップ課税）の三つを維持する理由がなくなった述べた上で、これら閉鎖事業体について、簡素化した導管課税（組合課税）とそれ以外の導管課税の二つのいずれかに服さしめるべきである、と論じている。本稿はこれらの研究成果を踏まえたものであり、中小企業に対する課税のあり方に対しても十分な示唆を与えうるであろう。

ら、パートナーシップ課税制度に言及することは最小限にしたい[7]。

さらに、組合を結成する組合員には、法人、個人または組合自身も含まれるが、本章では基本的に組合員が個人である場合を想定する。

2　立法の際の目標

組合課税の立法提案を行うにあたり、その目標として、現行のアメリカのパートナーシップ課税制度を構築するときにアメリカ連邦議会上院財政委員会報告書[8]が掲げていた目標である「簡素・柔軟・公平（simplicity, flexibility and equity）」を挙げることにする。簡素とは、納税者・課税庁共に無理なく理解でき、また十分なコンプライアンスを達成し、執行も容易であることを、柔軟とは、当事者が組合を結成するにあたって締結した取り決めを可能な限り尊重し、課税がそのような取り決めをできる限り阻害しないようにすること（中立性、neutrality）を、最後に公平とは、組合員間、あるいは個人事業者と組合員間の課税上の取扱いが、可能な限り同じであることを意味する。これら目標は、現在税制調査会が我が国の税制を構築する際の原則として掲げる公平・中立・簡素[9]に対応する。

三つの目標のいずれを優先するかは憲法14条の制限などを加味した上での政策判断によるが、本章では、憲法14条を重視し、かつアメリカのパートナーシップ課税が1980年代より租税回避の手段として様々に使用されてきた経緯を念頭に置き、公平を優先させる。次に、組合課税の前提となる共同事業に関する当事者間の取り決めが契約自由の原則に則った非常に柔軟なものであること、及

7　アメリカのパートナーシップ課税や我が国の組合課税については多くの文献があり、本章もそれらに大きく依拠したが、紙面の関係上全てを掲げることはできなかった。代表的なものとして、『パートナーシップの課税問題』日税研論集44号（2000）、平野嘉秋『パートナーシップの法務と税務』（税務研究会出版局、1994年）等がある。その他文献についての詳細は、本書各章における引用を参照されたい。

8　S. REP. No. 83-1622, at 89 (1954).

9　税制調査会「我が国税制の現状と課題　―21世紀に向けた国民の参加と選択―」（平成12年7月14日）15頁以下。

び後述する現在の組合課税の取扱いとの整合性を図るために柔軟を優先し、最後に公平・柔軟を阻害しない最大限可能な範囲で簡素を取り上げることにする。このような目標に沿った形で立法提案を先取りすると、次のようになる。①組合内で発生した所得は、原則として組合契約に従ってその組合員に課税する。②組合外で発生した所得は、その所得の発生した組合員に課税する。③①及び②の原則に反しない限り、組合が実現していない損益については課税しない。

3 所得の配賦

[1] 現在の状況

組合が稼得した所得がどのように課税されるかについて、現行法令上規定は存在しないが、現行所得税基本通達36・37共-19の2及び裁判例[10]は、組合事業の損益をその組合の計算期間を基に計算し、当該損益の分配を組合員が受けているか否かに関わらず、当該計算期間終了日に、組合契約または民法674条によって組合員が分配を受けるべき損益を組合員の総収入金額等に算入するとする（法基通14-1-1の2も同趣旨）[11]。また、所基通36・37共-20では、①組合の最終的損益を分配割合に応じて組合員の総収入金額等に算入する方法、②組合の収入金額とそれに対応する原価や費用等を分配割合に応じて組合員の総収入金額等に算入する方法、③組合の収入金額や支出、資産、負債等を分配割合に応じて組合員のそれらと取り扱う方法の三種類を認め、適用される条文について差異を設けている（法基通14-1-2も同趣旨）。なお、通達等にいう損益分配という言葉は、民法674条における損益分配と同義であると思われ、現金その他の資産を払い戻したり出資をしたりすることの他、組合財産上の合有持分内容

---

10 千葉地判平成元年5月24日税資170号327頁、福岡地判平成11年1月26日税資240号222頁等。
11 一般に、裁判例は当事者間の損益分配比率に従って損益の分配を認める傾向にある。拙稿「民法上の組合の稼得した所得の課税に関する基礎的考察 ―課税時期、所得種類、帰属を中心に―」税法学543号83頁以下（2001）参照。

を増減させる方法も採られる[12]。

[２] 検討

検討課題は多くあるが[13]、本章では特に重要であると思われる組合員間の所得の配賦とその規制方法について検討を行う。しかしその前提として一点だけ用語についてあらかじめ提案を行う。組合が稼得した所得は、組合員が稼得したものとして課税され、課税済の利益あるいは資本の払戻し時には、課税がされないというのが原則であると考えられる。したがって、組合が稼得した所得を計算上各組合員に割り当てることと、そのように割り当てられかつ課税された利益や、資本が現金その他の資産の形で組合員に譲渡されることは課税結果を決定する上で峻別されねばならないと思われるが、現行法や実務は必ずしもこれを峻別していない[14]。アメリカにおいては、前者を配賦（allocation）、後者を分配（distribution）と区別しているが、このような区別は我が国の税法に

---

12 我妻榮『債権各論 中巻二（民法講義V₃）』（岩波書店・1962年）821頁以下、鈴木祿彌編『新版注釈民法(17) 債権(8)』（有斐閣・1993年）128頁以下［品川孝次執筆］（以下、注釈民法と引用）。

13 例えば、第一に、通達では組合を計算主体と考えているが、組合自体がどのように損益計算を行うべきかについて規定がない。そのため減価償却方法など損益計算方法が組合員間で異なる場合には損益計算ができない（植松守雄「講座 所得税法の諸問題 第18回 第1 納税義務者・源泉徴収義務者（続17）」税経通信43巻3号59頁以下（1988））。第二に、第一点にも関連するが、組合は所得ないし損益計算主体としての位置づけが不明確なため、組合事業から生じた損益でも組合事業に帰属させずに組合員に直接帰属させることが実務上容認され（建設共同企業体における協定外原価の問題）、損益の配賦を利用した租税回避と同じことを組合外で行うことができる（拙稿・前掲注11・75頁以下参照）。これら二つの問題は、所得税・法人税における組合の位置づけの問題である。アメリカにおいてはパートナーシップは納税義務者ではないが（I.R.C.§701）、その所得は個人納税義務者のように計算される（I.R.C.§703(a)）、と位置づけを行うことによりこれらの問題を解決している。第三に、組合の計算期間について規制が行われていないために、組合の計算期間を組合員の課税年度と異ならしめることにより、損益の配賦を遅らせて課税繰延べを行うことができる（平野嘉秋「パートナーシップ税制の法的構造に関する一考察 ―日米比較を中心として― 」税務大学校論叢23・261号（1993））。アメリカは、パートナーシップ課税年度選択に対する規制と課税繰延べに対する課税（I.R.C.§706）でこの問題に対処している（この問題について、詳しくは本書第七章参照）。

おいても必要であろう（以下、本章においてもこの区別を使用する）。

　組合所得の組合員間の帰属、つまり配賦は、理論的には各組合員の出資した所得生産要素 (income-producing factor) に従ってべきとも考えられる。しかし、本書第一章及び第六章で検討したように、民法の組合損益分配の規定により各組合員の損益配賦が決まることと組合契約を課税ができるだけ阻害しないという柔軟性、組合に対する出資が現金などの資産の他、労務、信用または不作為等も含む[15]ためにこれらの要素に従って正確に所得を配賦することが実際上不可能であることから考えると、原則として組合契約に従って配賦されることが望ましい。したがって現金その他資産の出資の比率が損益の配賦比率と一致していなくても（優先株に類似する優先持分と位置づけられうる）、また特定の損益のみを特定の組合員に配賦することもそれが組合契約で定められている以上は、税務上もそれに従って組合所得が配賦されるべきということになる（本書第一章２参照）[16]。

　もっとも、組合契約で配賦比率等を定めたとしても、配賦された損益に対応する経済的損益を実際に組合員が受け取っていなければ、課税の公平は保ち得ない。この点につき参考になるのがアメリカ法におけるファミリー・パートナーシップ条項（内国歳入法典（以下、I.R.C. と表示）§704(e)）と、実質的な経済的効果テスト (substantial economic effect test, I.R.C.§704(b)；財務省規則（以下、 Treas.Reg. と表示）§1.704-1(b)(2)(ii)）であり、大雑把な捉え方ではあるが、前者は関連当事者間の、後者は独立当事者間の租税回避を招来する配賦を否認し、適当な所得配賦に引き直しているものと考えられる。

14　所得税法161条１号の２では、分配とは異なる「配分」という言葉を使用しており、これが本書でいう配賦に該当すると思われる。ただし所得税や法人税、その下の通達ではこの言葉は使用されていない。通達（所基通36・37共-19など）では「分配を受けるべき金額」という言葉を使用しているから、これが配賦されつつ未だ分配されていない金額のことを指す。

15　我妻・前掲注12・772頁、注釈民法・前掲注12・43頁以下［福地俊雄執筆］。

16　なお、現行通達のように、損益分配割合で損益のみならず資産、負債を各組合員に帰属させる方法は、組合契約による損益の自由な配賦を念頭に置いていないので、そのような自由な配賦を阻害することは、注意すべきである。

[a] 独立当事者間の組合契約の場合

本書第一章3［2］でみてきたように、アメリカのパートナーシップ課税においては、ある配賦が実質的な経済的効果テストをクリアした場合に当該配賦が税務上有効と認められ、クリアしなかった場合にはパートナーシップ持分テスト (the partner's interest in the partnership test, I.R.C. § 704(b); Treas.Reg. § 1.704-1(b)(3)) に従って当該配賦が引き直されることになる。したがってパートナーシップ課税における所得配賦規制を理解するには、これらを一体的に捉えることが必要である。

これら規制の核となるのは、経済的効果テストと、実質性テスト（及びそれと結びついたパートナーシップ持分テスト）である。ごく簡単にいえば、経済的効果テストは経済的利益を負う者に税負担を負わせようという会計的なテスト、実質性テストは経済的効果テストを保護する一種の租税回避否認テストである。

経済的効果テストは、各組合員に資本勘定（capital account, 会計でいう出資金勘定[17]）を付けることにより、所得が配賦された組合員が、脱退時や組合清算時に、その資本勘定残高だけ分配を受けることを確保し、それによって組合契約による所得の配賦と税負担を結びつけるものである。例えば、所得が100配賦されれば、その分だけ資本勘定が増加し、その組合員が清算時に払戻しを受ける金額が100増えるから、その組合員は所得配賦に伴う経済的利益（清算時払戻権の増加）を受け、配賦を受けた者がその配賦に関する税負担を負うことになる。

実質性テストは次のような場合に適用される。

例1：甲と乙はそれぞれ100ずつ出資して200の投資を行った（資本勘定は甲と乙ともに100ずつ）。当該投資からは2年間で100ずつ所得が生ずる。甲は毎年の適用税率が37％であると見込まれるが、乙は巨

---

17 飯野利夫『財務会計論［三訂版］』（同文舘・1993年）10-3以下参照。

額の純損失を抱えており、しばらく課税される可能性はない。甲と乙は、1年目100の所得を全額乙に配賦し、2年目の所得を全額甲に配賦することにした。

[組合契約による配賦]

	当初資本勘定	+ 1年目に配賦される所得	+ 2年目に配賦される所得	= 最終的資本勘定
甲	100	0	100	200
乙	100	100	0	200

話を簡単にするために、2年目期末に組合が清算され、配賦された所得及び出資額が分配されたと考えると、配賦された所得及び例1において、甲と乙は要するに投資からの所得を折半したのと同じであるが、1年目と2年目の所得を単純に折半した場合よりも、甲の所得に対する課税が繰り延べられる分だけ、甲にとっては有利である（乙にとっては有利でも不利でもない）。上記のように組合契約による所得配賦に従って課税を行うと、租税回避が生ずるおそれがあるが、このような場合、問題となる組合契約による最初の資本勘定残高（それぞれ100）と最終的な資本勘定残高（200）はそのままにして、組合の稼得した所得を金額・種類的に各組合員に按分した場合（例1だと1年目に各50、2年目に各50）と比較し、もし按分配賦の場合よりも甲と乙の税負担が少なくなっていれば、組合契約に定められている配賦を否認し、按分配賦に引き直す、というのが実質性テスト（及びパートナーシップ持分テストによる引き直し）である。

[当初資本勘定と最終的資本勘定はそのままにしておき、所得配賦の金額・性質を按分した場合]

	当初資本勘定	+ 1年目に配賦される所得	+ 2年目に配賦される所得	= 最終的資本勘定
甲	100	50	50	200
乙	100	50	50	200

このテストのポイントは二つある。一つは、問題となる配賦前の資本勘定残高と、問題となる配賦後の資本勘定残高自体は、実質性テスト及びパートナー

シップ持分テストによる引き直し時には動かさないことである。これは、独立当事者間の所得配賦は本質的に利益相反的であり、したがって最終的な経済的結果自体はほぼ出資に見合っているという合理性を有すると考えられているものと思われる[18]。第二に、当事者が損益についての不確定性ないし危険を負担し、偶然に税負担が減少した場合には、これを否認しない点である[19]。例一で、投資からの所得が一年目に100、二年目にも100ずつ生ずるということが事前に不明である場合、甲も乙も自己の選好に応じ危険を負担していることになり、当事者の意図的な租税回避をもたらす可能性もなく、税収減への懸念や納税者間の平等を害するとは考えられないのであろう。なお、このような実質的な経済的効果テストは非常に複雑に見えるが、複雑さは組合契約の複雑さに比例しており、ごく単純な組合契約にはそのテストの適用もごく容易であることには注意すべきである[20]。

[b] 関連当事者間の組合契約の場合

独立当事者間の組合契約の場合、最終的な資本勘定自体は合理的なものと考えられたが、関連当事者間の場合には利益相反関係が必ずしも存在するわけではなく、ほぼ出資に見合っているという合理性を有さない可能性がある。

この点につき、アメリカ法で注目されるのは、資本が重要な所得生産要素（material income-producing factor）であるパートナーシップについて、そのパートナーシップ持分の所有者が贈与によりその持分を受け取っていたとしても

---

18 またおそらく、租税回避を判別する基準にして引き直しを行う基準が、このように考える以外に明確ではないという点も考慮されているのではなかろうか。なお、このようなアプローチは、資本勘定の増減と実際の所得の配賦が乖離することがないので、当該乖離を調整するための二次的調整ないしみなし贈与課税（増井良啓「組合損益の出資者への帰属」税務事例研究49号83頁以下（1999））を行う必要がないことも利点である。なお、このような二次的調整がないことは、後述する組合からの分配や持分譲渡時の課税結果を簡素化する効果も持つ。

19 *See* Philip F. Postlewaite, *I Come to Bury Subchapter K, Not to Praise It*, 54 TAX LAW. 451, 470 (2001).

20 *E.g.*, Walter D. Schwidetzky, *The Partnership Allocation Rules of Section 704(b): To be or Not to be*, 17 VA. TAX REV. 707 (1998).

パートナーであると認めつつも、持分贈与者の労務によって生じたパートナーシップ所得部分については贈与者に配賦すると規定する条項（I.R.C.§704(e)(1)&(2)）と、労務が主たる所得生産要素であるパートナーシップに関する現在の取扱いである（本書第六章2［3］及び［4］参照）。

これらの取扱いから導き出される一つの考え方としては、関連当事者間の所得の配賦に関し、組合の所得が組合の総資産（資本）と各組合員の労務から生み出されるものと大雑把に考え、まず組合所得のうち、同種労務の提供に対する賃金ないし報酬を参考にして、各組合員の労務に帰属する額を配賦し、その後の組合所得のうち各組合員が組合総資産（各組合員の自己出資分＋組合の負債のうちその組合員の責任部分）に対して有する持分に適当な利益率を掛けて総資産持分に帰属する額を配賦し、残った損益は事業や投資の不確定性によるものとして、既に配賦された額に比例して配賦することが考えられる[21]。ただ、このような所得配賦方式は相当に複雑であり[22]、また我が国において蓄積の多い過大報酬・給与事例（所法57条や法法34条の下での事例）のみならず過小報酬・給与も問題になることなどから、さらなる検討が必要である。その際には、事業所得者等の親族に支払った報酬の必要経費不算入（所法56条）と青色専従者控除（所法57条）などの現行制度との整合性、さらには課税単位の見直しなども含めた検討が必要となる可能性もあろう。

［3］ 提案

本章においては、組合所得の組合員間の配賦について、次のような提案を行う。

① 組合所得は、③が適用される場合を除き[23]、②を満たす場合に限り、組

---

21 この場合、各組合員の資本勘定の増減と所得の配賦とが乖離するので、前述の二次的調整を行う必要が生ずることに注意すべきである。

22 簡素化の一つのアプローチとして、アメリカ法のように組合の行っている事業の性質と各組合員の出資の種類に応じて、極端に少額の出資しかなしていない者、あるいはその出資がほとんど組合事業に貢献していない者は、そもそも組合員と認めないという少額排除的アプローチも採りうる。ただこの方法は、ごく少額であっても組合所得の稼得に貢献した者に所得の帰属を認めないという意味では、公平さを害する可能性はある。

合契約の定めるところにより、各組合員に配賦される。②を満たさない場合には、それを満たすように配賦し直される。

② 組合員間の所得配賦は、次の(a)及び(b)の要件を満たさなければならない。

(a) 資本勘定を維持し、所得の配賦、出資及び分配等により、それを適切に調整し、かつ清算分配が当該資本勘定残高に従って行われること（資本勘定残高が負の場合には追加出資を行うこと）を、組合契約で定めるか、定めた場合と同様の結果がその組合契約でもたらされること。

(b) 問題となる配賦前の資本勘定残高と配賦後の資本勘定残高が同じくなるように組合の稼得した所得を金額と種類の観点から各組合員に按分した場合と比較して、問題となる配賦が行われた場合が、一人以上の組合員の税負担を軽減し、かついずれの他の組合員の税負担を増加させないこと。ただし税負担の軽減が組合契約時に予見できない場合にはこの限りでない。

③ 関連組合員間の所得配賦は、まず各組合員の出資する労務の対価として適当な額がその各組合員に配賦され、次に組合総資産に対する各組合員の持分（各組合員の自己出資分＋組合の負債のうちその組合員の責任部分）に適当な利益率を掛けた額が配賦され、残った損益は既に配賦された損益に比例して配賦されなければならない。

4　出資と分配

［１］　現在の状況

一般に、組合に対する資本出資は資本の元入れに過ぎず、また組合からの分配は、課税済利益や資本の払戻しと考えられるから、出資を受けた組合、あるいは分配を受けた組合員は課税を受けないものとされている。しかし、現金以外の資産を組合に出資した場合、逆に組合から資産の分配を受けた場合には、譲渡所得課税（それ以外の所得種類も問題になりうるが、ここでは譲渡所得に

23　なお、出資時の含み損益を後に組合が実現した場合の配賦について、特別規定が存在する。これについては出資のところで詳述する。

限定する）の有無が問題となる（出資時の譲渡所得課税について本書第三章4、分配時の譲渡所得課税について本書第五章4参照）。民法上の組合である従業員持株会（いわゆる証券会社方式のもの）へ現物株式を組み入れた（出資）場合あるいは現物の引き出し（分配）があった場合[24]などには、譲渡所得課税が行われていないと考えられる。

[2] 検討

パートナーシップ課税においては、出資・分配時ともパートナーシップあるいは（出資あるいは分配受領）パートナーが損益を認識しない[25]のが原則ではある（I.R.C.§§721(a), 731(a)）が、ただし分配時については多数の規定によって損益の認識がなされる可能性が高い（*E.g.,* I.R.C.§§731(a)&(b), 737, 751(b)）。このような損益不認識取扱いは、パートナーシップへの又はパートナーシップからの資産の流れを阻害しないようにするものではある[26]が、特に出資時損益不認識を支える背後の理由として、出資資産の含み損益が後にパートナーシップによって実現したときに出資パートナーに対して配賦される（本書第三章3参照）ことも挙げられる[27]。これらのアメリカ法の制度を参照しつつも、納税者間の公平を達成することを第一に念頭に置き、譲渡所得課税の本質であるいわゆる清算課税説（最判昭和43年10月31日訟月14巻12号1442頁等）を維持しな

---

24 野村證券株式会社累積投資部編『持株会の設立と運営実務』（商事法務研究会、1995年）1頁等。

25 なお、現行内国歳入法典では出資時には損益を認識しない（nonrecognition）旨規定されているが、当該不認識規定が規定される1954年以前においても、判例により出資時が損益の課税機会とはされていなかった。その当時の裁判例である Archbald v. Comm'r, 27 B.T.A. 837, 844 (1933), *aff'd,* 70 F.2d 720 (2 d Cir. 1934) は、「個人の資産を新たに組織されたパートナーシップに出資することは個人からの権原（title）の移転として働くのであり、持分の性質の変更として働くことは明らかである。・・・しかし、そのような変更それ自体が損益の実現（realization）を招くものではない」として、むしろパートナーシップ出資時には損益が「実現」していないものと考えていた。詳細につき、本書第三章2を参照。

26 S. REP. NO. 83-1622, at 96 (1954).

27 Karen C. Burke, *Partnership Distributions: Options for Reform,* 3 FLA. TAX REV. 677, 726 (1998).

がら、それと矛盾のない限りで柔軟性を取り入れることが肝要となる。

　[a]　資産の出資
　出資はそれを清算時に払戻しを受ける権利を組合員が有しているところから、出資を受け取った組合自体には何らの課税も起こらないものと考えられるが、問題は資産出資時にその資産の含み損益について譲渡所得課税が行われるべきかどうかである。
　前述のように、譲渡所得課税の本質が、資産が所有者の手を離れるのを機会として値上がり益（含み益）に対して課税するということであるとすれば、重要なのは含み損益の発生した者に対してその含み損益に関して課税する最終的課税機会かどうかである。そうすると組合自体は納税義務者ではないから、例え出資前含み損益について出資時に課税しなくても、それが組合によって実現されたときに当該出資組合員に課税される場合には、譲渡所得の本質は損なわれないし、また出資時に含み損益について譲渡所得課税を行うことによる出資の阻害はないであろう。

　　　例2：甲は、時価200で簿価（取得費）100の資産を組合に出資し、乙は現金200を組合に出資した。資本と損益に対する持分は平等である（なお、資本勘定は出資資産の時価によるので、甲乙それぞれ200となる）。出資時に甲が出資した資産について譲渡所得課税は行われない。後に資産が200まで値上がりし、それを組合が売却した場合、実現した譲渡所得のうち100については甲に配賦され、残りの100は折半される（したがって甲は150、乙は50の所得配賦を受ける）。

　重要なのは、出資前含み損益を出資者に正確に配賦する方法を確立することである。出資前に含み損益があった資産がその後に値下がりした場合（あるいは出資資産が減価償却資産であった場合）、含み損益は出資組合員に配賦し、その後の値下がり損は組合契約に従い各組合員に配賦する（減価償却資産の場合には耐用年数に応じて含み損益を出資組合員が認識していく）ことが公平で

ありまた簡素である。さらに上記のような出資前含み損益の配賦は相当複雑になりうるから、出資時に含み益を認識する選択[28]を組合に与えれば、柔軟性をほとんど損なうことなく制度が簡素となろう。

[b] 分配[29]

組合員に対する分配は、課税済利益又は資本の払戻しに過ぎないため、法人からの配当と異なり、受け取った組合員に対して課税は行われないのが原則であると思われる。しかし分配された資産あるいは組合に残存する資産[30]の含み損益については、それが課税済ではないため譲渡所得課税を受けるかどうかが問題となる。また分配によって含み損益の発生した者に対し譲渡所得課税を行う最終的課税機会となることが多いため、譲渡所得課税を行うべき場合も相当に多くなろう。

この点について参考になるのはアメリカ法であるが、パートナーシップ課税においても分配時の譲渡所得課税はかなり混乱しまた複雑であり、しかも正しい結果をもたらしているわけではない（本書第五章2参照）。しかし本書第五章4の検討から導き出される分配時の譲渡所得課税を行う最大のポイントは、譲渡所得算定の通常の公式、つまり総収入金額マイナス取得費（譲渡費用）という公式を使用せずに、各組合員が組合資産に対して有する含み損益の変動額を、譲渡所得の金額に直接算入して課税するということである。この場合、各組合員が組合資産の有する含み損益は、組合が資産を時価で売却したときに実現する利益を組合契約に従って配賦することによって測定できる。

例3：甲、乙、丙の三人はそれぞれ100を出資し、組合を結成した。

---

28 一方、含み損の認識については慎重な検討が要求されるであろう。参照、I.R.C.§707(b)(1).
29 ここでいう分配は、組合員の脱退に伴い行われる清算分配と、それ以外の分配（持分の一部清算など）の両方を含む。
30 現金で分配が行われたとしても、その分配受領者が分配後に残存する組合資産の含み損益に対して分配時に持分を有している以上、その含み損益分について最終的課税機会となりうるから、譲渡所得課税が生じうる。

資本及び損益に対する持分は平等である。現在の組合の貸借対照表は次のとおりである。

甲乙丙組合

資産	簿価	時価	資本	簿価	時価
資産1	100	100	甲	100	150
資産2	50	200	乙	100	150
資産3	150	120	丙	100	150
資産4	0	30		―	―
総額	300	450		300	450

甲は組合を脱退し、資産3と資産4の分配を受け取った。

この場合、各組合員の課税結果は次のように決定する。

①まず、分配時に全く課税がなかったとした場合の、分配前後の各組合員の含み益（含み損）を測定する。

	甲		乙		丙	
	分配前	分配後	分配前	分配後	分配前	分配後
資産1	0	0	0	0	0	0
資産2	50	0	50	75	50	75
資産3	-10	-30	-10	0	-10	0
資産4	10	30	10	0	10	0

②この表で、分配後の含み益（含み損）が減少している者は、その減少額だけ含み益（含み損）を認識する。したがって、甲は資産2について50の含み益を認識する。一方、乙と丙は、資産3について10の含み損を、資産4について10の含み益を認識する。

③含み益が認識された資産は簿価をその額だけ切り上げ、含み損が認識された資産は簿価をその額だけ切り下げる。したがって、組合に残存する資産2の簿価は50切り上げられて100、甲が分配を受けた資産3については20切り下げられて140、資産4については20切り上げられて20となる。分配後の貸借対照

表は次のとおり。

	乙丙組合				
資産	簿価	時価	資本	簿価	時価
資産1	100	100	乙	100	150
資産2	100	200	丙	100	150
総額	200	300		200	300

分配前後の含み損益に注目して分配時の譲渡所得課税を行うことは、組合契約でどんなに複雑な所得の配賦に関する定めをしても、譲渡所得課税の本質と矛盾せず公平に課税する唯一の方法であり、また分配をもっとも阻害せず[31]、簡素であると思われる。

[3] 提案

本章においては、組合に対する出資及び組合からの分配時の課税について、次のような提案を行う。

①現金その他の資産の出資が行われた場合、資産を出資した場合に含み益を認識する選択を組合が行わない限り、全ての組合員について損益を認識しない。出資後に組合が出資時の含み損益を認識した場合、その含み損益は出資組合員に配賦する。

②現金その他の資産の分配が行われた場合、各組合員が組合資産に対して有する含み損益の変動額を、譲渡損益として認識する。各組合員が組合資産の有する含み損益は、組合が全資産を時価で売却したときに実現するであろう損益を組合契約に従って配賦することによって測定する。

---

31 本章で検討した方法以外に公平さを確保する他の方法としては、分配が行われる際に、全ての組合資産（分配された資産を含む）の含み損益を認識することがあるが、これが分配を阻害することはいうまでもない。

5　持分の譲渡

[1]　現在の状況

ここでいう持分の譲渡とは、組合員たる地位の譲渡のことであり、民法上これが認められるとするのが通説[32]である。実際に持分の譲渡が行われることが少ないためでもあろうが、持分自体を一つの資産と見ることができるかどうかも含めて、課税結果がどのように決定されるかは必ずしも明らかではない。現在のところ、組合員たる地位の譲渡とは、個々の組合資産に対する持分の譲渡であると解し、その個々の組合資産の持分ごとに課税結果が算定されるべきであるという、いわゆる集合アプローチが一般的な見解である（本書第四章2参照）。

[2]　検討

自己の持分を清算して分配を受けることは、他の組合員に自己の持分を譲渡することと同じであるため、分配時の検討が参考になる。さらに、持分譲渡時の課税結果と個人事業者の事業譲渡の課税結果を首尾一貫させること、1999年末におけるアメリカ法の改正結果（本書第四章4［4］）も念頭に置くと、自己の持分を譲渡した者は、一つの資産である持分自体を譲渡したとは考えるべきではなく、各組合資産に対する自己の含み損益を認識すべきことになる（本書第四章4［5］及び5参照）。

　　例4：甲、乙、丙の三人はそれぞれ100を出資し、組合を結成した。
　　資本及び損益に対する持分は平等である。現在の組合の貸借対照表は
　　次のとおりである。

32　我妻・前掲注12・841頁以下、『注釈民法』・前掲注12・159頁以下［菅原菊志執筆］。

甲乙丙組合

資産	簿価	時価	資本	簿価	時価
資産1	100	100	甲	100	150
資産2	50	200	乙	100	150
資産3	150	120	丙	100	150
資産4	0	30	—	—
総額	300	450		300	450

甲は現金150と引き替えに、自己の持分を丁に売却した。

　この場合、甲は、自己の有する各組合資産の含み損益を認識しなければならない。すなわち、甲は資産2について50の含み益、資産3について10の含み損、資産4について10の含み益を認識する。

　一方、譲受人たる丁については、持分譲渡時に認識された損益の二重課税を防ぐため、分配時とは異なり少し複雑な調整が必要である。後に組合が組合資産を処分して損益を認識し、それが各組合員に配賦された場合、丁は、自己に配賦された損益のうち、甲が認識した含み損益の分を控除して、課税結果を求めるべきである。

　例えば、持分譲渡後に組合が資産2を売却して150の利益を認識した場合、これは乙丙丁にそれぞれ50配賦されるが、丁は配賦された50から甲が認識した50を引いて、自己の課税結果を求めることになる。すなわち資産2売却時に丁は何らの損益も認識しない。

　組合資産の含み損益に注目して持分譲渡時の課税結果を求めることによって公平性・柔軟性が達成されると同時に、これら二つの目的を達成する方法のなかでは最も簡素である。

　なお、組合員としての地位を一つの資産とみない場合、アメリカ法におけるパートナーシップ持分の基準価格、いわゆるアウトサイド・ベイシス (outside basis) の概念を採用しないことになる。所得配賦、出資・分配、持分の譲渡について、本章で行う提案を採用する限り、その概念はほとんど不必要である。ただ一つ、アメリカ法におけるアウトサイド・ベイシスの概念は、パートナー間の資本勘定を通じた間接的借入れを防止する機能を有するが（本書第二章3

[2][b])、そのような防止が例えば無利息貸付の問題を回避するための望ましい手段として採用すべきだとしても、それは持分を一つの資産と見ることを必然的に要請するものではない（第二章 4 参照）。

[3] 提案
本稿においては、組合員たる地位である持分の譲渡時の課税について、次のような提案を行う。
①譲渡人は、各組合資産に対する自己の含み損益を認識する。譲渡人の組合資産に対する含み損益は、組合が全資産を時価で売却したときに実現するであろう損益を組合契約に従って配賦した場合に、その譲渡人に配賦される額である。
②譲受人は、持分譲渡後に各組合資産が譲渡された場合、その資産譲渡時に認識されかつ自己に配賦された損益のうち、譲渡人が認識した損益を控除して、自己の損益を認識する。

6　おわりに

以上、ごく簡単に組合課税の立法提案を行ってきた。その他にも組合に対する労務の提供[33]や所得種類の考察など、検討すべき問題は山積している。しかし、提案として未完成ないし不十分であったにしろ、組合課税におけるもっとも重要な部分、つまり所得の配賦、出資、分配、持分の譲渡という項目については、ある程度所期の目標を達成したものと思われる。

また提示した立法提案により指摘されうることがいくつか存在する。第一に、出資なら出資、分配なら分配と、個別の項目を単独で考察しても意味がなく、特に所得の配賦を中心として、出資や分配などの相互の関係を念頭に置きつつ、組合課税全体を考察しなければならない、ということである。

33　先に取り上げた最高裁平成13年 7 月13日判決は、組合課税と労務の提供を巡る問題を取り扱った一例であるが、労務の提供については他の機会に検討したい。なお、同判決について、拙稿「判批」税法学548号111頁（2002）参照。

第二に、組合というのは、要するに資産の共有だから、課税関係は共有物に対する課税と同じと考えればよい、とするのは妥当な考え方ではない。組合課税は共有物に対する課税と同じではなく、むしろ組合課税の一部分集合（もっともプリミティブな形態）として共有物課税があると考えるべきである。

　第三に、本章でなした立法提案は、組合員間あるいは個人事業者と組合員間の平等、および租税回避防止について最大限なし得る限りの配慮をしたが、そのため特に簡素が犠牲になったと思われる。しかし本章の立法提案よりも簡素さを追求した場合には、租税回避の道具として組合課税が使用されうる可能性が増大することに注意すべきである。アメリカでは簡素や柔軟性を重視し、平等性を犠牲にした結果、様々な租税回避事例が生じてそのたびに多くの個別的濫用防止規定を設け（例えば、出資時損益不認識を定めた I.R.C. § 721(a)と、それが生ずる問題を解決するために後に制定された I.R.C. §§ 704(c), 737のようなもの）、それでも防ぎようがなくパートナーシップ課税についての一般的・包括的な濫用防止規定（Treas. Reg. § 1.701-2）を1994年に設けたのである。そのため、かえって目標とされていた簡素や柔軟性が失われたことは皮肉というしかない。本章における提案が簡素でなく、したがって執行可能性やコンプライアンスに疑問が生ずる場合、（例えばアメリカにおける S 法人課税（I.R.C. § 1361以下）のように簡素な組合課税制度を設けてそれに相応しい適格実体がそれを利用できるようにするという手段をとり、それで対処できなければ）むしろ組合課税を放棄し、法人課税を目指すべきである。これは逆にいえば、本章の提案になじむ実体は、法人格の有無に関わらず、組合課税に受けることができるし、また受けるべきということになろう。

　第四に、とはいえ、本章での提案は、現にアメリカで採用されている課税制

34　なお、アメリカは中小法人に対する組合課税において十分な実務上の蓄積があることを最後に示唆しておきたい。例えば2005年度に提出されたパートナーシップ課税申告書は約267万、（連邦税法上組合課税を受ける）S 法人申告書は約363万、その他法人申告書約249万（2005年度は明らかではないが、2004年度ではこのうちいわゆる C 法人が183万程度であった）である。パートナーシップと S 法人の合計数がその他法人を圧倒しているのがよくわかる（上記統計資料は内国歳入庁ホームページ http://www.irs.treas.gov/ の租税統計から取得した）。

度[34]を範とし、かつ改良を加えているため、執行可能性やコンプライアンスの点から大きな問題は生じないのではないかと思われる。

[索　引]

[ア行]

アウトサイド・ベイシス(outside basis,
　パートナーシップ持分の基準価格)
　68,167,173,207,390
按分(proration)方式　361
一時的配賦(transitory allocations)テ
　スト　43,46
一部譲渡説　142,308
インサイド・ベイシス(inside basis)
　68,173
――割当額　173,193

[カ行]

解散予定パートナーシップ条項
　158,223
階層パートナーシップ(tier partner-
　ships)　364
課税結果移転(shifting tax consequenc-
　es)テスト　43,45
課税上の利益の売買　40
仮定上の取引(hypothetical transac-
　tion)　193
完全繰延売買アプローチ(full deferred
　sale approach)　110,121,130,140
完全分割アプローチ(full-fragmenta-
　tion approach)　188,277
基準価格移転アプローチ(shift-of-basis
　approach)　112
偽装売買(disguised sale)　107,206
「逆」704条(c)配賦(reverse section 704
　(c) allocations)　103,105
キャピタル・ゲイン資産(capital gain
　asset)　175,252
救済的配賦方式(remedial allocation
　method)　130,140,304

繰延売買方式(deferred sale method)
　125
経済的効果基本テスト　28
経済的効果テスト　26,28,96,102,
　379
経済的効果同等(economic effect equiv-
　alence)テスト　28,35
経済的効果の代替的(alternative test
　for economic effect)テスト　28
ゲイン・チャージバック(gain charge-
　back)　49
現在分配(current distribution, 非清算
　分配)　206,214

[サ行]

最小合計繰延額アプローチ(the least
　aggregate deferral approach)
　353
最初の資本(original capital)　330
シーリング・ルール(ceiling rule)
　114
時価・基準価格等価規定(value-equals-
　basis rule)　49
事業体　9
実質性テスト　26,35,43,369,379
実質的な経済的効果(substantial eco-
　nomic effect)　18,24,25,79,96,
　378
実体アプローチ(entity approach)
　112,150,267
資本勘定(capital account)　28,29,
　96,102,139,207,379
資本持分(capital interest in a partner-
　ship)　335
集合アプローチ(aggregate approach)
　150,267

395

重要な所得生産要素(material income-producing factor)　333,381
出資(contribution)　62,93,385
所得移転の法理(assignment of income doctrine)　20,101,326
所得生産要素(income-producting factor)　368,378
人格のない社団等　1
清算分配(liquidating distribution)　214
性質移転配賦　36,39
全体的課税効果(overall-tax-effect)テスト　43,44
全部譲渡説　141,309
相当に値上がりしたパートナーシップ棚卸資産項目(inventory items of the partnership which have appreciated substantially in value)　163,227
租税回避　15,47
損益移転配賦　35
損失移転配賦　36
損失の経済的危険(economic risk of loss)　71,72,73,81

[タ行]

代替基準価格(substituted-basis)　214
代替的経済効果テスト　28,32
多数持分課税年度(majority interest taxable year)　351
タックス・アービトラージ(tax arbitrage)　37
棚卸資産項目(inventory items)　63,162,212,227
束ね効果(bunching effect)　350
チェック・ザ・ボックス(Check-the-box)財務省規則　9
治療的配賦(curative allocations)　117

——のついた伝統的方式(traditional method with curative allocations)　127
通常所得資産(ordinary income asset)　175,252
適格事業体(eligible entity)　10
伝統的方式(traditional method)　126
導管(conduit)　16,67,372
特別配賦(special allocation)　35

[ナ行]

751条資産　160,213
754条選択　179
734条(b)基準価格調整　187,248,249
743条(b)基準価格調整　171,187,249
任意組合(民法上の組合)　2,12,372,374
ノンリコース負債(nonrecourse liabilities)　69,71,75

[ハ行]

パートナー　8
パートナーシップ　8
——課税年度　348
——帳簿の途中閉鎖(interim closing of the partnership books)　361
——におけるパートナーの持分(the partner's interest in the partnership.　パートナーシップ持分テスト)　18,25,53,379
——持分(a partner's interest in the partnership)　60,62,64
——持分の基準価格(アウトサイド・ベイシス)　60,65,207
——持分の譲渡(transfer of interests in a partnership)　149

パートナーの持分の清算(liquidation of a partner's interest)　206
配賦(allocation)　12,13,17,377
パス・スルー(pass-through)　4,17,372
引継基準価格(carryover-basis)　214
非清算分配(nonliquidating distribution, 現在分配)　206
ビルトイン・ゲイン(built-in gain)　97,264
ビルトイン・ロス(built-in loss)　97
ファミリー・パートナーシップ　325,334
負債割当額(partner's share of the partnership liabilities)　65,68,69,71,83,173,205
部分的繰延売買アプローチ(partial deferred sale approach)　109,110,140
分配(distribution)　205,386
分配割当額(distributive share)　17,24,66
法人成り　373
本来的法人(per se corporation)　9

[マ行]

未実現未収金(unrealized receivables)　63,160,212,227
みなし清算(constructive liquidation)　54,72,73,81,83
みなし持分テスト　25,26
民法上の組合(任意組合)　2,12,372
無譲渡説　145,308

[ラ行]

利益移転配賦　37
リコース負債(recourse liabilities)　69,71,81,82

397

著者紹介

髙 橋 祐 介（たかはし　ゆうすけ）

1993年（平成5年）　京都大学法学部卒業
1998年（平成10年）　京都大学大学院法学研究科博士後期課程
　　　　　　　　　　単位取得退学
現在　岡山大学大学院法務研究科准教授

アメリカ・パートナーシップ所得課税の構造と問題

平成20年3月20日　発行	定価はカバーに表示してあります
著　者　髙　橋　祐　介	
発行者　小　泉　定　裕	
発行所　株式会社 清 文 社　　http://www.skattsei.co.jp/	大阪市北区天神橋2丁目北2－6（大和南森町ビル）〒530-0041 ☎06(6135)4050 FAX 06(6135)4059東京都千代田区神田司町2－8－4（吹田屋ビル）〒101-0048 ☎03(5289)9931 FAX 03(5289)9917

■著作権法により無断複写複製は禁止されています。
■落丁・乱丁本はお取替えいたします。
© Yusuke Takahashi 2008 Printed in Japan

印刷・製本　亜細亜印刷株式会社

ISBN 978-4-433-32597-8